NCS 기반 호텔경영실무

Professional Management of Hotel Operations

정승환 저

저자소개

정승환(鄭升煥)

세종대학교 대학원 호텔관광경영전공 경영학박사
경희대학교 경영대학원 관광경영전공 경영학석사
강원대학교 경영대학 관광경영전공

현) 신안산대학교 국제관광경영과 교수

(주)호텔롯데서울, (주)호텔롯데부산 인사교육과장
혁신인사기획팀 혁신위원회 관광전문위원(문광부)
행정지원팀 민원제도개선협의회 관광전문위원(문광부)
이런닝사업체 평가위원(노동부)
관광레저분야 전문가 자문위원(국토해양부)
한국표준협회 으뜸상품인정제 심사위원(산자부)

[저서] 『호텔마케팅실무』, 『관광정보의 이해』, 『글로벌호텔경영론』

[논문] "호텔기업의 정보화가 서비스품질과 경영성과에 미치는 영향"
"Effect of Information technology on performance in upscale hotels"
"스마트폰기반 관광정보품질요인과 불만족요인 및 후속행동 간의 관계분석"
"A comparison study on Korea and Australia regarding the social network analysis of the customers' attitude, satisfaction, and revisit intention in the family restaurant : focusing on the difference in the SNS using experience."

외 다수

NCS 기반 호텔경영실무
Professional Management of Hotel Operations

2017년 3월 01일 1판 1쇄 인쇄 / 2017년 3월 03일 1판 1쇄 발행
2020년 2월 25일 1판 2쇄 발행

지은이. 정승환
펴낸이. 윤 용 호 | 펴낸곳. 석학당 출판사 121-856 서울시 마포구 토정로 222 한국출판협동조합 3층 301호
등록. 2001.10.23. 제10-2238호 | 전화. 02)719-6116 | 팩스. 02)719-6120
홈페이지. www.shdbooks.co.kr | E-mail. shd6116@chol.com

ISBN 979-11-87621-02-7 가격 25,000원

머리말

관광산업에서 가장 중추적인 비즈니스는 호텔경영이다. 그러므로 관광학을 전공하는 대학생들에겐 호텔경영실무 지식은 전공필수 교과목에 속한다. 그러므로 호텔리어로 성장하고 싶은 관광학도들은 물론 기타 관련 분야로 취업을 희망하는 관광학도들에게도 매우 중요한 교과목이다. 따라서 관광학도들을 위한 호텔경영 전반에 대한 기초실무지식 교육의 필요성을 고민하게 되면서, 저자는 특급호텔 15년 현업 실무경험과 대학 20여년 강의경험을 묶어 심혈을 기울여 'NCS기반 호텔경영실무' 라는 교재를 다시 보완, 정리하게 되었다.

본 교재는 전체 4편으로 구성하여 제1편은 총론(호텔과 서비스 전 반 이해하기), 제2편은 핵심 영업부문을(호텔의 객실, 하우스 키핑, 식음료, 연회, 주방경영 이해하기), 제3편에서는 주요 영업지원 부문을(호텔의 인사, 교육, 마케팅, 회계, 시설 및 안전관리, 정보화 이해하기) 다루었으며, 제4편에서는 호주 Melbourne Polytechnic 대학교 호텔경영학과 교육과정 중 국내 관광학분야 교재에서는 미흡하게 다뤄지고 있다고 판단되는 NCS기반 교육내용 일부를 도입, 소개하였다. 집필 시 중점 고려사항으로 첫째, 호텔경영 요소 중 NCS기반 호텔경영실무 내용을 엄선하였고, 둘째, 이해하기 쉽도록 사진과 사례를 곁들여 가능한 한 쉽게 설명하였으며, 셋째, 현업실무 정보를 풍부하게 옮겨 전달하도록 노력하였고, 넷째, 졸업 후 호텔분야로 취업하여 근무 중인 선배들의 체험담을 학습 사례로 포함시켰다.

관광호텔 현업의 선후배 호텔리어들과 특급호텔 출신 대학 교수들로 구성된 전문가들의 조언과 자문을 받았으므로 이론과 실무를 겸비한 호텔경영학을 공부할 수 있는 대학 교재로서 손색이 없을 것으로 자부한다. 하지만 향후 계속해서 산업체 전문가들의 의견을 수렴해 나가며 더 유용한 NCS기반 호텔경영실무 교재가 되도록 최선을 다하겠다.

본 교재가 완성되기까지 산업계 전문가, 학계 동료 교수, 호텔기업으로 취업해서 근무중인 제자들로부터 많은 도움을 받았다. 지면을 통해 고마운 마음을 전한다. 끝으로 본 교재의 출판을 도와주신 석학당 윤용호사장님과 직원여러분들께도 감사드린다.

2017. 02.
저자 씀

Part 1. 총론

Part 2. 영업부문

Part 1. 총론

1장.

호텔의 과거와 미래

제1절 호텔산업의 개요

지역사회의 정치, 경제, 문화의 중심으로서 호텔은 사업, 친지의 방문, 관광, 컨벤션, 전시, 박람회, 스포츠 등 다양한 형태로 지역사회를 방문하는 여행자들에게 좋은 이미지를 심어주고자 친절과 환대로 맞이하며, 여행자들이 가정에서처럼 편안하고 쾌적하고 안전한 곳에서 목적한 일을 수행하고 돌아가도록 최고의 서비스를 제공하는 곳으로 도시속의 작은 도시 또는 도시속의 고향이기도 하다.

전세계 어느 도시이건 시골이건 간에 규모의 차이는 있지만 숙박시설이 있으며, 규모와 시설 그리고 서비스 수준에 따라 호텔, 여관, 여인숙으로 구분되기도 한다.

우리나라 호텔산업의 경우 60년대 일부 특정인들의 사교장이었던 것이 60여년이 지난 오늘날은 일반인들도 자유롭게 이용할 수 있는 대중화된 호텔로서 많은 변화를 가져왔다. 마찬가지로 과거 호텔은 가정을 떠나 여행이나 사업을 하는 사람들에게 필요한 잠을 잘 수 있는 객실시설과 물론 식음료를 제공할 수 있는 부대시설이었던 것이

지금은 객실과 식음료 이외에 건강, 쇼핑, 오락, 문화 등 사업 활동과 관련된 시설의 물적서비스와 잘 훈련된 종사원의 인적서비스를 포함하여 영업행위를 통하여 경제적인 가치를 창출하는 사업을 말한다.

호텔은 관광산업 중에서 가장 중추적이고 핵심적인 사업으로 여행자들에게 안전한 휴식공간인 제2의 가정으로 손색이 없다고 할 수 있다. 관광자원이나 관광 매력물 그리고 컨벤션 개최 등도 관광객을 흡인하는 힘이 강하지만 호텔은 이보다 더 큰 흡인력을 가질 뿐만 아니라 호텔 그 자체도 관광 매력물이 되고 있다. 관광객을 유치하기 위한 관광지 개발의 우선순위는 숙박시설인 호텔의 건립부터 시작되기 때문이다. 그리고 특히 미래의 세계화를 주도하는 놀이공간이자 문화예술공간으로 자리를 굳혀가고 있다. 호텔과 같은 서비스산업을 hospitality industry라고 하는데 이는 환대정신이 내포된 고객지향적인 서비스산업을 말한다.

그러나 실제로 현대 호텔은 이러한 기능 이외에도 그 지역사회의 정치, 경제, 문화, 사교 중심으로서 역할이 크며, 지역사회의 주민들의 부와 문화생활, 그리고 생활수준을 대표하는 기업으로 자리를 굳혀가고 있는 것도 사실이다.

[그림 1-1] 호텔 야경

1) 호텔의 어원

호텔의 어원은 라틴어 hospes이며, 나그네, 손님, 객주라는 뜻이다. 이 어원에서 파생된 hospitality는 환대하다 융숭한 대접을 하다, 극진히 모시다라는 뜻이며, hospitale은 hospitalis의 중성형으로 순례자, 참배자, 또는 나그네를 위한 숙소의 뜻을 지닌 용어이다. hospitale에서 hospital → hostel 로 변천하여 오늘날 hotel이 되었다.

Hospital은 현재 병원의 용어로 사용되고 있지만 이는 원래 2가지의 뜻을 포함하고 있다. 앞서 언급하였듯이 호텔의 의미로 여행자의 숙소 혹은 휴식장소이며, 병원의 의미로 병자나 부상자를 치료하고 간호해주는 시설이다. 유럽의 중세기는 로마제국 멸망 후 1,000년간 암흑의 시대로 수도원이 호텔의 기능을 해주었다. 수도원에서는 병의 치료를 겸해 숙식을 제공해주는 시설을 갖추고 있으므로 호텔과 병원이 같은 개념으로 인식되었다고 볼 수 있다. 지금도 호텔과 병원의 기능을 비교해보면 호텔의 프론트 데스크가 병원의 등록 접수대와 같으며, 호텔의 객실은 병원의 병실과 같다.

[그림 1-2] 호텔 전경 및 실내 및 환경

또한 환자를 위한 식사제공은 호텔의 식당과 룸서비스의 기능과 동일하다. 다만 호텔의 고객은 건강한 사람들이 이용하는 장소이며, 병원은 환자들이 병을 치료하기 위해 이용하는 시설이라는 점에서 다르다. 고객을 서비스하는 직원은 병원은 의사와 간호사들이지만 호텔은 지배인과 접객원들이 그 임무를 수행하고 있다. 그러므로 병원은 환자들의 병 치유만으로 만족하지만 호텔은 신체적, 정신적으로 피곤한 여행자에게는 안전한 휴식을 제공하여 새로운 힘을 재충전함으로서 여행의 즐거움을 주고, 지역의 건강한 사람들에게는 물적, 인적서비스를 통해 즐거움과 가치를 제공하여 사회생활을 원활하게 수행토록 하는 점이 병원과 다르다.

2006년 12월 16일 토요일 매일경제

"호텔같은 병원"

강흥식 분당서울대병원 원장

호텔과 병원은 그 어원이 같다. Hotel과 Hospital의 어원은 라틴어인 호스피탈레(Hospitale)에서 시작됐다. 호텔과 병원은 찾는 사람들의 목적이 같다는 뜻으로 병원이 나아가야 할 방향이 어디인지를 시사해 주는 말이다. 호텔과 병원은 각자의 독립된 역할과 기능이 있으므로 서로 대등하다고 말할 수는 없지만 집을 더난 이용객들에게 불편을 초래하지 않도록 세심한 배려와 주의를 기울여야 한다는 측면에서 본다면 병원 경영에 있어서 호텔은 훌륭한 벤치마킹 대상이다.

호텔 이용객은 예약을 하고 호텔을 방문하면 쾌적하게 정리된 객실에서 친절한 직원들의 서비스를 받을 수 있지만 국내 병원의 현실은 그렇지 못하다. 병원 이용객은 예약을 하고 방문하더라도 진찰을 받으려면 오랜 시간 기다리는 것이 보통이고, 입원이 결정되더라도 병실이 나오기를 또 기다려야 한다. 기다림 끝에 병실을 배정받더라도 호텔처럼 쾌적하기란 그리 쉽지 않다.

모든것이 고객에게 집중되어 환자가 최상의 의료서비스에 만족을 느낄 수 있는 호텔 같은 명품병원을 만들 수는 없을까? 호텔과 같은 병원을 지상과제로 여기는 필자가 국내 현실을 무시한 동상이몽(同床異夢)을 꾸고 있는지 모른다. 이는 필자가 병원을 경영하면서 늘 염두에 두고 있는 숙원 사업이다.

> 이제 병원 시설이 좋고, 수준높은 의료진이 있는 것 만으로 고객을 유치할 수 있는 시대는 지났다. 의료환경과 시스템, 지원들의 마인드가 모두 고객중심적으로 변해야 한다. 물론 환자를 잘 치료하는 것이 병원의 가장 중요한 고유기능임은 두말할 나위도 없다. 그러나 의료외적인 서비스의 질이 나쁘다면 아무리 훌륭한 의술을 펼친다고 해도 글로벌 의료환경에서 도태될 수 밖에 없다.
> 고객이 왕으로 대접받는 세상에 살고 있다. 의료계는 의료시장의 글로벌 환경과 시대의 흐름을 정확히 짚고 한발 앞서 변해야 무한경쟁에서 이길 수 있다. 필자는 오늘도 병원을 찾아오는 모든 사람이 호텔에 온 듯한 편안함과 수준 높은 의료서비스를 받고 행복 가득한 미소를 머금는 호텔같은 병원을 꿈꾼다.

2) 호텔의 개념과 정의

호텔의 개념을 일반적으로 중세 이전과 현대의 개념으로 구분하여 설명할 수 있다. 중세 이전의 호텔의 개념은 가정을 떠나 여행을 하는 여행자들에게 인간의 기본적인 욕구인 의식주 중 잠자는 기능인 숙박시설과 안전한 장소 기능인 보호 시설 그리고 먹는 기능인 식음료 시설 등의 장소와 시설적인 기능이 주체를 이루고 있다. 그러므로 호텔은 주로 여행자들에게 객실과 식음료를 제공하고 그 대가를 받아 운영하는 시설로서 인식되었다.

그러나 산업혁명이후 급성장하는 항공, 교통 산업의 발달로 각국의 경제적인 여건이 변하고, 국민들의 소득이 증대되고, 근무 시간이 단축되면서 삶에 대한 질을 추구하려는 인간의 욕구가 분출되면서 호텔의 개념도 점차적으로 시대적 요구에 발맞추어 변화하였다. 과거 여행자들에게 단순히 숙박과 식음료를 제공하던 것 외에 오락, 휴식, 문화, 이벤트, 쇼핑, 건강, 비즈니스 등의 활동과 관련된 시설을 갖추고 잘 훈련된 인적서비스를 포함한 시스템적인 서비스로 여행자는 물론 비즈니스 고객 그리고 지역 주민들에게까지 개방하여 문화공간의 장의로서 하나의 거대한 기업으로 탈바꿈하였다.

최근 호텔을 'a home away from home'으로 많이 표현하고 있다. 자신의 집을 떠나 타지에서 여행자들이 자신의 집처럼 편안하고 안전하게 생활 할 수 있는 공간과 장소를 제공해주는 곳이 호텔이라고 하지만 현대인들의 호기심과 욕구는 이것에 한정되지 않고 더 많은 것을 기대하고 새로운 것을 찾아 나서기 때문에 호텔은 고객이 요구하는 수준이상의 숙박시설이외의 다양한 활동을 할 수 있는 부대시설을 갖추고 집보다 유익하고 즐거운 시간을 만끽하도록 하는 것이 호텔경영의 핵심요소이다.

호텔의 정의를 웹스터 사전은 여행자의 숙박과 식음료 시설을 갖추고 일반인들에게 봉사하는 건물 혹은 공공 시설물이라고 하였으며, 신현주와 김재민은 '일정한 지급 능력이 있는 사람에게 객실과 식음료를 제공할 수 있는 시설을 갖추고 예의바른 종사원들이 조직적으로 서비스 용역을 제공하여 그 대금을 받은 사업체이다' 라고 하였다. 여기서 '일정한 지급 능력이 있는 사람에게' 는 호텔을 이용할 때 지급능력이 있는 일반인들을 지칭하여 누구나 이용할 수 있다는 것을 의미하며, '객실과 식음료 시설을 갖추고' 는 하드웨어를 의미하며, '예의 바른 종사원들이 조직적으로 서비스 용역을 제공하여' 는 인적서비스로 인간적인 서비스를 고객들에게 제공하는 소프트웨어이며, '그 대금을 받은 사업체이다' 라는 의미는 거래를 통하여 기업의 본래 기능인 이익 창출을 도모하는 것을 말한다. 호텔이 고객, 주주, 종사원 모두를 만족시키기 위해서는 종사원 만족을 통한 고객 만족을 해야 하고 고객만족을 통해 매출액과 수익을 극대화시켜 주주 만족을 가져오며, 주주는 재투자를 통하여 고객과 종사원들에게 기여하는 기업 정신이 반드시 필요하다.

[그림 1-3] 호텔 카페

또한 호텔기업이 성공하기 위해서는 첫째 양질의 자본이 있어야하고, 둘째, 좋은 입지조건이 있어야 하며, 셋째, 훌륭한 경영진과 잘 훈련된 종사원이 있어야 하며, 넷째, 좋은 상품 계획에 의한 시설과 서비스가 있어야 하며, 마지막으로 시스템 속에서 품질을 개선 유지시켜야 한다.

제2절 호텔의 역사

1) 호텔의 역사

호텔이라는 용어가 사용되었던 시간을 거슬러 올라가면 불과 200년 전이지만 인간이 여행한 기록을 보면 기원전까지 갈 수도 있다.

고대의 폼페이 유적에서 여인숙으로 추정되는 건물과 고대 이집트인들이 왕래한 도시와 지방간의 교류 유적도 있으며, 그리스 시대는 여행이 본격적으로 종교적인 목적에서 이루어졌고 고대 올림픽을 개최하면서 숙박에 대한 필요성이 대두되었다. 이때 여인숙이 등장하였고 지중해 중심의 무역을 하는 사람들을 위한 여관들이 성행하였다.

로마제국이 멸망한 후 근검과 절약이 강조되는 암흑의 시대가 도래하여 교역도 극히 제한되어 도로와 숙박시설들이 하나 둘씩 황폐화되었다. 중세시대에도 여행이 가능한 사람들은 군인과 종교 순례자들로 국한되었다. 그러므로 수도원과 십자군을 위한 숙박시설들이 있었다.

근대의 호텔이 시작한 14~17세기 사이에 일어난 문예부흥과 신대륙의 발견으로 지중해 중심에서 신대륙까지 확산되고 상업적 여행이 증가하였다. 16세기 나타난 그랜드 투어로 인해 17~18세기 귀족들의 여행이 일반화되고, 여인숙보다는 고급화된 여관들이 속속 탄생하였다. 현대적인 호텔이 탄생한 것은 17세기 페더호텔(Feathers Hotel)이며, 이어서 첫 가족 호텔(First Family Hotel)이 코밴드 가든에 있는 아처경(*L. Archer*) 농가 안에 개관되었다. 18세기 영국의 산업혁명의 계기로 교통과 통신이 발달하면서 도시와 농촌간의 상업적인 거래뿐만 아니라 인구의 이동을 가져오면서 숙박산업에 새로운 전기를 마련하였다.

19세기 왕정의 몰락으로 귀족세력이 붕괴하고 사교 모임이 왕궁에서 바깥세상으로 옮겨지면서 새로운 사교장으로 호텔이 각광받게 되어 호텔은 고객을 맞이하기 위해 궁전처럼 장식하기 시작하여 호화롭고 고급스러운 서비스에 치중하게 되었다. 1807년 독일의 바덴바덴에 건립된 바디쉬 호프(Der Badische Hof)가 근대적 호텔로 탄생하였으며, 1850년 파리에 설립된 그랜드 호텔은 시스템과 조직을 갖춘 호텔경영으로서 최초가 되었다. 그외 1855년 프랑스 루브루호텔(Hotel du Lourver), 1874년 독일 베를린의 카이젤 호프(Kaiser Hof)와 1876년 프랑크푸르트 호프(Frankfurter Hof)가 탄생하였다. 또한 1889년 유명한 호텔경영자 세자르 리츠(*Cesar Ritz*)가 운영한 사보이 호텔도 등장하였다.

미국의 호텔은 유럽과는 달리 경제적 능력만 있으면 누구나 호텔을 이용할 수 있는 대중화에 성공하였다. 1794년 뉴욕의 시티호텔이 호텔의 시초로 볼 수 있고, 최초의 현대식 호텔은 보스톤의 트레몬트 하우스(Tremont House)이며, 1893년 뉴욕의 중심가에 명물인 월도프 아스토리아 호텔(Waldorf Astoria Hotel)이 건립되어 호텔경영과 서비스에 비약적인 발전을 가져다 주었다. 20세기에 들어서면서 상용고객을 수용하는 숙박시설로 호텔왕인 스타틀러(*Elsworth M. Statler*)가 1908년 버팔로에 스타틀러 호텔을 건립하여 호텔경영의 표준화, 능률화, 합리화를 추구면서 최적의 요금과 최고의 서비스를 제공하면서 일반인들이 이용하도록 유도하였다.

현대의 호텔산업은 미국이 주도하여 왔으며, 특히 항공기와 자동차의 발달과 도로의 확충이 급속도로 성장하면서 여행자들과 비즈니스가 활발하게 되었다. 호텔도 거대한 기업이 되면서 고객 지향적인 서비스 산업으로 탈바꿈하면서 체인화가 가속화되었다. 예컨대 쉐라톤(Sheraton), 힐튼(Hilton), 홀리데이 인(Holiday Inn) 등은 세계적인 체인과 프랜차이즈를 통한 체인화를 구축함으로서 세계적 기업으로 성장하였다.

2) 한국 호텔의 역사

우리나라의 호텔 역사는 짧지만 역사 속으로 들어가면 신라 소지왕 9년에 역관을 운영한 기록이 삼국사기에 있다. 신라시대는 당나라와 교류를 하면서 신라관이나 신라원이 설치되어 숙식을 제공한 기록도 있다. 고려시대는 송나라와 교류하면서 사신과 상인을 위한 숙소가 있었으며, 역마에서 관리들이 숙박시설을 관리하였고 조선시대는 관료들이 이용한 관과 원이 있었으며, 일반인들을 위한 주막이 발달하였다. 이후 상업계층이 성장 발전하여 객주라는 계층이 탄생되었고 객주를 위한 숙박시설인 보상객주도 함께 성장하게 되었다. 조선후기에 들어서서 1876년 한일 수호조약, 1882년 한미 수호통상, 그리고 영국, 프랑스, 러시아의 수교를 시점으로 각국별로 공사관이 탄생하면서 숙박기능을 담당해 왔다. 그리고 외교적인 활동과 무역이 성행하면서 항구와 철도 중심 지역에 숙박 시설이 발전하여 1908년에는 전국에는 여관이 123개나 되었다.

우리나라에 호텔이라는 숙박시설이 처음 등장한 것은 1888년 인천의 대불호텔이 일본인인 호리 리기다로(掘力太郎)에 의해 개관하였는데 3층 규모의 11개 객실을 갖추었다. 그리고 청나라인인 이태(怡泰)라는 사람이 같은 인천지역에 객실 8실을 갖추고 스튜어드 호텔(**Steward Hotel**)을 개관하여 운영하였다. 1902년 독일 여성인 손탁(*Sontag*)에 의해 정동 29번지에 현대식 호텔인 손탁호텔을 개관하여 우리나라 호텔 발전에 일대 변화를 가져왔다. 뒤이어 1909년에 정동에 프랑스인이 하남호텔을 개관하여 운영하였고 1911년 일본인이 남산 입구에 소복호텔을 개관하여 운영하였다.

1900년대는 철도 교통이 발달하여 철도역 중심으로 숙박시설이 발달하였는데 1912년 부산역사의 호텔시설과 1912년 신의주 철도호텔, 1914년 조선호텔, 1915년 금강산 호텔, 1925년 평양철도호텔 등이 탄생되었다. 1929년 한일 항공노선이 개통하면서 1936년 서울 소공동에 일본인 노구찌(野口)에 의해 상용호텔인 반도호텔이 8층 건물에 111개 객실을 갖추고 서구 호텔경영방식을 도입하여 호텔을 개관하자

정재계의 상류층 인사들의 모임장소로서 대단한 인기를 끌면서 장안의 화제가 되었다. 그리고 1949년 빅토리아호텔, 1950년 온양, 대구, 설악산, 무등산, 화진포 호텔, 1952년 대원호텔이 개관하였다.

해방 후 1960년대 정부가 관광산업의 중요성을 인식하고 1961년 관광사업진흥법을 제정하여 민간 기업들이 호텔산업에 관심을 가지면서 눈부신 성장을 가져왔다. 1962년 국제관광공사가 설립되면서 반도호텔, 조선호텔과 지방의 7개 호텔의 호텔경영권을 인수받았으며 1963년 워커힐 호텔을 개관하였다. 1966년 순수한 민간 자본으로 세종호텔이 개관하였고, 1970년과 1980년대는 정부주도하에서 민영화로 점차 바뀌었고 민간자본으로 대규모 호텔과 서구의 호텔 체인이 속속 국내에 도입되었다. 1975년 서울 프라자호텔, 1978년 롯데호텔, 하얏트호텔, 부산 조선비치호텔, 코모도호텔이 개관되었고, 1979년 신라호텔이 개관되었다. 1983년 밀레니엄서울 힐튼호텔, 1988년 인터켄티넨탈호텔, 르네상스호텔, 그랜드힐튼호텔 등이 86년 서울아시안게임과 88년 서울올림픽게임을 치루기 위해 건립되었다. 1989년 임피리얼팰리스호텔, 1990년 제주신라호텔, 1995년 서울 리츠칼튼호텔, 1997년 부산 롯데호텔, 1999년 서울 코엑스 인터컨티넨탈호텔이 개관되면서 기존의 호텔은 그랜드 인터컨티넨탈호텔로 승격되었다. 2000년 서울 매리어트호텔, 제주 롯데호텔이 개관되었고 2002년 울산 롯데호텔, 2003년 서울 메이필드호텔, 제주 라마다프라자호텔, 2004년 W 서울-워커힐호텔 아차산 중턱 워커힐 단지내에 도심속의 리조트호텔로 개관하였다. 특히, W호텔은 전통적인 호텔개념에서 벗어나 도회적인 감성과 독특한 디자인, 드라마틱한 공간연출을 선보이며 독창적인 프로그램을 통해 새로운 라이프스타일을 지향하는 신개념의 호텔로서 아시아 최초로 서울에 등장하였다. 2005년 서울 파크하얏트호텔, 수원 라마다프라자호텔, 인천 쉐라톤인천호텔, 그리고 2010년 3월 경기도 화성에 롤링힐스호텔이 개관하였다. 참고로 우리나라 관광호텔 현황은 2013년말 현재 총 734개 업체(객실 79,393실)가 영업중이다.

[그림 1-4] 호텔 전경

제3절 호텔사업의 특성

호텔은 작은 국제사회이며 사람들의 만남도 이곳에서 이루어지고 있다. 다양한 국가의 민족이 만나는 곳이며, 다양한 음식과 문화가 있는 곳이며, 아주 공개적이면서도 비밀이 많은 곳도 호텔이다. 그러므로 호텔의 성격은 인간적인 사업으로서 인적 요소와 인간관계가 호텔경영에 중요한 요소라 할 수 있으며 궁극적인 것은 평화를 지향하는 사업이다.

호텔사업은 다른 산업에서 볼 수 없는 특성을 가지고 있다. 다른 산업은 유형적인 상품을 생산하여 장소에 구애 없이 판매가 가능하지만 호텔은 유무형의 서비스가 복합되어 생산 판매하는 것으로서 이동이 불가능한 환대사업의 특성을 가지고 있기 때문에 호텔경영을 하기 위해서는 호텔사업만이 갖고 있는 특성을 알아야 한다.

1) 경영상의 특성

① 협동과 협조체계 구축

호텔은 서비스상품이기 때문에 고객의 접점에서 만족을 줄 수 없으면 경쟁에서 살아남을 수 없다. 호텔내의 이질적인 조직이 모여 힘의 손실을 최소화시켜 고객의 접점에서 복합상품을 단일상품화하는 협조(Cooperation & Coordination) 체계가 있어야 고객이 만족을 하며 호텔의 이미지가 상승된다.

객실은 객실예약, 프론트, 벨맨, 룸 메이드, 시설부 직원 등이 하나의 협조체계를 구축하여 객실상품을 고객으로부터 평가받으며, 식당은 주방과 홀의 직원 그리고 식당정비 직원, 시설부 직원 등이 하나의 협조체계를 구축하여 식음료 상품을 고객으로부터 평가받으며, 국제회의나 연회는 객실, 식음료, 조리, 시설, 총무, 구매 등 모든 부서의 직원들이 하나의 행사를 준비하고 진행할 때 비로소 고객으로부터 상품의 가치를 평가받게 된다.

고객만족이 호텔경영 목표인 이윤극대화와 기업의 지속적인 존속을 가능케 한다.

② 고정자산에 대한 의존성

숙박시설이 곧 상품이기 때문에 고정자산인 건물 내에 객실, 식음료 업장, 기타 부대시설과 비품, 집기 등의 고정자산에 투자를 하지 않으면 경쟁력이 없거나 연차적으로 투자할 경우 상품으로서 가치가 상대적으로 떨어진다. 일반적으로 제조업 경우 고정자산에 투자하는 비율이 40%이내이지만 호텔상품은 고정자산에 대한 비율이 70~80%이상 차지함으로서 호텔 개관후의 자본에 대한 수익률을 제고시키는데 상당한 기간이 필요하다.

③ 인적서비스의 의존성

고정자산만으로 상품을 판매할 수 없으며, 유형적인 서비스와 인적서비스가 함께 제공될 때 호텔상품으로서 가치가 있다. 현대는 고도의 기술 발전으로 기계화되고 자동화되지만 호텔사업은 기계화로 대체할 수 있는 한계가 있다. 집을 떠나온 고객들에게 가족처럼 따뜻한 서비스가 없다면 호텔 기능을 상실하게 된다. 호텔은 고객과의 접점에서 인간적인 서비스를 제공하여야 고객들이 지속적으로 호텔을 재방문하게 되고 호텔경영성과에 지대한 영향력을 미치게 된다.

④ 낮은 자본회전율

호텔은 많은 비용이 초기에 투자되는 반면에 매출액이 낮아 상대적으로 낮은 자본회전율을 갖고 있기 때문에 자본금의 회수는 상당한 기간이 필요하므로 경영자의 인내심이 요구된다. 또한 시설에 대한 재투자가 지속적으로 일어나므로 호텔상품으로서 차별적 경쟁력을 갖추고 살아남기 위해서는 장기적인 계획 속에서 자본의 투자와 회수를 설계해야 한다.

⑤ 연중휴무의 영업

호텔상품은 숙박과 음식이 주상품이기 때문에 고객들이 집을 떠나 호텔에 투숙하고 있는 동안은 편안한 휴식과 안정은 물론 생명과 재산을 지켜주기 위해서 365일 연중무휴로 물적, 인적서비스를 제공하면서 책임과 의무를 다해야 한다. 그러므로 인적서비스의 의존성이 큰 호텔사업은 연중휴무로 인건비용에 대한 부담도 많다. 또한 종사원들의 철저한 프로의식이 없으면 주말과 공휴일 근무시 불만요소가 되고 있다.

⑥ 높은 고정비

기업의 지출이 고정비와 변동비로 구분되는데 호텔기업은 다른 기업에 비해 높은 고정비를 감수해야 하는 어려움이 있다. 특히 인건비, 식재료비, 전기료 등의 일반 관리비가 영업이 되지 않은 비수기 때도 일정한 수준을 유지해야하는 경영상의 어려움이 있으며, 고정비를 줄이면 서비스품질이 저하되어 고객들로부터 외면당하기 때문에 경영에 문제가 되고 있다.

여관 여인숙, 농원여관 등이 있다.

또한 일반적으로 호텔을 분류할 때 위치, 이용목적, 시설 수준, 체재기간, 명칭, 체인형태 등에 따라 분류하기도 한다.

1) 위치에 따른 분류

① 도심지 호텔(Downtown Hotel)

보통 시티호텔(City Hotel)로 부르며, 비즈니스, 쇼핑, 문화적인 것을 이용하는데 편리한 도시 중심지에 위치한 호텔이다. 도심지 호텔은 교통이 편리하고 비즈니스를 위해 다양한 시설을 갖추고 주 고객층이 상용, 공용을 위해 방문하는 사람들이다. 대개 호텔들은 컨벤션, 연회, 전시를 할 수 있는 연회장을 갖추고 있으며, 비즈니스 센터뿐만 아니라 객실에 귀빈층(Executive Floor)을 운영하고 있다.

② 위성도시 호텔(Second-Tier Cities Hotel)

대도시에 인접한 위성도시에 위치한 호텔로서 도심지 호텔의 복잡한 교통과 비싼 숙박료, 주차비 등의 단점을 보완하여 경제적인 여행을 즐기는 사람들에게 적합한 호텔이다. 특히 위성도시 호텔은 도심지와 연계된 교통망으로 날이 갈수록 컨벤션 기획사들에게 인기를 끌고 있다.

③ 교외호텔(Suburban Hotel)

복잡한 도시를 벗어나 한가한 교외에 위치한 호텔로서 공해, 소음, 좁은 주차장으로부터 벗어나 공기가 맑고 경관이 좋아 자동차 여행객들에게 인기를 끌고 있다.

④ 리조트 호텔(Resort Hotel)

휴양지에 위치한 호텔로서 관광과 휴양 그리고 건강을 회복하고자 하는 관광객을 위한 호텔로 온천지, 피서지, 해수욕장, 산악지대, 레저시설 등에 위치하므로 성수기와 비수기가 발생되는 경영상의 특성이 있다. 특히 입지 의존성이 중요하고, 비수기 타개책으로 컨벤션 유치가 좋다.

[그림 1-5] 호텔에서 바라본 풍광

⑤ 공항 호텔(Airport Hotel)

항공기의 발달로 대형화와 비행횟수가 빈번해지면서 국제공항의 규모가 거대화되어 도심지로부터 떨어져 건설되고 항공기간 연결항로가 많아지면서 공항 근처에 호텔들이 성업하고 있다. 이 공항호텔은 통과 여객과 항공기 승무원들이 주로 이용한다.

⑥ 항구 호텔(Seaport Hotel)

선박의 발달과 항구도시의 발전으로 선박을 이용하는 여행객이나 선원들의 편의 제공을 위해 항구 주변에 위치한 호텔이다.

⑦ 모텔(Motel)

자동차 여행자를 위해 고속도로변에 인접하여 개관되는 호텔로 자동차 여행자용 호텔이라는 Motorist's Hotel의 약어이다. 미국이나 유럽에서는 거대한 대륙이기 때문에 자동차로 며칠동안 걸리는 여행이 문제가 되고 있으며, 특히 고속도로와 자동차의 급속한 발달로 자동차 여행객들이 자동차와 함께 주차할 수 있고, 숙박하는 셀프서비스의 호텔을 선호함으로서 50실 규모의 모텔이 많으며 팁이 없다.

⑧ 역전 호텔(Station Hotel)

열차 이용 여행자를 위한 기차역 주변에 위치한 호텔로 흔히 유럽에서 많이 볼 수 있다. 유럽은 국가간을 연결하는 유레일(Eurail)이 발전하여 철도를 이용하는 여행자가 많으며, 주요 도시의 기차역 주변에 호텔들이 많다. 미국도 항공기가 발달하기 전에는 유럽처럼 기차역 주변에 많은 호텔들이 성행한 적이 있다.

2) 이용목적에 따른 분류

① 스위트 호텔(All-Suites Hotel)

고급화와 차별화된 서비스를 상품화하여 모든 객실은 스위트룸으로 침실과 거실을 별도로 갖추고 있다. 일반 호텔보다 객실요금이 비싼 반면에 다양한 서비스가 제공되는데 특히 조식과 칵테일이 무료로 제공되기도 하며 편의시설과 부대시설이 많고 고급스럽다. 이 호텔은 컨벤션 유치시 참가자들의 객실배정에 대한 불만을 해결할 수 있으며 또한 객실을 분과회의장으로 사용이 가능하기 때문에 컨벤션 기획사들이 선호하는 호텔이다.

② 상용 호텔(Commercial Hotel)

도심지에 위치하며, 주로 비즈니스를 하는 고객들이 이용하는 호텔이다. 대개 단기체류 비즈니스고객을 위해 로비지역에 비즈니스센터를 설치하여 운영하며 객실 내에 팩스, 컴퓨터와 랜 시스템 등을 갖추고 있다. 대부분의 호텔들이 귀빈층(Executive Floor)를 운영하고 있다.

③ 컨벤션 호텔(Convention Hotel)

각종 회의나 전시, 이벤트를 주상품으로 하는 호텔로 컨벤션 유치로 객실이 판매되고 있다. 일반호텔보다 비교적 컨벤션 센터가 고급스럽고 다양한 기능의 대형 회의장과 충분한 분과회의장, 동시통역시설, 조명시설, 첨단 시청각 기자재 등 갖추고 있으며, 또한 컨벤션 참가자들이 한꺼번에 투숙할 수 있는 객실과 동시에 회의와 식사를 할 수 있는 시설을 갖추고 있다.

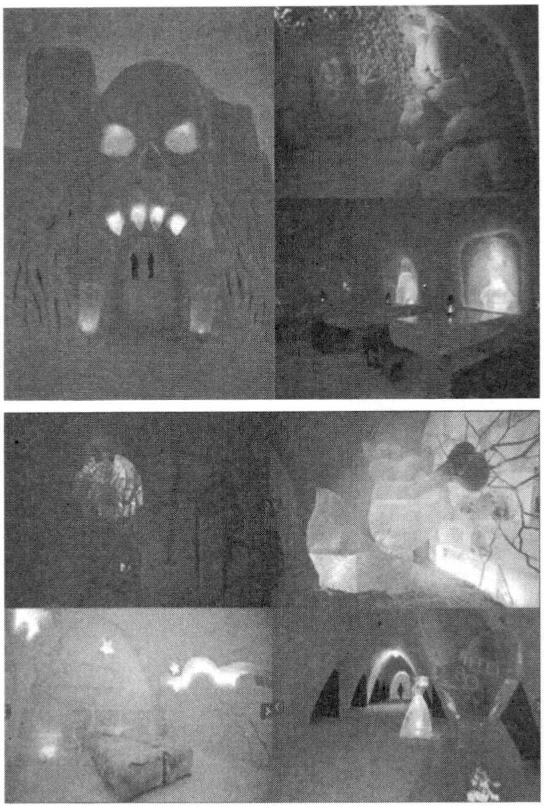

[그림 1-6] 호텔과 이벤트

④ 카지노 호텔(Casino Hotel)

카지노를 위해 투숙하는 호텔로서 호텔 내에 카지노 도박장을 갖추고 24시간 카지노 영업을 하며, 쇼 공연장, 쇼핑센터, 음식점 등 다양한 부대시설을 갖추고 있다. 특히 카지노호텔은 이용하는 고객들의 신변 안전에 특별히 신경을 쓴다.

⑤ 휴양지 호텔(Resort Hotel)

주로 관광이나 휴양을 즐기기 위해 찾아오는 여행객을 위한 호텔로 보통 휴양지나 관광단지에 건립되고 있다. 이 호텔은 사우나, 수영장, 테니스장, 골프장, 하이킹 장소 등을 갖추며, 특히 겨울철을 위한 리조트호텔은 스키장, 눈썰매장, 사우나 등의 시설을 갖추고 있다.

⑥ 콘도미니엄 호텔(Condominium Hotel)

가족이나 소규모 단체들이 주로 이용하는 콘도미니엄 호텔은 공동주택이나 혹은 개인주택으로 개인에 의해 소유되고 있으나 경영관리 서비스 단위는 공동의 한 부분으로 제공된다. 그리고 객실 내에 간단한 취사도구가 있으며, 소유구분에 따라 각 개인들이 이용하는 객실의 이용횟수가 제한되기도 한다. 콘도미니엄 리조트는 숙박시설 이외에 온천, 레크레이션 시설, 쇼핑센터 등도 공동 소유한다.

⑦ 청소년 호텔(Youth Hostel)

유스호스텔은 청소년 여행객을 위한 숙소개념의 호텔이다. 청소년들이 건전한 여행을 통하여 심신을 단련하고 여행 중에 단체생활을 체험함으로서 봉사와 우애정신을 함양하고, 국가에 대한 충성심과 학교 교육의 성과를 재확인하게 한다. 이 숙박시설은 영리 목적보다는 경제력이 부족한 학생들에게 저렴한 가격으로 이용하게 하는 대신 유스호스텔의 이용 규정을 철저히 준수하게 한다.

⑧ 그 외 호텔들

인(Inn)은 현대적 호텔이 등장하기 전에 나타난 초기의 숙박시설로 여관, 여인숙 같은 개념으로 중저가 호텔들이 여기에 속하며, 저가격으로 호텔 같은 시설을 이용하고자 하는 여행객들이 많이 찾는다.

보텔(Boatel)은 수면(水面) 위에 있는 모든 숙박시설을 말하는데 주로 폐선이 된 유람선을 개조하여 사용하고 있다. 보텔은 유람선 같은 향수를 즐기는 여행객들이 이용을 많이 한다.

펜션(Pension)은 유럽에서 발전한 전형적인 하숙식 숙박시설로 소규모의 객실을 보유하고 제한된 서비스를 제공한다. 숙박비가 저렴함으로 장기 숙박을 원하는 여행객들이 많이 이용한다.

로지(Lodge)는 팬션과 큰 차이는 없으나 경치가 아름답고 풍치가 좋은 시골지역의 숙박시설을 총칭하며 중저가로 시골지역 여행자들이 이용한다. 특히 프랑스 지방에서 많이 볼 수 있고 프랑스는 국가차원의 보호와 지도아래 시설에 관한 사항을 지원받고 있으며, 대개 객실이 30~50개 정도이다.

3) 체재기간에 따른 분류

① 장기숙박 호텔(Residential Hotel)

장기 숙박객을 위한 호텔로 일반 호텔과는 달리 객실 내에 주방설비를 갖추고 있으며, 룸 메이드 서비스와 룸서비스가 가능하고, 또한 호텔 내 식당과 바를 갖추고 있다. 이 호텔의 투숙기간은 최소 15일이며 투숙비용이 일반 호텔보다는 저렴하다.

② 단기체재 호텔(Transient Hotel)

대부분의 호텔이 여기에 속하며, 단기로 호텔을 이용하는 고객을 주대상으로 영업하는 호텔로 도심지, 역 부근, 공항 근처 등에 입지한 상용호텔이다.

4) 규모에 따른 분류

호텔규모는 객실의 보유수를 의미하며, 소규모호텔은 150실 이하, 중규모호텔은 150~299실, 대규모호텔은 300~600실, 초대형호텔은 600실 이상이다. 그러나 규모에 의해서 객실료가 비싸거나 싸거나 하지는 않으며, 시설 수준과 경영방침에 따라 객실료는 다르다. 시설의 수준에 따라 호텔의 등급과 객실료의 차이를 보이는데 호화호텔(Deluxe Hotel)는 비교적 높은 객실요금이며, 중가호텔(Average Hotel)은 보통수준의 객실요금이며, 중저가호텔(Economic Hotel)은 객실요금이 저렴하다.

5) 경영형태에 따른 분류

① 독립경영 호텔(Independent Hotel)

호텔에 대한 투자와 경영을 소유주가 직접 하는 호텔로 소유주의 경영정책과 노하우로 운영되기 때문에 비교적 자유로운 경영을 할 수 있으나 전문적인 호텔경영에는 한계가 있다.

② 체인직영 호텔(Chain-Owned Hotel)

체인을 갖고 있는 본사가 직접 투자하여 경영하는 호텔로 독특한 시설과 경영으로 이미지를 높이고 있다. 체인호텔의 시범호텔로 각 지역의 본부 역할과 교육 장소로 활용을 많이 하고 있다.

③ 프랜차이즈 호텔(Franchise Hotel)

프랜차이즈 계약에 의해 운영되는 호텔로서 가맹점이 상표사용, 교육, 마케팅, 등의 자문을 받은 대신 가맹본부에 로얄티(royalty)를 지급한다.

④ 경영위탁 호텔(Management Contract Hotel)

호텔이 경영계약에 의해 호텔의 모든 경영을 위탁하는 방식으로 일명 체인 호텔 혹은 힐튼 방식이라고 한다. 체인호텔 본부로부터 호텔 경영은 물론 총지배인을 비롯한 주요 전문가를 파견하여 직접 경영을 하면서 경영위탁관리에 대한 로얄티를 지불한다.

⑤ 임차경영 호텔(Leased Hotel)

기존의 호텔을 일정한 계약에 의해 임차하여 운영하는 방식으로 대개는 2가지 방법이 있다. 임차계약에 의해 임차비만 지불하는 방법과 최소 임차료에 영업실적 대비 일정 비율의 금액을 지불하는 방식이 있다.

⑥ 자본제휴 호텔(Joint Venture Hotel)

합작 투자하여 운영하는 호텔로 일정지분의 자본 제휴가 기본이다. 때로는 자본 제휴와 경영 노하우를 동시에 추구하는 경우도 있다.

⑦ 리퍼랄그룹 호텔(Referral Group Hotel)

체인호텔과 프랜차이즈 호텔이 증가함에 따라 단독경영호텔의 소유주들이 경쟁 우위적인 경영은 물론 상호협력을 통해 체인호텔에 대응하기 위해 조직한 회원호텔그룹이다. 시설과 명성이 있는 단독 경영호텔이 시설과 서비스 기준을 정하고 유지하면서 예약망과 마케팅 등을 상호 제휴하여 공동 부담하는 방식을 취하면서 체인호텔과의 비슷한 효과를 얻고 있다.

2장.

서비스

제1절 서비스의 정의 및 중요성

1) 서비스의 어원

서비스(service)의 어원은 라티어인 "servitium", "servus"에서 유래되어 영어 "servitude", "servant", "slave"로 변환되고 오늘날 "-service"로 발전되었다(Wikipedia Encyclopidia, Longman Advanced American Dictionary). 계급 사회이던 고대와 중세 봉건제도 하에서 왕실, 귀족 등의 특권층을 대상으로 한 '노예, 하인 계층의 의무적인 성격을 지닌 봉사행위'가 서비스였던 것이다.

이에 따른 서비스의 개념 역시 시대의 변화에 맞추어 변화되어 왔다. 서비스의 수요계층이 확대된 현대사회에서의 서비스라는 용어가 정착된 것은 1960년대에 이르러서인 만큼 당시에 서비스라는 용어가 대중화된 것은 아니었지만 시대적 특성을 담은 개념으로 존재하면서 서비스의 향유계층과 제공계층이 엄격하게 분리된 가운데 시행되었으며 신분사회의 특성상 향유계층의 명령과 요구를 복종·수행하는 수직적 개념의 서비스였다. 서비스를 제공하는 노예·하인계층은 인격적인 대우를 받을 수 없고 업무수행의 보람을 인식하지 못하는 소극적이고 수동적인 개념의 서비스였던 것이다.

이러한 상류사회의 문화는 사회변혁에 따라 민간으로 전파되면서 확산되는데 호텔문화에도 많은 영향을 미치게 되어, 별장이나 작은 궁성의 관리이던 컨시어지(concierge)가 현대호텔에서도 명칭이 남아 고객의 불편함을 살피는 GRO(Guest Relations Officer)의 업무를 수행하고 있으며, 귀족집안의 집사이던 버틀러(butler)라는 용어 역시 개인의 취향과 기호를 고려한 고품격 서비스를 가리키는 버틀러 서비스(butler service)라는 용어 속에 남아있음을 볼 수 있다. 이러한 봉사의 개념은 호화호텔의 새 시대를 열었던 세자르 리츠(*Cesar Ritz*)에 의해서 '고객은 항상 정당하다(Guest is always right)' 는 말이 지니는 고객우선의 개념으로 자리잡게 되었다. 이는 봉사대상의 확대를 의미하는 것으로 서비스라는 용어가 확산되는 계기로 작용되었다.

2) 서비스의 의미

서비스 어원에서 살펴보았듯이 라틴어 'servitium', 'servus' 라는 '노예' 의 의미라는 단어에서 생성되어 '노예가 주인에게 충성을 바쳐 거든다' 라는 의미에서 출발했음을 알 수 있다. 이것이 점차 상대를 위한 봉사를 의미하게 되었고, 현대에 이르러서는 무형의 가치로 모든 서비스 산업영역에서 중심축의 역할을 하는 서비스산업을 지칭하는 의미로 변화되었다. 이와 같이 서비스란 계급과 신분의 차이에서부터 시작되어, '상대방에게 무엇을 해줄 것인가' 라는 현시대의 기업이나 산업체에서의 경영의 일환으로 중요시되는 의미로 바뀐 것이라 볼 수 있다.

현대적 의미의 서비스는 '한편에서 상대방에게 소유권의 이전 없이 제공하는 무형적인 효용이나 활동을 통하여 상대방에게 만족과 기쁨을 주는 유무형적 행위' 라고 할 수 있다.

"When you receive service in a restaurant, hotel or store, an employee asks you what you want or gives you what you have ordered."

– Collins Cobuild English/Korean Advanced Dictionary of American English, 교보문고, 2008 –

"to provide people with something they need or want"

– Longman Advanced American Dictionary, 2000 –

서비스의 사전적 의미는 용역, 봉사, 근무, 접대, 시중, 조력, 공공편익, 수리와 보수 등 다양한 개념으로 사용되고 있는데, 그 중에서 호텔경영과 가장 가까운 의미를 콜린스 코빌드, 롱맨 영영한 사전에서 찾아볼 수 있다.

[표 2-1]는 영국, 미국과 우리나라에서 사용되는 서비스의 의미이다.

[표 2-1] 서비스 의미의 비교-영국, 미국, 한국

국 가	의 미
영 국	· 어떤 행동에 따른 봉사 · 사람에 의해서 행해지는 봉사와 관련된 일 · 종교적 신앙 숭배의식 · 무형의 이로운 노동 · 국가의 군대조직 · 공공수요를 위한 시설 · 동물의 교미행위 · 특별한 재무를 담당하는 의료진
미 국	· 호텔이나 레스토랑, 가게 등에서 고객에게 쏟는 정성 · 필요한 수요를 제공하거나 어떤 필요한 일을 하는 조직이나 사업 · 타인을 위해서 하는 일이나 근무 또는 직업 · 대중을 상대로 한 종교의식의 정형화된 형태(교회예배, 사찰의 법회 등) · 정부의 조직 · 기계의 정상작동을 위한 시험 · 음식을 담는 접시, 연장, 기구 · 법원의 출두 명령 전달 · 옛날의 하인 · 기계의 수리나 실험 · 특정한 곳에서 일하는 사람의 직업

한 국	· 봉사, 접대, 근무 · 이바지, 시중 · 재화를 생산하지 않으나, 그것을 운반, 배급하거나 생산, 소비에 필요한 노동을 제공하는 일 · 개인적으로 남을 위하여 여러 가지로 봉사하는 것, 특히 장사에서 손님을 접대하고 편의로 제공하는 것 · 장사에서 값을 감해주든지, 덤을 붙여주든지 하여 고객에게 이익을 베푸는 것 · 고객에게 편의를 주고 상품매입에 만족을 주는 것

자료 : 채서묵, '관광서비스의 우월적 지위에 관한 연구', 경기대학교 대학원 박사학위논문, 1994.

3) 서비스의 정의

서비스에 대한 정의는 크게 활동론적 정의, 속성론적 정의, 봉사론적 정의, 인간상호관계론적 정의 등 4가지 계보로 분류할 수 있다.

① 활동론적 정의

활동론적 정의의 계보는 서비스를 활동으로 보는 개념에 근거하고 있다.

미국 마케팅협회(American Marketing Association)에서는 '서비스란 판매 목적으로 제공되거나 또는 상품 판매와 연계해서 제공되는 제 활동, 편익, 만족' 이라고 정의하고 있다(AMA, 1960). 그 예로는 오락서비스, 호텔서비스, 전력서비스, 수송서비스, 이발·미용서비스, 신용서비스 등을 들고 있다.

블로이스(*K.J. Blois*)는 '서비스란 제품의 형태를 물리적으로 바꾸지 않고 판매에 제공되는 활동' 이라고 정의한다, 여기에서 활동을 편익과 만족을 가져오는 과정으로 파악하고 있다. 그런데 이 정의는 '물리적 변화를 일으키지 않는(without leading to a physical change)' 다는 제한에서 문제를 내포한다. 때로는 서비스가 제품의 형태를 바꿀 수 있기 때문이다.

스탠톤(*Stanton*)은 '서비스란 소비자나 산업구매자에게 판매될 경우 욕구를 충족시키는 무형의 활동으로 제품이나 다른 서비스의 판매와 연계되지 않고도 개별적으로 확인 가능한 것' 이라고 정의한다. 그러나 제품이나 서비스의 판매와 관련되어 존재하는 서비스(예, 보험 · 신용) 등이 배제되어 있다.

② 속성론적 정의

서비스는 또한 그 속성을 중심으로 정의할 수 있다. 즉, 제품과는 다른 점을 지적하며 서비스를 파악하려고 한다.

[표 2-2] 서비스 정의의 개념

연구자	정 의	비 고
AMA (1960)	판매를 목적으로 제공하거나 혹은 제품판매에 수반하여 제공하는 행위, 편익, 만족	대고객서비스로 함
Judd, R. C. (1996)	재화재의 소유권 이전 이외의 시장 거래	서비스 자체의 특성에 대한 언급이 없음, 불법적 서비스 포함 여부불명, 소비자 측면에서의 정의, 부분적 정의
Besson, R. M. (1973)	판매를 목적으로 제공하는 가치있는 편익이나 만족을 주는 모든 행위임, 즉, 소비자가 스스로 수행하지 않기로 선택한 행위임	
Blois, K. J. (1974)	제품의 형태에 물리적 변화를 초래하지 않으며 판매를 목적으로 제공되는 편익과, 만족을 산출하는 행위	
Rathmell, M (1974)	시장에서 구매, 판매되는 모든 무형적 제품	
Hill, T. P.	특정 경제단위 거래의 개인 혹은 제품에 대한 상태의 변화	
Weinrauch, J. D.& Piland, W. E. (1979)	물리적, 유형적 상품이 포함되지 않는 판매	
Uhl, K. P. & Upah, G. D. (1983)	교환거래에 수반하여 다른 경제주체에 의해 행위 혹은 다른 경제주체의 소유권 이전없이 설비, 제품, 행위 등의 사용을 제공하는 행위이며 그것은 무형적이고 저장, 수용이 불가능한 것	불법적, 대고객 서비스의 포함여부 불명
Kotler, P.	상대자에게 무형적이고 소유권 이전이 없는 행위나 편익의 제공, 유형재와 결부될 수도 안될 수도 있음	공공재, 대고객 서비스 포함

Stanton, W. J. *(1984)*	요구만족을 제공하는 독립적이고 확인가능하고 본질적인 행위이며 그것은 제품이나 다른 서비스의 판매와 꼭 결부될 필요가 없고 서비스를 생산하기 위해 유형재의 사용을 반드시 요구하지 않음, 유형재의 사용이 요구될 때라도 그 유형의 소유권 이전은 없음	

자료 : 박대환외 공저, 「최신 서비스이론과 실무」, 2002.

라스멜(*Rathmell*)은 서비스를 '시장에서 판매되는 무형의 상품'으로 정의하고 무형과 유형의 구분을 손으로 만질 수 있느냐의 여부에 따라 하고 있다. 많은 마케팅 연구자들 및 경제학자들이 서비스를 무형재로 규정하는 정의를 사용하고 있다. 그러나 쇼스택(*Shostack*)은 서비스는 무형재가 아니며 무형재로서 판매되어지지도 않는다고 반론을 제기한다. 무형성은 하나의 상태와 일개 속성으로 서비스 자체의 본질이 아니라는 것이다.

③ 봉사론적 정의

서비스를 주종관계에서와 같이 인간의 인간에 대한 봉사라고 보는 것이 기존의 통설이라고 전제하고 현대적 서비스는 이런 전통적 발상에서 탈피해야 한다고 주장하다. 인간이 제공하는 봉사적 서비스를 인간으로 분리하여 인간노동을 기계로 대치하여 서비스의 공업화(industrialization of service)를 통한 효율성 향상을 달성할 수 있다고 한다.

④ 인간상호관계론적 정의

서비스는 무형적 성격을 띄는 일련의 활동으로서 고객과 서비스 종업원의 상호관계상에서 발생하며 고객의 문제를 해결해 주는 것이다. 많은 경우 서비스는 서비스 제공자와의 상호작용을 포함한다. 그러나 때로는 고객이 서비스 기업과 상호작용을 하지 않을 수도 있다. 그러나 일견 상호작용이 없는 상황같이 보이지만 실제로는 상호작용이 존재하는 수도 많다. 예를 들어 자동차에 문제가 생겨 정비소에서 수리

받는 경우 고객이 직접 없어도 된다. 그러나 정비소에 차를 맡기로 가고 찾으러 가는 가운데 상호작용이 존재한다.

4) 서비스의 중요성

우리는 현재 서비스 사회(service society) 또는 서비스 경제(service economy)에 살고 있다. 서비스산업이 우리 경제에서 차지하는 비중은 계속적으로 증가하고 있다.

서비스 경제가 성장하는 데에는 여러 가지 이유가 있다.

첫째, 서비스 욕구의 다양성이다. 과거와는 달리 현대 소비자의 욕구는 그 분야(범위)면에서 다양하다. 단순한 생존을 위한 욕구라는 과거의 개념에서 현재의 단순함 생존보다는 생활을 즐긴다는 측면으로 욕구의 개념이 바뀌어 가고 있다.

둘째, 급속한 기술의 진보가 서비스산업을 발전시켰다. 소비자의 욕구를 효과적으로 총족시키기 위해서는 보다 세련된 형태의 기술이 필요하다. 이런 면에서 볼 때 기술의 진보는 다양한 소비자 욕구를 충족시킬 수 있는 서비스의 제공을 가능하게 한다. 실제로 기술의 발달에 따라 소비자의 욕구가 어떻게 형성되어가는 가를 살펴보는 것도 유용할 것이다. 적극적인 의미에서 보면 소비자 욕구는 창조할 수 있기 때문이다. 기술의 진보가 서비스 산업의 급속한 팽창을 초래할 수 있는 것이다.

셋째, 제조기업이든 서비스 기업이든 생산활동에 있어서 서비스를 점차 더 필요로 하고 있다. 경영컨설팅, 시장조사, 기술자문 등 전문서비스 등에 대한 수요가 이전에 비해 엄청나게 증가했으며 이를 수행하는 전문회사가 생기고 있다. 이전에는 각 기업들이 자체적으로 이런 활동을 수행했으나 이제는 전문 서비스 회사에 의뢰하고 있다. 이밖에도 정보처리, 컴퓨터 기술, 환경관련 서비스도 많이 이용된다.

이 외에도 여러 가지 사회추세가 서비스 경제화를 촉진시키고 있다. 부의 증대, 여가시간 증가, 여성의 취업증가, 평균수명의 증가 등으로 다양한 서비스에 대한 수요가 증가하였다. 제품의 복잡화, 삶의 복잡화, 신제품의 수 증가 등도 서비스에 대한 수요를 유발하고 있다. 그 예를 들면 [표 2-3]과 같이 정리해볼 수 있다.

[표 2-3] 서비스 경제가 성장하는 이유

이 유	예
1. 소비자 욕구의 다양화	오락, 관광, 스포츠 등
2. 급속한 기술의 진보	CATV, PC통신, 인터넷, 이동전화 등
3. 기업의 생산활동에 필요	경영컨설팅, 시장조사, 디자인, 상품개발, 종업원 연수 등
4. 부의 증대	종래에는 소비자들이 스스로 하던 서비스에 대한 수요 증가(예: 세탁, 청소)
5. 여가시간 증가	여행사, 성인교육 프로그램, 레저산업에 대한 수요 증가
6. 여성의 취업 증가	탁아소, 유아원, 파출부, 외식 등에 대한 수요 증가
7. 평균수명의 증가	양로시설 및 건강관리 서비스 증가
8. 제품의 복잡화 증가	자동차, 컴퓨터와 같은 복잡한 제품의 수리, 유지를 담당할 전문가의 필요
9. 삶의 복잡화	세무담당, 결혼상담, 법률상담, 취업상담의 등 서비스 필요
10. 신제품의 수 증가	정보기술의 발전으로 컴퓨터 프로그래밍, 수리, 인터넷 홈페이지 관리, 정보검색 서비스 등 관련 서비스 창출

자료 : 이유재, 「서비스 마케팅」, 2003.

서비스의 의미 체험 사례

"세심한 배려, 그것이 진정한 서비스"

모ㅇㅇ(ㅇㅇ대 국제관광경영과 ㅇㅇ학번)

안녕하십니까? 저는 ㅇㅇ대학 국제관광경영과에 재학 중인 모ㅇㅇ입니다.

우선 이 자리에 설 기회를 주신 점에 대해서 감사드립니다.

지금부터 제가 국제관광경영과에 들어와서 견학 갔었던 호텔에서 느낀 점과 저의 경험에 대해 말해보겠습니다.

제가 접해본 호텔은 서울 강남에 있는 리츠칼튼이란 특급호텔이었습니다. 처음으로 호텔을 접하게 되는 것이라서 많이 떨리기도 했습니다. 처음 호텔 정문에 섰을 때 호텔의 규모를 보고 놀랐지만 그 곳의 서비스를 보고 다시 한번 놀라게 되었습니다.

그곳에서 하우스키핑 일을 하시는 분께서 호텔의 이곳저곳을 안내해 주셨습니다. 그런데 다른 곳으로 가던 도중에 어떤 외국인 손님께서 지나가시다가 물건을 떨어뜨리셨는데 그분은 그냥 지나치지 않고 "괜찮으십니까? 도와드릴까요?" 하며 고객의 안부를 물으셨습니다. 그러면서 손님께 인사를 드리고 미소를 띠우며 지나가시는 것이었습니다.

저는 그 모습이 너무 인상적이었고, 감동 받았습니다. 왜냐하면 제가 경험하기에는 우리 주위에도 손님께 서비스를 제공하는 곳은 많이 볼 수 있지만 여태까지는 그런 서비스를 본 적이 없었기 때문입니다. 저도 그리 크지 않은 레스토랑에서 일을 했었지만 손님께 친절한 서비스를 제공하는 것이 생각보다 그렇게 쉽지 않다는 것을 압니다.

한번은 중국 관광객들이 식당에 오셨는데 제가 중국어를 하지 못하는 관계로 주문하시는 것을 잘 못 알아들었지만 끝까지. 친절히 대해 드렸더니 가시기 전에 저한테 감사하다는 말을 해주셨습니다. 저는 그때 뿌듯했고, 보람이 있었습니다.

저도 가끔 음식점이나 슈퍼마켓 같은 곳을 가지만, 솔직히 기분 좋았던 적보다는 그곳 주인들의 불친절 때문에 불쾌했던 적이 많습니다.

손님께 친절히 대하여 손님께서 기뻐하시면 저도 기뻤습니다. 저는 다짐했습니다. 적어도 제가 느꼈던 그런 불쾌함은 제가 일하는 가게에 오시는 손님께는 느끼지 않게 만들겠다고. 저의 노력에도 불구하고 일하는 동안 힘들고 어렵게 만드는 손님들도 많았지만 그때마다 호텔에서의 일을 다시 생각하며 미소를 잃지 않고 손님께 친절히 대해 드렸습니다.

손님에 대한 세심한 배려, 그것이야말로 진정한 서비스정신이 아닐까요?

이번 발표로 인해서 잠시나마 흐려졌던 제 기억들을 다시 살릴 수 있어서 좋았으며 앞으로 무슨 일을 할 때마다 도움이 되리라 생각합니다.

저는 앞으로 국제관광경영과 학생으로서 이러한 마음가짐을 명심하고 생활하겠습니다.

지금까지 부족했던 제 발표를 들어주셔서 감사합니다.

-관광외국어발표대회 최우수상, 2000-

서비스의 중요성 체험 사례

"작은 관심, 큰 감동!"

임ㅇㅇ(ㅇㅇ대 국제관광경영과 ㅇㅇ학번)

안녕하십니까, 저는 국제관광경영과의 임ㅇㅇ입니다.

저는 여러분들이 사회에 나가서 분명 중요한 사회구성원이 되리라 믿습니다. 저도 마찬가지이지만 사회에 나가서 여러분의 전공분야를 살린다면 아마도 여러분의 직업은 서비스 계통의 일일 것입니다. 저는 지금 커피숍에서 아르바이트를 하고 있습니다. 나름대로 미래에 대한 예행연습이라 생각하고 열심히 하고 있습니다. 저는 오늘 아르바이트를 하면서 느낀 점에 대하여 이야기 하고자 합니다.

서비스 직종에 있어서 친절이 아주 중요한 요소라는 것을 알고 있었지만 아르바이트를 하면서 다시 한번 생각하게 되었습니다. 고객은 정말 냉담합니다. 한번 돌아서면 다시 돌아오는 일이 거의 없으니까요, 그렇기에 항상 친절함을 생활화해야 합니다. 고객들은 커피의 맛과 그 가게의 서비스 맛을 같이 음미합니다. 어떤 고객들은 커피의 맛보다 서비스의 맛을 더 중요시하는 것처럼 느껴지기도 합니다. 저희 커피숍 앞에는 크고, 좋은 시설을 가진 커피숍이 있습니다. 그러나 시설 좋고 새로운 커피숍보다는 저희 커피숍이 손님들이 더 많습니다. 이상한 일이지요? 이 이상한 현상은 서비스의 맛을 중요시하는 고객분들이 많기 때문에 일어난 것으로 저는 생각합니다. 저는 될 수 있는 대로 손님에게 전화가 왔을 때 알게 된 손님의 이름을 기억해 두었다가 다시 전화가 왔을 때 묻지 않고 그 손님의 테이블에 전화를 연결합니다. 얼마 전에도 이렇게 전화 연결을 해드렸더니 "두 번밖에 오지 않았는데 어떻게 제 이름을 알았어요?" 라고 하시면서 매우 기뻐하였습니다. 나는 그때 '나의 고객에 대한 작은 관심이 이렇게 손님을 만족시켜 드리는구나' 라는 생각을 해보았습니다. 또 어느 손님의 경우는 연인이었는데 항상 '얼음 가득 채운 콜라' 만을 주문하시는 손님들이었습니다. 주문을 받을 때 "오늘도 얼음 가득 채운 콜라시죠?" 라고 말했더니 물론이라며 아주 기뻐하셨습니다.

여러분 저의 작은 관심들을 어떻게 생각하십니까? 저는 손님들에게 아주 조그만 관심을 보인 것이지만, 손님께선 아주 커다란 기쁨으로 느끼십니다. 그리고 제게 안부인사도 하시고 친구처럼 대하십니다.

서비스는 인간과 인간 사이에서 생기는 활동입니다 손님을 단지 손님으로만 보지말고 여러분의 친구로 보면 어떨까요? 친구에게 조그만 관심을 가지는 것은 그리 어려운 일이 아니니까요.

-관광외국어발표대회 최우수상, 1999-

제2절 서비스의 구성, 특성 및 유형

1) 서비스의 구성

서비스의 구성은 물적(物的) 서비스와 인적(人的) 서비스로 구성된다. 그중 인간을 대상으로 할 때 역시 물적 서비스가 보조역할을 해야 한다.

① 물적 서비스

서비스의 완벽을 기하기 위해서 개개인이 제각기 좋은 서비스를 제공했다 하더라도 그 효과는 클 수 없다. 종합적(인적, 물적)인 서비스의 효과를 생각하지 않으면 안되는 시대에 살고 있는 것이다. 서비스의 불균형을 개선하지 않으면 안되는 시대이므로 개개인이 생각하고 있는 서비스가 고객을 만족시킬 수 없는 것이다.

예로 서비스를 상품으로 판매하는 호텔에 있어서 현관의 서비스가 좋았다고 해도 호텔내의 식당에서 서비스가 나빴다면 그 호텔은 서비스가 나쁜 호텔이 되고 만다. 그러므로 호텔에 있어서는 무형의 서비스 이외에 설비, 식사 등이 서비스로 비판을 받게 되는 것이다. 다시 말해서 물적 서비스와 인적 서비스가 하나의 상품으로 구성되어 판매되는 것이다.

물적 서비스는 시설된 설비물로서 건물의 경우 건설시기에 따라 현대적 요구에 응해야 하고 또 개선해야 할 것은 자금의 직접적인 영향이 있더라도 하나의 영업이므로 필요한 한도에서 개선하여 한발 앞선 서비스를 할 수 있도록 해야 할 것이다.

어떤 호텔을 실례로 보면 현관입구의 출입문을 현대적인 자동개폐문으로 설치하여 고객에게 편리하게 하였더니 사람이 출입할 때 마다 찬 외기가 들어와 로비의 실내온도가 하강하여 고객이 춥다고 불평을 하여 돈을 들여 구식인 회전문으로 다시 개조한 일이 있다. 모든 일에 전후를 잘 판단해서 나아가지 않으면 일부분은 좋은 서비스를 한다고 해도 전체적인 서비스에는 향상을 가져오지 못하는 경우가 많다.

최근에 건설되는 건물에 냉온방 자동조절기, 화재 자동경보기, 안전하게 설계된 승강기, 에너지 절약시스템 등 많은 부분에 기계와 기계를 응용한 설비를 많이 사용되고 있다.

이와 같이 물적 서비스는 사소한 것이라도 사전에 잘 판단해야 하면 하루하루를 넘기면서 향상시킬 수 있는 것이 아니라 지금 즉시 실행으로 옮겨야 하는 것이 바로 물적 서비스인 것이다.

② 인적 서비스

인적 서비스는 사람에 의해서 상대방을 만족하게 할 수 있는 것이며 물적 서비스는 경비가 소요되는 것이며 그 실시에 지장이 많으나 인적 서비스에 있어서는 마음의 준비만 있으면 즉시 효과를 기대할 수 있는 것이다.

인적 서비스의 제일(第一)은 자기가 하는 일에 신념과 긍지를 갖고 부여된 일에 대해서 깊은 이해와 연구심을 가지고 임해야 한다. 그리고 인적 서비스 자체는 독립성이 있기 때문에 적절한 시기(timing)가 중요한 것이다. 그렇다고 빠른(speedy) 서비스가 좋다는 것은 아니지만 적당한 시간에 서비스되어야 한다.

현대사회는 출발준비에 1분이라는 시간만 늦어도 하루를 체재하지 않으면 안되는 경우가 많다. 그러므로 고객이 요구하는 것을 잘 파악해서 제일 합리적이고 적절한 시간에 서비스가 제공되어야 한다.

2) 서비스의 특성

일반 유형제품과 비교해 볼 때 무형의 서비스는 다음과 같은 4가지 기본적 특성을 지닌다.

① 무형성(intangibility) : 보거나 만질 수 없다

서비스의 기본 특성은 형태가 없다는 것이다. 객관적으로 누구에게나 보이는 형태로 제기할 수 없으며 물체처럼 만지거나 볼 수 없다. 따라서 그 가치를 파악하거나 평가하는 것이 어렵다. 법률, 의료서비

스 등이 이런 특성을 잘 반영하고 있다.

서비스의 무형성은 두 가지 의미를 갖는다. 첫째 실체를 보거나 만질 수 없다는 객관적 의미이다. 둘째는 보거나 만질 수 없기 때문에 그 서비스가 어떤 것인가를 상상하기 어렵게 된다는 주관적 의미이다. 이러한 서비스의 무형성으로 인해 서비스 상품은 진열하기 곤란하며 그에 대한 커뮤니케이션도 곤란하다.

무형성으로 인해 야기되는 이러한 문제점을 해결하기 위해서는 실체적인 단서를 강조하고, 구전 커뮤니케이션을 자극하며 강력한 이미지를 창출하고 가격설정에 있어서 원가회계 등의 비용정보를 이용하고 구매 후 커뮤니케이션에 신경을 써야 한다.

② 비분리성(inseparability) : 생산과 소비가 동시에 일어난다

배달을 부탁하든지 택시를 타든지 서비스는 생산과 소비가 동시에 일어난다. 즉 서비스 제공자에 의해 제공되는 것과 동시에 고객에 의해 소비되는 성격을 가진다. 제품의 경우에는 생산과 소비가 분리되어 일단 생산된 후 판매되고 나중에 소비된다. 그러나 서비스의 경우 생산과 동시에 소비되기 때문에 소비자가 서비스 공급에 참여해야 하는 경우가 많다. 그리고 다른 소비자도 서비스 생산과정에 참여하므로 고객들이 형성하는 분위기가 하나의 서비스 내용이 될 수 있다. 또 고객들이 참여하기 때문에 집중화된 대량생산체제를 구축하기 어렵다, 또 제품의 경우에는 구입 전 소비자가 시험해 볼 수 있다. 그러나 서비스의 경우에는 구입 전 시험할 수 없다. 또 제품의 경우처럼 사전에 품질 통제를 하기 곤란하다.

비분리성에 따른 여러 가지 문제점을 해결하기 위해서는 고객과 접촉하는 서비스 요원을 신중히 선발하고 철저히 교육해야 한다. 또 고객관리의 중요성을 잊지 말아야 하고 고객이 원활히 서비스를 받을 수 있도록 서비스 시설의 다양한 입지를 제공해야 한다.

③ 이질성(heterogeneity) : 품질이 고르지 않다

서비스는 제공자 · 수혜자가 함께 참여하여 상호작용하는 피플 비즈니스(people business)의 특징을 갖는다.

서비스의 생산 및 인도 과정에는 여러 가변적 요소가 많기 때문에

한 고객에 대한 서비스가 다음 고객에 대한 서비스와 다를 가능성이 있다. 같은 환경에서 자라고 교육받았을지라도 역량과 마인드에서 개인차가 있게 마련이며 서비스 제공자 역시 매일, 매 순간의 심리상태와 감정이 다른 만큼 서비스 품질의 균일성이 확보되기 어렵다는 이질성을 갖는다. 또한 서비스의 수혜자 역시 십인십색(十人十色) 나아가서 일인십색(一人十色)의 다양함이 작용하면서 이질성은 심화되고 서비스 표준화의 장애요인이 된다.

심지어는 종업원이 아니라 기계를 사용하는 경우에도 서비스 질이 달라질 수 있다. 현금자동인출기(ATM)를 사용할 때 스크린의 지시사항을 잘 이해하지 못한 고객이 경험하는 서비스 질은 다른 고객과 다를 것이다. 즉 서비스는 동질적이 아니고 변동적이어서 규격화, 표준화가 어렵다.

④ 소멸성(perishability) : 판매되지 않은 서비스는 사라진다

서비스는 인간의 욕구 충족을 위해 수행되는 형태가 없는 활동이므로 진열을 할 수 없으며 이용자가 사전에 확인할 수 없다. 따라서 만족과 불만의 차이점이 즉각 드러나지 않는다.

판매되지 않은 제품은 재고로 보관할 수 없다. 그러나 판매되지 않은 서비스는 사라지고 만다. 즉 서비스는 재고로 보관할 수 없다. 이와 같은 서비스의 생산에는 재고와 저장이 불가능하므로 재고조절이 곤란하다. 또 구매된 서비스라 하더라도 1회로서 소멸하여 그와 동시에 서비스의 편익(benefit)도 사라진다. 반면에 제품은 구입된 후에 그 상품의 물질적 형태가 존재하는 한 몇 회라도 반복하여 사용할 수 있다. 이러한 서비스의 소멸성으로 과잉생산에 의한 손실과 과소생산으로 인한 이익기회의 상실이라는 문제가 발생한다. 따라서 이를 해결하기 위해서는 수요과 공급간의 조화를 이룰 전략이 필요하다.

[표 2-4] 제품과 서비스의 비교

제 품	서 비 스
유형성	무형성(intangibility)
동질성	이질성(heterogeneity)
분리성	비분리성(inseparability)
재고, 보관 가능	소멸성(perishability)
물건	일련의 행위 또는 과정(process)
소유권 이전 가능	소유권 이전 불가능
주 가치는 공장에서 생산	주가치는 구매자, 판매자의 상호 작용에서 생산

자료 : 이유재, 전게서.

[표 2-5] 서비스 특성에 따른 문제점과 대응전략

서비스의 특성	문제점	대응전략
무형성	· 특허로 보호가 곤란 · 진열하거나 설명하기가 곤란 · 가격설정의 기준 불명확	· 실체적 단서를 강조 · 구전활동을 적극 활용 · 기업이미지를 세심히 관리 · 가격설정시 구체적 원가분석 실행 · 구매후 커뮤케이션을 강화
비분리성	· 서비스 제공시 고객이 개입 · 집중화된 대규모 생산이 곤란	· 종업원 선발 및 교육: 세심한 고려 · 고객관리 철저 · 여러 지역에 서비스망 구축
이질성	· 표준화와 품질통제 곤란	· 서비스의 공업화 또는 차별화전략
소멸성	· 재고로서 보관하지 못함	· 수요와 공급간의 조화

자료 : 이유재, 전게서.

3) 서비스의 유형

코틀러와 손대현의 서비스 유형을 다음과 같이 분류하였다.

첫째, 사람 중심형 서비스와 설비/시설 중심형 서비스로 분류한다. 이를 더욱 세분화하면 사람 중심형 서비스는 다시 비숙련 노동에 의한 서비스, 숙련 노동에 의한 서비스, 전문직에 의한 서비스로 분류될 수 있다.

설비/시설 중심형 서비스는 자동 서비스(예, 전화), 반숙련 노동을 필요로 하는 서비스(예, 택시운전), 숙련 노동을 필요로 하는 서비스(예, 비행기 조정)로 분류될 수 있다.

둘째, 서비스 제공 대상자가 서비스 제공 시점과 현장에 있어야 하는 경우(예, 수술)와 그럴 필요가 없는 경우(예, 자동차 수리)로 구분할 수 있다.

셋째, 서비스 제공 대상자가 개인(개인 서비스)일 수도 있고, 기업(기업 서비스)일 수도 있다.

넷째, 서비스 제공자의 목적에 따라 영리와 비영리로, 그리고 소유형태에 따라 민간(private)과 공공(public)으로 구분할 수 있다.

다섯째, 시간대 별로 거래 전 서비스(before service), 거래도중 서비스(in service, during service), 거래 후 서비스(after service)로 구분할 수 있다. 자동차 수리를 하고자 하는 고객의 시간 낭비를 방지하기 위한 것은 사전 서비스이며, 직접 수리를 하는 행위는 서비스 제공이며, 수리 후 결함이 있을 때 무료로 재수리를 해주는 것은 애프터 서비스에 해당한다.

제3절 서비스의 맨, 서비스 마인드

서비스 맨은 서비스 산업 중 관광분야의 직종에 종사하는 근무자들을 중심으로 스스로를 칭하거니 사회에서 그들을 일컫는 말로 타인에게 무형적이며 배려가 담긴 친절한 행위를 제공하는 사람들을 의미한다. 사회의 기대가 담긴 말이기도 했다.

서비스 마인드는 자신의 불편함을 감수하면서 타인을 배려할 줄 알고 상대에게 즐거움을 주겠다는 마음을 말하며 현대사회를 살아가는 필수적인 요소로, 대인관계의 구축에 있어서 중요한 수단으로 자리잡았다.

서비스 사회로 이행된 현대사회에서는 사회 구성원 모두가 서비스 마인드를 갖춘 서비스 맨이 되어야 한다. 나를 제외한 모든 사람으로 서비스의 대상자가 확대되는 사회가 서비스 사회의 특성이다. 인간은 누구나 자기가 대접받기를 원하며 이러한 성향은 신분사회가 붕괴되고 경제적 풍요를 경험하면서 널리 확산되었다.

[표 2-6] 서비스 맨의 3강5륜 덕목

三綱	五倫
소강(笑强) - 미소	매너와 에티켓
2)어강(語强) - 외국어	성실
체강(體强) - 체력	친화력
	유머
	자기개발

자료 : 미래아카데미서비스, 「서비스매너」, 새로미, 2005.

서비스 맨이 갖추어야 할 기본필수 덕목은 유교의 기본실천 윤리인 3강5륜(三綱五倫)으로도 설명이 가능하다고 보는데 그 내용을 정리해 보면 [표 2-6]과 같다.

소강(笑强)의 의미는 미소는 상대방의 마음을 편안하게 하므로 미소짓기를 끊임없이 연습해야 하고 상대방의 표정을 통해 내 미소를 확인해야 한다는 것을 말한다.

어강(語强)은 국제화·세계화 시대를 살아가는 서비스 맨에게는 외국어 구사 능력이 필수적인 조건이므로 세계 공영어인 영어를 비롯하여 일본어, 중국어 등 자기업무에 필요한 외국어 구사능력을 지속적으로 배양해야 함을 의미한다.

체강(體强)이라 함은 서비스는 손이 많이 가고 내가 몸을 많이 움직여야 하는 과정이므로 서비스 맨에게는 강한 체력이 필요하다는 점을 의미한다. 강한 체력을 위해 서비스 맨은 철저한 자기관리가 요구된다.

서비스 맨이 되기 위해서는 타인을 배려하는 기본에티켓을 숙지하고 그런 마음을 표현하는 방식인 매너를 몸에 익혀야 한다.

서비스는 상대를 위하며 배려하는 진심어린 마음을 담아내는 행위이며 과정이다. 그런 만큼 서비스를 수행하는 처음부터 끝까지, 아니 준비하는 과정부터 서비스가 제공되는 이후까지도 지속되어야 한다. 성실성은 그 사람의 신뢰를 구축해 가는 것이고, 그것이 자신의 브랜드가 되는 길이다.

서비스 맨은 상대와의 만남에서 자신이 먼저, 그리고 자신이 주도하여 분이기를 만들어야 한다. 먼저 웃고 먼저 인사하고 먼저 다가서며 먼저 손을 내밀어야 한다. 그리고 그것은 서비스의 기본이다. 이를 위해서는 적극적 사고와 행동이 있어야 한다. 그것이 바로 친화력이며 학벌이나 용모보다 더 중요한 것으로 인식되고 있다.

유머감각이야 말로 인간관계를 부드럽게 하는 효율적 수단으로서 서비스 맨에게 필수구비조건이 되며, 긍정적인 사고와 끊임없는 노력을 통한 자기계발도 게을리 해서는 안된다. 서비스는 완성이 아니라 완벽을 추구해 나가는 것이 때문에 서비스 맨에게는 더욱 그렇다.

서비스 맨의 서비스 마인드 실패사례

"앗! 나의 실수, 무성의함"

김○○(○○과대 국제관광경영과 ○○학번)

안녕하세요. 신사, 숙녀 여러분.

먼저 저에게 이런 기회를 주셔서 감사합니다 저는 국제관광정보과의 김○○입니다.

지금부터 저는 여러분들에게 저의 아르바이트 경험을 통해 고객에게 서비스한다는 것이 얼마나 어려운 것인지에 대해서 말씀드리겠습니다.

저는 여름방학 때부터 작은 빵 가게에서 일을 했습니다, 솔직히 빵집에서의 일은 저의 생각만큼 쉬운 일이 아니었습니다.

왜냐하면 아침 일찍 가게 문을 열어야 하고, 청소도 해야 하고, 그리고 모든 빵들을 포장해야 했기 때문입니다. 쉴 새 없이 일해야 하기 때문에 저는 일이 지겨워집니다.

어느 날 가게에 한 여자 손님이 들어왔으며 저는 미소로서 손님을 맞이하였습니다. 그녀는 계속 매장 안을 돌아다니면서 빵을 만지작거렸습니다 그때 "이거 얼마지?" 라고 그녀가 제게 물었습니다. 저는 "손님 700원입니다" 라고 대답했습니다. 잠시 뒤에 그녀는 "그럼 이건 얼마지? 그리고 저건 얼마지?" 라고 계속해서 가격을 묻기 시작하며 거듭 열 번을 넘게 질문을 했습니다. 솔직히 저의 마음 속에서는 "당신 안 살거라면 나가버려!" 라고 외치고 있었습니다. 그러나 그녀는 저에게 다시 질문을 했습니다. "아가씨 이거 뭘로 만들지?" 마침내 너무 짜증이 났으며 제 자신의 조절 능력을 잃어 갔습니다. 그래서 "저도 몰라요"라고 마지못해 짧게 대답했습니다. 어쨌든 그녀는 나의 예상대로 아무것도 사지 않았으며 물론 저 역시 나갈 때 "안녕히 가셔요"라는 말도 하지 않았습니다.

이 일 뒤로 저는 다시는 이런 종류의 손님이 오는 일이 없기를 바랬습니다. 그러나 불행이도 그 일이 일어났습니다. 가게에서 휴식을 취하는데 그때의 그녀가 이쪽으로 다가오는 것이 보였습니다. 그래서 저는 급히 마루를 닦고 선반의 빵들을 정리하기 시작했습니다. 그러나 그녀가 가게에 들어온 뒤에는 기대와는 달리 조심스레 케이크를 본 뒤 친절하게 아들의 생일이라며 케이크와 많은 빵들을 50,000원 어치를 사가지고 갔습니다.

저는 제 자신에게 너무나 부끄러웠고 마음속으로 죄의식을 느꼈습니다. 그러나 이 경험으로부터 서비스 맨을 위한 가치와 필요성을 배웠습니다. 대부분 서비스에 종사하는 사람들이 가지는 중요한 요소는 내가 받고 싶은 서비스를 고객에게 해야 한다는 것입니다

우리는 매일 사람들을 만납니다. 그들을 대할 때는 마음속으로부터 나오는 친절함과 관대함으로 해야 합니다 왜냐하면 오늘의 고객이 미래의 고객이기 때문입니다.

이 경험은 저의 가슴속에 남아있으며 리츠칼튼 호텔의 간단하면서도 강한 모토가 생각납니다. 그것은 "우리는 신사, 숙녀에게 서비스하는 신사, 숙녀이다". 저는 이런 서비스 정신이 우리에게 몰입되어 있기를 희망합니다.

들어주셔서 감사합니다.

-관광외국어발표대회 우수상, 1999-

제4절 서비스의 패키지

서비스패키지(service package)는 특정 환경에서 제공되는 유형의 재화와 무형의 서비스의 묶음(bundle)을 말한다. 이 묶음은 다음의 4가지로 구성된다.

[표 2-7] 서비스 패키지 평가기준

기본설비	
1. 입지 · 공공 교통시설은 이용이 가능한가? · 중심에 위치하고 있는가? 2 실내장식 · 적절한 분위기가 조성되어 있는가? · 가구의 품질과 조화 3 기본설비 · 치과의사는 기계식 드릴을 혹은 에어식 드릴을 사용하는가? · 어떤 종류의 항공기를 사용하는가?	4. 건축적 적합성 · 캠퍼스의 르네상스식 건물 · 파란 타일 지붕의 독특한 모습 5.시설배치 · 교통흐름은 원활한가? · 적절한 대기 장소가 있는가? · 불필요한 이동이나 후퇴가 있는가?
보조용품	
1. 일관성 · 튀긴 감자와 바삭거리는 맛 · 적정량 관리 2. 양 · 대중소 용량의 음료수	3. 선택 · 교체할 수 있는 머플러의 다양성 · 다양한 메뉴 · 스키의 대여
명시적 서비스	
1. 서비스 인력의 교육 · 자동차 정비공들은 국가자격증을 가지고 있는가? · 어느 정도까지 전문적 사용이 가능한가? · 의사들은 자격증을 가지고 있는가? 2. 포괄성 · 종괄서비스와 할인 브로커의 비교 · 개인병원과 종합병원의 비교	3. 일관성 · 항공기의 정시도착, 출발 · 의사들의 국가표준기구 소속 4. 이용가능성 · 24시간 현금자동입출금서비스 · 웹사이트가 있는가? · 무료전화번호가 있는가?
묵시적 서비스	

1. 서비스 태도 · 친절한 항공기 승무원 · 경찰관이 법조문을 말해주면서 발행된 교통벌금고지서 · 레스토랑의 믿음직한 서비스 직원 2. 분위기 · 레스토랑의 장식 · 정돈보다 혼돈의 느낌 3. 대기 · 은행의 드라이브인 대기 행렬 · 예약에 넣어줌 · 레스토랑에서 마티니를 마심	4. 지위상태 · Ivy리그 대학의 학위 · 스포츠 경기의 칸막이 좌석 5. 좋은 느낌 · 대형항공기 · 밝은 주차장 6. 사생활 및 안정감 · 개인사무실에서 자문하는 변호사 · 호텔의 자석 열쇠 7. 편리성 · 예약제 활용 · 무료주차

자료 ; 서비스경영연구회, 「서비스경영」, 한경사, 2002.

① 기본시설

서비스 제공이전에 반드시 갖추어야하는 물리적 자원들(예: 호텔의 위치, 로비, 객실, 식당의 인테리어, 독특한 호텔의 건축양식 등)

② 보조용품

구매자들에 의해 소비되거나 구매되는 물품, 또는 고객에 의해 제공되는 물건(예: 호텔의 다양한 레스토랑, 바아, 휘트니스 센터, 면세점 등)

③ 명시적 서비스

감각에 의해 직접적으로 알 수 있는 서비스로서 서비스의 본질적이고 핵심적인 특색을 구성(예; 호텔의 맛있는 고급음식, 청결한 객실, 편안한 침대, 부드럽고 빠른 엘리베이터 등)

④ 묵시적 서비스

고객이 희미하게 느끼는 심리적인 혜택이나 서비스의 외관적 특색을 의미(예: 특급 호텔의 위상. 브랜드의 명성. 최첨단 안전설비, 직원들의 밝은 미소 등)

일반적으로 서비스산업에서 서비스 패키지를 평가하는 기준을 보면 [표 2-7]과 같다.

제5절 서비스 실패와 회복

1) 서비스 실패

서비스 실패란 고객이 회사의 서비스를 경험하는 동안 발생된 서비스와 관련된 실수나 문제(실제 문제나 지각된 문제)로 정의를 내릴 수 있다(*Maxham*, 2001). 서비스 실패란 고객의 기대나 "허용영역(Zone of tolerance)" 이하의 서비스를 전달을 고객이 처음 지각함으로서 발생되는 모든 활동을 포함한다(*Zeithaml, Berry, Parasuraman*, 1993). 서비스 회사가 모든 서비스 실패를 미연에 방지하는 것은 불가능하기 때문에(*Fisk, Bronw, Bitner*, 1993; *Hart, Heskett* and *Sasser*, 1990), 회사는 서비스 실패가 발생되었을 때 그 실패에 어떻게 대처하는가를 배워야 한다. 모든 서비스 기업의 가장 큰 관심사는 고객들에게 높은 품질의 서비스를 제공함으로서 고객들을 만족시키고 지속적으로 기업의 충성고객으로 남게 함으로서 수익률을 증대하는 것이라 할 수 있다. 그러나 비록 많은 서비스 기업들이 높은 품질의 서비스를 제공하고자 최선을 다하고 있다 하더라도 서비스 상품이 갖고 있는 특수성 때문에 완벽한 서비스를 제공하는 것은 불가능하다. 우수한 서비스 시스템을 갖고 있고, 숙련된 서비스 직원들을 보유하고 있는 서비스 기업들이라 할지라도 완벽한 서비스를 제공 한다는 것은 불가능하고, 더욱 심각한 것은 서비스 실패는 고객들이 보는 앞에서 일어난다는 것이다(*Hart, Heskett* and *Sasser*, 1990).

2) 서비스 회복

서비스 회복은 기대에 못 미쳤다는 것을 고객이 처음 지각한 것에 대해 회사가 반응을 보이는 것으로부터 시작된다(*Kelley* and *Davis*, 1994; *Zeithaml, Berry* and *Parasuraman*, 1996). 일반적으로 서비스 실패/회복을 경험한 고객이 서비스 실패로 인해 손실을 입은 것에 대해 회사가 서비스 회복 노력으로서 고객의 손실을 보상하기 위해 다른 해택을 주려고 시도하는 일종의 교환 행위이다. 서비스 회복 전략은 "아무 것도 하지 않는 것"부터 "문제를 해결하기 위해선 무엇이든 하자는 것"까지 그 범위가 다양하다(*McDougall* and *Levesque*, 1999). 서비스 회복 전략에는 환불, 가격할인, 보다 나은 서비스, 사과, 문제를 인정하는 것 등이 포함된다(*Bitner, Booms* and *Tetreault*, 1990; *Hart, Heskett, Sasser*, 1990; *Hoffman, Kelly* and *Rotasky*, 1995; *Kelley, Hoffman* and *Davis*, 1993). 아무리 운영상에 문제가 전혀 없는 회사라 하더라도 서비스 실패를 미연에 방지하기는 어렵기 때문에 효과적인 서비스 회복 절차는 회사가 고객을 유지하는데 아주 중요한 요소라 할 수 있다(*Strauss* and *Friege*, 1999). 그러므로 기업은 서비스 실패를 회복하는 방법을, 시장에서 지속 가능한 경쟁 우위를 차지할 수 있는 전략적 수단으로서 인식해야 한다(*Bell* and *Zemke*, 1987; *Maxham*, 2001).

제6절 서비스 품질

1) 서비스 품질의 개념과 정의

서비스 품질에 대한 정의는 객관적 품질과 주관적 품질의 두 가지 접근법에 의해 달라질 수 있다(*Dodds* and *Monroe,* 1985). 객관적 품질이란 제품들 간의 실제적인 기술적 우월성이나 탁월함을 설명하기 위한 개념인 데 반해, 주관적 품질은 객체에 대한 사람들의 주관적 반응을 포함하는 개념이다. *Holbrook* and *Corfman*(1985)은 이러한 두 정의의 차이를 '기계적 품질(mechanistic quality)' 과 인간적 품질(humanistic quality)' 이라는 용어로 표현하였다.

소비자 행동론 분야에서 서비스 품질 연구는 주로 '지각된 서비스 품질(perceived service quality)' 개념을 사용하고 있다. *Parasuraman,*

Zeithaml and *Berry*(1988)는 지각된 품질을 '제품에 대한 전반적 우수성이나 우월성에 대한 고객의 판단'으로 정의하였다.

가장 널리 받아들여지고 있는 서비스 품질에 대한 정의는 앞서 언급했듯이 *Parasuraman, Zeithaml* and *Berry*(1988)의 '지각된 서비스 품질' 개념이다. 이는 '서비스의 우수성과 관련된 전반적인 판단이나 태도'로 개념화된다. *PZB*는 "지각된 품질은 소비자의 지각과 기대 사이의 차이의 방향과 정도로서 보여 진다"라고 말함으로써 지각된 품질을 기대와 성과의 개념에 연결시키고 있다.

서비스 품질은 고객의 기대와 실제 제공된 서비스와의 차이에 의해 [그림 2-1]과 같이 결정된다. 서비스를 제공받기 전에 고객들은 서비스에 대한 기대를 하게 된다. 주변사람들의 이야기나 경험 등을 통해서 내가 제공받는 서비스의 정도를 심리적으로 결정하게 되는 것이다. 보통 우리는 이것을 기대된 서비스라 표현한다. 서비스를 제공받기 전에 형성되는 것으로 향후 서비스를 평가할 때 중요한 기준이 될 수 있다. 이렇게 형성된 기대와 실제 제공되는 서비스를 비교하여 서비스를 평가하게 되는데 기대를 한 부분이 제공받은 서비스에 비해 차이가 많이 나게 될 경우(기대>인지), 고객은 서비스에 대한 품질을 낮게 평가하며, 만족도도 떨어진다(김광용, 2007).

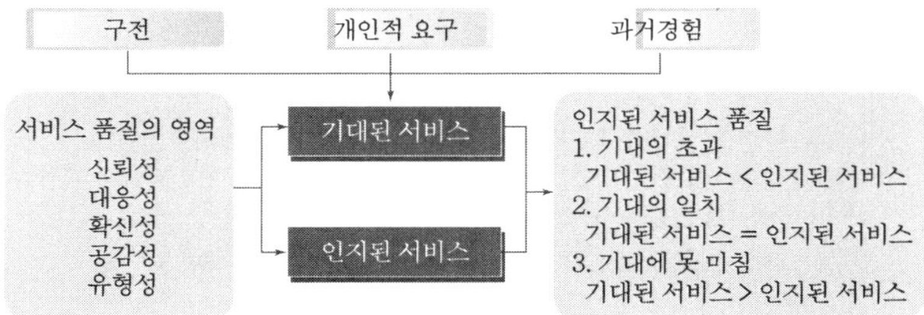

[그림 2-1] 인지된 서비스 품질

2) 서비스 품질 측정

서비스품질의 개념과 측정에 대한 연구는 1980년대 중반 이후 가장 활발하게 연구가 진행되어 온 분야이다(*Fick* et al, 1993). 가장 널리 알려진 것은 *Parasuraman, Zeithaml* and *Berry*(1988)에 의한 모형으로 기대와 성과와의 차이를 근거로 하는 Gap-based 서비스품질 측정 방법으로 SERVQUAL과 SERVPERF(*Cronin* and *Taylor*, 1994) 모형은 기대를 측정하지 않고 서비스 성과만을 측정하는 이론으로 최근의 주요 추세는 SERVQUAL 모형과 그 측정방법에 대한 다양한 새로운 대안이 제시되는 방향으로 발전하고 있다(김광용, 2007).

관광서비스 사례

"손님 전화왔습니다"

권ㅇㅇ(ㅇㅇ커뮤니케이션)

미국 회사에 근무했을 때 일이다.

어느 날 매우 중요한 손님들과 만나, 호텔 식당에서 식사하며 업무 얘기를 나누었다. 일도 생각대로 잘 해결됐고, 식당 여종업원도 너무 친절해서 기분이 좋았다.

식사가 끝나고 신용카드로 계산을 하려고 했다. 그런데 내 신용카드를 가지고 갔던 그 여종업원이 다가오더니 "손님께 전화가 왔습니다"라고 말하는 것이었다. 내가 그 식당에 있다는 것을 아는 사람이 없었기에 조금 의아했다. 그녀를 따라 식당의 한 모퉁이를 돌아 관련 사무실로 갔다.

잠시 후 여종업원은 "사실은 손님께 걸려온 전화는 없습니다."라고 말하는 것이었다. 그녀는 "손님께서 준 카드로 결제하려고 여러 차례 시도를 했지만 카드발급 은행의 문제인지, 손님 계좌의 문제인지 카드 사용승인이 나오지 않았습니다"라고 말했다.

그러나 내가 중요한 분들과, 중요한 얘기를 나누고 있는 것 같아서 카드 얘기를 하지 않았다는 것이었다.

"업무 보시는 자리에서 카드에 문제가 있다고 말하면 손님에게 좋지 못한 인상을 줄 수도 있을 것 같아 전화가 왔다고 말했습니다."

다행이 가지고 있던 다른 카드로 결제를 하고 그 여종업원에게 몇 번이고 고마움을 표시한 뒤 자리를 떴다.

업무는 너무나 잘 처리됐고, 손님에게 세심하게 배려하던 그 여종업원 덕에 하루 종일 기분이 좋았다. 지금도 그 호텔을 보면 당시의 여종업원이 생각나고 기분이 좋아진다.

–세계인이 되는 길(II)」 제2부. 나의 경험, 조선일보, 1999–

제7절 관광서비스

1) 관광서비스의 정의

관광기업의 핵심요소는 서비스이다. 서비스에 대해서는 전술한 바와 같이 다양한 의미로 해석되고 있으나 본서에서는 서비스의 본질을 '2자간의 상호작용 관계하에서 육체면과 정신면의 통합으로 발휘되는 인간적 활동' 으로 정의하고 있다.

이러한 본질을 바탕으로 서비스 활동은 정신적·태도적·업무적 측면에서 서로 융합되어 고객에게 제공되는 것이다. 관광기업에서 제공되는 관광상품은 서비스에 제품(유형재)이 부가된 것이다. 그 중에서도 고객에게 제공되는 대부분의 상품은 무형적인 서비스가 차지하고 있다. 그러므로 관광서비스는 관광기업의 성공을 좌우하는 가장 주요한 요소이다.

이상에서 관광서비스란 "기업 및 조직이 고객의 욕구를 충족시키기 위해서 제공되는 모든 인간적 활동이다" 라고 정의하고자 한다. 여기서 '관광기업 및 조직' 이란 영리기업은 물론 한국관광공사나 문화관광부 등의 비영리조직도 그 대상이 된다는 것을 의미한다. 또한 '고객의 욕구를 충족시키기 위해서' 란 모든 관광서비스는 고객만족을 전제로 제공되어야 하며 고객이 존재하지 않으면 상품이 창출되지 않는다는 점, 즉 고객을 위해 제공되는 것이지 종업원이나 관광공기업의 임직원을 위한 관광조직이 존재하는 것이 아니라는 고객지향적 필연성을 강조한다.

또한 '모든 인간적 활동' 이라는 것은 관광서비스에는 필연적으로 인간이 개재해야 하고 인간의 부재는 곧 관광서비스의 질적 하락을 의미한다. 따라서 '관광서비스 = 인간적 활동' 이다.

2) 관광서비스의 구성

관광서비스의 요체는 인적 서비스이고 여기에 시스템 및 물적 설비가 갖추어짐으로써 훌륭한 관광상품이 창출되는 것이다. 그 기본적인 인적 서비스를 완벽하게 구사하는 것이야말로 관광기업의 성공의 지름길이다.

[표 2-8] 관광서비스의 구성

기본적 서비스	실제적(응용적) 서비스
기초적인 예절서비스	여러 업종에 따라 전개되는 기본적 서비스의 응용서비스
· 인사 · 전화 · 안내 · 화법 등	· 숙박서비스 · 식음료서비스 · 여행서비스 · 항공서비스 · 판매서비스 등

자료 : 김성혁, 「관광서비스」, 백산출판사, 1998

[표 2-9] 관광서비스의 사례 : 스타틀러 호텔 서비스 규약

원문	A hotel has just one thing to sell. That one thing is service. The hotel that sells poor service is poor hotel. The hotel that sells good service is good hotel. It is the object of the Hotel Statler to sell its guest the very best service in the world. 〈Statler Hotel Service Code〉
번역문	호텔은 단 한 가지 판매할 것이 있으니 그것이 곧 서비스이다. 보잘 것 없는 서비스를 판매하는 호텔은 보잘 것 없는 호텔이며, 훌륭한 서비스를 판매하는 호텔은 훌륭한 호텔이다. Statler 호텔이 이 세계에서 가장 나은 서비스를 고객에게 판매하고자 함이 곧 이 호텔의 궁극적 목표이다. 〈Statler Hotel 서비스 규약〉

관광서비스를 구성하는 요소를 기본적 서비스와 실제적 서비스로 대별하여 나열하면 [표 2-8]과 같으며, 관광서비스의 중요성을 강조하고 있는 사례로 스타틀러 호텔의 서비스 규약을 보면 [표 2-9]와 같다.

관광서비스 사례

Cocktail and Tool
"Two kind of Screw Driver"

박ㅇㅇ사원(B호텔, F&B팀)

Ladies and gentlemen!

I am very happy to tell you about one of my episodes at my work in the hotel

My name is ㅇㅇ Park and I work at Hotel ㅇㅇ room Service section.

It was a freezing cold winter night. Toward dawn, one foreign guest on the 27th floor placed an order for a "SCREW DRIVER". I thought this guest couldn' t go to sleep being in a foreign country and ordered a glass of "SCREW DRIVER" to his room. "Ding dong", I pushed the bell of his room while shouting "Room Service, Room service!". The guest opened the door and looked at me with great expectation. The guest showed an expression of disappointment and ask me when he saw the SCREW DRIVER. "Oh my gosh! What is this?" I answered. "this is what you ordered, the SCREW DRIVER."

"What? Oh....." At last he burst out laughing.

I asked him what was wrong. And it was true. He explained to me after a while that he ordered a set of SCREW DRIVER to open a wooden box.

A set of tools instead of a glass of cocktail! We both burst out laughing again. The chilly winter night seemed hot for me. I promised him to bring a real set of SCREW DRIVERS instead of a glass of SCREW DRIVER. He told me to let him drink that SCREW DRIVER too. Thus I could sell a glass of SCREW DRIVER while lending him a set of SCREW DRIVERS.

Even after this event, he stayed a couple of days more in our hotel. He used to order meals and I met him again and again. Whenever we met each other, we laughed for a while remembering the day of the SCREW DRIVER.

The night before he checked out, I gave him a set of SCREW DRIVERS as a souvenir. He thanked me again and again saying "this trip gave me a lot of fun, I will bring them with me whenever I make a trip". And he continued to say that he will remember both "Driver Park" and "Hotel Lotte World" Whenever he is on a trip. We went on talking. A few minutes later, he offered me a white envelope, I thought cash was inside of it. I refused to receive it saying "I should not accept this kind of thing, sir."

I said "I would appreciate it if you would only remember me and our hotel". This generous and kind guest explained about the envelope. "I am a marketing director at American Airlines, and please accept my present. This is a round-trip ticket. I really appreciate your impressive kindness." He put it into my pocket.

I was so happy. I came to the conclusion that your will to serve is very important and only good service makes a guest fully satisfied. It was a mere happening. But finally I was so happy to see my guest was satisfied and happy.

Thank you for listening.

-「길을 만든 사람들」, 호텔롯데, 1996-

Part 2. 영업부문

1장. 호텔객실부문
2장. 호텔식음료 · 연회부문
3장. 호텔주방부문

1장.

호텔객실부문

호텔경영은 구조적으로 크게 영업부문과 관리부문으로 구분하고 있다. 여기서 영업부문은 고객접점의 모든 부분들을 포함하며 객실부문과 식음료·연회부문 그리고 기타부대영업부문 등으로 다시 나눈다. 이들 접점부서는 고객을 반갑게 맞이하고 따뜻하게 환송하는 등 전면에서 그들의 요구에 적절하게 부응해야 하기 때문에 영업부문을 일컬어 Front of the House라고 한다. 한편 후방에서 영업을 지원하는 부문들인 구매, 검수, 자재, 영선, 시설, 총무, 기획, 인사, 회계, 재무 등의 관리부문을 일컬어 Back of the House라고 한다.

이 장에서는 호텔경영의 중요한 구성요소의 한 축인 호텔의 객실부문을 중심으로 다룬다.

제1절 호텔객실부문의 기초

1. 호텔객실부문의 개념 및 중요성

호텔객실부문은 호텔이 고객에게 제공하는 다양한 서비스상품 중 객실이라는 주력상품을 생산하고 판매하는 부분 중의 하나이다. 객실을 주상품 구성요소로 활용하여 양질의 객실서비스를 생산하여 고객의 숙박욕구를 충족시켜주는 것이 주목적이다. 양질의 객실서비스는 고객이 호텔에 도착 투숙하여 퇴숙하는 시점까지의 전 과정을 결함이 없는 완벽한 상품으로 제공할 때 달성된다. 양질의 객실서비스는 고객이 투숙하는 기간동안 쾌적하고 안락한 환경을 제공하고 그들의 다양한 욕구와 기대를 상회하는 예견된 서비스를 제공함으로서 실현된다.

호텔객실부문은 고객의 다양한 개별 욕구에 부응하는 새롭게 잘 정비된 여러 종류의 객실을 상품으로 생산하여 고객만족을 창출하는 곳이다. 국내외 대부분의 호텔들이 자사의 상품으로 생산하여 고객에게 판매하는 주상품이 바로 객실이다. 호텔이 주상품으로 생산·판매하는 호텔객실은 식음료·연회부문과 함께 호텔경영에 있어 매출과 이익 달성에 매우 중요한 부분이 되고 있다. 한편, 호텔은 각종 부대영업부문의 부수적 상품으로 매출에 기여하고 있다.

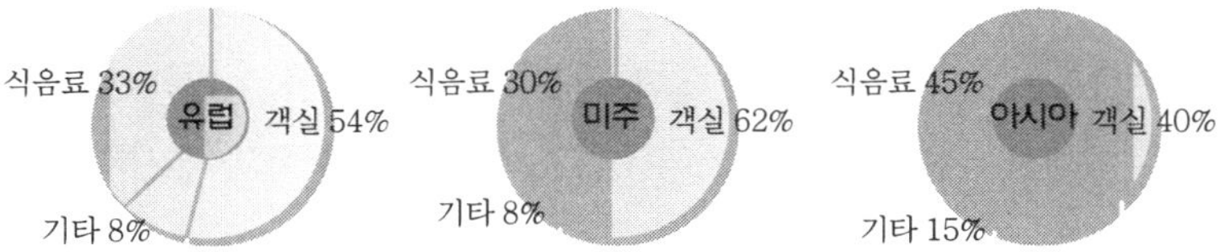

[그림 1-1] 매출액 구성비

[그림 1-2] 로비, 웨이팅 룸

예컨대, 전세계 지역별 호텔의 매출액 구성비를 살펴보면 유럽의 경우 호텔의 전체매출액에서 객실부문 54% 식음료부문 33% 기타부문 8% 등으로, 미주의 경우 객실부문 62% 식음료부문 30% 기타부문 8% 등으로, 그리고 아시아의 경우 객실부문 40% 식음료부문 45% 기타부문 15% 등의 부문별 비중을 각각 나타내고 있음에 비추어 호텔객실의 중요성을 짐작할 수 있다. 또한, 호텔의 각 부문별 이익공헌도 측면에서 보면 일반적으로 호텔객실부문이 호텔 전체매출액의 50~60%를 차지하고 호텔 전체영업이익의 70~80%를 달성함으로서 호텔의 다른 부문보다 높은 수익성을 실현하고 있다. 일반적으로 사기업의 목표를 고객만족의 실현을 통해 기업이윤을 극대화시키고 기업가치를 높이는데 있다고 가정한다면 호텔객실부문은 호텔의 수익성 향상에 가장 큰 기여를 하는 중요한 부문이라 할 수 있다.

호텔객실부문은 고객이 호텔에 투숙하는 기간동안 고객이 요구하거나 기대하는 다양한 서비스를 제공하는 단위부서들과 종사원들로 구성된다.

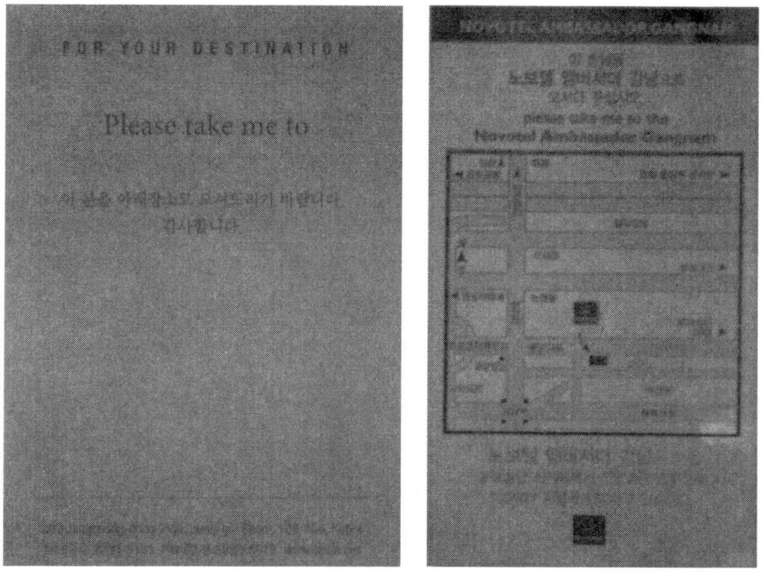

[그림 1-3] 택시기사용 손님안내카드

2. 호텔객실부문의 기능

매슬로우는 인간의 욕구를 다섯 차원으로 분류하여 설명하고 있다. 호텔객실부문은 인간이 기본적으로 추구하고자 하는 매슬로우가 제시하는 다섯 차원의 욕구를 해결하는 기능을 담당하고 있다.

호텔객실부문은 식음료·연회부문과 함께 인간의 일차적 욕구인 생리적 욕구를 충족시켜주는 기능을 수행한다. 인간은 생명을 지속·유지하기 위해서 필요한 생리적 활동을 수행한다. 인간은 살기 위해 잠을 자야하고 먹어야하며 또한 종족보존을 위해 이성과 성행위를 하는 것 등이 그것이다. 호텔객실은 고객이 집을 떠나서 하루 종일 여행과 업무 등에 의해 지친 몸으로 마치 내집처럼 편안하고 안락한 잠자리에 들어 깊은 숙면을 취하게 하는 숙박기능을 제공한다.

호텔객실부문은 인간의 이차적 욕구인 안전의 욕구를 해소하는 역할을 담당한다. 예컨대, 호텔은 다중이 동시에 일정 공간 내에서 공동으로 생활을 하는 관계로 다양한 위험 또는 위협 요소에 직면할 수 있다. 고객은 화재에 노출될 수 있고, 주변의 소란 또는 소음에 시달

릴 수 있고, 악취 또는 나쁜 공기 때문에 고통스러워할 수 있으며, 외부로부터 괴한의 침입 또는 공안의 불시 검문·검색 등의 공포에 떨 수 있다. 이렇듯 호텔객실은 고객이 느낄 수 있는 외부의 다양한 위험 또는 위협 환경으로부터 고객을 보호함으로서 안전욕구를 충족시켜주는 기능을 제공한다.

호텔객실부문은 인간의 삼차적 욕구인 사회·소속·친교·사랑의 욕구를 해결하는 기능을 제공한다. 인간은 홀로 세상을 살아가기가 쉽지 않기 때문에 사회적 동물이라고 한다. 다중이 어울리고 서로 부대끼며 살아가는 것을 좋아한다. 어딘가에 소속되지 않으면 외롭게 느껴지고 누군가와 얘기를 하고 싶고 다른 사람과 사귀고 싶고 또한 누군가와 사랑을 하고 사랑을 받고 싶어한다. 예컨대, 호텔은 다중이 모이는 공간이고 호텔객실은 외지에서 느끼는 나의 집과 같은 생활환경을 제공한다. 때문에 호텔객실은 만남의 장소 사교의 장소 친교의 장소 사랑의 장소 등 다양한 기능을 가능케 함으로서 인간이 추구하고자 하는 사회·소속·친교·사랑의 욕구를 충족시켜주는 역할을 제공한다.

호텔객실부문은 인간의 사차적 욕구인 존경의 욕구를 실현하는 역할을 제공한다. 인간은 누군가에게 인정을 받고 싶고 알려지고 싶고 또한 존경을 받고 싶어한다. 그래서, 인간은 누구나 인정 또는 존경받을 수 있는 어떤 자리에 올라가고 싶어하는 욕구가 있다. 우리는 사회적으로 다양한 직함과 직급 등 계급으로 순위 또는 서열화되어 있음을 본다. 회사에서는 회장 사장 임원 부장 과장 등의 직급이 있고 사회이익친목단체 등에서는 회장 총무 등의 직함이 있다. 위에서 열거하는 사항들은 인간이 추구하는 존경받고 싶어하는 욕구와 관련이 있는 것이다. 예컨대, 호텔객실은 규모 크기 시설 서비스 등으로 다양하게 차별화 되어 있다. 때문에 호텔객실은 고객이 자신의 지불능력에 따라 엄선되고 차별화된 서비스를 제공받을 수 있는 호텔객실을 선택할 수 있고 자신의 위상을 스스로 제고할 수 있는 역할을 제공함으로서 인간이 추구하는 존경의 욕구를 충족시켜주는 기능을 제공한다.

호텔객실부문은 인간의 오차적 욕구인 자아실현의 욕구를 완성하는 역할을 제공한다. 인간은 어떤 목표나 일을 성공적으로 달성하거나 완수함으로서 만족 또는 성취감을 느낀다. 예컨대, 우리는 대학수능시험 고사장에 늦지 않게 도착함으로서 안도감을 노약자와 장애인을 위해 자리를 양보함으로서 보람을 자신이 원하는 어떤 목표에 도달했을 때 성취감을 원하는 어떤 것을 얻었을 때 만족감을 느낄 수 있다. 호텔객실은 고객이 원하는 차별화되고 엄선된 서비스뿐만 아니라 고객이 예상하지 못한 서비스를 자주 제공하여 만족과 감동을 느끼게 함으로서 인간이 추구하는 자아실현의 욕구를 달성 가능하게 하는 역할을 수행한다.

[그림 1-4] 고객메시지 전달카드

3. 호텔객실부문의 조직

영업부문의 한 축인 호텔객실부문은 다시 크게 현관부문과 정비부문으로 나눈다. 호텔객실부문은 조직구성도를 통해 보다 쉽게 이해할 수 있다. [그림 1-5]와 [그림 1-6]는 우리나라 호텔의 객실규모 300실 호텔과 500실 호텔의 객실부문 조직구성을 차례로 보여주고 있다.

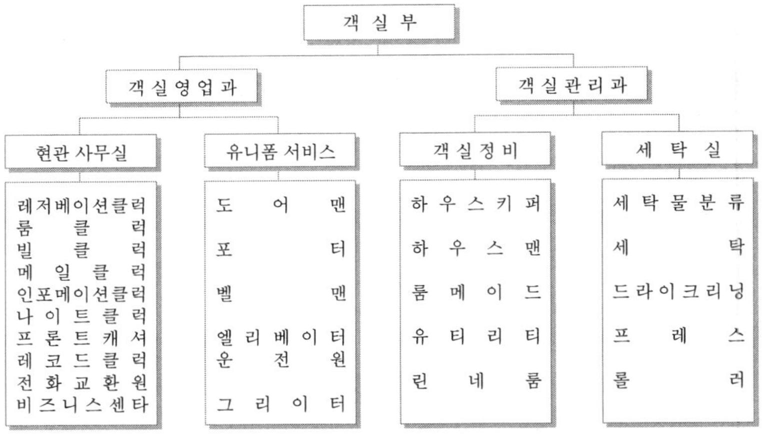

[그림 1–5] 우리나라 500실 이하 규모의 객실부 조직

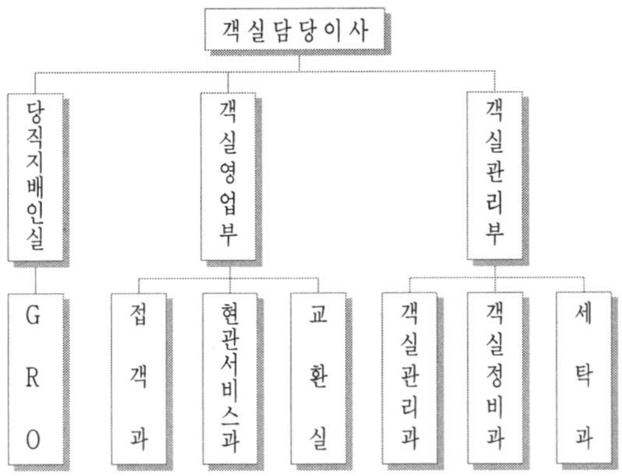

[그림 1–6] 우리나라 500실 이상 규모의 객실부 조직

호텔객실부문의 조직구성과 명칭 등은 나라마다 호텔마다 각기 다른 조직구조를 보이고 있으나 본질적 업무의 내용과 틀은 그대로 유지되고 있다.

호텔의 객실규모 300실 호텔의 경우 호텔객실부문의 조직부문의 구성을 보면 단일의 객실부에 객실영업과와 객실관리과로 나누고 있다. 객실영업과는 현관사무실과 유니폼서비스로 그리고 객실관리과는 객실정비와 세탁실로 구분하고 있다. 현관사무실은 예약담당 객실판매담당 서류담담 우편물담당 정보안내담당 야간담당 기록유지담당

환전 및 금전출납회계담당 통신교환담당 비즈니스센타 등으로 세분화시키고 있다. 유니폼서비스는 도어맨 포터 벨맨 승강기안내원 영접환송안내원으로 구분하고 있다. 한편, 객실정비는 하우스키퍼(객실정비총괄) 룸메이드(객실청소담당) 하우스맨(객실공공장소청소담담) 유틸리티(용품담당) 린넨실 등으로 나눈다. 세탁실은 세탁물분류 세탁 드라이크리닝 프레스(다림질) 롤러(대형보자기형 세탁물 다림질) 담당으로 구분하고 있다.

호텔의 객실규모 500실 이상 호텔의 경우 호텔객실부문의 조직부문의 구성을 보면 객실담당중역 아래 당직지배인실 객실영업부 객실관리부 등 크게 세 독립부서로 업무가 확장 분리되고 있음을 보인다. 당직지배인실에는 대고객도움실(GRO: Guest Relations Officer)이 있다. 객실영업부에는 접객과 현관서비스과 교환실 등으로 나누고 있다. 객실관리부는 객실관리과 객실정비과 세탁과로 나누고 있다. 호텔의 객실규모 300실 호텔의 객실부문보다 조직구성이 세분화되고 확장되어 있음을 알 수 있다. 예컨대 첫째, 당직지배인실의 기능이 별도로 독립되어 운영되고 있다. 둘째, 객실영업부는 접객과에서 유니폼서비스업무를 처리하고 현관서비스과에서 객실예약·판매와 관련된 전반적 업무를 다루고 교환실에서는 고객의 각종 인·아웃 통신업무를 총괄하는 것으로 각각 업무가 확장 및 세분화되고 있다. 셋째, 객실관리부는 객실관리과에서 모든 행정관리업무를 객실정비과에서 청소와 유지관리업무를 세탁과에서 세탁과 관련된 전반적 업무를 각각 총괄하는 것으로 업무가 확장 및 세분화되어 추진되고 있음을 나타내고 있다.

이와 같이 호텔객실부문의 조직구성은 호텔규모 객실수 경영형태 호텔특성 경영환경 등 다양한 요소에 의해 변화가 가능하나 기본적 조직구조의 틀은 유지되고 있다. 예컨대, 호텔규모와 객실수가 적은 호텔의 경우 호텔객실부문에 현관부문과 정비부문이 통합된 단일부서로 운영되며 호텔규모와 객실수가 큰 호텔의 경우 호텔객실부문의 기능이 현관부문과 정비부문으로 분리된 독립부서로 운영되고 호텔규모와 객실수가 더욱 커질수록 각 단위부서들이 세분화되고 독자적인 업무와 역할을 수행하는 부서로 발전한다. 한편 각 단위부서들의 명칭은 호텔마다 특성을 살려 다르게 표시하는 경우가 있으나 업무 고유의 내용과 성격은 크게 다르지 않다.

[그림 1-7] 컨시어지

4. 호텔고객의 순환과정

호텔객실부문에서 생산·판매하는 객실서비스상품을 이해하기 위해서는 고객이 객실서비스상품을 구매하기 이전단계에서부터 구매단계와 구매이후 소비과정 및 평가단계까지의 전 과정에 대하여 이해할 필요가 있다. 고객이 호텔에서 생산하여 판매 제공하는 특정 상품을 구매하기까지의 과정을 살펴보면 특정호텔이 제공하는 특정상품을 구매하기 위하여 사전에 충분한 정보탐색과정을 거쳐 구매하고자 하는 상품에 대한 구매가능여부를 확인하고 자신의 집을 출발하여(예컨대, 예약절차과정단계) 호텔에 도착하고(예컨대, 구매단계) 호텔에서 생산하여 판매하는 상품을 제공받고(예컨대, 소비단계) 호텔을 나서기까지(예컨대, 소비이후 평가단계)의 과정을 거친다.

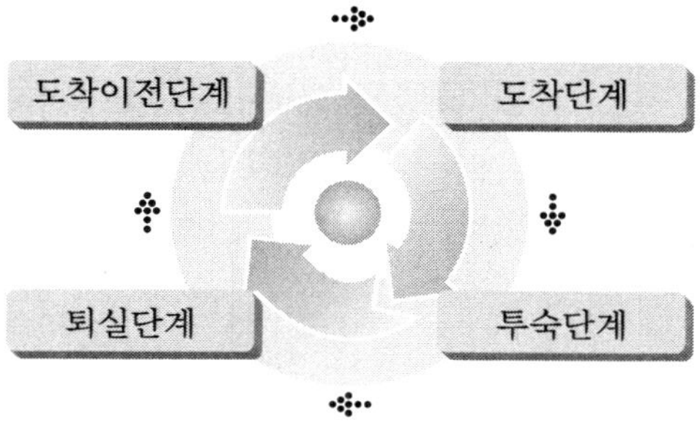

[그림 1-8] 호텔고객 순환과정

고객이 호텔객실상품을 구매하고 소비하는 과정을 호텔고객 순환과정(Hotel Guest Cycle)이라고 한다. 호텔고객 순환과정은 고객이 객실서비스상품의 구매와 소비과정을 하나의 주기 또는 순환과정으로 이해하는 개념이다. 이 순환과정은 고객이 특정호텔을 예약 또는 선택(예컨대, 비예약고객의 경우)하는 단계를 시작으로 구매와 소비를 완료하는 단계까지의 일련의 과정으로 구성된다. 전통적으로 호텔고객 순환주기는 호텔도착이전단계를 시작으로 호텔도착단계와 호텔숙박 및 체류단계를 거쳐 호텔을 떠나는 호텔퇴실단계 등의 네 단계로 구분하고 있다. 호텔은 호텔고객 순환과정의 각 단계별로 호텔객실부문은 객실서비스상품 제공과 관련된 모든 업무를 수행하게 된다.

1) 호텔고객 순환과정과 호텔프론트오피스 관련기능

고객순환과정은 도착이전단계 도착단계 투숙단계 및 체크아웃단계로 진행된다. 이 순환과정을 프론트오피스의 기능과 관련시켜 보면 다음과 같다.

첫째, 고객도착이전단계의 고객서비스과정에서는 고객의 예약서비스가 이루어진다. 둘째, 고객도착단계는 고객서비스과정의 입실과 관련된 등록서비스가 이루어지고 이때 고객회계계정과정에서는 고객신용계정등록서비스가 추가된다. 셋째, 고객투숙단계는 고객서비스과정의 투숙관련서비스가 이루어지고 이때의 고객회계계정과정에서는 고객이 이용한 서비스에 대한 요금부과서비스가 진행되고 추가로 야간에 회계계정에 대한 마감서비스가 추가된다. 넷째, 고객퇴실단계인 고객서비스과정의 체크아웃 관련 서비스가 이루어지고 고객관련자료가 데이터베이스화되며 이때 고객회계계정과정에서는 요금정산과 관련된 정리업무가 이루어진다. 다음의 [그림 1-9]는 고객순환과정에 따른 고객서비스와 회계계정업무를 보여주고 있다.

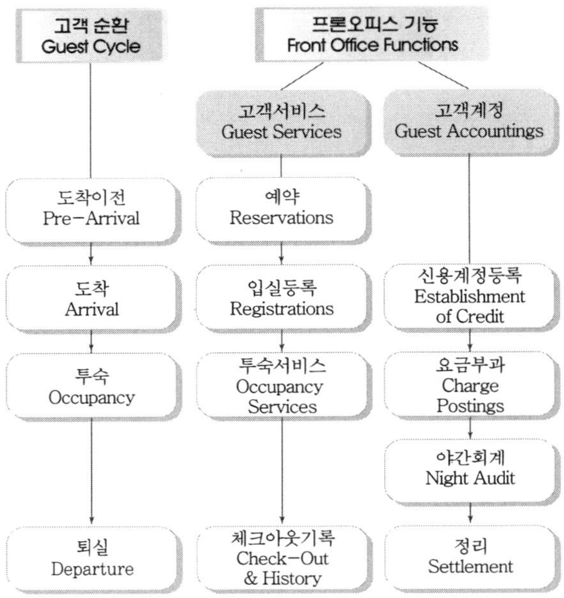

[그림 1-9] 호텔고객 순환과정과 호텔프론트오피스 관련기능(자료 : Kasavana & Brooks, 1998)

고객순환과정의 고객도착이전단계에서 고객은 투숙할 호텔을 선정한다. 고객의 선택은 호텔에 대한 이전의 경험 광고 호텔의 여행정책 여행사의 추천, 친구의 권유, 호텔의 위치, 호텔의 브랜드이미지, 여행자프로그램 등의 영향을 받을 수 있다. 예약담당직원 또는 프론트오피스직원은 고객과의 예약을 위한 접촉 시 호텔의 이용가능 부대시설 객실가격 무료제공시설 등을 어떻게 설명하는가에 따라 고객의 예약을 성사시킬 수 있다.

고객도착이전단계에서 취해야 할 주요 내용은 다음과 같다. 고객의 질문과 문의사항에 가급적 신속하고 정확하고 친절하게 응대하여야 한다. 예약정보의 적절한 활용은 매출증대의 중요한 요소가 된다. 예약과정에서 고객의 특별요청사항에 대한 조치와 가능 고객서비스를 제공한다. 예약을 재확인하고 고객관련 정보를 최대한 수집하여 고객관리를 위한 데이터베이스로 활용한다. 예약관련사항은 고객도착이전에 모두 배치 및 조치가 완료되어야 한다. 효과적 예약시스템을 이용하여 판매가능객실을 정확하게 확인하고 객실수입을 예측하고 객실판매를 극대화시킬 수 있다. 예약정보의 분석을 통해 프론트오피스 업무의 효율성을 제고할 수 있다.

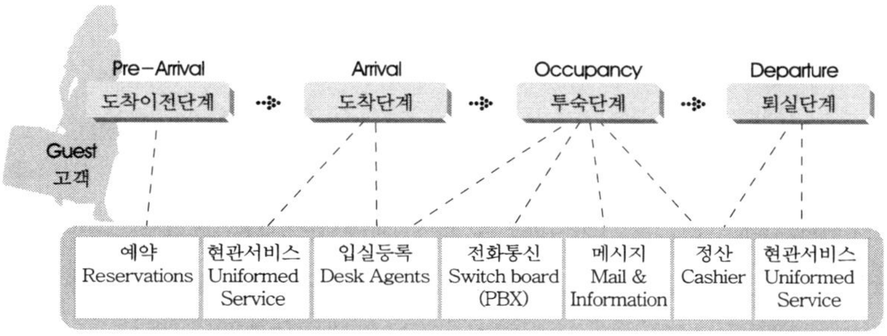

[그림 1-10] 고객순환과 상호작용

2) 호텔도착이전단계

고객순환과 관련서비스의 상호작용을 단계별로 보면 고객은 도착이전 호텔을 선택하고 다양한 방법을 통하여 예약관계를 설정한다.

[그림 1-11] 도착이전단계

(1) 호텔선택

고객이 특정호텔을 선택하는 의사결정은 다양한 요인들에 의하여 결정된다. 고객 자신이 투숙하게 될 호텔을 선택하는 데 있어 영향을 미치는 요인들을 살펴보면 과거의 여행 및 호텔투숙 경험, 언론매체를 통한 정보취득, 호텔의 촉진활동, 여행사의 촉진활동, 친구나 지인의 추천, 호텔의 위치 및 접근 편의성, 호텔의 명성 또는 유명 체인호텔 등 실로 다양하다. 또한 고객이 호텔 관련 정보를 탐색하는 과정에서 예약의 편리성, 예약담당자의 친절과 선택관련 정확한 정보의 제공 등 서비스제공자의 역할도 중요하게 작용한다. 이러한 측면에서 고객의 정보탐색 및 추구과정에 접하는 호텔관련 촉진활동이나 예약담당자의 고객응대자세는 단순히 주문을 받는 과정이 아니며 호텔매출창출의 기회가 될 수 있다. 때문에 호텔은 고객의 정보탐색과정에서 느낄 수 있는 호텔에 대한 첫인상을 긍정적으로 심어줄 수 있도록 고객접점의 제반사항을 철저하게 관리해야 한다.

(2) 호텔예약

호텔선택 관련 의사결정이 완료된 고객은 특정호텔에 예약을 의뢰하게 된다. 예약이란 고객이 특정호텔의 객실을 구매하겠다는 의사를 표시하는 것이다. 고객이 예약을 하면 예약담당자는 고객의 요구사항과 관련 전반적 내용을 검토하고 예약접수현황의 확인을 통한 예약접수가능여부를 파악하고 고객에게 예약관련 사실을 통보한다.

예약담당자가 호텔예약과정에서 살펴봐야 중요한 사항은 고객의 요구사항을 정확하게 파악할 수 있어야 하고 고객의 요구에 부응하는 상품을 호텔이 제공할 수 있는지의 여부를 판단하여 그 결과를 신속하고 정확하게 고객에게 전달해야 한다. 따라서 예약단계에서는 예약담당자의 업무능력이 매우 중요한 요소가 된다.

고객의 예약이 접수되면 예약담당자는 관련 서류를 작성하고 관련 부서의 모든 관계자들이 상시 열람하여 고객서비스에 차질이 없도록 준비하게 한다. 예약접수관련 서류의 작성은 고객투숙과정의 시작이라 할 수 있으며, 관계자들은 관련서류를 참고하여 적절한 인력배치와 시설계획 및 상품계획을 차질 없이 준비하여 고객이 요구하는 것 이상의 서비스를 제공할 수 있도록 해야 한다.

한편, 예약이 접수된 후 호텔 투숙이 임박해지면 예약관련사실의 확인 및 재확인 작업이 고객과 호텔예약담당자간에 이루어진다. 이 단계에서는 예약사실의 확인과 투숙기간 객실종류 객실가격 지불조건 특별요구사항 등의 핵심사항을 서로 확인하는 과정이다.

예약설정이 완료되면 고객의 도착에 따른 현관서비스가 진행된다.

예컨대, 이용 교통편의 확인을 통한 공항영접과 픽업서비스가 이루어지고 호텔도착에 따른 주차관련서비스와 도어서비스 리셉션서비스 벨서비스가 차례로 진행된다.

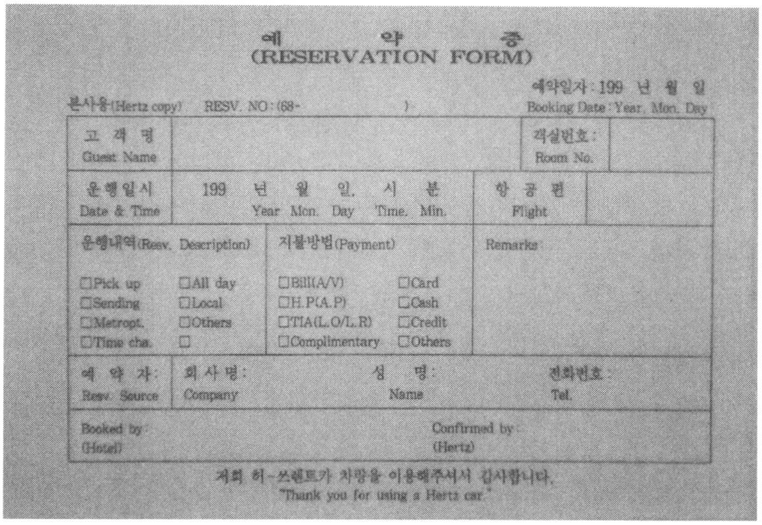

예 약 증
(RESERVATION FORM)

본사용(Hertz copy) RESV. NO:(68-)
예약일자:199 년 월 일
Booking Date:Year. Mon. Day

고 객 명 Guest Name
객실번호: Room No.
운행일시 Date & Time 199 년 월 일. 시 분 Year Mon. Day Time. Min.
항 공 편 Flight

운행내역(Resv. Description)
☐Pick up ☐All day
☐Sending ☐Local
☐Metropt. ☐Others
☐Time cha. ☐

지불방법(Payment)
☐Bill(A/V) ☐Card
☐H.P(A.P) ☐Cash
☐TIA(L.O/L.R) ☐Credit
☐Complimentary ☐Others

Remarks:

예 약 자: Resv. Source
회 사 명: Company
성 명: Name
전화번호: Tel.

Booked by: (Hotel)
Confirmed by: (Hertz)

저희 허-쓰렌트카 차량을 이용해주셔서 감사합니다.
"Thank you for using a Hertz car."

[그림 1-12] 호텔예약증

[표 1-1] 고객도착이전단계의 프론트데스크 직원숙지사항

프론트데스크담당직원	프론트데스크담당직원(EFL)
객실사항 숙지(판매가능객실/객실상황)	고객도착명단 숙지
객실무료제공품목 꽃 주문 등	VIP명단 확인
주요고객 객실배정 및 관련 코멘트 확인(보고서 참고)	특별고객인지사항 확인처리
VIP 응대요령 숙지	등록카드 확인
업무일지확인 및 관련사항 확인	객실배정
개별/단체 객실배정업 무처리	열쇠카드작성 발행
객실요금 변경	무료제공품 투입 및 확인
단체고객명단 확인 및 객실열쇠 준비	배정객실 하우스키핑 통보
객실요금 확인	
객실판매현황 파악	

3) 호텔도착단계

고객도착단계란 고객이 호텔에 도착하여 호텔투숙에 필요한 제반 사항을 등록하는 일련의 과정을 말한다. 이 단계에서는 고객 도착에 따른 현관서비스가 끝나면서 프론트의 입실등록서비스가 연속적으로 진행된다. 여기서는 고객등록업무와 관련된 다양한 업무가 진행된다. 고객의 예약정보에 따른 제반고객신상정보를 등록카드에 작성하고 지불방법 객실배정 등을 결정하고 서명절차를 마치면 객실열쇠를 벨서비스에게 룸슬립과 함께 인계하는 것으로 도착과 관련된 서비스가 종료된다.

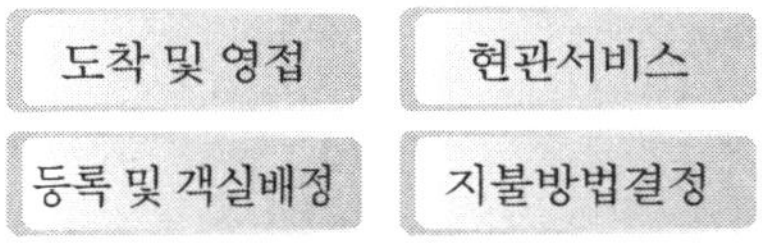

[그림 1-8] 고객도착단계

(1) 고객도착 및 영접

공항 또는 항구를 통해 입국한 예약고객은 대체적으로 입국장에서부터 호텔에서 파견한 안내요원으로부터 따뜻한 환영을 받고 계약내용에 따라 무료 또는 유료 교통수단을 이용하여 호텔로 안내된다.

입국장의 안내를 받지 못한 경우에는 개별적으로 다른 교통수단을 이용하여 호텔에 도착하게 된다. 호텔입구의 정원을 지나 호텔현관에 도착한 고객은 호텔현관의 영접안내원(도아 어텐던트:Door Attendent, Door Person or Door Man)으로부터 반가운 인사와 함께 주차서비스를 받게 된다. 이때 고객이 소지한 각종 수하물을 준비한 운반수레에 담아 현관의 벨서비스 담당자에게 인계한다.

또한 외부차량이나 영업용차량을 이용한 고객의 경우 만약의 수하물 분실사고에 대비하여 차량번호와 차량소속사를 확인하고 기록을 유지한다.

호텔에서 인정하는 귀빈의 경우에는 입국장과 현관 등 모든 관련

부서가 고객의 항공편 등 고객의 도착과 관련된 사항들을 수시로 확인하고 고객의 호텔도착과 객실투숙과정에 차질이 없도록 조치한다.

[그림 1-13] Door Man Service / KAL Limousine Bus Service

(2) 현관서비스

도아담당자로부터 고객의 수하물을 넘겨받은 벨서비스담당자는 고객의 수하물을 고객에게 확인하고 고객을 정중하게 프론트등록담당자에게 안내한다. 고객이 호텔프론트 등록데스크에 안내되어 관련 사항의 확인과 기록 및 객실배정과 지불방법을 거쳐 최종 입실절차가 완료되기 전까지 벨서비스담당자는 고객의 수하물을 보호하면서 고객의 뒤에서 대기한다.

고객의 모든 등록과정과 객실배정 및 지불방법이 결정되면 배정된 객실열쇠를 프론트등록담당자로부터 넘겨받아 고객에게 확인하고 고객을 해당 객실로 안내한다. 벨서비스담당자는 고객을 객실로 정중하게 안내하고 객실사용과 관련된 제반사항과 제공되는 부대서비스 및 주변 관광안내와 날씨 등을 안내한다.

또한 고객의 투숙과정에서 일어나는 각종 메시지의 전달과 기타 고객이 필요로 하는 요청사항을 전반적으로 해결하는 업무를 담당한다. 또한 고객의 퇴숙시 발생하는 일련의 사항을 고객이 호텔에 도착하여 입실까지의 과정과 반대로 고객서비스를 제공한다.

(3) 등록 및 객실배정

프론트오피스직원은 등록과정을 실행하기 이전에 고객의 예약상황을 확인하다. 예약이 된 고객은 이미 개런티가 된 경우이며, 예약이 되지 않은 고객은 예약없이 체크인하는 사례로 분류한다. 객실판매를 극대화하기 위해서 프론트데스크담당직원은 호텔의 객실유형과 객실가격, 제공가능한 고객서비스에 대하여 숙지하고 있어야 한다. 사전등록활동이나 체크인업무수행 시 완성되는 등록카드는 프론트오피스업무 수행에 필수적인 요소이다. 등록카드에는 고객이 요구하는 객실형태, 객실번호, 요금지불방법, 예정투숙기간, 보조침대, 선호객실, 특별요구사항, 주소, 전화번호, 국적, 여권번호, 회사명 등 관련사항을 확인하고 반드시 고객서명을 받아야 한다. 고객예약정보를 이용하여 각각의 고객에게 적합한 객실을 배정하고 객실가격을 조정할 수 있다. 객실과 객실가격의 배정은 예약정보(장기/단기 이용가능성 등)와 객실상태관련정보에 따라 달라질 수 있다. 하우스키핑에서는 객실판매를 최대화할 수 있도록 객실상황보고서를 신속하게 프론트데스크에 전달해야 한다. 객실을 배정할 경우 프론트데스크담당직원은 각각의 객실의 특징을 숙지하고 있어야 한다.

호텔객실예약을 한 고객은 호텔에서 미리 작성한 등록카드에 서명을 하게 된다. 호텔등록카드에는 고객과 관련된 다양한 정보를 기록할 수 있게 되어 있다. 이 카드에는 고객의 성명 고객주소 전화번호 이메일 여권번호(주민등록번호) 투숙기간 요금지불방법 고객별도요구사항 등 다양한 정보를 기록하게 되어 있다. 고객은 자신의 예약사항과 관련된 내용이 정확하게 기재되어 있는지를 확인하고 서명을 마치면 정식 거래관계가 형성된 것으로 간주한다. 프론트담당직원은 고객등록카드에 기록된 정보를 활용하여 고객이 요구하는 객실을 배정하고 기타 요구사항의 제공여부를 점검한다.

투숙단계에서는 현관안내서비스를 통하여 객실로 안내를 받은 고객은 공식투숙을 하게 되고, 이 단계에서는 고객이 투숙기간동안 이루어지는 다양한 업무가 입실등록업무에 추가되고 전화통신 메시지

송수신 관련서비스이용 객실정비서비스 정보이용 등 다양한 서비스를 받게 된다. 또한 투숙내용에 따라 선불정산 중간정산 신용정산 등의 체크아웃관련 정산업무가 이어진다. 투숙단계의 과정을 통해서 프론트데스크담당직원이 보여주는 태도는 호텔의 이미지를 나타내는데 있어서 매우 중요한 요소가 된다. 호텔의 많은 서비스 가운데 프론트데스크는 고객에게 다양한 정보와 물품을 제공한다.

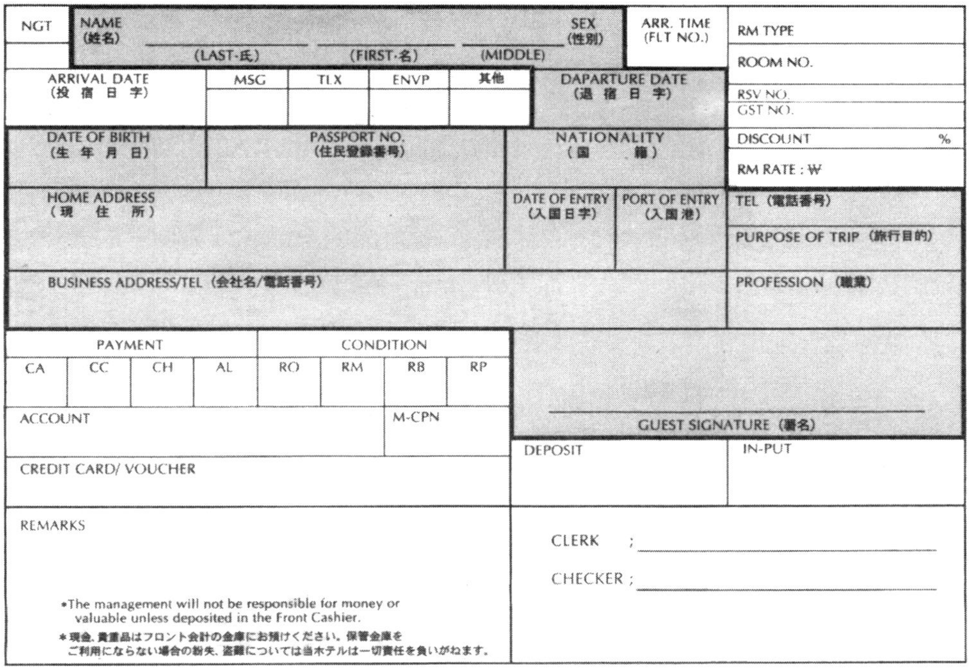

REGISTRATION CARD

NGT | NAME (姓名) (LAST·氏) (FIRST·名) (MIDDLE) | SEX (性別) | ARR. TIME (FLT NO.) | RM TYPE
ROOM NO.
ARRIVAL DATE (投 宿 日 字) | MSG | TLX | ENVP | 其他 | DAPARTURE DATE (退 宿 日 字)
RSV NO.
GST NO.
DATE OF BIRTH (生 年 月 日) | PASSPORT NO. (住民登錄番号) | NATIONALITY (国 籍) | DISCOUNT %
RM RATE : ₩
HOME ADDRESS (現 住 所) | DATE OF ENTRY (入国日字) | PORT OF ENTRY (入国港) | TEL (電話番号)
PURPOSE OF TRIP (旅行目的)
BUSINESS ADDRESS/TEL (会社名/電話番号) | PROFESSION (職業)

PAYMENT				CONDITION			
CA	CC	CH	AL	RO	RM	RB	RP

ACCOUNT | M-CPN
GUEST SIGNATURE (署名)
DEPOSIT | IN-PUT
CREDIT CARD/ VOUCHER
REMARKS
CLERK ;
CHECKER ;

*The management will not be responsible for money or valuable unless deposited in the Front Cashier.

*現金、貴重品はフロント会計の金庫にお預けください。保管金庫をご利用にならない場合の紛失、盗難については当ホテルは一切責任を負いかねます。

[그림 1-14] 호텔등록카드 견본1

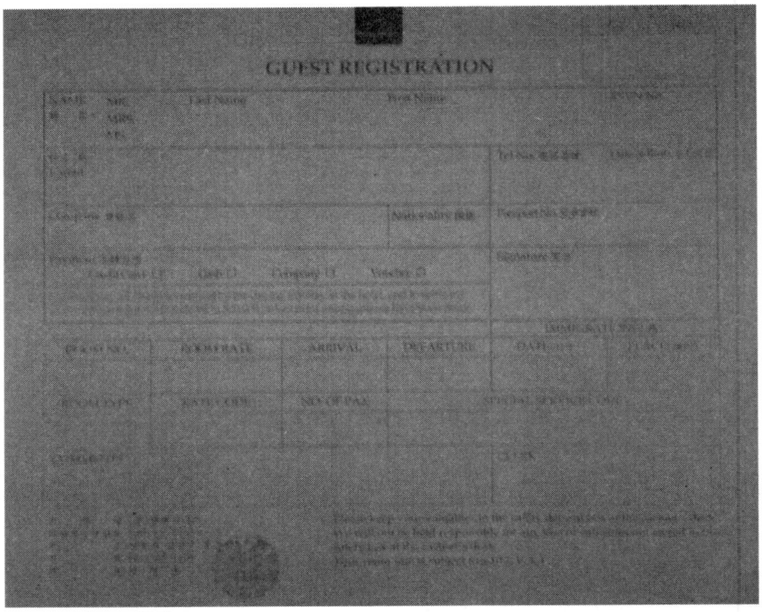

[그림 1-15] 호텔등록카드 견본2

(4) 지불방법 결정

객실배정이 완료된 이후 프론트데스크담당자는 고객에게 다시 한번 객실지불방법을 확인할 필요가 있다. 고객의 지불방법은 매우 다양한데 통상적으로 현금 또는 신용카드에 의하여 지불방법이 결정되지만 객실 및 식음료의 일부를 회사가 지불하고 일부만 자신이 지불하는 경우 또는 초청회사나 여행사가 전액을 지불하는 경우 등 지불방법과 지불형태가 서로 다른 경우가 많기 때문이다. 고객의 지불방법과 지불형태에 따라 관련 조치가 이어진다. 호텔의 회계기능은 각종 요금의 수납과정에서 시작되는데 고객이 지불방법을 신용카드로 결정할 경우 담당자는 카드의 유효성에 대한 사전 확인 검사를 통해 신용카드에 의한 지불가능유무를 고객에게 통보하고 사후조치를 취해야 한다. 또한 요금의 일부만을 자신이 부담하는 경우에도 어느 선까지 회사와 고객이 나누어 부담하는지에 대하여 정확하게 확인함으로서 요금정산시 발생가능한 문제를 사전에 제거해야 한다.

고객의 지불방법이 결정되면 객실열쇠와 호텔에 관련된 전반적 정보를 고객에게 제공하고 벨서비스에 의뢰하여 지정된 객실로 고객을 안내한다. 고객이 호텔객실로 안내되면 투숙단계로 들어가게 된다.

4) 호텔투숙단계

투숙단계는 고객이 호텔객실을 구매하여 숙박하는 기간동안 호텔에서 제공하는 각종 객실서비스를 소비하는 단계를 말하며 호텔체류단계와 고객가치창출단계로 나눌 수 있다.

호텔체류단계 | 고객가치창출단계

[그림 1-16] 고객투숙단계

(1) 호텔체류단계

호텔체류단계는 고객이 호텔객실서비스 가운데 가장 핵심 서비스를 소비하는 단계를 의미한다. 이 단계에서는 고객이 호텔에 숙박하는 기간동안 특히 숙박과 관련하여 고객의 불편사항이 발생하지 않도록 객실부분 담당자들의 노력이 요구된다. 프론트서비스 통신교환서비스 비즈니스서비스 객실정비서비스 세탁물서비스 각종 정보제공서비스 안전보호서비스 등 객실서비스와 관련된 다양한 서비스가 차질없이 제공될 수 있어야 한다.

호텔체류단계에서 호텔은 고객이 편안하고 안락하며 안전한 환경에서 마치 내 집에서 쉬는 듯한 휴식을 취할 수 있는 환경을 제공한 책임이 있다.

고객은 자신이 지불한 가격이상의 편익을 호텔에서 제공해주길 기대하며 자신의 지불가치를 극대화하려고 노력한다. 때문에 호텔은 고객이 자신의 지불가치 이상의 효익을 얻고 갈 수 있도록 가급적 최상의 서비스를 제공할 필요가 있다. 호텔체류단계에서 호텔이 고객에게 제공하는 서비스가 고객의 기대수준 이상일 때 호텔재구매의도와 추천의도 및 구전의도로 이어질 수 있고 신규고객 창출의 매개적 효과를 유도할 수 있다.

[표 1-2] 숙박단계의 프론트데스크 담당직원 숙지사항

프론트데스크담당직원	프론트데스크담당직원(EFL)
확인 및 관리	안내 및 전달서비스
메시지 확인(접수 전달 보관)	객실영접 및 환송서비스
열쇠 확인(1일 2회)	아침 차 제공 서비스
하우스키핑객실상황 보고서점검 (1일 1회)	무료제공품목 제공서비스 (꽃/과일/쿠키/초코렛/와인등)
부대시설 영업장발생 계산서 정리	라운지 및 데스크 장식용 꽃 확인
소모품 비품 재고관리	신문제공서비스
연박고객/체크아웃시간연장 고객확인 (13:30 이후 계속)	메시지/팩스 전달서비스
당일행사 확인	시내관광 안내 및 예약
등록카드확인/열쇠 확인	셔틀버스 안내
야간보고서 확인 (무료객실/호텔사용객실/VIP 등)	식당가 및 쇼핑센타 안내
매출액 확인	항공권 이벤트 영화 연극 등의 예약
노쇼/예약취소고객 확인	무료 제공품 기물수거
개별/단체 고객원장 확인	얼음 제공 서비스
예상 체크인객실 점검	
고객서비스	리셉션서비스
고객차량예약 확인	업무일지 확인
각종 전화응대 및 안내	메시지 팩스 접수 관리
고객요구 응대	비행기 예약 확인 구매 대행, 각종 안내서비스 제공
복사 메시지 팩스 우편 소포 업무	전화응대/영업장 부대시설, 계산서 정리
열쇠 복사	하우스키핑객실상황보고서 확인 및 인디케이터 수정
비행기 기차 고속버스 등 대중교통 안내 (예약/취소 등)	체크인 체크아웃업무 수행
페이징서비스(Screen Call) 및 호객행위 제한	연장 유무확인 및 열쇠사용여부 확인
예약/취소 서비스(호텔 내 영업장 부대시설 등)	쿠폰 할인 패키지티켓 관리
객실예약/취소 확인	환율확인/여신미결사항 확인 처리
특별고객카드서비스(신청 발급 주소변경 취소 등)	특별고객가입 권유
관광안내서비스	체크인고객등록카드/컴퓨터 비교확인
지불	고객계정 확인(직불 신용카드 후불 영업장 부대시설 등)
분실물처리안내(하우스키핑)	의전차량예약사항확인 벨데스크확인
셔틀버스서비스안내	신문제공객실확인/라운지 영업시작과 종료

프론트 내부 업무	라운지 업무
객실변경(Room Change)	조식 테이블 준비/식탁기물 준비
현금인수인계(전도금 포함)	라운지 오픈/조식시간 마감
정리정돈/청결 위생 등	신문진열상태 확인
환전업무 근무교대	라운지배치시설 기기상태 점검 및 확인(배터리 리모콘 등)
등록카드 접기	기물정리/각종 기물재고조사 및 교체
각종 쿠폰판매	린넨류 점검 및 수령
여신입금	커피 차 잼 버터 소스 등 재고조사및 수령
신용카드승인절차와 취소	셋팅준비/내프킨접기
프론트 장식용 꽃 확인 및 교체	해피아워정돈 및 오픈/종료
장기투숙고객명단 확인 정리	라운지 음료제공서비스 및 청소 정리정돈
신용카드계정 후불계정 실물 확인정리	라운지 화장실 상태점검 및 조치
수표 조회	세탁물 수거 배달 서비스
영업장 부대시설 등의 신용카드업무승인 대행	고객 구두닦기 서비스
제휴카드신청접수 안내 접수	객실설비 비품 소모품 확인, 하우스키핑 통보
연회행사관련 안내	라운지 카펫 전등 기타부분 수시 확인 조치
직불계정 정리	분실 습득물 하우스키핑 통보
고객원장 정리	이상 객실 수시 확인
고객대여기기 수거	데스크 주변 정리정돈 및 청소
실제 체크아웃고객 확인	우편 메시지 팩스 서비스
비숙박고객계정 정리	비서업무대행서비스
기타 영업장 부대시설 등의 계산서 정리	웨이크업콜 요청 고객명단작성 및 통보 수신여부 확인
내국인 외국인고객 국적 투숙목적 등 정리	웨이크업콜 수신여부 확인
해외사무소 예약망 보고서 송수신	객실열쇠 수거
야간 팩스확인 및 송수신	체크아웃객실 하우스키핑 통보
영업장 계산서 정리	연장체크아웃객실 하우스키핑 통보
쿠폰 할인 패키지 장부 정리	조기체크인고객배정객실 청소상태 및 이상 유무 확인
체크아웃 객실계정 파일 정리	
여행사 영수증 확인 및 전송	

(2) 고객가치창출단계

고객이 호텔에 투숙하고 있는 기간동안 고객은 호텔에서 제공하는 다양한 부대서비스를 함께 구매하고 소비하는 과정을 거친다. 고객은 객실에서 유료채널방송을 시청하고 인터넷서비스와 전화 등의 통신서비스를 이용하며 룸서비스와 미니바 이용 및 세탁물서비스 구두수선 신문제공 등의 다양한 서비스를 제공받는다. 또한 객실을 나서면 호텔내의 체력단련장(Fitness Center)에서 각종 체육시설과 수영 사우나 등을 이용하고 식당과 바 등에서 식사와 음료를 즐기며 기념품 등을 구매하는 등 소비활동을 수행한다.

고객이 다양한 호텔서비스를 구매하고 소비하는 과정에서 호텔은 고객의 욕구와 기대를 사전에 예견하여 그들의 욕구를 충족시켜주고 그들에게 기대이상의 서비스를 제공하는 등 고객의 편익을 최대화시키는 노력을 통해 고객이 자신의 가치를 창출할 수 있는 기회를 제공해야 한다. 호텔체류단계와 함께 고객가치창출단계는 호텔이 고객에게 제공하는 서비스를 통하여 고객만족을 실현함으로서 재구매의도와 구전의도 및 추천의도를 이끌어 내야 한다.

5) 호텔퇴실단계

고객이 호텔 투숙기간을 마치면 최종적으로 퇴실단계에 진입하게 된다. 퇴실단계에서 고객은 호텔서비스 이용에 따른 각종 서비스비용을 정산하며 객실열쇠를 반납하고 호텔을 퇴실하는 일련의 과정을 밟는다.

계산서제공 및 확인 | 정산 및 환송

[그림 1-17] 고객투숙단계

(1) 계산서제공 및 확인

고객은 호텔에 체류하면서 호텔이 제공하는 다양한 서비스를 구매하고 소비하는 과정에서 거래관계가 이루어진다. 고객이 호텔에 투숙하는 기간동안 발생하는 모든 거래는 프론트캐셔에 전달되어 자신의 계정에 집계되고 프론트회계담당자는 관련 업무절차에 따라 거래정보를 처리한다. 프론트회계담당자는 수시로 모든 고객에 대한 회계정보를 파악한다.

투숙단계를 마친 고객이 최종적으로 객실을 비우고 자신이 소비한 서비스요금에 대한 지불단계에 이른다. 고객이 호텔객실열쇠를 프론트데스크에 반납하면 회계담당자는 고객에게 호텔서비스이용 전반에 대한 요금이 기재된 계산서를 제공하고 고객은 이를 확인한다. 발행된 호텔서비스이용료에 대한 청구서는 고객의 확인 절차를 거친다. 호텔회계담당자는 고객의 지불방법을 확인하고 현금인 경우에 현금을 수납하고 신용카드인 경우에 신용전표를 발행하여 고객의 서명을 받아 입금 처리한다. 회계담당자는 입금 완료와 동시에 영수증을 발행하여 고객에게 제공하고 확인할 수 있도록 편의를 제공하고 고객은 영수증의 이상 유무를 최종 확인하는 것으로 모든 절차가 완료된다.

(2) 정산 및 환송

고객의 퇴실단계에 있어 정산의 의미는 고객의 퇴실에 따른 호텔서비스이용요금에 대한 청구와 수납을 완료하는 과정을 의미한다. 호텔회계담당자는 고객이 호텔서비스를 구매하고 소비한 내용 전반에 대한 이용금액을 고객에게 청구하고 지불조건에 맞게 수납처리 한다. 정산단계가 완료된 고객은 호텔 도착단계에서 받았던 따뜻한 영접관련서비스와 동일한 서비스를 벨서비스와 도아서비스를 통해서 받게 된다. 고객이 호텔에 투숙하여 떠나는 순간까지 최선을 다하여 현관서비스담당자들은 정산을 마친 고객에게 마음 가득 따뜻한 환송의 서비스를 제공하고, 호텔에서 경험한 아름다운 추억을 영원히 간직하고 다시 방문할 수 있도록 배려한다. 퇴실을 마친 고객이 호텔현관을 나섬으로서 모든 고객순환과정은 종료된다.

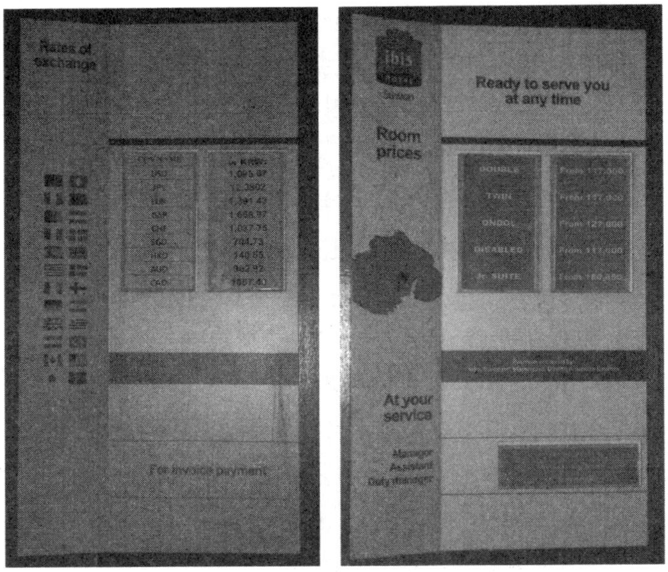

[그림 1-18] Exchange Rate / Room Price

제2절 호텔객실유형과 요금체계

호텔객실은 고객이 객실에서 생활하기에 불편함이 없을 정도의 편익을 제공할 수 있는 최소한의 생활공간을 확보하고 있고 가재도구와 집기비품 등의 생활용품이 비치되어 있다. 호텔의 객실유형은 객실면적, 객실배치, 침대크기, 침대수 등의 의하여 다양하게 분류하고 있다.

1. 경영상의 특성

1) 객실면적에 의한 분류

우리나라는 법적으로 호텔객실의 종류를 면적에 의하여 구분하고 있다. 호텔의 객실면적에 의한 분류를 보면 싱글베드룸(Single Bed

Room)은 최소 $13m^2$이상, 더블베드룸(Double Bed Room)과 트윈베드룸(Twin Bed Room)은 최소 $19m^2$이상, 그리고 스위트룸(Suite Room)은 최소 $26m^2$이상으로 각각 구분하고 있다.

싱글베드룸 최소 $13m^2$이상	더블베드룸 최소 $19m^2$이상
트윈베드룸 최소 $19m^2$이상	스위트룸 최소 $26m^2$이상

그림 1-19] 객실면적에 의한 분류

싱글베드룸 1인용 1개	더블베드룸 2인용 1개
트윈베드룸 1인용 2개 또 1,2인용 2개	트리플베드룸 1인용 3개 또는 1,2인용 3개
스튜디오베드룸 침대와 소파 겸용 사무실과 침실	스위트룸 고급객실 침대크기 수 다양

[그림 1-20] 객실침대 크기 · 수에 의한 분류

2) 침대 크기 및 침대 수에 의한 분류

① 싱글베드룸

하나의 호텔객실에 한 개의 1인용 침대가 있는 방을 의미한다. 대체로 혼자서 여행을 오신 고객이 숙박하기에 편리한 객실이다. 때문에, 침대의 크기는 1인용으로 가로×세로 각각 90×195(cm)이상으로 되어 있으며 싱글룸으로 부르기도 한다.

② 더블베드룸

하나의 호텔객실에 한 개의 2인용 침대가 있는 방을 의미한다. 두 사람이 같이 이용할 수 있는 방으로 대체로 부부 또는 연인 고객들이 숙박하기에 편리한 객실이다. 때문에 침대의 크기는 1인용침대보다 큰 2

인용침대로 가로×세로 각각 138×195(cm) 이상이며 더블룸으로 부르기도 한다.

[그림 1-21] [더블베드-더블베드룸]

[그림 1-22] 트윈베드-트윈베드룸

③ 트윈베드룸

하나의 호텔객실에 두 개의 1인용 침대가 있는 방을 의미한다.

두 사람이 같이 이용할 수 있는 방으로 대체로 가족 부부 연인 동성 등이나 단체 고객들이 동시에 숙박하기에 편리한 객실이다. 또는 개별(1인) 비즈니스 여행자들이 싱글베드룸보다 큰 객실을 선호하고 생활공간이 넓어 업무의 편리성이 확보됨으로서 자주 이용하기도 한다. 최근에는 1인용과 2인용을 각각 하나씩 두개의 침대로 배치한 경우도 볼 수 있다.

④ 트리플베드룸

하나의 호텔객실에 세 개의 침대가 있는 방으로 1인용으로 세 개이거나 2인용으로 세 개 또는 1인용과 2인용 침대가 세 개 있는 방을 의미한다. 세 사람 이상이 같이 이용할 수 있는 방으로 주로 가족 또는 단체 고객들이 동시에 숙박하기에 편리한 객실이다. 대체로 객실의 면적이 비교적 큰방으로 거실이 따로 마련되어 있는 경우가 많다. 가족단위 여행이 많은 휴양지호텔에서 흔히 볼 수 있다.

⑤ 스트디오베드룸

우리가 흔히 콩글리시로 얘기하는 원룸의 본래 의미가 스트디오베드룸이다. 하나의 호텔객실에 한 개의 1인용 침대가 있는 객실이지만 이 침대는 소파와 침대를 겸할 수 있도록 설계되어 있다. 좁은 객실공간을 넓게 활용하기 위하여 마련한 거실 또는 사무실 겸용 공간이라고 할 수 있다. 스튜디오베드는 낮에는 주로 소파로 사용하고 밤에는 침대로 사용할 수 있도록 만들어져 있다. 때문에 스튜디오베드룸은 하나의 객실공간을 낮에는 사무실이나 응접실 또는 거실과 같은 기능으로 이용하고 밤에는 침실기능으로 하는 도시형 업무용 객실과 같은 기능을 한다.

⑥ 스위트룸

호텔의 스위트룸은 고급객실을 의미한다. 스위트룸은 두 개 이상의 객실이 서로 하나로 연결되어 전체적으로 하나의 호텔객실을 이루는 형태를 말한다. 전체적으로 하나의 호텔객실을 개별단위로 나누어 침실 욕실 거실 응접실 회의실 사무실 주방 대기실 경호원 비서실 등 다양한 용도의 객실들이 객실 규모나 크기에 따라서 적절하게 배치될 수 있다. 스위트룸의 침대는 객실의 배치와 구성에 따라 1인용 2인용 등 침대의 크기나 수에 있어 다양하게 들어갈 수 있다. 때문에 스위트룸은 호텔마다 시설이나 크기 면적 배치 등에 있어서 매우 다양하고 각기 다른 형태의 스위트룸을 많이 보유하여 까다로운 고객의 욕구에 대응하고 있다.

3) 출입문에 의한 분류

① 커넥팅룸

복도를 끼고 인접해 있는 서로 다른 두개의 독립객실이 객실 내에서 두 객실을 왕래할 수 있도록 별도의 연결문으로 설계되어 있는 룸을 말한다. 셋 또는 넷 이상의 가족이나 일행고객이 한 객실에서 숙박하기 곤란할 때 커넥팅룸(Connecting Room)을 이용하면 가족이나 일행끼리 쉽게 왕래할 수 있고 때론 보호할 수 있도록 설계된 객실이다.

② 어드조이닝룸

하나의 독립객실이 두 개 이상의 룸으로 구성되어 있는 경우에 흔히 볼 수 있는 형태이다. 두 개 이상의 객실이 침실과 거실로 구성되어 있다면 거실에서 침실로 들어가는 데 문을 통해서 들어갈 수 있도록 설계되어 서로 독립된 공간으로 활용할 수 있게 만들어진 연결객실을 어드조이닝룸(Adjoining Room)이라 한다.

4) 객실요금체계

호텔의 객실요금체계는 호텔에 따라 매우 다양하게 운영하고 있다. 호텔이 객실요금을 결정하여 대외에 고시한 공표요금과 이 공표요금을 중심으로 상황에 따라 다양하게 운용하는 특별요금이 있으며 외에도 시간경과에 따라 요금을 추가로 적용하는 시간제 요금 등 기타 요금이 있다.

공표요금	특별요금	기타요금

[그림 1-23] 객실요금체계

(1) 공표요금

공표요금은 호텔이 객실료를 결정하여 대내외에 게시 또는 발표한 공고요금을 의미한다. 호텔에서 발행하는 각종 인쇄물과 보도자료에 객실요금을 게시하고 있으며 이를 공표요금(Tariff)이라 한다. 이 공고요금에는 호텔의 객실종류에 따른 요금을 제시하고 있다.

(2) 특별요금

특별요금은 호텔에서 발표한 공표요금에서 호텔의 영업정책상 경영환경과 상황에 따라 적절하게 적용되는 요금제도를 말한다. 호텔영업이 활성화되지 않는 비수기나 계절 또는 요일이나 호텔과 거래관계가 있는 회사나 단골고객 여행사 단체고객 등에 적용되는 요금체계를 말한다. 특별요금(Special Rate)은 따라서 공고요금에서 전액 또는 일정부분을 할인하여 적용하는 우대요금 또는 할인요금제도이다.

Holiday Inn HOTELS · RESORTS SEOUL

tariff 2003

ROOM RATES (EUROPEAN PLAN)

	Single Occupancy	Double Occupancy
SINGLE ROOM	₩200,000	₩220,000
DELUXE TWIN/DOUBLE	₩240,000	₩260,000
KOREAN STYLE	₩240,000	
SUPERIOR TWIN/DOUBLE	[illegible]	
CORNER SUITE	[illegible]	
GARDEN SUITE	₩900,000	

GROUP RATES
Available upon request.

CHECK IN/OUT TIME
12:00 noon.

FAMILY PLAN
No additional accommodation charge for children under 12 years when sharing room with parents.

GUEST ROOMS
362 elegant rooms and suites. All rooms have central air-conditioning & heating with individual temperature control, international direct dial phone, color T·V, radio, in-house movies, refrigerator with mini-bar, private bath with tub and shower.

FOR RESERVATIONS & INFORMATION
TEL : (02)7107-185~188 FAX : (02)715-9441

LOCATION
In the heart of the Mapo business district, only a 30 min. subway ride from Kimpo Domestic Airport to Mapo Station, next to the hotel.
Within a 5Km radius are the Youido financial district, City Hall and Itaewon-Seoul best shopping area.

GUEST SERVICE
Room Service, Laundry & Valet, FAX, Copier, Tour service, Rent-a-car, Free shuttle bus to Itaewon shopping area and Youido business district.

FACILITIES

Fitness Club, Sauna, Jogging Track, Barber Shop, Beautiness	3F
Grand Ball Room, 3 Medium-size Halls, 2 Banquet/meeting rooms	2F
Bakery, Gift Shop, Flower Shop	1F

RESTAURANTS & BAR

PATIO	Coffee Shop	1F
TIVOLI	Lobby Lounge	1F
LA STELLA	Italian Restaurant	1F
ASUKA	Japanese Restaurant	2F
WANG FU	Chinese Restaurant	B1
LEE WON	Korean ReStaurant	16F
SCORPIO	Bar	16F

Holiday Inn HOTELS · RESORTS SEOUL

169-1 Dohwa-dong, Mapo-ku, Seoul, Korea
TEL (02)717-9441 FAX (02)715-9441 Holidex : SEOSK
www.holiday-inn.co.kr
E-Mail : info@holiday-inn.co.kr

[그림 1-24] Room tariff – 호텔객실요금정가표

접대요금	할인요금

[그림 1-25] 특별요금

① 접대요금

호텔과 특수 관계에 있는 단골고객이나 특별히 우대 또는 접대해야 할 고객에 대해서 적용하는 요금제도를 의미하며 우대요금이라고도 한다. 우대요금은 호텔이 고객에게 제공하는 서비스에 대하여 요금을 받지 않는다는 뜻으로 일종의 무료라는 개념으로 사용된다. 우대요금(Complimentary) 또는 접대요금은 호텔과 고객과의 관계정도에 따라 호텔에서 제공한 모든 서비스에 적용할 수 있고 부분상품에 제한하여 운용할 수 있다. 예컨대 이 요금제도는 호텔에서 초빙한 고객이나 단체를 동반한 인솔자 등에게 적용될 수 있다.

② 할인요금

호텔이 경영환경에 따라 적절하게 공표요금을 할인하여 적용하는 요금제도를 말하며 상업할인요금 계절 또는 주말할인요금 단체할인요금 단체인솔자할인요금 묶음할인요금 상향배정할인요금 등이 있다.

상업할인요금	단체할인요금	묶음할인요금
계절주말 할인요금	단체인솔자 할인요금	상향배정 할인요금

[그림 1-26] 할인요금

ⓐ 상업할인요금

상업할인요금은 호텔과 거래관계에 있는 회사 기관 단체 등과의 협약관계계에 따라 또는 상업을 목적으로 장기 투숙하는 고객에게 적용하는 할인요금제도로 커머셜레이트(Commercial Rate)라고 한다. 이 요금제도는 업무적 이용이 많은 도심지호텔에서 주로 채택되어 운용되고 있다.

ⓑ 계절 또는 주말할인요금

영업이 활성화되지 않는 비수기에 적용되는 요금제도로 계절별 요일별 고객의 이용률이 낮은 시기에 공표요금보다 낮은 가격을 책정하여 운용한다. 도심지호텔이나 휴양지호텔 등은 호텔특성에 따라 계절이나 요일에 따른 영업변동이 심하기 때문에 고객확보와 매출활성화 차원에서 운용하는 할인요금제도이다. 계절 또는 주말할인요금(Seasonal Rate)제도를 우리나라에서 보면 도심지호텔의 경우 주말 또는 비수기인 여름과 겨울에 적용하고 휴양지호텔의 경우 주중 또는 봄과 가을에 적용하고 있다.

ⓒ 단체할인요금

단체고객의 경우 호텔가동률을 높여 매출액에 대한 일시적 기여도가 상대적으로 높기 때문에 동행 일행의 수가 일정 인원을 초과할 때 일반 공고요금보다 낮은 가격을 책정하여 운영한다. 단체할인요금(Group Rate)은 단체고객의 인원수에 따라 할인율을 차등 적용하기도 한다.

ⓓ 단체인솔자할인요금

단체고객을 인솔하는 관광안내자 또는 여행사 직원에 대해서 일반 공고요금을 전액 또는 일부분 할인해주는 요금제도이다. 단체인솔자할인요금(Guide Rate)은 호텔에 따라 또는 계약조건에 따라 인솔하는 단체고객의 인원수에 따라 할인 적용기준을 달리하는 경우도 있다.

ⓔ 묶음할인요금

호텔이 고객유치와 매출증대를 목적으로 주로 영업이 비활성화되는 비수기에 적용하는 요금정책으로 여러 가지 개별 상품을 하나로 묶어 각각의 개별상품을 모두 따로 지불했을 때보다 상대적으로 낮은 가격으로 책정하여 운영하는 요금제도이다. 묶음할인요금(Package Rate)은 비수기에 고객을 유치하기 위하여 예컨대 객실요금에 사우나와 헬스 아침식사 등을 묶어서 하나의 단일 상품으로 할인 판매하는 경우에 해당하는 것으로 개별상품을 각각

이용했을 때보다 훨씬 낮은 가격으로 운영하는 제도이다.

ⓕ 상향배정할인요금

호텔이 고객과의 호텔객실이용과 관련한 거래약정(예약) 관계에서 지정기일에 고객이 원하는 방이 모두 판매되어 제공할 수 없으나 고객이 요구하는 방보다 규모가 크거나 비싼 고급 객실은 여유가 있을 때 고객과의 약속을 지키기 위해 예약당시의 가격으로 객실을 제공하는 경우에 해당하는 요금제도이다. 고객의 입장에서는 자신이 지불하기로 했던 동일가격으로 보다 비싼 객실을 이용하는 혜택을 누릴 수 있게 된다. 하지만 호텔의 입장에서는 해당객실을 고객에게 판매하지 않고 다른 고객에게 판매했을 경우에 훨씬 비싼 가격으로 판매할 수 있음에도 불구하고 낮은 가격으로 제공했기 때문에 고객에게 할인혜택을 제공한 것이 된다. 상향배정할인요금(Up Grading Rate)은 호텔이 고객과의 계약관계를 지키기 위해 예약된 객실이 없을 경우 예약객실 보다 비싼 객실을 동일가격으로 할인하여 제공하는 경우에 해당한다.

③ 기타요금

기타요금제도는 첫째, 시간경과에 따라 요금을 적용하는 방법이 있다. 둘째, 고객이 호텔에 이른 새벽시간이나 예약종료시간 이후, 또는 예약시간보다 이른 시간에 도착한 경우에 적용하는 요금제도가 있다. 셋째, 객실배정을 받고 객실을 사용하지 않았을 때 적용하는 요금제도가 있다. 넷째, 객실예약을 하고 계약조건을 파기하였을 때 적용하는 요금제도 등이 있다.

주간사용요금 | 심야입실요금 | 지정객실요금 | 취소요금

[그림 1-27] 기타요금제도

ⓐ 주간사용요금

고객이 호텔객실을 일정 시간만을 부분적으로 이용할 경우에 적용하는 요금제도를 말한다. 주로 낮 시간대에 적용하며 일정

제한된 시간만을 이용하고 공표요금의 일부만을 지불한다. 주간 사용요금(Part Day Rate/Day use)제도는 도심지 호텔의 경우 짧은 시간대에 업무를 보기 위하여 또는 휴식을 갖고자 이용하는 경우가 있으며 또는 출국장 주변 호텔의 경우 출발 비행기 시간을 맞추기 위하여 잠시 이용하는 경우에 적용하는 요금제도이다.

ⓑ 심야입실요금

고객이 호텔객실을 예약한 후 예정시간에 도착하지 않고 한밤중 또는 새벽에 입실한 경우에 적용되는 요금제도를 의미한다. 호텔은 고객과의 예약사항을 준수하기 위하여 예약객실을 판매하지 못하고 비워둠으로서 실제 판매가 이루어지지 못하여 손실이 발생한 경우에 해당한다. 심야입실요금(Midnight Charge)은 호텔의 퇴실시간은 정오를 기준으로 하고 있으므로 호텔은 자정을 넘어 투숙하는 고객에게 통상적으로 전날 발생한 객실요금과 오늘 새벽에 발생한 당일 요금을 합쳐 2일분의 요금을 적용한다.

ⓒ 지정객실요금

고객이 호텔에 정상적으로 입실하였으나 잠을 자지 않고 빈방상태로 있는 경우, 또는 예약고객이 실제로 호텔에 도착하지 않아 빈방상태로 있으나 객실이 예약된 고객으로 판매되어 정상적으로 요금청구가 이루어진 경우에 적용되는 요금제도를 의미하며 홀드룸차지(Hold Room Charge)라고도 한다. 전자의 경우는 고객이 호텔에 도착하여 수하물 등 고객이 호텔객실에 입실하고 나서 출장 등 기타 용무로 다른 곳에서 숙박을 하는 경우에 발생한다. 후자의 경우는 고객이 자신의 사정으로 예약당일에 입실하지 못하고 다음날 입실할 경우에 발생한다. 지정객실요금제도는 어느 경우에든 해당 고객에게 정상적 거래요금을 부과하게 된다.

ⓓ 취소요금

고객이 호텔에 투숙하겠다는 거래관계(예약)를 설정하고서 예약관계를 파기할 때 적용하는 요금제도를 의미한다.

취소요금제도(Cancellation Charge)는 고객은 자신의 필요에 의하여 호텔과 객실사용 관련 거래관계를 설정하였으나 고객이 일방적으로 예약을 취소함으로서 호텔이 그 객실을 다른 고객에게 판매할 수 있는 기회를 상실하게 하여 호텔에 손실을 입게 하였으므로 그 손실부분을 예약고객에게 청구하는 요금제도를 말한다. 호텔의 입장에서 본다면 그 객실이 예약에 묶이지 않았다면 다른 고객들의 판매요구에 응할 수 있었으므로 호텔이 객실판매를 하지 못하여 손해를 입지 않았을 것이기 때문이다.

5) 숙박형식에 따른 요금제도

호텔이 투숙고객에게 숙박형식에 따라 적용하는 요금제도는 크게 유럽식과 미국식으로 구분할 수 있다. 숙박형식에 따른 요금제도는 객실요금과 식사요금을 분리하느냐 아니면 포함하느냐와 관련된다. 객실요금을 식사요금을 별도로 분리하여 적용하면 유럽식 요금제도가 되고, 반대로 객실요금에 일일 세끼의 식사요금을 포함하여 적용하면 미국식 요금제도가 된다. 한편 객실요금에 대륙식 아침식사 요금을 포함하면 대륙식 요금제도라고 한다. 또한 객실요금에 일일 두끼의 식사요금을 포함하여 적용하면 수정미국식 요금제도라 부른다.

제3절 호텔객실 현관서비스

1. 경영상의 특성

1) 현관서비스의 개념

현관서비스는 고객이 호텔에 도착하여 숙박을 마치고 퇴실할 때까지의 과정 동안 현관에서 고객을 맞이하고 현관에서 고객을 환송하는 일을 전반적으로 담당한다. 현관서비스는 고객에게 호텔서비스에 대한 첫 인상과 마지막 인상을 심어주는 아주 중요한 부분이다.

현관업무는 일종의 유니폼서비스(Uniformed Service) 부분이라고 하는데 크게 도어서비스(Door Service)와 벨서비스(Bell Service)로 구분할 수 있다. 최근에는 많은 호텔들이 기존의 벨서비스의 기능을 확장하여 컨시어지서비스(Concierge Service)로 개편하고 있는 추세이다. 한편 현관서비스는 호텔의 규모나 경영형태에 따라 독립부서로 또는 프론트오피스에 예속되어 운영되기도 한다.

2) 현관서비스의 조직

① 현관서비스지배인(Front Service Manager)

현관서비스의 책임자로 외국어 구사능력을 갖추고 호텔현관 업무의 지휘 감독 교육을 담당한다. 지배인은 휘하 모든 직원과 시설 안내 VIP 영접환송 고객관리 등을 관장하고 연결부서간 유기적 관계를 유지하며 각종 자료를 집계하고 업무 관련 제반사항을 상부에 보고하는 책임을 진다.

② 도어서비스(Door Service)

도어서비스직원은 호텔을 방문하는 고객을 최초로 맞이하는 접객담당으로 현관에서의 주차관리 고객영접 안내 차량통제 출입문개폐 차량분실물관리 차량관리 영접·환송 및 주차대행서비스(Valet Service) 등을 담당한다.

③ 벨서비스(Bell Service)

도어서비스와 연계하여 고객의 수화물을 챙기고 고객을 프론트로 안내하며 등록을 마친 고객을 다시 객실로 안내하는 제반업무를 수행하며 고객이 체크아웃할 때는 역순으로 업무를 진행 처리한다. 각종 메시지의 전달과 고객 요청에 따른 다양한 부가서비스 로비관리 수화물보관 및 관리 등의 업무를 담당한다.

④ 페이징서비스(Paging Service)

고객요청에 따라 고객을 찾아주는 서비스로 페이징보드(Paging Board)를 이용하여 고객을 찾는다.

⑤ 엘리베이터서비스(Elevator Service)

승강기를 이용하는 고객의 영접과 환송을 담당하며 고객의 안전과 정숙을 위해 승차인원 금연 질서 실내환경 안전사고 등의 예방관리 업무를 담당한다.

⑥ 컨시어지서비스(Concierge Service)

고객안내 정보제공 수화물관리 메시지/기타통신문 전달 체크인아웃보조 관광정보안내 로비관리 행사일정안내 쇼핑 식당 렌트카 항공권 VIP서비스 등 주로 고객편의제공 업무를 담당한다.

⑦ 수화물서비스(Porter Service)

고객의 수화물을 송달 전달하는 제반업무를 담당한다. 공항 항구 터미널 호텔 지정장소 등으로 운반하는 업무를 수행한다.

⑧ 고객관계서비스(GRO: Guest Relations Officer Service)

각종안내 정보제공 쇼핑 식당 렌트카 항공권 VIP서비스 익스프레스체크인 리피트고객체크인 등 고객편의업무와 고객관계를 개선하는 업무를 담당한다. 고객관계서비스는 호텔의 경영형태에 따라서 편제를 당직지배인실에 두기도 한다.

3) 현관의 부문별 서비스

① 도어서비스

도어서비스는 고객이 차량 또는 도보를 이용하여 호텔입구에 들어서는 순간 첫 번째로 만나는 호텔접객선상에 위치하며, 고객이 호텔 이용을 마치고 떠날 때 마지막으로 만나는 호텔접객선상에 있기 때문에 고객에게 첫 인상과 마지막 인상을 심어줄 수 있는 매우 중요한 서비스라고 할 수 있다.

도어서비스를 총괄하는 담당자를 도어매니저(Door Manager) 또는 도어캡틴(Door Captain)이라 하고 호텔입구에서 고객을 맞이하는 접객담당자를 도어어텐던트(Door Attendant)나 도어퍼슨(Door Person) 또는 도어맨(Door Man)이라 한다.

도어접객담당자는 호텔의 규모나 업무량의 크기에 따라 고객차량을 유도하고 관리하는 주차유도담당자(Parking Service), 고객차량에 대한 주차대행서비스를 전담하는 주차대행담당자(Valet Service), 고객수하물운송을 전담하는 수하물운송담당자(Porter Service), 무료나 유료버스를 이용하여 고객운송을 담당하는 고객운송서비스담당자(Limousine Service), 고객영접환송을 전담하는 고객영접환송담당자(Reception Service) 등으로 세분화 된다.

도어서비스담당자는 고객에게 이동수단과 관련된 차량의 편의를 제공하는 것을 주 업무로 한다. 차량의 원활한 소통을 우한 차량통제와 유도업무, 귀빈의 영접과 환송에 따른 귀빈차량 관리업무, 차량을 이용하여 이동하고자 하는 고객을 위한 차량수배업무, 고객수하물의 상하차와 운반을 돕는 운송업무, 이동 목적지에 대한 교통정보제공 및 안내업무, 주차구역의 안전과 청결유지를 위한 청결안전관리업무 등 다양한 업무를 전담 처리한다.

도어서비스 | 벨·컨시지어 서비스

[그림 1-28] 현관서비스

② 벨·컨시어지서비스

벨서비스는 호텔 숙박을 위하여 현관을 들어서는 고객과 두 번째로 만나는 접객선상에 있으며, 또한 퇴실을 위하여 호텔을 나서는 고객을 마지막 전 단계에서 환송하는 접객선상에 위치한다.

고객은 호텔에 도착하는 순간 제일 먼저 도어서비스를 제공받게 되며 서비스의 중단 없이 현관에 들어서는 순간부터 객실에 입실할 때까지 연속적으로 후속서비스를 제공받는데 이 단계의 서비스를 벨서비스라고 한다. 또한 고객은 호텔투숙을 마치고 떠나는 과정에서 호텔객실로부터 도어서비스가 제공되는 시점까지 부수되는 전반적 서비스를 제공받게 되는데 이 단계의 서비스도 마찬가지로 벨서비스라고 한다.

벨서비스업무를 총괄하는 접객담당자를 벨매니저(Bell Manager) 또는 벨캡틴(Bell Captain)이라 하고 일선에서 벨서비스업무를 담당하는 접객업무담당자를 벨어텐던트(Bell Attendant)나 벨퍼슨(Bell Person)

또는 벨맨(Bell Man)이라 한다. 또한 현관에서 고객을 영접하고 환송하는 서비스를 전담하는 담당자를 고객영접환송전담안내원(Receptionist)이라 하고, 승강기를 이용하여 고객의 안전이동과 승하차를 돕거나 귀빈 등의 고객안내를 전담하는 담당자를 승강기전담안내원(Elevator Operator)이라 한다.

벨서비스는 다양한 고객관련 서비스를 제공한다. 도어서비스로부터 고객수하물을 넘겨받아 보관하거나 고객객실로 운송하는 보관운송업무, 고객의 등록을 퇴실을 돕는 보조업무, 고객을 객실로 안내하고 객실이용관련 정보를 제공하는 안내업무, 고객의 우편물 소포 수하물 메시지 신문제공 구두수선 잔심부름 등과 관련된 배달 및 편의제공업무, 페이징서비스(Paging Service), 날씨정보 교통정보 관광정보 행사정보 티켓예매 등의 정보제공업무 등 다양한 업무를 전담 처리한다.

최근에는 고객의 요구사항이 다양해지고 고객에게 보다 많은 정보와 편의를 제공하기 위하여 호텔의 규모나 업무량의 크기에 따라 기존의 벨서비스의 기능에 각종 정보제공서비스를 추가하여 컨시어지서비스로 개편 운용하는 호텔들이 증가하고 있다.

2. 프론트오피스

1) 프론트오피스의 개념

프론트오피스는 숙박객안내, 호텔이용객 안내, 수하물운반/보관, 부대시설이용안내, 현관로비의 청결, 고객요청에 따른 제반 서비스를 제공하는 업무를 담당한다. 호텔프론트는 고객이 가장 먼저 접촉하게 되는 부서이며 모든 업무의 중심이 되는 중추적 역할을 하는 곳으로 객실수입이 부가가치 측면에서 호텔경영의 가장 큰 비중을 차지하는 곳이다. 객실예약 숙박등록 객실배정 정보안내 객실정비 체크아웃 출납업무 서비스 등이 이루어지는 호텔의 얼굴인 동시에 모든 정보의 중심이 되는 장소이다

이처럼 프론트오피스는 상품으로 생산된 객실상품을 판매하고 관

리하는 일련의 업무를 담당하는 중요한 부서이다. 프론트오피스는 객실예약업무를 전담관리하는 예약부서, 객실판매를 전담관리하는 판매부서, 고객의 내외부 통신전달을 전담관리하는 통신교환부서, 객실판매에 따른 각종 요금수납 업무를 전담하는 회계부서 등으로 구성되어 있다. 또한 호텔의 규모와 경영형태에 따라 현관서비스와 후술하게 될 객실생산과 객실 및 호텔관리 업무를 전담하는 객실정비서비스가 프론트오피스에 포함될 수 있다.

한편, 프론트오피스는 고객순환과정에 따른 고객의 욕구를 충족시키고 상품으로 생산된 객실상품을 원활하게 판매하기 위하여 내부조직은 물론 현관서비스와 객실정비서비스 등의 외부 독립조직과 상호 긴밀한 유기적 관계를 형성해야 한다.

[1-29] 프론트데스크-Check In

2) 프론트오피스의 조직

① 프론트오피스지배인(Front Office Manager)

프론트오피스의 책임자로 외국어 구사능력을 갖추고 호텔프론트오피스 업무의 지휘 감독 교육을 담당한다. 지배인은 휘하 모든 직원과 시설 설비 객실판매 예산수립집행 고객관리 수익통계 등을 관장하고 연결부서간 유기적 보완적 관계를 유지하며 각종 자료를 집계하고 업무 관련 제반사항을 상부에 보고하는 책임을 진다.

② 예약담당(Reservation Service Agents)

숙박예약접수와 확인통보업무를 이행하고 예약사항을 정확하게 기록유지하고 판매담당자에게 통보한다.

③ 판매담당(Sales Service Agents)

객실을 판매하고 숙박(Check-In)과 체크아웃(Check-Out) 관련 업무와 기록(Record) 보고(Report) 등의 업무를 담당한다.

④ 안내담당(Information Service Agents)

호텔내 식당과 부대시설 상품 운영시간, 호텔외부의 주요시설 관광지 교통 등 전분야의 해박한 식견을 고객에게 제공하는 업무를 담당한다.

⑤ 우편물담당(Mail Service Agents)

고객에게 제공할 우편물 메시지 등 각종 전달물품의 접수와 송달, 발송물의 접수와 발송업무를 담당한다.

⑥ 야간담당(Night Service Agents)

야간업무를 총괄하고 객실열쇠 판매현황 야간고객불평사항 등의 처리업무 등을 담당한다.

⑦ EFL서비스(Executive Floor Lounge Service)

호텔의 EFL은 항공사의 이제큐티브/비즈니스클래스(Executive Business Class)와 비슷한 개념이다. 항공사의 비즈니스클래스는 가격 서비스 등 각종 편의제공이 일등석과 이코노미석의 중간으로 편안하고 세심한 배려를 제공한다. 호텔에서 EFL은 보다 편하고 안락하며 고급 특별서비스(신속한 체크인/체크아웃 서비스, 식사와 음료제공, 항공권예약대행, 일반비서업무대행, 회의실제공 등 다양한 편의서비스를 제공)를 제공하는 업무를 담당한다.

[1-30] Business Center

3) 기타 프론트오피스 관련 조직

야간당직지배인은 호텔규모와 경영형태에 따라 프론트오피스 조직 내에 포함시키거나 별도의 독립부서로 운영한다.

① 야간당직지배인(Night Duty Assistant Manager Service)
총지배인을 대신하여 야간업무를 총괄한다. 호텔의 전반을 관리하며 야간영업 부대시설 안전보안관리 등 호텔 전 부문을 총괄한다.

4) 프론트오피스의 부문별 서비스

(1) 예약서비스(Reservation Services)

① 예약서비스의 개념과 역할
호텔서비스의 특징은 무형성과 함께 저장불가능성과 이동불가능성 등 소멸성을 전제로 하고 있다. 따라서 당일 판매되지 못한 객실상품은 이동과 저장이 불가능하여 그 가치가 소멸되고 만다. 호텔객실은 대표적 소멸성 상품의 하나이기 때문에 일반 제조업 공산품처럼 시장에 물건을 진열하고 광고를 통하여 판매할 수 있는 상품이 아니다. 이처럼 호텔객실상품은 제조업 공산품과 달리 주로 예약에 의하여 판매가 이루어진다. 따라서 객실판매와 관련한 예약서비스는 호

텔경영의 성패를 좌우하는 매출액을 결정하는 매우 중요한 요소의 하나라 할 수 있다.

예약서비스는 호텔을 이용하고자 하는 고객이 투숙 전에 다양한 방법을 통하여 객실이용을 약속하는 것과 관련된 업무를 말한다. 호텔은 연중무휴로 운영되고 많은 객실을 상품으로 판매하는 특성 때문에 예약에 의한 판매가 주종을 이루고 있다. 객실예약은 주로 전화, 서신, 팩스, 이메일, 여행사, 직접방문 등 다양한 경로를 통하여 접수되기 때문에 제반사항을 정확하게 접수 기록 정리 보관 확인하는 과정을 통하여 고객의 숙박과정에 불편사항이 유발되지 않도록 세심한 주의를 필요로 한다.

예약고객은 크게 개별고객(FIT: Free Independent Traveller)과 단체고객(GIT: Group Independent Traveller)으로 나눌 수 있다.

② 예약업무(Reservation Service)

예약방법은 직접예약과 간접예약이 있으며, 예약담당은 호텔판매상품에 대한 풍부한 지식과 경쟁자상품분석 업무정확성 일반관광에 대한 충분한 지식이 있어야 한다. 예약과 관련하여 연관되는 다양한 부수 업무가 수반하기 때문에 관련 담당 부서와 유기적 연결관계를 유지 처리하여야 한다.

③ 예약경로와 예약보증유형

예약경로는 전화, 국내외지사, 예약망, 판매직원, 팩스/텔렉스, 인터넷, 여행사, 우편, 직접방문 등 다양하게 이루어진다. 예약보증유형은 선납, 선수금, 보증예약, 신용카드, 여행사, 거래회사약정, 개인후불 등 이 있다. 한편 비보증도 있다.

④ 예약절차(Reservation Process)

예약신청자의 성명, 연락처, 접수자, 성명, 객실의 종류, 요금, 예약일시, 도착시간, 도착일자, 이용교통편 출발일시, 이용교통편, 지불조건, 지불방법, 특별요구사항 등을 확인하여야 한다. 예약요청에 따른 객실 수급사정을 감안하여 수락 거절 등을 통보하고 전체예약상황과 오차 등을 최소화하며 예약변경 취소 특별요구사항 등 관련사항을 판매직원에게 통보한다.

예약의 조정과 관련하여 VIP 단골고객(Repeating Guest) 거래회사 단체 개인 투숙기간 등을 고려하여야 한다. 초과예약에 따른 예상되는 문제점과 처리방법과 노쇼고객(No-Show)의 처리방법을 숙지하여 한다. 초과예약의 경우 수준이 비슷한 인근호텔로 안내하고 교통비와 객실료 지불과 사과공문을 발송 등 제반관련 조치를 취하여야 하고 초과예약율을 결정할 때는 전년도 기간별 노쇼율과 취소율 초과예약율 인근호텔예약상황 예약고객여행목적 등을 감안하여 결정한다. 노쇼는 예약보증유형을 감안하여 지불청구 신용카드결제 소송 수금대리용억업위임 예약사절 등의 조치를 취한다.

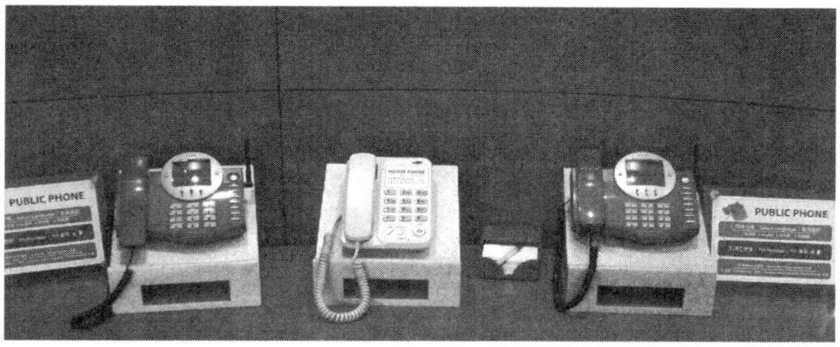

[1-31] 호텔 구내전화와 공중전화

(2) 등록 및 체크인 서비스(Registration · Check-In Services)

① 등록서비스의 개념과 역할

고객의 등록과정은 예약과 고객의 숙박기간동안 또는 숙박고객에 대한 고객자료를 토대로 시작된다. 객실판매관련, 신용연장, 객실선택, 객실할당, 요금적용, 객실열쇠제공, 기타서비스 등의 일련의 업무를 담당한다. 등록서비스는 고객이 호텔에 투숙하는데 따른 일련의 절차에 따른 관련행위를 말한다. 고객은 객실을 판매하는 프론트데스크를 통해 투숙과 관련된 자신의 제반 정보를 제공하고 객실관련 정보를 얻는다. 투숙이 결정되면 객실열쇠가 제공되고 지정된 객실로 입실하게 된다. 프론트서비스는 고객의 등록절차를 간소화시켜 등록절차에 따른 대기 체류시간을 최소화시켜야 하며 고객에 대한 정보를 최대한 수집해야 활용해야 한다. 프론트서비스의 결과는 고객 재방문과 직결될 수 있다.

② 등록업무(Registration Service)

등록업무의 핵심은 고객의 다양하고 세밀한 욕구를 정확하게 파악해야 한다. 고객의 욕구 확인은 고객응대에 적절하게 활용할 수 있으며, 응대의 올바른 서비스는 좋은 이미지 창출과 훌륭한 서비스를 가름하는 중요한 모티브가 될 수 있다. 노약자나 장애인을 위한 별도의 세심한 배려도 잊지 말아야 한다.

숙박등록카드 객실배정표 객실랙슬립(Room Rack Slip) 할인내역서(Room Allowance Sheet) 객실변경/요금변경지시서(Room or Rate Change Slip) 귀빈도착보고서(VIP Arrival Report) 객실판매현황표(Room Sales Count Sheet) 등을 작성한다. 야간등록과정과 예약없이 방문고객(Walk-In guest), 짐없는 고객(No Baggage) 등에 선불요금 징수를 원칙으로 한다. 또한 예상 체크아웃고객 파악, 객실판매상황표, 노쇼고객통계, 예약취소통계, 객실열쇠확인, 객실수입/이용률통계, 투숙객국적별정리, 매출액 일치여부, 각종전표확인 여부를 점검한다.

③ 등록과정(Registration Process)

고객이 도착하면 예약여부확인 등록카드 기재사항 기입(성명, 주소, 직업, 국적, 여권번호, 생년월일, 직장명, 도착일, 출발일, 전화번호 또는 연락처, 객실번호, 요금, 지불방법, 취급자성명 기타), 서명, 객실배정, 객실안내, 객실입실, 고객원장기록의 절차를 거친다.

신용카드결재의 경우 유효기간 고객서명확인 카드승인 임프린트(Imprint) 등을 정확히 해야 하며 후불인 경우에는 보증관계 악성고객 여부 등을 확인한다. 예약이 없이 방문한 고객도 같은 등록절차를 따른다. 객실배정시 객실상태를 확인 판매가능여부를 판단한다.

특별행사 할인정책 VIP 우수고객을 위한 별도판매 프로그램, 흡연객실과 비흡연객실 일반실과 특실(EFL: Executive Floor Lounge) 스위트룸, 효율적 에너지관리를 위한 판매객실 위치배정 등을 숙지 적절하게 적용한다. 항상 눈을 마주보고 이야기하며, 가급적 이름을 불러드리며 밝은 미소와 친절하게 응대한다.

④ 개별고객등록서비스(Free Independent Traveller Service)

고객의 성명, 주소, 여권번호 등 고객등록카드에 필요한 사항 기재한다. 객실로 안내하여 등록절차를 수행할 수 있으며, 배정객실의 열쇠를 열쇠패드에 담아 드리고, 등록이 끝나면 서명과 지불방법 등을 요청한다.

⑤ 호텔제휴회원등록서비스(Hotel Contract Company Guest Service)

제휴회사의 카드를 요청하고 회원번호를 확인한다. 가능한 빠른 투숙절차(Express Check-In)를 취하고 신용카드 프린트만 요청한다. 기타 별도의 요청사항을 확인하고 정중하게 맞이한다.

⑥ EFL 고객등록서비스(Executive Floor Lounge Guest Service)

EFL 라운지에서 가급적 빠른 투숙절차를 밟도록 안내한다. 라운지 이용시간 제공서비스 위치 등을 등록시 안내한다. 고객의 특별사항은 고객관리카드에 남겨 데이터베이스화하고 자료로 활용한다.

⑦ VIP 고객등록서비스(Very Important Person Service)

하우스키핑과 긴밀한 상호연락을 통해 지정된 객실의 정비상태를 확인한다. VIP 고객의 투숙예정시간과 도착시간을 확인하고 별도의 접객요원(컨시어지/벨캡틴/또는 상급자)이 영접하여 곧바로 객실로 안내하고 객실에서 등록을 받는다. 수화물 등은 벨서비스를 통해서 처리한다.

⑧ 단골고객등록서비스(Repeating Guest Service)

단골고객은 객실이 초과예약(Over Booking)이 되어있지 않는 한 객실배정을 고객도착 전에 완료하고 도착과 동시에 가급적 빠른 등록절차를 배려한다. 상황에 따라 객실 등록도 가능하다. 고객도착시 이름을 불러드리며 따뜻한 인사를 한다. 등록카드를 제시하고 고객주소 여권번호 등 사전 등록되어 있는 제반 사항을 확인하고 서명을 마침과 동시에 키를 안내원(벨맨)에게 전달 객실로 안내한다. 사전등록사항과 다른 부분은 고객관리카드를 수정하여 차후 실수가 발생치 않도록 한다.

⑨ 무예약방문고객등록서비스(Walk-In Guest Service)

워크인고객(Walk-In Guest)은 사전예약 없이 호텔투숙을 위해 방문하는 개별고객을 이르는 말이다. 단골고객으로 발전할 가능성에 대비하여 가급적 친절하게 안내한다. 등록카드를 받고 객실과 요금을 결정한다. 고객파일을 열어 퇴숙일자와 객실형태 고객수 등 관련 사항을 입력하고 카드결재시 카드를 임프린트한다.

⑩ 단체고객등록서비스

여행사 가이드와 예약된 고객수, 객실수, 실제 도착고객수, 객실수를 확인하고 예약조건(객실료/식사포함유무 등)을 확인한다. 단체고객명단의 사전확인이 확실한 경우가 아닌 유선확인의 경우 오류가 많아 주의를 요한다. 가이드로부터 고객명단(Rooming List)을 확인 후 객실번호를 부여하고 매스터폴리오(Master Folio)와 그룹파일(Group File)에 각각 보관한다. 고객명단은 고객명, 고객주소, 여권번호, 생년월일 등의 기재여부를 확인한다. 선불계약조건의 경우 신용카드나 현금을 받고 키를 가이드에게 인도한다. 후불계약조건의 경우 리스트에 가이드이름과 전화번호 등 필요한 사항을 기재하고 키를 인계한다. 식사가 포함된 단체는 사전에 발행한 식권을 가이드를 통해 고객에게 전달한다. 별도의 고객명단이 없는 단체의 경우 소지여권과 출입국카드 등을 복사하여 고객명단으로 대신한다. 객실배정과 함께 수화물은 일괄하여 객실로 배달한다.

[1-32] 관광호텔 등급표시 – 특1등급

⑪ 기타서비스

등록과정에서 발생할 수 있는 특별한 상황의 등록업무를 말하며 업무가 폭주하는 바쁜 상황, 예약분실고객(예약한호텔을 확실하게 인식하지 못하는 고객), 예약은 하였으나 확인되지 않는 고객, 예약초과상황에서 도착한 고객, 객실이 없는 경우 예약고객의 도착, 신용카드상의 문제발생, 보증예약이 안되어 숙박이 곤란할 때, 보증예약이 안되고 만실로 숙박이 곤란할 때 등의 등록업무에 유의해야 한다.

⑫ 관련 서비스업무

접수된 우편물의 취급과 전달, 고객의 우편물발송의뢰, 우편물의 배달방법 등에 유의해야 한다. 전신전화교환, 국제전화, 웨이크업콜, 불편전달 등과 관련된 전화교환업무도 등록업무와 관련 매우 중요한 부분이다.

⑬ 고객불평처리

호텔서비스에 대한 불만은 항상 존재한다. 그러나 불평불만을 최소하고 제로화하는 노력이 보다 더 중요한 관리요소이다. 고객은 호텔을 이용하면서 건축물 시설 인적서비스 등 다양한 부분과 접촉하면서 불편함을 느낄 수 있다. 효과적인 불편관리는 충성고객으로 유도할 수 있는 또 다른 기회이다. 등록과정에서 또는 숙박기간동안 느낀 불편을 접수하는 업무도 담당한다. 고객불평은 주의깊게 경청하고 대답은 적게하며 신속한 확인과 조치과정을 통하여 고객에게 결과를 통보하는 단계를 밟는다. 완급을 요하는 사항에 대한 판단도 함께 처리한다.

(3) 체크아웃 서비스(Check-Out Services)

호텔숙박고객이 객실 식음료 기타 부대시설 등을 상품과 서비스를 사용한 요금을 지불하고 객실열쇠를 반납하고 체크아웃하는 절차를 말한다. 이 업무는 벨서비스와 프론트회계업무로부터 시작된다. 퇴숙절차는 입숙절차와 같은 방법으로 진행된다. 체크아웃시 청구해야할 모든 금액청구서를 발행하고 이상유무 지불방법 등을 확인한다. 객실열쇠를 받고 투숙기간동안의 불편사항 여부를 확인하고 환송한다. 통상적으로 적용되는 퇴숙시간을 적용하고 이후 체크아웃시는 별도의 조건이 없을 경우 부과요금을 징수한다. 개인고객과 단체고객의 퇴숙절차와 바우처지불 회사지불 장기투숙객 익스프레스체크아웃 등의 절차를 숙지하여 처리한다.

(4) 회계/야간회계 서비스(Accounting/Night Audit Services)

① 호텔회계의 개념과 역할

호텔회계는 상품과 서비스를 제공하며 통상적으로 일일마감체제로 이루어진다. 호텔회계는 정보이용자가 경제적 의사결정에 유용한 정보를 제공하기 위하여 경제적 사건을 식별 측정 분류 요약 전달하는 과정이라고 할 수 있다.

② 회계업무서비스

호텔회계업무는 회계팀장 경리담당 여신담당 영업회계담당 원과관리담당 등의 업무영역이 있다. 호텔회계는 계정(Accounts), 고객원장(Folio), 바우처(Voucher), 판매시점관리(POS), 레져(Ledger) 등의 업무를 담당한다. 프론트 회계담당은 계산서작성, 중간정산, 한도초과 고객관리, 환전, 현금관리, 신용카드업무, 후불업무, 쿠폰처리, 귀중품보관 체크아웃정산 등의 업무를 처리한다. 계산서의 주요항목은 객실료, 식음료, 현금대여금, 세탁료, 전화료, 잡수입, 전보팩스이용료, 비즈니스센타이용료, 피트니스센타이용료, 기타 여흥관련 부대시설이용료, 세금 봉사료 등이 포함된다.

제4절 호텔객실 정비서비스

1. 하우스키핑서비스(Housekeeping Services)

1) 하우스키핑의 개념

하우스키핑은 호텔과 객실을 결점이 없는 완전한 하나의 상품으로 고객에게 판매할 수 있도록 만들어 내는 생산부서이다. 때문에 하우스키핑은 고객이 호텔에 체제하는 동안 이용에 불편함이 없는 안락한 시설과 용품을 갖추고 항상 청결하고 정돈된 시설물을 유지할 수 있도록 관리하는 업무를 담당한다. 하우스키핑은 호텔의 객실과 건물 전체를 정비·관리·유지하는 곳으로 항상 청결하고 매력적이며 안락하고 안전한 객실을 제공하는 책임을 진다. 또한 하우스키핑은 고객들의 생명과 재산을 지키는 일을 담당하면서 객실내 설비가구비품의 정비관리, 소모품, 린넨, 미니바, 세탁서비스와 공공구역의 정비를 맡는다.

하우스키핑의 업무영역은 첫째, 호텔객실, 연회장, 회의실, 전시실, 공공화장실, 호텔현관, 복도, 로비, 식당, 사무실, 아케이드, 세탁실 등 호텔 내외시설 전체의 청소와 안전관리를 담당하면서 둘째, 종사원유니폼과 호텔에서 사용하는 모든 세탁가능 물품(예컨대, 린넨 타월)과 고객세탁물을 처리하는 한편 셋째, 분실물과 습득물의 접수 처리 등이다.

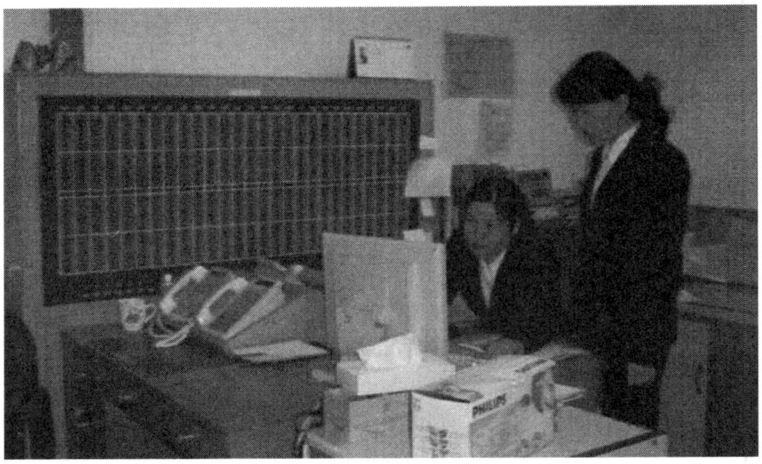

[그림 1-33] 하우스키핑 사무실

2) 하우스키핑의 조직

① 하우스키핑지배인(Housekeeping Manager)

하우스키핑의 책임자로 외국어 구사능력을 갖추고 하우스키핑 업무의 지휘 감독 교육을 담당한다. 지배인은 휘하 모든 직원과 시설, 설비, 객실생산, 예산수립집행, 고객관리, 수익통계 등을 관장하고 연결부서간 유기적 보완적 관계를 유지하며 각종 자료를 집계하고 업무관련 제반사항을 상부에 보고하는 책임을 진다.

② 주문처리담당자(Order Taker)

주문처리담당자는 첫째, 고객이 필요로 하는 각종 요구사항 둘째, 객실청소담당자로부터 오는 각종 관련사항 셋째, 프론트오피스나 현관서비스로부터 오는 각종 협조사항 넷째, 시설·영선부나 안전관리부 식음료부 등 유관부서로부터 오는 각종 협조사항 다섯째, 분실 및 습득물 관련 사항 등을 접수 처리한다.

③ 객실정비점검책임자(Room Inspector)

객실정비책임자는 호텔의 객실 층에 배치되어 담당 층의 객실과 복도 비상구 등의 청결상태, 비품과 집기소모품의 적정량 비치상태, 객실내 각종 장치 및 시설의 작동유무와 안전상태, 객실청소담당자의 복장 및 근무상태, 청소요청객실 청소완료객실의 확인, 재실과 공실의 확인, 고장객실 유무확인, 귀빈객실의 유무확인, 호텔이나 외부에서 제공하는 각종 제공품(예컨대, 과일 꽃 장식 케익 와인 초코렛 등의 기념품 등)의 확인하며, 본부에서 요청하는 긴급업무를 처리하는 등 하우스키핑과 프론트오피스에 관련 정보를 유기적으로 상호 교환하는 업무를 담당한다.

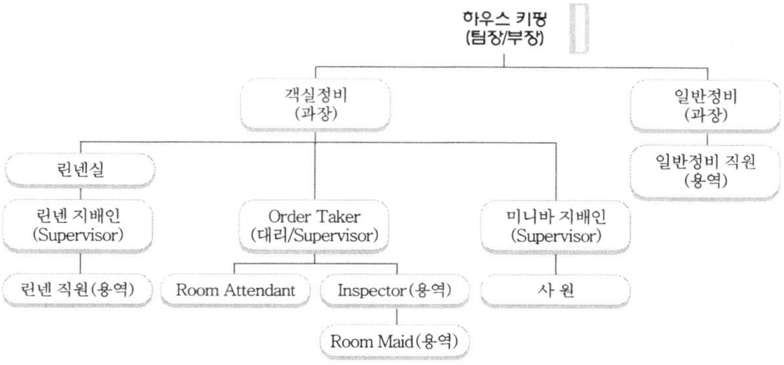

[그림 1-34] 하우스키핑 조직도

④ 객실청소담당자(Room Maid)

객실청소담당자는 호텔객실을 판매 가능한 완전한 상품으로 생산하는 최일선의 담당자로 주로 청소와 관리를 담당한다. 객실청소담당자는 객실내 각종 시설집기비품의 안전 및 고장 상태의 점검과 확인 및 관련사실을 본부에 통보하고, 객실상품의 생산을 위해 필요한 각종 용품의 보급 및 배치, 고객세탁물의 접수 및 배달과 습득물의 처리, 공실 및 재실의 확인, 재실고객의 안전관리, 미니바의 점검, 턴다운서비스(Turndown Service) 등을 담당한다.

⑤ 객실업무보조담당자(Room Attendant)

객실업무보조담당자는 객실에서 요구되는 각종 사항을 일선에서 처리하는 업무를 담당한다. 세탁물의 배달, 객실용품 및 소모품의 보급, 보조침대의 설치 및 철수, 각종 비품 · 장비의 보관 및 정리정돈 등의 제반 업무를 처리한다.

⑥ 린넨업무담당자

린넨업무책임자(Linen Room Supervisor)는 호텔의 고객 및 직원들의 린넨에 관련된 제반 업무(세탁물, 다림질 및 직원 유니폼 관리 등)를 책임을 맡는다. 린넨업무담당자(Linen Room Attendent)는 투숙 중인 고객이 요청한 세탁물을 수거 및 세탁된 세탁물을 객실로 배달해주는 업무, 다림질 요청 시 다림질해주는 업무, 직원 유니폼 수선업무(옷 수선 전문가가 아니므로 고객 옷은 수선하지 않음), 객실 및 식음료 영업장에서 사용하는 모든 린넨류 관리 업무를 담당한다.

⑦ 미니바업무담당자

미니바업무책임자(Mini Bar Supervisor)는 객실내에 비치된 고객용 소형냉장고(Mini Bar) 관리업무를 책임진다. 미니바에서 판매하는 품목들을 선정하고, 구매의뢰하고,투입하고, 퇴숙고객 미니바 사용여부 확인(Skipper 점검)업무 등을 보조담당자(Mini Bar Attendent)와 함께 수행한다.

⑧ 공공구역정비담당자

객실 뿐만 아니라 호텔내 모든 공공구역의 청소 및 정비를 담당하는 직원을 말하며 여성으로서 처리하기 힘든 일을 주로 담당하는 하우스맨(House Man)과 그 외의 단순업무를 처리하는 하우스우먼(House Woman)으로 구분된다.

⑨ 세탁업무담당자

하우스키핑에서 세탁업무담당자(Laundry Manager)는 투숙중인 고객의 세탁물 관리와 호텔 직원들의 유니폼 및 린넨류 세탁, 드라이클리닝, 프레싱 등의 제반 업무를 총괄하는 책임을 진다.

세탁주임(Laundry Supervisor), 물세탁원(Washer), 롤러(Roller), 프레서(Presser), 드라이클리너(Dry Cleaner), 세탁물배달원(Delivery Man) 등이 함께 일한다.

3) 하우스키핑의 부문별 서비스

① 객실청소서비스

하우스키핑의 주요업무의 하나는 호텔객실의 생산에 있다. 현재 투숙중인 고객에 대한 일일 청소 및 필요시 재정비와 고객이 퇴실한 객실을 판매 가능한 신상품으로 만들어 낸다. 투숙중인 고객이 요청하는 각종 사항을 처리하여 고객이 편안하게 숙박할 수 있는 환경을 제공한다.

객실정비원 업무일지
Maid' s Daily Report

층 성명 날짜

객실번호	객실현황			청소완료시간	Mini-Bar Check
	09:00	11:00	17:00		
습득물					
손망실					
Green Rooms					
기타사항					

[그림 1-35] 욕실용품정리 / 룸메이드업무일지

② 공공부문 청소서비스

호텔은 많은 공간을 고객의 편안한 호텔체류를 위해 제공한다. 하우스키핑은 호텔전체를 하나의 상품으로 인식하여 호텔의 로비 현관 복도 식당 연회장 회의실 화장실 아케이드 등과 실외정원 유리창 건물외관에 이르기까지 모든 공공부문을 청소와 정비 및 정리정돈함으로서 고객의 호텔이용에 불편함이 없는 쾌적한 환경을 제공하고자 노력한다.

[그림 1-36] 하우스맨 / 린넨카트

③ 턴다운서비스

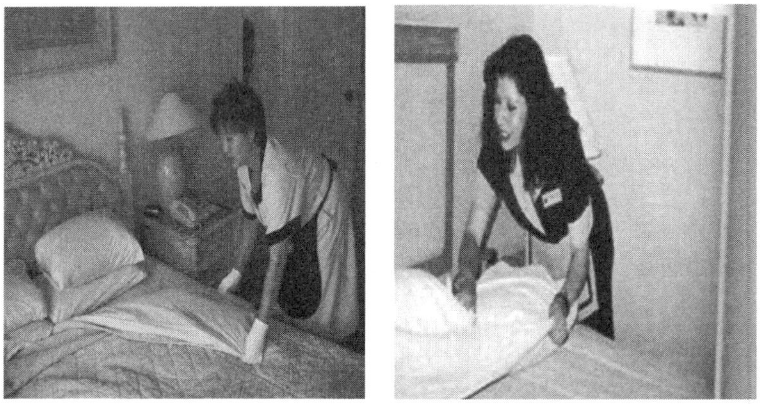

[그림 1-37] 턴다운서비스

턴다운서비스(Turndown Service)는 고객의 편안한 잠자리를 제공하기 위하여 고객이 잠자리에 들기 이전 시간대에 침대커버를 벗겨 가지런히 정리한 다음 잠자리에 들기 편하게 침대이불을 펴주고 각종 침구류와 객실 주변을 정비하고 욕실이용에 불편함이 없도록 배려하는 일련의 서비스를 말한다.

④ 분실·습득물서비스

하우스키핑은 고객의 분실·습득물에 대한 접수 처리하는 서비스를 제공한다. 고객의 소지품을 소중하게 생각하고 귀중품에 대한 배려의 차원에서 귀중품보관함을 객실 또는 프론트오피스에 제공하고 있음에도 분실사고 발생하며 또한 습득물이 신고된다. 하우스키핑은 접수된 분실·습득물에 대하여 최대한 배려하는 서비스를 무료로 제공한다.

LOST & FOUND

번호	습득일	품명	습득장소	습득자	분실자 인적사항	접수자	분실자 연락처	연락유무	인수자인적사항	반환일	확인자

분실일	분실자 성명	품 명	분실 장소	분실자 연락처 및 주소	습득 여부

[그림 1-38] 고객분실,습득물서비스 – 소형금고 / 접수대장

Laundary Report

날짜 ____________

순번	Room No.	품목	Amount	Price	Total	통보자	접수자	접수 시간	Pick Up			Delivery		
									이름	시간	장소	이름	시간	장소

[그림 1-39] 세탁물수거봉투 및 접수대장

⑤ 세탁물서비스

호텔은 고객이 투숙하는 기간동안 실내외 활동관련 일상생활에 불편함이 없도록 고객용 의복류에 대한 세탁물 접수와 처리 및 배달서비스를 유료로 제공한다. 세탁물서비스는 고객이 필요로 하는 시간에 요구하는 작업이 완료되어 배달될 수 있는 다양한 맞춤서비스를 제공하고 있다.

⑥ 미니바서비스

미니바서비스(Mini Bar Service)는 호텔의 각 객실 내에 냉장고를 설치하여 간단한 음료와 스낵을 넣어두고 고객이 필요시 이용할 수 있도록 배려하는 유료서비스를 의미한다. 고객의 다양한 욕구를 반영하여 가급적 여러 종류의 주류와 음료 및 마른안주 등을 구비하고 있다. 또한 고객의 배려차원에서 무료로 이용할 수 있는 얼음과 식용수 및 커피나 차 종류를 함께 제공하기도 한다.

MInibar Checklist

점검자 ________
점검일자 ________

객실번호	상태	시간	품목

[그림 1-40] 미니바/체크리스트

⑦ 린넨서비스

린넨(Linen)은 호텔의 객실이나 부대시설에서 사용하는 면 또는 섬유로 제작된 타월, 시트, 담요, 냅킨, 유니폼, 커튼, 식탁보 등을 의미한다. 이들 리넨은 고객을 위하여 매일 세탁하여 새로운 상품으로 교체 투입해야 한다. 고객에게 직간접으로 노출되는 리넨은 오물, 얼룩, 헤짐 등이 없어야 하며 구김이 없도록 세탁과 함께 잘 다려 제공해야 한다.

[그림 1-41] 린넨실

⑧ 객실보수서비스

숙박고객의 안전과 안락하고 편안한 휴식공간을 제공하기 위하여 객실로부터 접수되는 각종 장치의 하자 또는 고장 등을 신속하게 수리 또는 보수하는 서비스를 말한다. 고객에게 새 객실상품으로 판매되기 이전에 발견된 사항은 고객 도착이전에 작업이 완료되어야 하며, 고객의 체류기간 내에 발생한 이상 또는 하자에 대해서는 고객의 불편이 최소화 되도록 신속하게 수리 또는 보수되어야 한다. 단시간 보수가 어려운 상황에서는 고객의 이해를 구하고 대체 객실을 제공한다.

[그림 1-42] 린넨실

⑨ 구두닦이 서비스(Shoe Shine Service)

객실에 투숙중인 고객이 구두를 닦아 달라는 요청이 있을 경우 제공하는 서비스로서 전화로 하우스키핑에 접수가 되면 직원이 객실로부터 수거하여 닦은 후 다시 객실로 가져다 드린다. 객실에는 구두닦이서비스용 운반바구니가 비치되어 있다. 구두닦이 전문가를 외부 용역으로 고용할 수도 있고 호텔직원이 직접 구두닦이 서비스를 무료로 제공하는 경우도 있다.

[그림 1-43] 구두닦이 서비스

⑩ 직원 유니폼실 운영서비스

내부고객인 호텔직원들을 위한 서비스로서 직원들의 유니폼을 하우스키핑 린넨실내부에 전 직원유니폼을 보관하는 공간을 할애하여 부서별 직종별 직급별 유니폼을 대형 옷걸이에 걸어 보관해 주는 서비스이다. 직원들은 출근과 동시에 본인 이름 확인 후 직접 유니폼을 수령하여 라카로 가지고 가서 갈아입고 근무지로 이동하며 세탁이 필요한 경우에는 린넨실 입구에 있는 린넨카트에 넣고 퇴근하는 방법으로 유니폼실을 이용한다. 간단한 유니폼 수선이 필요한 경우에는 린넨실에서 수선서비스도 제공해 준다.

[그림 1-44] 직원 유니폼실

⑪ 사이버매니저 서비스

객실내에 갖춰진 IT 설비 및 인터넷 환경 이용에 대한 고객들의 불편사항이 발생할 경우 1차적으로 대응할 수 있도록 사내 사이버매니저(Cyber Manager)가 객실을 방문하여 신속하게 해결해 주는 서비스를 말한다. 24시간 빠른 서비스를 제공하기 위하여 당직지배인실에서 업무를 겸하고 있다. 사이버매니저가 해결할 수 없는 어려운 내용은 외부 인터넷 전문 용역업체에 의뢰하여 해결한다.

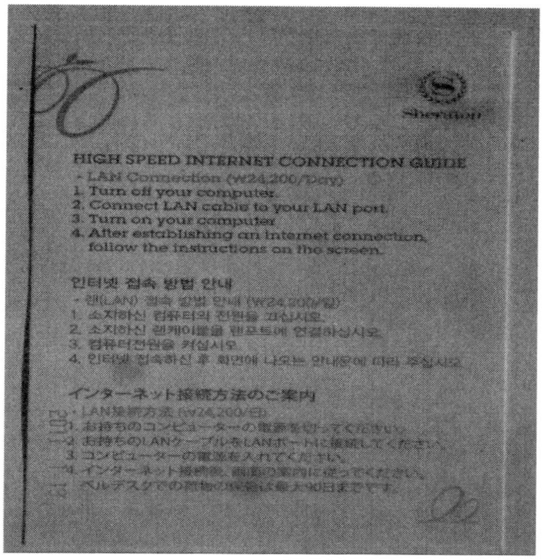

[그림 1-45] 인터넷접속방법안내

⑫ 원 버튼 서비스

객실 투숙객으로부터 발생되는 모든 주문(하우스키핑, 룸서비스, 벨맨서비스, 시설 및 기타 제반 요청사항 등)을 한 부서에서 접수받아 조치하는 빠른 전화주문서비스(One Button Service)를 말한다. 호텔마다 부서 명칭은 다르나 고객지원센터(Guest Service Center), 빠른서비스센터(Instant Service Center)가 객실팀 소속으로 운영되며 고객주문창구 일원화를 통한 신속한 대응서비스를 제공한다. 업무절차는 다음과 같다.

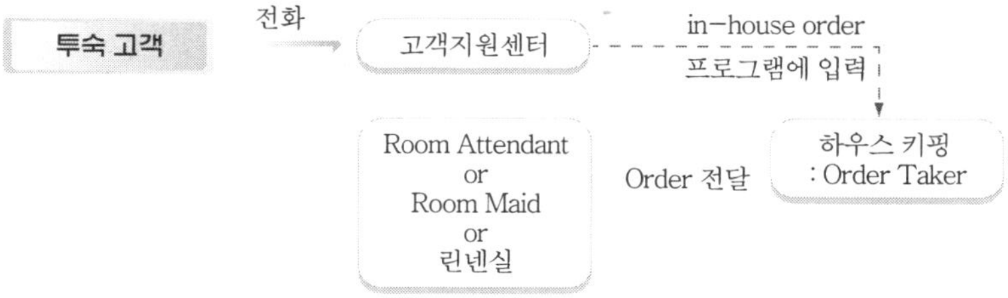

[그림 1-46] 원 버튼 서비스 업무절차

[그림 1-47] 원 버튼 서비스

[그림 1-48] 객실청소요청카드 / 수면방해금지요청카드

2장.

호텔식음료 · 연회부문

호텔의 식음료는 호텔의 규모가 대형화, 고급화되면서 단순히 식음료만을 제공하는 차원을 벗어나 호텔경영의 성패를 좌우하는 중요한 역할을 담당하게 되었다. 이러한 식음료는 고객 요구에 알맞은 서비스를 제공하고, 식음료 생산판매를 통해 호텔의 이윤추구와 지역사회의 질을 높이는 사회적 사명을 다할 수 있다.

제1절 식음료의 개요

일반적으로 식음료산업이란 일정한 장소에서 음식을 제공할 수 있는 설비를 갖추고 고객에게 식음료와 서비스를 제공하는 환대산업의 일부분으로 정의할 수 있다. 호텔의 식음료 경영은 이러한 식음료산업의 일부분으로, 전통적으로 호텔의 투숙객에게 식사와 음료를 제공하는 단순한 역할만을 수행해 왔으나, 1970년대 이후 경제성장과 더불어 호텔의 규모가 대형화, 고급화되면서 호텔내의 식음료경영은 단순히 식음료만을 제공하는 차원를 벗어나 호텔경영의 성패를 좌우하는 중요한 역할을 담당하게 되었다. 예를 들면 일등급 호텔에서는 높은 객실료와 더불어 호텔내에 여러 개의 레스토랑과 칵테일 라운지를 운영하고 있으며, 중간급 호텔들 또한 호텔의 이미지를 부각시키고 호텔의 수익을 올리기 위하여 최고 수준의 서비스와 상품을 제공하는 등 식음료 상품을 최대한 활용하고 있다.

[그림 2-1] Hotel Restaurants

1. 호텔식음료의 중요성

초기의 호텔식음료부문은 주로 호텔 투숙객들에게 숙박과 더불어 편의를 도모하기 위한 봉사시설로서 음식은 부수적으로 제공한다는 성격을 띠고 운영되었다. 그러나 현대에 이르러 시설이 고급화되면서 다양한 부대시설을 갖추고, 호텔의 투숙객들뿐만 아니라 일반대중에게 까지 그 대상의 영역을 넓히면서 영리를 추구하는 호텔의 수익센터로서의 역할과 지역사회 발전의 원동력으로서의 역할을 하게 되었다. 즉, 호텔레스토랑의 개보수과정에서 관련된 산업에 비즈니스를 제공하고, 가구·집기·식자재와 관련된 농산, 수산, 식음료 물품 공급업체의 수입 및 노동력을 필요로 하여 간접취업의 효과를 발생시키고 있다.

[그림 2-2] 식음료상품의 중요성

① 경제적 중요성

호텔의 이윤 발생뿐만 아니라 지역사회 발전의 원동력으로서 외국 관광객들의 외화를 벌어들여 소득을 증대시키고, 고용의 창출 효과와 식음료와 관련된 사업체에도 경제적 파급효과를 제공하고 있다.

② 사회 · 문화적 중요성

경제성장과 국민의 소득증대로 많은 사람들이 정신적 풍요로움을 추구하는 것과 맞물려 호텔내의 식음료부서에서는 레크레이션과 여흥의 장소, 교육 · 문화교류의 장소, 회의·집회의 장소, 사교의 중심지로서의 역할을 하고 있다.

2. 호텔식음료의 특징

상품과 서비스의 흐름을 기준으로 볼 때 식당은 생산과 소비, 분위기, 서비스의 세부분으로 구성된다고 할 수 있다. 생산과 소비란 호텔식당의 특성상 생산과 소비가 동시에 발생하므로, 상품과 서비스에 대한 형태상의 효용을 창조와 동시에 소멸시키는 기능이며, 분위기란 생산과 소비 및 서비스를 연결시켜 주는 장소로서, 시간적 · 공간적 효용을 창출하는 기능을 말한다. 이에 비하여 서비스란 상품과 분위기의 이용에 의하여 다양한 소비자의 욕구를 충족시켜주는 도구로서 고객에게 편안하고 안락함을 제공하여주는 기능을 수행한다고 할 수 있다. 이러한 식음료 상품의 특징을 살펴보면 다음과 같다.

① 인적의존성이 높은 노동집약성 사업이다.

② 생산과 판매가 동시에 발생한다.

③ 시간적 제약이 있으며, 주문에 의한 판매를 한다.

④ 수요예측이 곤란하며, 식자재의 부패가 용이하다.

⑤ 장소적 제약으로 고객이 직접 방문하여 메뉴에 의한 판매를 한다.

⑥ 모방이 용이하여 독점적 판매가 어렵다.

⑦ 입지의존성이 높고, 고객의 기호에 의존한다.

⑧ 타상품에 비해 투자비에 대한 이익률이 높은 편이다.

[그림 2-3] 식음료상품의 특징

3. 호텔식음료의 분류

호텔식음료 상품은 시간과 공간의 제약을 받는 객실보다 오히려 탄력성이 강한 상품으로 고객의 다양한 욕구충족을 통한 이윤추구 및 호텔의 이미지를 높이는데 기여할 수 있다. 이러한 호텔식음료 상품은 판매시설과 식음료 내용에 따라 다음과 같이 분류할 수 있다.

[표 2-1] 판매시설에 따른 분류

구 분	내 용
식 당	각종 식당
바	각종 음료업장
연회장	2인 이상의 각종모임 행사장
나이트클럽, 디스코텍	유흥을 즐길수 있는 업장
부대시설,헬스클럽,사우나,내부식당	가벼운 식사와 음료를 제공
로비 또는 스카이라운지	호텔로비나 호텔건물 맨위층에 위치한 음료업장

[표 2-2] 식음료 내용에 따른 분류

구 분	내 용
서양식	미국식당, 프랑스식당, 이태리식당, 커피숍, 스페인식당 등
동양식	한국식당, 일본식당, 중국식당, 태국식당 등
음 료	바, 라운지, 나이트클럽, 디스코텍 등
제과 · 제빵	델리카트슨 등

제2절 식당업무

1. 식당의 개요

1) 식당의 유래

인간들이 집을 떠나 이동을 시작하면서 쉬고 먹는 장소의 필요와 함께 식당이 나타나기 시작하였는데, B.C. 512년경 고대 이집트에 식당의 기원이라 할 수 있는 음식점이 있었다고 한다. 이곳에서는 곡물, 들새고기, 양파 등의 매우 단조로운 음식만이 제공되었으며, 소년들은 부모를 동반해야 했고, 소녀들은 결혼할 때까지 출입이 허용되지 않았다. 서기 79년경 로마시대에는 나폴리의 베수비오 산줄기의 휴양지에 '식사하는 곳'이 매우 많았으며, 유명한 카라 카라(kala kala)라는 대중목욕탕의 유적에서도 식당의 흔적을 찾아볼 수가 있다.

[그림 2-4] 레스토랑 입구

유럽에서 최초의 레스토랑은 1794년 프랑스 파리에서 개점하였는데 메뉴로는 간단한 버섯류, 치즈류, 스프 등을 제공하였다.

우리나라 식당발생은 고대부족 사회에서 더 발전된 하나의 국가형태를 갖추면서이다. 이 때 물물교환만을 목적으로 하는 시장이 형성되었으며 당연히 시장 안에서는 각지에서 온 상인 또는 장꾼을 위해 음식을 판매하는 장소가 생겼었다고 전해지고 있으며, 「삼국사기」「고려사」 등의 기록에서도 찾아볼 수 있다. 또한 삼국사기에 의하면 490년에 신라의 수도 경주에 처음으로 시장이 설치되었고, 509년에는 동시(東市), 695년에는 서시(西市), 남시(南市) 등의 상설시장이 개설되었는데, 시장 안에는 각지에서 온 상인 또는 장꾼을 위해 음식을 판매하는 장소가 있었으며, 고려시대 983년에는 개성에 성례(成禮), 약빈(藥賓), 영액(靈液), 옥장(玉漿), 연령(延齡), 희빈(喜賓) 등의 이름을 가진 식당을 개설케 했다는 기록을 「고려사」에서 찾아볼 수 있다. 이 후 조선시대에 정식으로 「식당」이라는 말을 사용하였는데, 태조 7년 성균관에서 공부하는 선비들을 위한 식사하는 장소를 식당이라 하였다.

우리나라에 현대적 개념의 식당(Restaurant)이 정식으로 출현하기 시작한 때는 1902년 독일인 손탁(*Sontag*)이 서울의 정동에 세운 손탁호텔에 있던 프랑스 레스토랑이라고 전해진다. 이 후 1914년 본격적인 서구식 호텔로서 조선호텔이 생기면서 본격적인 호텔 레스토랑의 역사가 시작되었고, 또한 이 때 연회(banquet)행사도 처음으로 치르게 되었다. 1970년대 이 후 눈부신 경제성장과 더불어 대형호텔들이 건립되면서 호텔 레스토랑도 양과 질적으로 크게 증가하였으며, 최근 들어서는 많은 특급호텔들이 이익증대와 인사적체 해소를 위하여 호텔내 레스토랑들이 외부로 진출하여 외식사업 활성화를 꾀하는 새로운 전략을 모색하고 있다.

☞ **kala kala**

대중목욕탕으로 216년 라카라 제왕 때 사용되었던 곳으로 한 변이 330m, 수용인원 1600명, 대건물내에는 증기탕, 온수탕, 냉수탕 등 여러 가지 욕실과 체육장, 경기장, 도서실, 강연실, 학습실, 미트라교의 예배당까지 갖추어져 사교장 겸 스포츠 장으로 사용되면서 음식물을 제공하는 식당이 있었다고 한다.

☞ **레스토랑(Restaurant)에 대한 어원과 유래**

우리가 식당으로 칭하는 레스토랑의 어원은 프랑스 대백과사전에 의하면 'de Restaurer' 이라는 동사에서 유래되었는데, 이 의미는 '기력을 회복하다, 재기하다, 원기를 되찾다' 라는 뜻으로 쓰임.

레스토랑이라는 설은 많은데, 그 중에서도 1765년 프랑스인 몽 블랑거(*Mon Boulanger*)가 '블랑거는 신비의 스테미너 요리를 판매중' 이라는 선전간판을 내걸고, 양의 다리와 흰 소스를 끓여 만든 '레스토란트(Restaurants)' 이란 이름의 수프를 판매했는데, 이 수프가 대중들에게 인기가 좋아 이 수프의 이름이 전래되어 오늘날의 '레스토랑(Restaurant)' 이라는 말이 되었다는 설이 가장 많다.

[그림 2-5] 레스토랑메뉴-벽면활용

2) 식당의 정의

호텔식음료는 객실과 더불어 호텔상품의 주종을 이루고 있는데 호텔식당을 간단히 정의하면 '일정한 장소가 갖추어진 상태에서 고객을 영접하며 음식을 제공하는 설비와 서비스가 갖추어진 곳' 이라 할 수 있다. 그러나 현대 호텔경영에서는 좀더 광범위한 의미로 사용되고 있다. 즉 식당은 먹는다는 단순한 의미의 장소가 아니라 서비스와 분위기, 음식의 맛 그리고 여러 가지 고객편의를 고려한 기능들이 합쳐진 복합적 상품을 판매하는 장소라 할 수 있다.

따라서 호텔식음료는 '영리를 목적으로 호텔이라는 특정한 공간에서 불특정 고객들에게 음식과 음료를 제공하기 위하여 일정한 시설을 갖추고 인적서비스와 물적서비스를 제공하는 곳' 으로 정의할 수 있다.

3) 식당의 종류

식당은 제공되는 요리의 종류, 명칭, 서비스의 유형 등 여러 가지로 구분할 수 있으나, 최근 들어서 외식산업의 발전과 더불어 식당의 종류가 다양하게 변화하고 있기 때문에 명확하게 구분하기는 어렵다. 그러나 일반적으로 식당 경영형태, 식사시간, 서비스 형식, 명칭, 제공품목, 식사의 내용에 따라 크게 6가지로 분류하고 있다.

[표 2-3] 식당의 분류

분 류	내 용
제공품목	국가와 지방마다 요리는 각각의 향토색이 짙은 독특한 특성을 지니고 있으며 조리기술과 재료에 따라서 음식은 다양해지고 맛과 형태가 차이가 난다. 일반적으로 제공품목에 따른 분류는 각 나라의 명칭을 붙여 분류하고 있다. 한국식당, 일본식당, 이태리 식당, 불란서식당, 미국식당, 베트남식당 등.
식당 경영형태	· 독립형태의 식당(Independent Restaurant) · 연쇄형태의 식당(Chain, Franchise) · 전문식당 및 고급식당

식사시간	식사시간에 따라 07:00~10:00 사이의 아침식사(Breakfast), 10:00~12:00에 제공되는 브런치(Brunch), 그리고 점심(Lunch:Lun-choen)이 있다. 또한 점심과 저녁 사이에 간식으로 먹는 애프터눈 티(Afternoon Tea)와 보통 18:00~21:00 사이에 먹는 저녁식사(Dinner), 늦은 저녁에 간단한 밤참으로 서퍼(Supper)가 있다.
서비스 형식	· 카운터서비스 식당(Counter Service Restaurant) · 테이블서비스 식당(Table Service Restaurant) · 셀프서비스 식당(Self Service Restaurant) · 자동판매기(Vending Machine) · 자동차 식당(Auto Restaurant) · 단체 급식(Feeding)
명 칭	· 레스토랑(Restaurant) · 다이닝 룸(Dining Room) · 그릴(Grill) · 커피숍(Coffee Shop) · 카페테리아(Cafeteria) · 런치 카운터(Lunch Counter) · 리프레쉬먼트 스탠드(Refreshment Stand) · 드라이브 인(Drive-in) · 다이닝 카(Dining Car) · 스낵 바(Snack Bar) · 델리카트슨(Delicatessen) · 백화점 식당(Department Store Restaurant) 등
식사내용	· 정식(Table D'hote) 식당 · 일품요리(a la carte) 식당 · 뷔페(Buffet) 식당 · 스모가스보드(Smorgas bord)

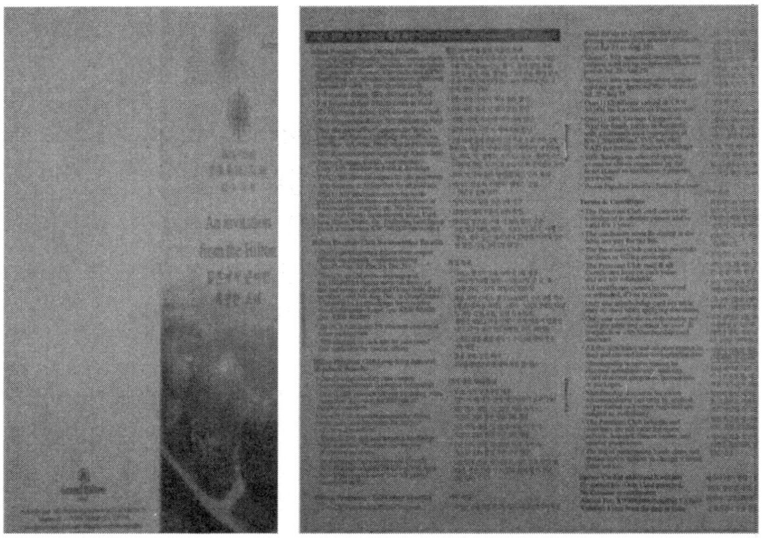

[그림 2-6] 식당특별메뉴 안내

☞ Table Service 방법

① American Service : 플레이트(**Plate**) 서비스라고도 하며, 주방에서 조리된 음식을 접시(plate)에 담아서 나가는 서비스 형식

② French Service : 고객의 식탁 앞에서 숙련된 종사원이 후람베 왜곤(**Flambee Wagon**) 및 게리돈(**Geridon**)을 이용하여 즉석에서 조리하여 서비스하는 형식, 게리돈서비스라고도 한다.

③ Russian Service : 패싱(**Passing**) 서비스라고도 하는데, 많은 인원 분량의 음식을 담아 서비스 요원이 들고나와 서빙기어(**Serving gear**)를 이용하여 고객에게 분배하면서 제공하는 서비스 형식

④ English Family Service : 서비스 직원들이 모든 음식을 서빙 접시와 보올에 담아 테이블로 가져와서, 음식을 주빈에게 보여준 후 고객들에게 접시를 건네주면 고객들은 그들이 먹을 만큼 스스로 덜어 먹는 형식

2. 식음료부서의 조직과 업무

1) 식음료부서의 조직과 업무내용

호텔식음료 경영에 있어서의 조직은 경제성에 목적을 두고 종사원은 경영목적을 달성하기 위하여 일정한 업무활동을 수행하게 된다. 이 업무활동은 상호관계를 조직화함으로써 업무를 보다 능률적으로 수행할 수가 있는 것이다. 특히, 호텔식음료 조직은 조직원 각자의 능력을 최대한 발휘하여 식당서비스업의 기능을 유지하고 고객의 욕구를 충족시키고 효율적인 경영관리를 통하여 수익성을 확보할 수 있도록 조직화되어야 한다. 식음료부문의 조직은 각 호텔의 규모와 특성, 식당 경영방식에 따라서 다르나 일반적으로 다음과 같은 요인에 의하여 결정할 수 있다.

① 식당의 경영형태

② 도심지 식당의 위치

[표 2-4] 조직에 따른 업무내용

분 류	업 무 내 용
조리과	식음료 상품을 제조하는 곳으로 직접 조리를 하는 조리사와 각종 기물류를 관리하고 조리보조를 담당하는 스튜어드가 있다. 이들 주방직원들은 메뉴를 고안하고 고객에게 제공할 음식을 준비한다.
식당과	크게 서양식과 동양식으로 구분할 수 있는데, 각 식당의 판매메뉴 및 가격결정, 고객관리, 식당의 집기 · 비품의 관리를 담당하고 있으며, 가장 중요한 식음료 상품의 판매를 책임지고 있다. 또한 룸서비스에서는 객실에 있는 고객에게 식사를 주문받고 배달서비스를 제공하며, VIP고객의 객실에 환영인사문을 준비한다.
음료과	로비 또는 스카이라운지, 나이트클럽, 디스코텍, 바 등 각 음료업장의 영업 및 고객관리를 하며, 음료 판매 메뉴 및 가격결정, 기타 음료영업에 필요한 제반사항을 주 업무로 한다.
연회과	호텔 내외에서 이루어지는 각종 모임의 행사를 주관하고 연회사항 예약 및 행사준비, 연회유치 판촉활동 및 판촉부와 정보교환, 연회행사 메뉴 및 가격결정을 위한 조정업무, 연회서비스 개선 및 품질관리 등을 한다.

③ 식당의 규모
④ 식당의 특성 또는 등급의 수준
⑤ 식당의 영업시간
⑥ 식당 서비스의 형태 및 메뉴의 내용

호텔식음료 부문의 조직은 일반적으로 크게 상품을 생산하는 조리, 판매를 담당하는 식당 및 음료과 그리고 연회과로 나누어져 각과의 기능이 최대한으로 발휘될 수 있도록 하고 있다.

2) 직급별 업무내용

호텔식당은 일반식당과는 달리 차원 높은 서비스를 제공하지 않으면 안 된다. 따라서 식당부문의 업무분담은 각 영업장의 특성과 형태에 맞게 결성하고 권한과 책임의 한계를 명확히 한 직무를 규정해야 한다. 특히 호텔의 식음료부서는 다양하고 전문적인 행사를 치루는 일이 빈번하여 복합적인 운영을 하기 때문에 각 종사원이 수행할 역할과 직무의 관계를 반듯이 규정해야 할 필요성이 있는 것이다.

[표 2-5] 직급별 업무내용

분 류	업 무 내 용
식음료 부장 (F&B Director)	식음료부서의 모든 업무를 총괄하는 사람으로, 각 레스토랑, 바, 연회 등 모든 식음료 영업장을 관리, 운영하며, 직원들에 대한 지휘감독 및 경영업무를 이행한다.
식음료 과장 (Assistant Director)	식음료 부장을 보필하고, 모든 식당의 운영상태 및 문제점을 파악하고, 운영에 관한 책임을 지며, 각 식당 종사원의 인사관리, 서비스 강화교육을 맡는다.
영업장 지배인 (Outlet Manager)	업장의 책임자로서 영업현장의 업무 전반과 대고객 서비스 관리, 직원의 지휘 및 감독, 노무관리 및 전반적인 영업장 운영을 관장하고 책임을 진다.
영업장 부지배인 (Assistant Manager)	식당 지배인을 보좌하며 영업장 운영관리, 직원의 근퇴 관리, 대고객 서비스 관리를 주 업무로 하며, 지배인 부재시 대리업무를 수행한다.
캡틴 (Captain)	식당지배인을 보좌하여 최일선 접객 책임자로서 직원들의 근태상황, 위생상태 점검, 서비스 관리 등 업무를 수행한다.
웨이터/웨이트리스 (Waiter/Waitress)	식음료 서비스의 중심역할을 담당하는 직책으로 캡틴을 보좌하고 주문된 식음료를 직접 취급하여 고객에게 제공하며, 각 책임구역(Station)의 준비 및 정돈, 영업준비(Mise-en-Place) 등을 한다.

소믈리에(Sommelier; Wine Steward)	와인을 전문적으로 다루는 직무를 수행하며, 식사에 어울리는 와인을 추천하고 서브하며, 와인의 진열과 재고를 점검한다.
안내원(Greetress)	지배인, 부지배인의 업무를 보좌하며, 당일 예약을 관장하고 고객의 영접 및 테이블의 적절한 안내 역할을 수행한다.
바텐더(Bartender)	음료를 담당하며, 칵테일 조주, 음료판매 및 서비스, 음료진열과 재고를 점검한다.
식당회계원 (Restaurant Cashier)	고객의 식음료 가격을 계산하여 요금을 수수하고 그 날의 영업 실적을 지배인에게 보고한다. 캐셔는 고객을 맞이하는 최종적 단계로, 밝은 미소와 깨끗한 용모로 전 업장의 이미지에 긍정적인 영향을 미쳐야 한다.

☞ **Mise-en-Place(미샹 프라스)**

고객들에게 최상의 서비스를 제공하기 위한 모든 영업 준비를 말하며, 점검사항으로는 예약 및 고객의 테이블 배치, 청결, 서비스 스테이션 상태, 각종 기물류 준비 상태, 청결과 위생상태 등 전반적인 준비를 뜻한다.

☞ **서비스(Service)의 어원**

서비스는 라틴어의 서부스(servus: 노예)에서 유래되어 '하인, 또는 다른 사람을 시중한다' 라는 서번트(servant), 서버튜드(servitude), 서빌(servile) 등의 영어를 파생시켰다.

3. 식음료 서비스의 기본

1) 종사원 자격과 기본정신

서비스의 개념은 복잡하고 광범위하지만, 본질적 의미로는 남을 위해 봉사하는 자세, 즉 배려하는 마음가짐이다. 따라서 올바른 서비스를 하기 위해서는 마음에서 우러나오는 내면적인 성실한 서비스 정신을 가지고 있을 때 그 가치를 인정받게 된다. 친절하고 훌륭한 서비스는 기본적 태도에 관한 것으로 식음료부서에 근무하는 종사원은 깨끗하고 예의바르며, 단정한 용모와 화법을 구사하면서 종사원이 갖추어야 할 모든 지식을 숙지하여 맡은 바 임무를 수행하는데 차질이 없어야 할 것이다. 이러한 서비스를 제공할 때 호텔 식당의 궁극적 목적인 단골고객 확보와 이윤을 추구할 수 있다. 서비스의 기본정신은 다음과 같다.

① 서비스(Service)

고객에게 제공되는 물적서비스와 진심 어린마음으로 고객에게 부담감을 주지 않는 인간미가 가미된 인적서비스를 말한다.

② 청결성(Cleanness)

청결성은 식당에서 가장 기본이 되며, 청결은 고객의 위생과 직결되는 중요한 요소이다.

③ 능률성(Efficiency)

주어진 시간 내에 맡은 업무를 정확하고, 효과적으로 업무를 수행함으로써 얻어낸 성과를 의미한다.

④ 정직성(Honesty)

인간의 근본정신 중에 가장 참된 것으로 고객을 비롯한 타인에게 책임감 있는 행동을 취하여 신뢰받을 수 있도록 한다.

⑤ 경제성(Economy)

모든 종사원들은 투철한 절약정신과 주인의식을 갖고 모든 경비지출에 따른 손실, 낭비 등을 막아 매출 및 이익증대에 이바지하도록 노력해야 한다.

⑥ 환대성(Courtesy & Hospitality)

항상 즐겁고 밝은 마음으로 고객을 맞이하고, 고객의 만족을 통한 자기 자신의 성취와 즐거움을 느껴야 한다.

2) 용모와 복장

고객에게 좋은 서비스를 제공하기 위해서는 깨끗하고 단정한 용모 및 복장이 필요하다. 단정한 용모와 복장은 선천적인 자질이 아니고 부단한 노력에 의해서 세련됨과 내면에 쌓여진 교양과 지성을 창조하는 것이다.

[표 2-6] 종사원의 용모 및 복장

용모 및 복장	남 자	여 자
두 발	· 뒷머리는 와이셔츠 깃을 넘지 않아야 하며, 앞머리는 이마와 귀가 덮이지 않아야 한다. · 머릿기름을 바를 경우 냄새가 강한 것은 삼간다. 	· 개인의 얼굴형태에 맞게 하나 단정하고 매력적인 스타일을 한다. · 뒷머리는 망을 씌우거나 짧게 한다. 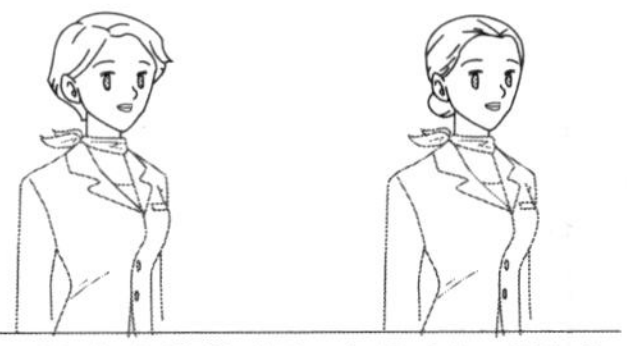
얼 굴	· 면도는 매일하여 깔끔한 상태를 유지한다. · 가능한 안경보다 콘택트렌즈를 착용한다. · 식사 후에는 반드시 양치질을 한다.	· 향이 강한 화장품 및 화장은 진하게 하지 않아야 하며, 액세서리는 착용하지 않는다. · 안경보다 콘택트렌즈를 착용한다. · 식사 후에는 반드시 양치질을 한다.
명 찰	· 항상 부착해야 하며 청결을 유지한다.	· 항상 부착해야 하며 청결을 유지한다.
손	· 손톱은 항상 짧게 깎아야 하며, 항상 청결을 유지한다. · 반지, 팔찌 등을 끼어서는 안된다.	· 메니큐어를 발라서는 안되며, 손톱은 항상 짧게 깎고 청결을 유지한다. · 반지, 팔찌 등을 끼어서는 안된다.
유니폼	· 항상 청결을 유지하며 정해진 것을 착용한다.	· 항상 청결을 유지하며 정해진 것을 착용한다.
구두와 양 말 (스타킹)	· 항상 깨끗하고 광택이 나도록 손질한다. · 지정된 구두를 착용하며, 근무외 용도로는 착용하지 않는다. · 양말은 검정색을 착용한다.	· 항상 깨끗하고 광택이 나게 손질한다. · 지정된 구두를 착용하며, 근무 의의 용도로는 착용하지 않는다. · 짙은 색깔 스타킹은 피하며, 회사에서 지정한 통일된 색상을 착용한다.

3) 인사와 화법

(1) 인 사

인사는 예절의 기본이며 인간관계의 시작이다. 그러므로 인사는 정성과 감사하는 마음으로 예절바르고 정중하며 밝고 상냥하게 해야 한다. 인사의 요령으로는 [표 2-7]과 같이 한다.

[표 2-7] 인사의 종류 및 방법

구분	최경례	보통 절	목례
인사의 각도	45도 정도	30도 정도	15도 정도
인사의 속도	약 2~3초 정도 멈춘 후 편다.	약 1~2초 정도 멈춘 후 편다.	구부린 후 바로 편다.
시 선	자기의 구두 코 끝을 본다.		
양손의 위치	남: 가볍게 주먹을 쥐고 양손을 바지 재봉선에 댄다. 여: 오른손으로 왼손을 감싸서 아랫배에 가볍게 댄다.		
발	뒤꿈치를 붙이고 발의 내각을 30도 되게 선다.		
표정과 인사말	밝은 미소를 띄고 시간에 맞는 국적별 인사를 하며, 고객의 입장을 알 경우 고객의 이름과 직책을 불러준다.		
허리와 머리	허리에서 머리까지 일직선을 유지한다.		
엉덩이	뒤로 빼지 않는다.		
다 리	양무릎을 붙여서 곧게 편다.		
주 의	인사시 고객의 통행을 방해해서는 안되며, 눈을 치켜뜨지 말아야 한다.		

(2) 화 법

우리가 평소에 사용하는 언어의 표현은 바로 우리의 인격을 나타내는 것이다. 즉, 고객과의 대화시 언어의 선택, 말씨 등은 자기가 근무하고 있는 호텔의 이미지와 품격을 결정짓는 주된 요인으로 작용한다. 친근하고 미소가 담긴 어조, 적절한 언어선택, 예의와 경의가 담긴 표현은 고객에게 만족을 줄 뿐만 아니라 단골고객 확보에 큰 역할을 하게 된다.

접객 대화의 원칙의 원칙은 다음과 같다.

① 고객의 말을 경청할 줄 알아야 한다.
② 고객의 직함(서양인은 이름)을 알면 꼭 직함(이름)을 불러준다.
③ 경어를 사용한다.
④ 5대 접객 용어를 사용한다(안녕하십니까, 어서오십시오, 잠시만 기다려주십시오, 죄송합니다, 감사합니다).
⑤ 「~세요」라는 표현은 쓰지 않는다. 「~세요」는 동등한 사람이나, 아랫사람에게 쓰는 표현이다.(안녕하세요, 어서오세요 등).

⑥ 표준어와 정중한 존대법을 쓴다

⑦ 간결하고 알기쉬운 말을 사용한다.

⑧ 부정형보다는 긍정형을, 명령형보다는 의뢰형을 쓴다.

⑨ 고객의 반응을 주시하면서 대화한다.

⑩ 목소리는 낮고 부드러운 목소리를 사용한다.

[표 2-8] 서비스와 언어사용법

구분	사용용어	행동요령	주의사항
영접시	1. 예약하신 고객 안녕하십니까? ○○님, ○○님을 위해 좋은 테이블로 준비해 놓았습니다. 이쪽으로 오십시요. 여기입니다. 마음에 드시는지요? 2. 예약하지 않은 고객 안녕하십니까? 몇분이십니까? 이쪽으로 오십시요 여기입니다. 마음에 드시는지요?	고객의 1~2보 전방에서서 정중한 자세로 여쭈어 본다.	· 고객을 알아준다. · 환영의 뜻을 충분히 전하여야 한다.
식전 음료 주문시	안녕하십니까? 식사하시기 전에 음료 한잔 어떠십니까? 주문하신 ○○○입니다. 음료한잔 더 드시겠습니까?	양발을 모으고 양팔을 겨드랑이에 자연스럽게 붙이며 양손은 주문서와 볼펜을 쥐고 가슴 앞으로 하여 공손히 주문받는다.	고객의 기호를 미리 파악하여 음료를 추천한다.
식사 주문시	식사를 주문하시겠습니까? 특별히 좋아하시는 음식이 있으십니까? 주문해 주셔서 감사합니다.	메뉴는 고객의 우측에서 드리고 주문받을 때는 고객의 좌측에서 주문을 받는다.	고객의 기호를 빨리 파악하여 그에 알맞는 요리를 소개하고 고객이 편안한 마음으로 주문할 수 있도록 도와주어야 한다.
주문 후	감사합니다. 맛있게 최선을 다하여 준비해 올리겠습니다.	주문한 요리를 반드시 복창을 한다.	시간이 걸리는 요리는 사전에 설명을 드린다.
식사 제공시	주문하신 ○○○입니다. 즐겁게 드십시요. 감사합니다. 더 필요한 것 없으십니까?	식음료 제공 시에는 양발의 간격을 25~30cm 정도 벌리고 무릎을 구부려 제공한다.	정성이 깃든 말씨로 음식을 제공해야 한다.

식사가 끝났을 시	제가 추천한 요리는 어떠셨습니까? 또는 오늘의 요리는 어떠셨습니까?	공손한 자세와 밝고 명랑한 어조로 질문한다.	지적사항이 있으면 즉시 감사한 마음으로 메모하고, 개선하도록 한다.
그릇을 치울시	즐겁게 드셨습니까? 빈 접시를 치워도 되겠습니까? 감사합니다.	고객이 다 드신 빈 접시를 치울 때는 큰 접시부터 작은 접시 순으로 같은 크기의 접시는 통일해서 빼고 작은 식기는 트레이를 사용해서 뺀다.	기물을 다룰 때 너무 소리를 내거나 손님의 대화를 방해해서는 안 된다.
환송시	즐거운 식사가 되셨는지요? 식사하시면서 혹시 불편하신 점은 없으셨습니까? 다음에 또 오십시요. 감사합니다.	고객이 일어날 때 즉시 의자를 빼드리고 테이블 주위에 빠뜨린 물건이 없는지 확인하며 가실 때 이용해 주신데 대한 감사를 표시해야 한다.	진심으로 감사한 마음을 나타내야 한다.

4) 자세와 태도

태도는 사람의 교양이나 건강, 생각 등이 외적으로 표현되는 것으로 내면적인 면과 동작이 일치되어 상대방에게 좋은 인상을 갖게 하는 기본요소이다. 특히 서비스를 담당하는 종사원으로서의 태도는 가장 중요하고 기본이 되는 것이다. 올바른 태도를 어떻게 취해야 하는가를 살펴보면 다음과 같다.

(1) 보행법

① 가슴과 등을 곧게 펴고 걷는다.
② 식당에서는 뛰지 않는다.
③ 손님 앞을 지나치거나 막아서서 걷지 않는다.
④ 걸음걸이 보폭은 40~50cm로 한다.
⑤ 팔은 자연스럽게 흔들고 다리가 벌어지지 않도록 한다.

(2) 서 있는 자세

① 가슴을 펴고 바른 자세를 취한다.
② 휴식시 한쪽 다리에 중심을 둔다.
③ 뒷짐지지 않는다.
④ 의자, 탁자, 벽, 기둥 등에 절대로 기대서지 않는다.

5) 전화예절

전화는 사람이 직접 보이지 않으므로 음성과 화술로 상대방의 인품, 태도, 반응, 서비스의 정도와 신뢰도를 짐작할 수 있다. 그러므로 좋은 인상을 심어주기 위하여 음성, 발음, 악센트, 억양, 언어사용 등에 대한 연구를 통하여 고객을 위한 기초적이고 기본적인 서비스 자세를 갖추어야 한다.

① 벨이 울림
세번이상 벨이 울리지 않도록 즉시 받아야 한다.

② 응 대
수화기를 들면 먼저 감사의 말, 업장명, 이름을 밝히고 고객의 성함과 용건을 듣는다.

③ 메 모
항상 필기구 메모지를 준비하여 필요시 즉시 메모한다.

④ 반복확인
고객의 용건은 필히 복창하여 메모하고 이해하기가 어려운 점은 납득이 될 때까지 공손히 여쭈어 착오를 사전에 방지한다.

⑤ 말 씨
항상 표준말을 사용하여 경어와 올바른 화법으로 응대하고, 음성의 고저, 크기, 속도, 발음에 유의한다.

⑥ 중 계

전언을 의뢰받았을 경우 정확히 메모하여 상대방에 즉시 전달한다.

⑦ 통화가 끝날 때

전화를 끊을 때는 상대방이 수화기를 놓은 신호를 확인 후 조용히 수화기를 놓는다.

☞ **예약 응대전화 요령(예)**

–감사합니다. ______________입니다
(식당명)(예약자성명)
–예약하시는 분 성함을 알려주시겠습니까 ·
–일자 : 날짜를 알려주시겠습니까 ·
–시간: 몇 시에 오시겠습니까 ·
–연락처 : 연락처를 알려주시겠습니까 ·
–다시 한번 확인하여 읽어드리겠습니다.
○월 ○일 ○○○님의 ○분으로 예약해 놓겠습니다. 예약해 주셔서 감사합니다.

6) 식음료서비스 기법

① 영접서비스(Guest arrival & Greeting Service)

고객을 맞이하는데 있어서 첫인상은 고객이 식당에서 서비스를 제공받고 나갈 때까지 계속해서 영향을 미친다. 따라서 정중하고 편안함을 줄 수 있는 바른 인사와 태도는 고객과의 호감과 신뢰감을 형성할 수 있다.

② 안내(Escorting)

자연스러운 안내로 고객에게 편안함을 주고 신뢰감을 형성하도록 한다. 또한 안내 담당자는 호텔내의 모든 정보(각종 정보, 연예 공연시간, 각 업장 영업시간, 일반적인 사항 등)를 항상 숙지하여 고객의 문의시 즉시 답변해 드릴 수 있는 만반의 준비를 갖추어야 한다.

③ 착석 서비스(*Seating Service*)

고객이 지정된 테이블에 도착하여 편안한 식사를 즐길 수 있도록 착석하는데 도와주는 서비스로서 고객이 완전히 앉기 전까지는 자리를 뜨지 않는다.

④ 물제공 서비스(Water Service)

물은 보통 차가운 물을 제공하지만 고객의 요청이 있을 때는 더운 물, 보리차 등을 제공하기도 한다.

⑤ 주문 및 판매(Taking Order & Sales)

식당 서비스를 '주문 받는 식사만 갖다 놓아주면 된다'는 식으로 지나치게 기계적인 서비스가 되어서는 안 된다. 식당 종사원은 훌륭한 판매원으로서 세일즈맨쉽을 발휘해야 한다.

⑥ 음료 서비스(Beverage Service)

고객이 주문한 음료는 정확하게 정해진 서비스 방법에 의해서 고객에게 신속하게 제공되어야 한다.

⑦ 와인 서비스(Wine Service)

와인을 맛있게 즐기려면 각 와인별로 제공되는 특색을 알아야 한다. 일반적으로 고급 레드 와인은 차게 해서 마시지 않고 실온에서 마시는 경우가 많다. 차게 해서 마셔야 하는 와인이 있는데 이 경우 4도 아래로 보관하여 제공하는 것은 좋지 않다. 이유는 4도 이하가 되면 혀가 맛을 제대로 감지하지 못하기 때문이다. 스위트한 와인(sweet wine)과 스파클링 와인(sparkling wine)은 4~8℃ 정도, 고급 샴페인은 6~8℃ 정도로 차게 해서 마시는 것이 단 맛을 즐길 수 있으며, 향을 즐기고 기포가 빨리 사라지지 않는다. 화이트와인(white wine)과 로제 와인(rose wine)은 일반적으로 6~10℃ 정도가 그리고 고급 화이트와인(white wine)은 10~12℃가 적당한 온도로, 이 온도를 유지하기 위하여 얼음과 물이 담긴 와인 쿨러(wine cooler)에 넣어 두고 서비스한다.

레드 와인의 서비스 온도는 실내온도와 거의 같기 때문에 와인 쿨러를 사용하지 않고 와인 바스켓을 사용한다. 특히 오래된 보르도 와인이나 부르고뉴 와인의 제공시 와인 바스켓을 사용하거나 디캔팅(Decanting)을 하는 것이 좋다.

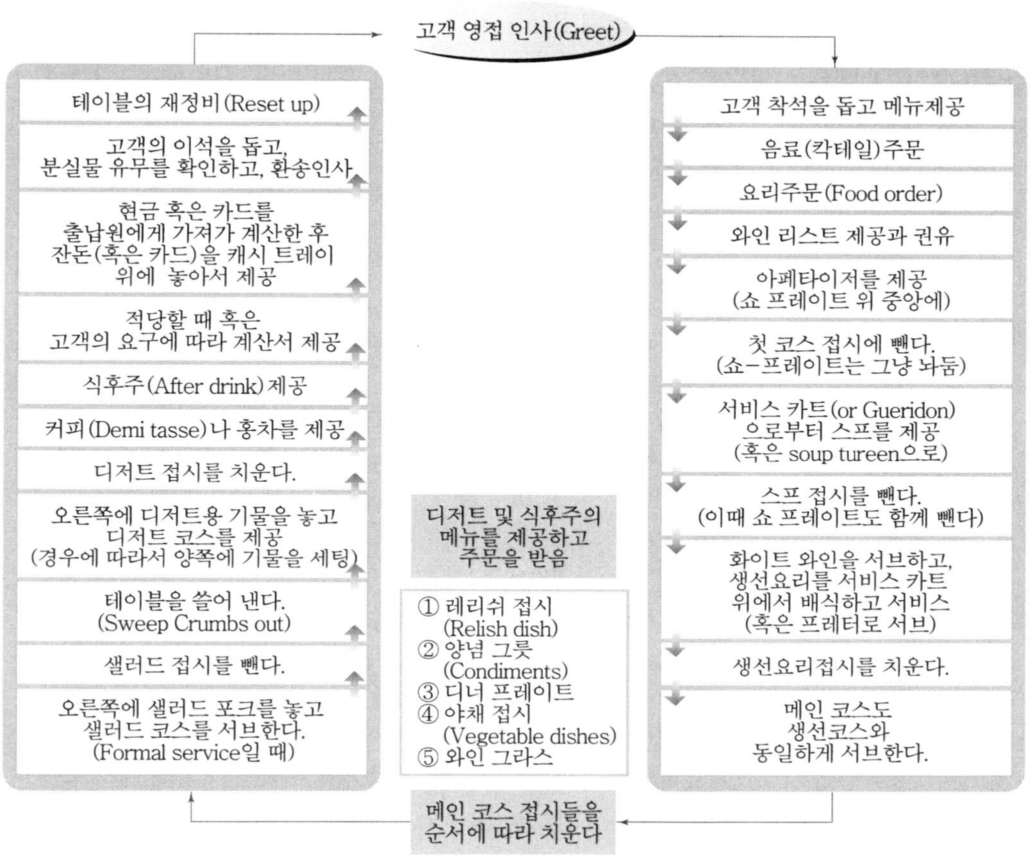

[그림 2-8] Service Chart

☞ **샴페인 서비스**

서비스의 적정온도가 약 4~8℃ 정도이다. 샴페인은 다른 와인과 달리 가스가 함유되어 있으므로 병이 흔들리지 않아야 하고 코르크를 열 때 마지막 코르크가 빠져 나오기 전에 코르크를 살짝 한쪽으로 불균형을 이루어 가스가 빠져나가게 하여 코르크가 마지막 빠져 나올 때 펑하는 소리가 나오지 않도록 각별한 주의를 기울여야 한다. 호일을 제거 후 코르크를 감싸고 있는 철사를 제거할 때 왼쪽 엄지손가락으로 코르크를 누르고 오른손으로 철사를 제거한다. 왜냐하면 샴페인 이동시 병이 흔들렸을 경우 철사를 제거할 때 코르크가 펑하고 튀어나오는 것을 방지하기 위해서이다. 마지막 주의점은 가스함유로 인하여 한꺼번에 샴페인을 모두 따르는 것이 아니라 잔에 1/3 정도를 따른 다음 가스가 가라앉으면 재차 따른다.

☞ **스테이크 굽는 정도**

① **Rare** : 스테이크 속이 따뜻할 정도로 겉부분만 살짝 익혀서 자르면 속에서 육즙이 흐르도록 굽는다. 조리시간은 약 2~3분 정도. 고기 내부의 온도는 52℃ 정도

② **Medium Rare** : rare보다는 좀 더 익히며 **medium**보다는 좀 덜 익힌 것으로, 역시 자르면 육즙이 보이도록 굽는다. 조리시간은 약 3~4분 정도. 고기 내부의 온도는 55℃ 정도

③ **Medium** : rare와 **well-done**의 절반 정도를 익히는 것이며, 자르면 붉은색이 되어야 한다. 조리시간은 약 5~6분 정도. 고기 내부의 온도는 60℃ 정도

④ **Medium Well-done** : 거의 익히는데, 자르면 가운데 부분에만 약간 붉은색이 있어야 한다. 조리시간은 약 8~9분 정도. 고기내부의 온도는 65℃ 정도

⑤ **Well-done** : 속까지 완전히 익히는 것이다. 조리시간은 약 10~12분 정도. 고기 내부의 온도는 70℃ 정도

⑧ 음식 서비스(Food Service)

서비스 기준에 적합하게 정해진 절차에 따라 제공함은 물론 레스토랑의 품위에 맞게 정해진 서비스의 수준을 항상 유지해야 한다.

⑨ 크럼빙 서비스(Crumbing Service)

주 요리(main course)가 끝난 후 디저트가 나오기 전에 테이블을 깨끗이 청소하는 서비스로서 고객에게 불편을 주지 않고, 옷에 묻지 않도록 주의하면서 서비스를 제공해야 한다.

⑩ 후식 서비스(Dessert Service)

식사를 맛있게 드셨는지 인사를 드린 후, 후식 메뉴를 드리고 주문을 받는다. 후식 종류에 따라 디저트 나이프(Dessert knife)와 스푼은 고객의 오른쪽, 디저트 포크(Dessert fork)는 고객의 왼쪽에 세팅하고, 디저트 포크만 세팅할 때는 고객의 오른쪽에 놓는다.

⑪ 커피 서비스(Coffee Service)

고객의 요청이 있을 경우에 서브하고 커피는 항상 뜨겁게 제공되어야 한다. Refill할 때 고객의 의향을 물어보고 난 후에 서비스한다.

⑫ 계산 서비스(Billing Service)

고객이 식사를 종료한 후에 계산할 때 신뢰감을 주도록 해야한다. 계산은 수납원(cashier)에게 계산하는 것이 원칙이지만 테이블에서 고객이 요구하는 경우에는 계산서(bill)를 가져다준다.

⑬ 환송 서비스(Farewell Service)

고객이 떠날 때 배웅하고, 감사하는 마음으로 마지막 이미지를 좋게 심어주는 것이다. 모든 서비스를 완벽하게 제공하였더라도 마지막의 이미지가 나쁠 경우 이제까지의 모든 서비스가 수포로 돌아가게 되며, 고객에게 안 좋은 이미지를 주게 된다.

서비스의 원칙보다 더욱 중요한 점은 고객이 편안하고 즐거운 식사를 할 수 있도록 하여 다시 올 수 있도록 해야 한다.

4. 집기·비품과 취급요령

호텔식음료 부서에서 많이 사용하는 집기를 크게 은기물류(Silver ware), 도자기류(China ware), 글라스류(Glass ware)로 구분할 수 있다.

1) 은기물류(Silver ware)

(1) 은기물류 취급 방법

① 운반이나 보관할 때는 같은 종류의 기물끼리 취급
② 세척시나 세팅시 지문이 묻지 않도록 한다.
③ 변색되거나 얼룩진 기물은 약물(distant)에 담아서 사용한다.
④ 고객 앞에서는 부딪혀 소리나지 않도록 주의한다.

[표 2-9] 은기물류(Silver ware)

분 류	종 류
Service tray	round tray, square tray
Knife	appetizer knife, fruit knife, meat knife, fish knife, dessert knife, butter knife, carving knife
Fork	appetizer fork, meat fork, salad fork, fish fork, dessert fork, fruit fork, oyster fork, snail fork, lobster fork
Spoon	soup spoon, bouillon spoon, serving spoon, tea spoon, ice cream spoon
기 타	soup tureen, water pitcher, bread basket, chmpagne cooker, coffee pot, candle stand, cake server, soup ladle, sauce ladle

(2) 은기물류 세척 요령

① 뜨거운 물을 용기에 따로 준비한다.
② 종류별로 분류된 은기물을 왼손으로 적당량 잡는다.
③ 오른손으로 hand towel을 잡고 뜨거운 물을 사용하여 닦는다.
④ 닦여진 기물을 종류별로 정리한다.

2) 도자기류(China ware)

호텔 식당에서 사용하는 도자기류에는 접시류(Plate), 컵(Cup), 밑받침류(Underliner), 볼류(Bowl) 등의 종류가 그 용도나 형태에 따라 한식당, 중식당, 일식당 및 양식당에서 다양한 형태로 쓰여지고 있다.

(1) China ware 취급법

① 음식이 닿는 부분을 손으로 잡거나 만져서는 안된다.
② 마크(mark)나 로고(logo)가 고객 앞으로 바르게 놓이도록 제공한다.

(3) Plate 운반 요령

① 한번에 들 수 있는 양 만큼만 든다.
② 왼손으로 접시 밑을 받친다.

③ 최대한 몸에 밀착시킨다.
④ 오른손으로 접시 윗부분을 잡고 접시의 흔들림을 방지한다.

(4) 파손(Breakage) 방지책

① 서로 부딪히지 않도록 한다
② 같은 품목별로 이동 정리 보관한다.
③ 안전사고에 주의
④ 부주의나 방심으로 인해 깨는 일이 없어야 한다.
⑤ 무리하게 많이 이동시키지 않는다.

3) 글라스류(Glass Ware)

글라스는 바의 용도로 사용되는 것이 대부분으로 디자인, 모양, 용량, 제조자에 의해서도 같은 용도의 것이 달리 만들어진다. 또한 동일한 글라스를 다양한 용도로 사용하기도 한다.

(1) 글라스의 종류

글라스는 종류와 디자인이 다양하고 화려하며 용도에 따라서 다양한 형태가 있다. 보통 모양, 재질에 따라서 분류를 하며 크게 원통형 글라스(Cylindrical Glass)와 굽달린형 글라스(Stemmed Glass)로 분류하고 재질에 따라서 크리스탈 글라스(Crystal Glass)와 보통 글라스(Normal Glass)로 구분하기도 한다.

① 원통형(Cylindrical Glass)

· Highball Glass
· Beer Glass(Pilsner)
· Collins Glass
· Old Fashioned Glass
· Zombie Glass(Ice Tea Glass)

② 스템드 글라스(Stemmed Glass)

· Wine Glass
· Liqueur Glass
· Water Glass
· Brandy Glass

- Champagne Glass
- Cocktail Glass
- White Wine Glass
- Port Wine Glass
- Sherry Wine Glass
- Whisky Sour Glass
- Red Wine Glass
- Champagne Flute Glass

③ 기타류

Decanter, Glass Pitcher, Salt & Pepper Shaker 등

(2) Glass ware 취급법

① 글라스를 옮길 경우 바쁜 경우에도 손가락을 끼워서는 안 된다. Stem이 있는 Glass는 Stem을, Tumbler류는 하단을 잡아야 한다.

② 사용한 Glass는 반드시 종류별로 구분하여 Rack에 담는다.

③ Glass ware와 Silver ware, China ware를 함께 모아 운반하지 않는다.

4) 가구(Furniture) 및 장비(Equipment)류

식음료 서비스용으로 사용되는 가구 및 장비는 사용 목적에 따라 다양한데, 종류별로 분류해 보면 다음과 같다.

(1) 가구류(Furniture)

① 테이블 및 의자

식당에서 사용하는 테이블은 일반적으로 높이가 72~75cm 정도, 의자는 앉는 부분의 높이가 45~50cm가 적당하다.

[표 2-10] 테이블 및 의자의 종류

테이블 및 의자 종류		크기 및 내용
라운드(Round) 테이블	8~10인용	Ø180cm×75cm(H)
	4~6인용	Ø153cm×75cm(H)
사각(Square) 테이블	4인용	100cm×100cm(H)×75cm(H)
	2인용	70cm×80cm(H)×75cm(H)

장방형(Rectangural) 테이블	80cm × 140cm(H) × 75cm(H)
암 체어(Arm Chair)	팔걸이가 있는 의자
이지 체어(Easy Chair)	팔걸이가 없는 안락의자
베이비 체어(Baby Chair)	어린이용 의자
스툴(Stool)	등받이가 없는 이동용 의자
부츠(Booth)	붙박이 의자

② 그 밖에 가구(Furniture)류

서비스 스테이션(Service Station), 리셉션 데스크(Reception Desk), 카운터 데스크(Counter Desk), 옷걸이(Hanger) 등이 있다.

(2) 장비류(Equipment)

① 식당에서 사용되는 장비류

· Roast Beef Wagon
· Frambee Wagon
· Pastry Trolley
· Bar Wagon
· Liqueur Trolley
· Wine Trolley
· Room Service Wagon
· Gueridon
· Service Wagon
· Tray Stand
· Bread Trolley

② 주장에서 사용되는 장비류

· Bar Counter
· Bottle Key Box
· Bar Sink
· Cube Ice Machine
· Back Beverage Display
· Refrigerator

③ 가구 및 장비류의 취급방법

가구 및 장비를 취급할 때는 사용하는 가구 및 장비류를 청결하게 유지 관리해야 한다. 특히 장비의 기능 및 사용법을 숙지하여 안전사고가 나지 않도록 해야 하며, 업무수행에 착오가 없도록 해야 한다.

5) 린넨(Linen)의 종류와 취급법

① 린넨류의 종류

테이블에 사용되는 린넨류에는 테이블 보(Table Cloth), 냅킨(Napkin), 언더 크로스(Under Cloth/Silencer Cloth) 등이 있고, 기타 트레이 크로스(Tray Cloth), 서비스 타올(Service Towel/Arm Towel), 글라스 타올(Glass Towel) 등이 있다.

[표 2-11] 테이블 보와 냅킨 크기

린 넨 류	크 기
테이블 보 (Table Cloth)	140cm×140cm, 150cm×150cm, 170cm×170cm, 200cm×140cm 214cm×214cm, 260cm×260cm
냅킨류(Napkin)	50cm×50cm, 60cm×60cm

② 린넨의 취급방법

· 항상 청결을 유지해야 한다.

· 사용목적 이외에 남용하지 않도록 하며, 또한 규격 및 용도에 맞게 사용한다.

· 세탁된 린넨의 보관은 규정된 장소에 종류별로 구분하여 사용이 편리하도록 한다. 잘 구겨지거나 먼지가 묻지 않도록 깨끗하게 보관한다.

· 음식물로 인해 얼룩이 생기지 않도록 하고, 사용된 린넨 외에 이쑤시개, 음식물 등이 있을 때는 깨끗이 쓸어낸 후 세탁이 용이하도록 일정하게 접는다.

· 흠집, 얼룩 또는 찢어진 린넨은 사용하지 않는다.

· 사용이 끝난 린넨은 반드시 린넨 카트(cart)로 수거한다.

제3절 음료 및 주류업무

1. 음료의 개요

1) 음료의 분류

우리 한국인들은 음료라고 하면 주로 비알코올성 음료만을 뜻하는 것으로 알코올성 음료는 술이라는 개념으로 간주하는 것이 보편적이라 하겠다. 그러나 음료는 알코올성 음료와 비알코올성 음료를 총칭하는 개념이다.

[표 2-12] 음료의 분류

<table>
<tr><td rowspan="6">알코올성
음료</td><td>양조주</td><td>포도주
기타 과실주
곡류-맥주, 청주 등</td><td></td></tr>
<tr><td rowspan="4">증류주</td><td>곡류</td><td>위스키류
진
보드카</td></tr>
<tr><td>사탕수수, 당밀</td><td>럼</td></tr>
<tr><td>용설란</td><td>데킬라</td></tr>
<tr><td>기타 과실</td><td>브랜디, 소주 등</td></tr>
<tr><td>혼성주</td><td colspan="2">과실류, 약초류, 크림류, 종자류</td></tr>
<tr><td rowspan="5">비알코올성
음료</td><td>청량음료</td><td colspan="2">탄산음료
비탄산음료</td></tr>
<tr><td rowspan="2">영양음료</td><td>쥬스류</td><td>과일 및 야채쥬스</td></tr>
<tr><td>우유류</td><td>살균 및 미살균우유</td></tr>
<tr><td>기호음료</td><td colspan="2">커피류
녹차, 건강차 등 차류</td></tr>
<tr><td>기능성음료</td><td colspan="2">스포츠음료, 건강음료</td></tr>
</table>

우리나라 주세법에는 곡류의 전분과 과실의 당분 등을 발효시켜 만든 1% 이상의 알코올 성분이 함유된 음료를 알코올성 음료로 총칭하고 있는데, 알코올성 음료는 양조주, 증류주. 혼성주로 분류하고, 비알코올성 음료는 청량음료, 영양음료, 기호음료 등으로 분류할 수 있다.

2) 음료업장의 조직과 업무

(1) 음료업장의 조직

호텔 음료업장의 조직은 호텔규모와 영업형태에 따라 다르게 구성되어 있으나, 각 호텔마다 매출의 탄력성이 강하고 호텔의 이미지를 높일 수 있기 때문에 중요하다.

호텔 음료부문의 조직과 업무내용을 살펴보면 다음과 같다.

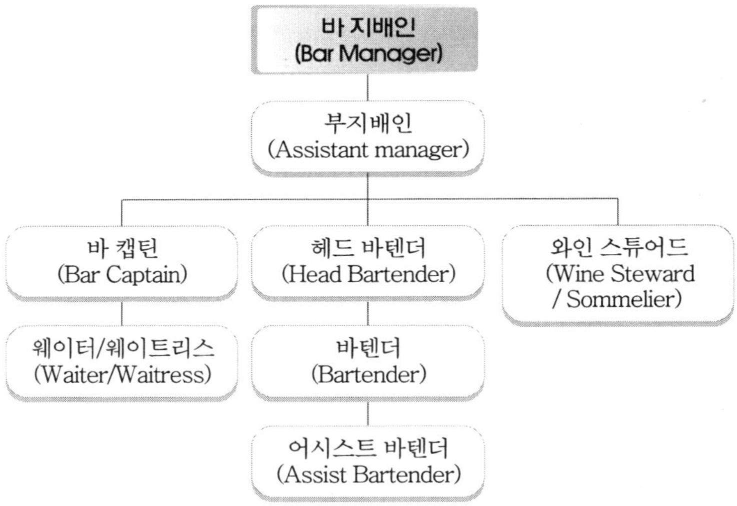

[그림 2-10] 음료업장의 조직

(2) 업무내용

① 바 지배인(Bar Manager)

영업전반에 관하여 계획·분석 및 감독하고 효과적으로 운영될 수 있도록 하는 책임과 권한을 가지고 있다.

② 부지배인(Assistant Manager)

지배인의 업무를 보좌하고, 지배인 부재시 업무를 대행하며 행정 및 고객관리, 직원교육 업무를 수행한다.

③ 바 캡틴(Captain)

지배인을 보좌하고, 고객의 주문과 서비스를 담당하는 책임을 진다.

④ 헤드 바텐더(Head Bartender)

지배인을 보좌하고, 음료의 적정재고 유지 및 관리업무와 바 카운터의 청결유지, 고객 서비스 업무를 책임진다.

⑤ 와인 스튜어드(Wine Steward/Sommelier)

와인의 진열과 음료재고를 점검 및 관리하며, 와인 서비스를 담당한다.

⑥ 웨이터/웨이트리스(Waiter/Waitress)

고객의 실무서비스를 담당하며, 업장내 청결과 정리정돈을 한다.

⑦ 바텐더(Bartender)

칵테일의 제조 및 고객 서비스를 담당하며, 바 카운터 주변의 청결과 정리정돈을 한다.

⑧ 어시스트 바텐더(Assist Bartender)

바텐더를 보조하며, 칵테일에 필요한 물품을 창고에서 수령하고 준비한다.

[그림 2-11] Bartender
세계바텐더대회인 '월드클래스 2010' 우승자인 에리크 로린츠(31, 영국 런던 '코노트바')

(3) 호텔에 있는 바의 종류

① 메인바(Main Bar)

호텔내의 대표적인 바로서 고객의 접근이 쉬운 곳에 위치하고 있다.

② 멤버십 바(Membership Bar)

호텔 회원제로 운영하고 있으며, 고급스러운 분위기와 여러 개의 PDR(Private Dining Room)을 갖추고 있다.

③ 디스코텍(Disco theque), 나이트 클럽(Night Club)

유흥음식점의 허가를 받아 영업을 하는 곳으로, 나이트 클럽은 생음악을 디스코텍은 DJ를 통한 음악을 사용한다.

④ 라운지 바(Lounge Bar)

전망이 좋은 곳이나 로비에 위치해 있으며, 스카이 라운지, 로비 라운지, 귀빈층에 있는 칵테일 라운지, 수영장에 있는 바 등을 통틀어 라운지 바라고 한다.

⑤ 팝바(Pub Bar)

가격이 저렴하고, 대중적 스타일로 꾸며진 바를 의미한다.

[그림 2-12] 코스터 – 잔받침

2. 술의 종류

음료의 분류중 알코올성 음료에는 당분을 함유한 곡류와 과실등을 발효시킨 양조주를 증류시켜 만든 증류주, 그리고 정제주정에 과실, 약초류, 향류를 혼합시키고 향기와 감미를 첨가하여 만든 혼성주가 있다.

1) 양조주(Fermented Liquor)

양조주를 발효주라고도 하는데 곡류와 과실 등에 효모균을 첨가하여 발효시켜 만든 포도주, 사과주 등이 있으며, 전분을 원료로 발효시킨 와인, 막걸리, 맥주, 청주 등이 있다. 양조주는 보통 알코올 함유량이 3～18%이다.

☞ **맥주 상식**

맥주는 이미 기원전 3,900년경에 음료로 이용되었다고 전해지고 있는데, 원료는 보리(Barley), 넝쿨식물의 일종인 홉(Hop), 발효를 돕는 효모(yeast), 물로 구성되어 있다. 맥주의 종류로는 발효과정에 따라 밑으로 가라앉게 되는 효모를 사용하여 저온에서 발효시키는 하면 발효맥주와, 표면에 떠오르는 효모를 사용하여 고온에서 발효시킨 상면발효맥주, 품질에 의한 고급맥주(Premium Beer)와 보통맥주(Reqular Beer)가 있으며 색깔에 의한 담색맥주(Brown Beer)와 흑맥주(Dark Beer), 효모 살균에 의해 분류된 병맥주(Lager Beer)와 생맥주(Draft Beer)가 있다.

맥주는 '거품이 없는 맥주는 사랑이 없는 미인과 같다' 라는 말처럼 거품이 생명이라 할 수 있으며, 마시는 온도는 여름에는 5～7도, 겨울에는 8～10도가 적당하다

2) 증류주(Distilled Liquor)

과실이나 곡물로부터 양조하며 만드는 양조주는 대개 8～14% 내외의 알코올을 함유한 음료를 산출 할 수 있는데, 보다 더 짙은 알코올 음료나 순도가 높은 주정을 얻기 위해 증류방법을 사용하여 만든다.

대표적인 증류주는 위스키(Whiskey), 진(Gin), 보드카(Vodka), 럼(Rum), 데낄라(Tequila), 브랜디(Brandy), 아쿠아비트(Aquavit) 등이

있다.

[표 2-13] 브랜디의 성숙도

표 시	숙성년도	표 시	숙성년도
☆	2~5년	V.S.O.	15~20년
☆☆	5~6년	V.S.O.P.	20~25년
☆☆☆	7~10년	Napoleon	25~30년
☆☆☆☆☆	10년 이상	X.O.	30~35년
V.O.	12~15년	Extra X.O.	35년~

*V.O.(Very Old), V.S.O.(Very Superior Old), V.S.O.P.(Very Superior Old Pale), X.O.(Extra Old)
주) 제조회사별로 연도는 상이할 수 있음

[그림 2-13] 음료보관창고

증류 방법에는 단식증류(Pot Still)법과 연속증류(Patent Still)법이 있다.

① 단식증류법

밀폐된 솥과 관으로 구성되어 있으며 원료의 맛과 향이 적게 파손된다. 반면 대량생산이 불가능하고 처음과 마지막 증류한 부분은 재증류해야만 한다.

② 연속증류법

단식 증류기를 여러개 연결해 놓은 형태로 대량생산이 가능하나 높은 온도에서 연속적인 단계를 거치면서 맛과 향이 약해지는 결점이 있다.

3) 혼성주(Compounded Liqueur)

혼성주는 비교적 강한 알코올 성분이 유지되어야 하고, 설탕이나 시럽 또는 향료가 함유되어 있어야 하는데, 제조방법으로는 곡류나 과일을 발효시킨 주정을 증류시켜 만든 정제주정에 과실, 약초류, 방향성 초목의 꽃, 뿌리, 껍질의 향료를 혼합시키고 향기와 감미 및 착색료를 첨가시켜 만든다.

종류로는 베네딕틴(Benedictine), 드람뷰우(Drambuie), 큐라소(Curacao), 크림드 망트(Creme de Menthe) 등이 있으며, 식후주로 즐겨 마시는데 간장, 위장, 소화불량 등에 효력이 좋은 술이다.

혼성주의 제조법은 다음과 같은 것이 있다.

① 증류법 : 증류주에 담갔다가 울어난 다음 증류

② 침적법 : 증류주에 담가서 향취, 향미가 술에 배어들면 여과

③ 향유혼합법 : 에센스법이라고도 하는데 방향유를 알코올에 혼합하는 방법

3. 와인과 음식

최근 들어서 우리나라에서도 생활의 질적인 향상과 건강에 대한 관심 고조로 음식에 대한 영양적 요소를 고려하게 되었으며, 음식에 따른 와인의 소비도 증가하고 있는 추세다. 일반적으로 와인은 알코올 함유량이 8～13% 사이의 알칼리성 포도주스로서 그 와인과 어울리는 적당한 음식과 함께 마실 때 음식과 와인의 맛을 한층 더 즐길 수 있을 것이다. 또한 적당한 양을 섭취하면 에너지를 돋구는 건강 음료로서, 와인에 있는 프로씨아니돌(Procyanidol)이라는 성분은 동맥내막을 보호하고 투과율을 유지시킴으로 동맥경화 예방과 콜레스테롤

의 억제작용도 한다.

음식에 따른 와인을 살펴보면 레드와인은 붉은색의 육류와, 화이트와인은 흰색의 생선, 해산물 등에 잘 어울린다. 그러나 와인과 어울리지 않는 음식이 있는데, 고등어나 기름기가 많은 생선과 레드와인, 그리고 식초(Vinegar)를 친 Salad 드레싱 등은 Wine을 Vinegar로 변화시키기 때문에 맞지 않는다. 또한 산이 들어 있는 쥬스류와 레몬향 디저트는 모든 와인의 맛을 느낄 수 없게 하며, 계란 요리와 화이트와인은 서로 조화가 안 된다. 요리에 따른 와인을 살펴보면 [표 2-14]와 같다.

[표 2-14] 요리와 와인과의 조화

음 식	와 인	특 징
식전(Aperitif)	쓴맛, 신맛 등 식욕을 돋구는 역할	셰리와인, 캄파리비터 등
전채(Apetizer)	약하고 상쾌한 맛	셰리와인, 샴페인, 미디움 화이트와인
수프(Soup)	부드럽고, 드라이한 맛	화이트와인, 셰리와인
생선(Fish)	기름기 많은 생선요리	로제와인, 라이트 레드와인
	담백한 생선	미디움 화이트와인
	기타 생선	드라이 화이트와인
가금류(Poultry)	약간 강하고 향이 있으며, 드라이한 맛	드라이 화이트와인, 라이트 레드와인
육류(Meat)	밝은색	레드와인, 드라이 화이트와인
	진한색	강하고 진한 레드화인
치즈(Cheese)	약간 강하고 단맛	포트와인, 화이트와인
후식(Dessert)	부드럽고 단맛, 식욕촉진	포트와 인, 크림셰리 와인, 샴페인, 스위트 화이트와인

☞ **와인의 상식**

(1) 와인 제공 온도

· White Wine : 6~12℃
· Red Wine : 18~20℃
· Champagne : 4~8℃
· Cherry Wine : 13~15℃

(2) 와인 테스팅

우선 와인 잔을 여러 각도와 방향에서 색깔과 투명도를 살핀 다음 여러번 흔들어 향이 잔에 가득 차면 향을 맡는다. 마지막으로 와인을 한 모금 입안에 머금고 입안 전체에 퍼지게 하여 맛을 살핀다.

(3) Wine을 Tasting하는 요소

· 색(Appearance) · 향(Bouquet) · 맛(Taste)
· 뒷맛(Finish) · 균형(Balance)

(4) 와인의 분류

① 색에 의한 분류

· Red Wine : 붉은색
· White Wine : 흰색
· Rose Wine : 핑크색
· Yellow Wine : 연한 노란색

② 맛에 의한 분류

· Sweet Wine : 단맛이 함유된 와인
· Medium Dry Wine : 단맛이 약간 남아 있는 와인, 스위트와 와인의 중간으로 Demi Dry 또는 Semi dry라고도 함
· Dry Wine : 단맛이 거의 없는 와인

③ 발포성 유무에 의한 분류

· Sprkling wine : 탄산가스를 함유(샴페인)
· None sprkling(still) wine

④ 알코올 첨가에 의한 분류

· Fortified wine : 주정도수를 강화(쉐리, 포트, 마데이라)
· Unfortified wine

⑤ 가향 유무에 의한 분류

· Netural wine
· Flavored wine : 향을 첨가한 방향성 와인(벌머스)

⑥ 용도에 의한 분류

· Aperitif wine : 식전(쉐리)
· Table wine : 식사와 함께(레드, 화이트)
· Dessert wine : 식후주(포트)
· Others : 축하용(샴페인)

(5) 와인 병 개봉(Open) 방법

① 병 주둥이에서 1/4인치 밑의 호일(foil)를 따낸다(cutting).
② 깨끗한 암타월(arm towel)로 병 주둥이를 깨끗이 닦는다.
③ 콕 스크루(cork screw)로 코르크 마개를 뽑는다.
④ 다시 암타월(arm towel)로 병 주둥이를 닦는다.

4. 칵테일(Cocktail)

칵테일이란 '수닭의 꼬리(Tail of Cock)'라는 의미로, 일종의 혼합주로서 발효주나 증류주 혹은 혼성주인 알코올 음료에 기타 여러 가지 향료나 재료, 술을 혼합하여 색과 맛을 창조해 내는 술을 말한다.

1) 칵테일의 유래

칵테일에 대한 유래는 여러 가지 설이 있지만 통일된 것은 없다. 일반적으로 알려진 예를 들면 다음과 같다.

① 옛날 멕시코의 유카탄 반도에 있는 캄페체란 항구도시에 있는 바(Bar)에 영국군들이 들어갔는데, 카운터 안에서 한 소년이 껍질을 벗긴 나뭇가지를 사용하여 혼합주를 만들고 있었다. 당시 영국인들은 술을 스트레이트로만 마셨기 때문에 그 소년에게 그 혼합주에 대해 물었으며, 그 소년은 'Cora de gallo'라고 대답했다.

'Cora de gallo'는 스페인어로서 수탉의 꼬리를 의미하며, 당시 그 소년은 자기가 들고 있는 나뭇가지의 모양이 수탉꼬리처럼 멋있다고 생각되어 한 말이었으나, 영국 선원들은 이때의 혼성주를 'Tail Of Cock'이라 부르며 즐겼고, 이 말이 'Cocktail'로 줄여 불리게 되었다고 한다.

② 1776년 미국 텍사주의 '요크타운'이란 마을의 텍사스 주립군 파티석상에서 술이 얼큰하게 취한 한 장교가 닭고기 요리를 만든 뒤 그 꼬리를 빈 병에 꽂아둔 것을 보고 "헤이 마담 콕-테일 한 잔만 더"라고 했던 말이 지금까지 'Cocktail'이라고 전래된다고 한다.

③ 미국 독립전쟁 당시 버지니아 기병대에 '퍼트릭 후래나간'이라는 한 아일랜드인이 입대하게 되었다. 그러나 그 사람은 입대한 지 얼마 되지 않아서 전선에서 죽어버렸다. 따라서 그 사람과 신혼생활을 하고 있던 '벳치'라는 여자는 별안간 과부가 되고 말았다. 그리하여

남편을 잊지 못하는 그녀는 죽은 남편의 부대에 종군할 것을 희망하여 왔다. 부대에서는 하는 수 없이 그녀에게 부대 주보의 경영을 담당하게 하였다. 그녀는 특히 '브레이서(Bracer)' 라고 부르는 혼합주를 만드는 데 소질이 있어, 군인들의 호평을 받았다. 그러던 어느 날 그녀는 한 반미영국인 지주의 닭을 훔쳐다가 장교들을 위로하였는데, 그 닭의 꼬리, 즉 '콕스 테일(Cockstail)' 을 '브레이서' 병에 꽂아서 장식하여 두었다고 한다. 장교들은 닭의 꼬리와 브레이서로 밤을 새워 춤을 추며 즐겼다. 그런데 장교들이 모두 술에 만취되어 있는 가운데, 어느 한 장교가 병에 꽂힌 콕스 테일을 보고 "야! 그 콕스 테일 멋있군!" 하고 감탄을 하니 역시 술취한 다른 한 장교가(자기들이 지금 마신 혼합주의 이름이 콕스 테일인 줄 알고) 그 말을 받아서 말하기를 "응, 정말 멋있는 술이야!" 하고 응수했다고 한다. 그 이후부터 이 혼합주인 '브레이서 · 를 칵테일이라 부르게 되었다는 것이다.

2) 칵테일의 분류

오늘날 칵테일의 총괄적인 의미로서 각종 혼합주 전체를 말하는 경우가 일반화되어 있으나 용량, 용도, 형태에 따라 크게 분류하고 있다.

(1) 용량에 따른 분류

① 숏 드링크(Short Drink)

작은 컵을 사용하며 일반적으로 알코올 함유량이 강한 것을 의미한다. 용량은 보통 3온스가 많이 사용된다. 대표적인 칵테일로 마티니와 맨하탄이 있다.

② 롱 드링크(Long Drink)

알코올성 음료와 비알코올성 음료를 혼합하여 비교적 알코올 함유량이 약하게 제조한 것을 의미한다. 용량은 보통 8온스 이상의 칵테일을 말한다. 대표적인 칵테일로 슬로진피즈, 탐칼린스 등이 있다.

(2) 용도에 따른 분류

① 식전 칵테일(Aperitif)
식욕증진을 위한 칵테일로 마티니, 맨하탄 등이 있다.

② 식사 중 칵테일(Dinner Cocktail)
정찬 전 약간의 시간이 있을 때 마시는 칵테일로서 마티니, 맨하탄 등이 어울린다.

③ 식후 칵테일(After Dinner Cocktail)
식후주로 단맛을 지닌 칵테일로서 알렉산더칵테일이 있다.

3) 만드는 방법

칵테일을 만드는 방법에는 그 특성에 따라 만드는 기법이 달라지는데 크게 5가지로 분류한다.

① 푸어링(Pouring)
글라스에 직접 얼음과 재료를 넣어 바스푼(Bar spoon)으로 저어서 만드는 방법이다. 위스키소다, 스크류드라이버, 올드패션 등은 이러한 기법으로 만든 칵테일에 속한다.

② 세이킹(Shaking)
세이크(Shake)는 흔들다는 의미로 바의 기구인 세이커(Shaker)를 사용하여 혼합한다. 마이타이, 하와이안, 파라다이스 알랙산더 등은 이러한 기법으로 만든 칵테일에 속한다.

③ 블랜딩(Blending)
믹서기를 사용하여 혼합한다. 머드링(Muddling)이라고도 한다. 블루하와이, 치치, 피나콜라다, 골든메달리스트 등은 이러한 기법으로 만든 칵테일에 속한다.

④ 스터링(Stirring)

긴 믹싱스푼을 사용하여 혼합한다. 마티니, 깁슨, 맨하탄, 롭로이 등은 이러한 기법으로 만든 칵테일에 속한다.

⑤ 플로팅(Floating)

다른 술과 섞이지 않도록 한가지씩 위에 띄우는 방법. 레인보우, 엔젠스 키스 B&B 등은 이러한 기법으로 만든 칵테일에 속한다

☞ **칵테일 만드는 순서**

① 글래스(Glass)를 선택한다.
② 칵테일 방법을 선택한다.
③ 내용물을 순서대로 넣고 섞는다.
④ 장식하여 제공한다.

4) 바(Bar)의 부재료

칵테일 베이스(Base)에 부재료를 첨가하면 한층 더 풍미를 낼 수 있는데 부재료에 사용되는 종류는 과즙류, 시럽류, 향료류 등 여러 가지가 있다.

[표 2-15] 바의 부재료

부 재 료	종 류
쥬스류(Juice)	그레이프, 레몬, 라임, 오렌지, 파인애플, 토마토 등
시럽류(Syrup)	그레나딘, 메이플, 플레인, 검, 블랙베리
향신료(Spice)	너트맥, 클로버, 시네몬, 민트
과실류(Fruit)	오렌지, 파인애플 등 각종 과일류
얼음류(Ice)	쉐이브, 크러쉬, 큐브, 블럭
청량음료(Soft Drink)	콜라, 사이더, 소다수, 토닉워터, 진저엘, 카린스 믹스 등
밀크류(Milk)	우유, 스위트크림 등

5) 칵테일 기구

주장을 효과적인 방법으로 운영하기 위해서는 집기, 비품 및 시설이 적절하게 준비되어 있어야한다. 또한 기물은 항상 사용에 편리하도록 지정된 위치에 준비하고 청결을 유지해야한다.

① 세이커(Shaker)

칵테일을 만드는데 쓰이는 대표적 기구로서 음료를 혼합하는데 사용

② 믹싱글라스(Mixng Glass)

바 글라스(Bar Glass)라고도 하며, 음료를 섞는데 사용

③ 전기브렌더(Electric Blender)

필요한 재료와 잘개 으깬 얼음을 섞는데 사용

④ 바스푼(Bar Spoon)

술의 비중을 이용한 재료를 띄우거나, 재료를 혼합하는데 사용

⑤ 스트레이너(Strainer)

믹싱글라스에 만든 칵테일을 따를 때 얼음이 쏟아지지 않도록 바친다.

⑥ 스퀴져(Squeezer)

레몬등의 즙을 짜는데 사용

⑦ 메이져컵

지거(Zigger)라고도 하며 재료의 양을 측정하는데 사용

⑧ 블랜더(Blender)

재료를 혼합하는데 사용, 전기믹서기를 사용하기도한다.

⑨ 아이스 픽(Ice Pick)

송곳 모양으로 얼음을 깰 때 사용

⑩ 아이스페일(Ice Pail)

아이스 바스켓이라고도 하며 얼음을 넣는 통으로 집게가 달려있다.

⑪ 병따개(Opener)와 콕스크류(Cork Screw)

병따개와 와인 코르크를 여는데 사용

⑫ 푸어러(pourer)
술병의 입구에 끼우는 기구

⑬ 도마와 페티나이프(Petit Knife)
과일을 자르는데 사용

⑭ 스트로우(Straw)
음료를 마시기 쉽게하기 위한 빨대

⑮ 코스터(Coaster)
잔 받침대

⑯ 칵테일 픽(Cocktail Pick)
장식용 과일이나 체리등을 꽂을 때 사용하는 핀

⑰ 머들러(Muddler)
막대모양으로 칵테일을 섞을 때 사용

제4절 연회부문

1. 연회의 개요

최근 빈번한 국제적 교류 및 경제의 발전, 여가시간의 증대 등은 국민의 활발한 사회활동을 가져오게 하였고, 그에 따른 호텔의 연회행사는 다양화, 대형화되어 가는 추세로 호텔기업에서 그 중요성이 강조되고 있다. 연회란 사전적 의미로 축하, 위로, 환영, 석별 등을 위하여 여러 사람이 모여 베푸는 잔치로 되어 있다. 따라서 호텔에서 연회의 의미는 호텔연회장 또는 식음료판매를 하기 위해 다양한 첨단시설을 갖추어 놓은 일정 장소에서 2인 이상의 단체고객에게 식음료 및 기타 상품을 제공하여, 고객이 원하는 행사의 목적을 달성할 수 있도록 하여 주고 그에 따른 대가를 받는 영업행위라고 할 수 있다.

1) 연회의 특징 및 중요성

연회는 다른 일반 레스토랑과는 달리 식탁과 의자가 준비되어 있는 것이 아니라 일정한 장소에서 고객의 요구, 연회행사의 내용, 성격, 형태, 방법에 따라 각양각색의 행사를 수행하는 분야로서 그 특징 및 중요성을 살펴보면 다음과 같다.

① 연회는 예약에 의해서만 판매가 이루어진다.

② 예약에 의한 판매로 식음료 원가절감과 서비스 능률성을 기대할 수 있다.

③ 일정한 공간, 장비, 인력만 있으면 언제, 어디서나 연회행사가 가능하며, 멋진 분위기를 연출할 수 있는 종합예술이다.

④ 동일한 공간이나, 행사라도 식음료 메뉴나 행사 내용에 따라 가격이 탄력적이다.

⑤ 연회장은 국제회의 및 대규모 연회 개최로 호텔 수입은 물론 외부 관광 환경(관광 및 쇼핑 등)에도 영향을 주어, 지역의 문화수준 향상, 고용의 효과, 세 수입 확대도 기대할 수 있다.

⑥ 문화공간의 활용의 장으로 지역주민들을 위해 각종 강습회(꽃꽂이, 매너교실, 요리교실, 챠밍스쿨 등), 전시회 등 다양한 행사를 함으로써 지역의 문화수준향상 및 사교장소로서의 역할을 수행하고 있다.

⑦ 국제행사 및 각종 세미나 등을 유치하여 호텔홍보는 물론 다른 영업장 이용과 연회 매출 증대로 호텔 경영에 많은 기여를 한다.

⑧ 연회장 및 각종 장비를 임대할 수 있으며, 호텔내의 연회장 뿐만 아니라 호텔이 아닌 다른 장소(출장연회)에서도 판매가 가능하여 매출증진을 가져올 수 있다.

[그림 2-14] Table Setting - a sensuous table setting and flowers

2) 연회의 분류

연회행사는 목적에 따라 다양하게 이루어지고 있는데, 식음료판매나 단순히 연회장 판매만을 목적으로 하는 기능에 의한 분류와 호텔 내부 혹은 외부에서 판매하는가에 따른 장소별 분류, 연회행사의 특징에 따라서 분류하는 목적에 따른 분류로 크게 3가지로 대별할 수 있다.

① 기능에 의한 분류

식음료판매의 목적으로 아침, 점심, 저녁식사, 칵테일파티, 뷔페, 티 파티를 통한 식음료의 판매와 각종회의, 세미나, 컨퍼런스, 심포지움, 전시회, 패션 쇼, 각종 콘서트들을 위한 연회장소의 판매를 목적으로 한다.

② 장소별 분류

호텔내에서 연회를 하는 호텔연회와 고객의 요청에 따라 호텔 연회부 직원이 외부의 정해진 장소로 출장을 가서 행하는 출장연회로 분류한다.

③ 목적에 따른 분류

행사목적이나 특징에 따라 가족모임, 결혼식, 회사행사, 학교관계 행사, 정부행사, 각종 협회행사, 디너 쇼 및 각종 이벤트행사로 분류한다.

[그림 2-15] 출장서비스 전용트럭

3) 국제회의의 종류

① 컨벤션(Convention)

회의에서 가장 일반적으로 광범위하게 사용되고 있는 용어로서 다양한 기구나 단체에서 정보전달을 목적으로 하는데, 경우에 따라 전시회도 동반하는 경우가 있다.

② 세미나(Seminar)

한 사람의 주도로 특정 분야에 대한 단일의 논제에 대해 지식이나 경험을 발표 토의하는 형태로 보통 교육자와 피교육자의 관계를 전제로 한다. 보통 30명 이하의 참가자들이 교육이나 연구 목적으로 하는 회의이다.

③ 컨퍼런스(Conference)

컨벤션과 거의 같은 의미로 사용되고 있으며, 통상 컨벤션에 비해 회의 진행에서 토론회가 많이 열리고 참가자들에게 토론의 참여기회가 많이 주어진다. 미국에서는 주로 회의를 기본으로 하는 국제적 집회의 의미로 사용되며, 프랑스어계 국가에서는 외교적 성격의 국제회의를 의미한다.

④ 심포지움(symposium)

일종의 공개토론회로서 전문가가 제시된 안건에 대해 결과를 중심으로 청중 앞에서 토의를 하는 것을 의미하는데, 포럼에 비해 청중의 질의기회도 적고 다소 형식을 갖추고 있다.

⑤ 콩그레스(Congress)

컨벤션과 유사한 의미로 유럽지역에서 많이 사용하는 용어로서, 일반적으로 대규모 국제적인 회의를 의미하는데, 특히 사회과학분야나 자연과학분야에서 개최되는 학회의 회의가 이 유형에 속한다.

⑥ 워크숍(Workshop)

참가자들이 여러 가지를 서로 교환하는 형태로서, 총회의 일부로 조직된 일종의 보조적인 교육목적 회의이다. 일반적으로 30명내외 정도의 참가자로 구성되며 특정문제나 과제에 대한 새로운 지식이나 통찰방법, 혹은 기술등을 교환하거나 전달할 목적으로 개최된다.

⑦ 회의/회합(Meeting)

참석자 모두가 단체활동의 사항을 토론하기 위한 목적의 모임을 말한다.

⑧ 패널토의(Panel Discussion)

일종의 공개토론회로서, 2명에서 8명까지의 연사가 서로 다른 분야의 전문가적 견해를 발표하는데 청중도 자신의 의견을 발표할 수 있고 패널리스트와 청중간에 자유로운 토의도 이루어진다. 그러나 진행상 청중의 의견개진보다는 패널리스트의 비중이 높으며 토론회는 사회자가 주도한다.

⑨ 클리닉(Clinic)

대부분 소규모 단체에 국한 것으로 교육활동에 많이 사용되며, 기술이나 전문지식을 제공한다.

⑩ 강연(Speech)

일반적으로 특정한 한사람의 전문가가 일정한 형식에 따라 강연하는 것을 의미하는데, 청중에게 자신의 의견을 제시할 수 있는 질의 및 응답의 기회도 주어진다.

⑪ 화상회의(Teleconference)

전기통신시스템에 의한 원거리 회의로서 한 곳에 모일 필요 없이 통신회로를 이용하여 서로 얼굴을 보면서 회의하는 것을 의미한다.

4) 연회부서의 조직과 업무

호텔 연회부문의 조직은 각 호텔별로 연회장의 크기, 매출 등에 따라 식음료부에 속해 있기도 하고, 따로 독립되어 운영되기도 한다. 일반적으로 연회부서 내의 조직은 크게 연회예약과 판촉, 그리고 서비스 부문으로 분류된다.

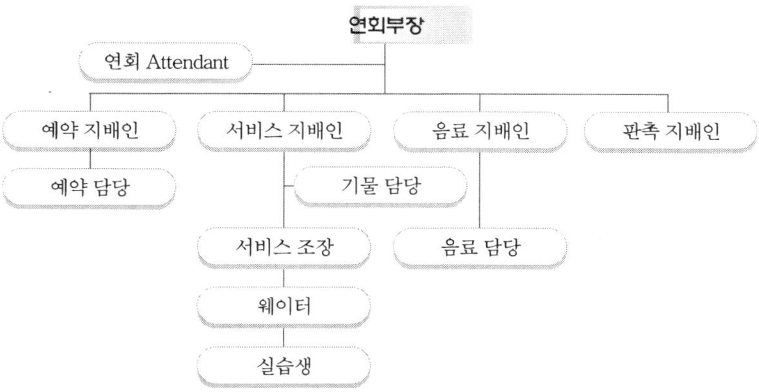

[그림 2-16] 연회부서의 조직도

[표 2-16] 조직에 따른 업무내용

분 류	업 무 내 용
연회부장 (Banquet Director)	연회부 최고 책임자로서 연회행사와 관련된 판매, 계획, 준비, 서비스 등의 모든 업무를 지휘, 감독 및 최종적인 책임을 지고, 관련부서와의 원만한 유기적 관계를 유지한다. 연회장의 규모에 따라 호텔마다 직책은 임원급에서 과장까지 다르게 하고 있다.
예약지배인 (Reservation Manager)	고객들의 연회예약과 관련된 업무를 책임지며, 연회행사에 대한 세일즈 및 특별행사 기획을 한다.
서비스 지배인 (Service Manager)	연회서비스 지배인은 연회예약부서에서 작성된 예약통보서(event order)에 의하여 식음료 서비스를 실제적으로 계획하고 감독하는 등 행사의 세부사항을 책임지는 임무를 맡고 있다.
음료지배인 (Beverage Manager)	연회장에서 필요한 각종 음료에 관한 모든 업무에 대하여 책임을 지며, 서비스 지배인과 연계하여 연회행사에 차질이 없도록 한다.
연회판촉지배인 (Banquet Sales Manager)	연회판촉지배인은 호텔의 연회서비스를 대중에게 홍보하는 역할과 연회와 컨벤션 행사를 유치하고 고객과 상담하며, 연회메뉴를 조정하고 가격을 결정한다.
연회 어탠던트 (Banquet Attendent)	호텔 연회장의 규모나 행사내용에 따라 호텔내에서 직접 운영하기도 하고 외부에 의뢰하기도 하고 있다. 연회행사에 필요한 조명, 음향, 동시통역기, 스피커 등을 담당하는 음향실과 고객이 원하는 현수막, 사인류(sign board)를 준비하고 연회관련 인쇄물을 취급하는 차트 룸(Chart Room), 아스카빙이나 조형물을 준비하고 설치하는 아트룸(Art Room), 장식에 필요한 꽃, 관상목 등을 준비하고 설치하는 꽃방(Flower Shop) 등이 있다.
기물담당 (Steward Manager)	연회행사에 필요한 각종 기물류 및 장비류의 준비, 보관, 관리하는 업무를 담당한다.
서비스 조장 (Service Captain)	지배인의 지시에 의하여 연회행사를 직접적으로 준비하고 서비스를 담당하는 실무책임자.

2. 연회서비스

연회행사는 고객의 예약에서 시작하여 행사를 기획 및 준비하고, 최선의 서비스 제공을 통한 고객만족과 호텔의 매출증대 및 이미지를 높이는데 그 중요성이 있다. 따라서 연회를 담당하는 종사원은 예약에서부터 행사를 마무리할 때까지 대고객 서비스에 최선을 다해야 한다.

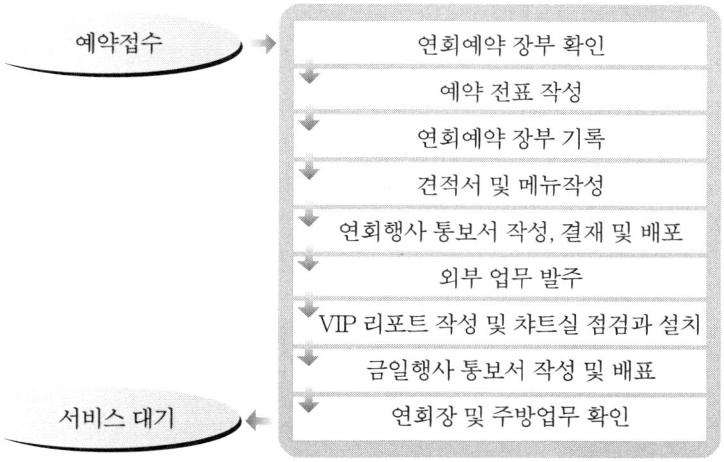

[그림 2-17] 연회예약에 따른 진행도

1) 연회예약업무

연회예약의 접수는 대체로 전화 혹은 Fax 및 편지를 이용하거나 전화, 직접방문, 판촉직원, 인터넷 등을 통하여 예약을 받고 있다. 그 중에서도 가장 많이 이용하고 있는 방법으로는 전화를 이용하고 있는데 앞으로는 인터넷을 통한 예약이 일반화되리라 본다.

(1) 연회예약 접수시 확인사항

① 일 시
② 행사내용과 목적
③ 연회장소
④ 주최자와 초청고객 및 참석인원
⑤ 1인당 예산
⑥ 장식 : 꽃, 얼음조각, 기타장식
⑦ 식탁 및 좌석배치
⑧ 주류 및 식사내용 결정
⑨ 최저 지불보증인원
⑩ 지불방법 및 예약금 여부

⑪ 기타 특별사항(음향 및 무대장치, 사인류, 공연인 사용여부 등)

☞ **연회예약업무에 필요한 각종 서식**

· Control Chart	예약장부
· Quotation	행사 견적서
· Agreement	행사 동의서
· Event Order	행사 작업 지시서
· V.I.P Report	호텔에서 중요시하는 인물 명단 통보서
· Price Information	가격 통보서
· Price Menu	메뉴가격
· Floor Lay-out	연회장 층별 도면
· Function Room Lay-out	행사장 도면
· Family Program	각종 식순 등
· Revised Memo	행사 변동내역 통보서
· Check List	연회행사 점검 목록

2) 연회준비 및 진행순서

연회행사의 성공여부는 기획과 철저한 준비성, 최상의 서비스 정신에 의해 결정된다. 또한 행사준비를 위해 여러 가지 세부사항이 고려되어야 하는데, 적절한 서비스 제공을 위해서는 관련부서와의 긴밀한 협조가 이루어져야 한다. 연회의 준비 및 진행순서는 연회행사 통보서에 의해 행사장 및 서비스 계획을 세우고, 연회서비스 인원의 확보 및 메뉴교육, 준비 및 서비스 순서로 이루어진다.

(1) 연회준비 및 진행순서

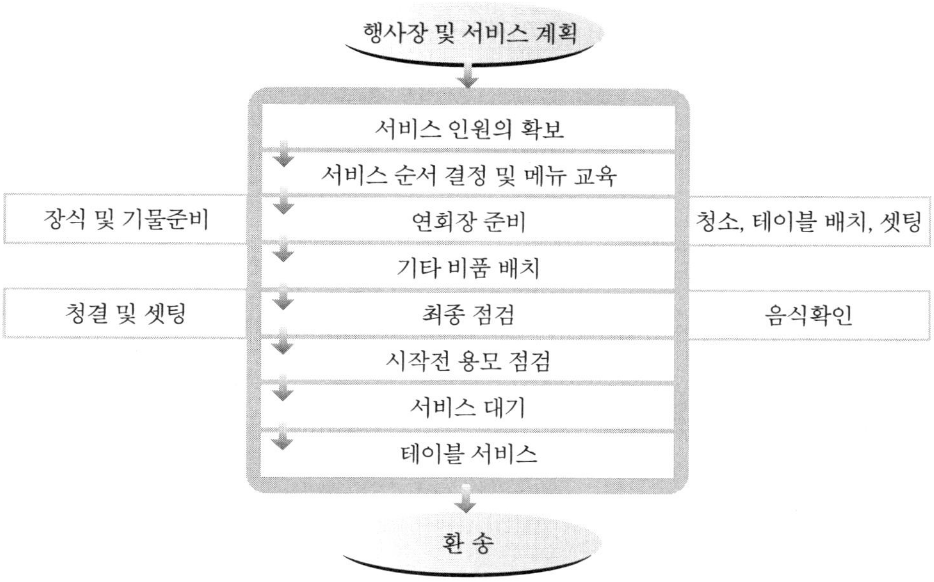

[그림 2-18] 연회준비 및 진행순서

(2) 연회행사 지시서(Event Order)의 내용

① 분류번호 및 작성일
② 행사일시 및 행사장소
③ 행사명과 행사형식
④ 주최자 혹은 예약자의 이름, 직위, 주소, 연락처
⑤ 예상인원과 지불보증 인원
⑥ 예약금 및 지불관계
⑦ 음식류, 음료류, 장식류(꽃, 얼음조각, 현수막 등) 등의 단가
⑧ 방송장비, 사진, 기타 특별 준비사항 및 단가
⑨ 테이블 및 좌석의 배치형태
⑩ 메 뉴
⑪ 연회장 사용료(Room Charge) 여부
⑫ 기타 특별 주문사항

BANQUET EVENT ORDER

2017-01-27

FUNCTION	:		SALES PERSON IN CHARGE	:
DAY & DATE	:			
TIME	:		ORGANIZATION	:
VENUE	:		TEL	:
Guarantee	:	Expected :	DEPOSIT	: Open Card

F&B

MENU			VALUE
<1F Grand >			
Int'l Buffet A	110pax	₩0	₩0
식사시간 -			₩0

BEVERAGE		VALUE
Soft drink	₩4,000	₩0
Beer	₩6,000	₩0
Soju	₩6,000	₩0
음,주류 사전셋팅 X. 주문시 드리기		

MISC	VALUE
홀대관료 무료	
현수막-	

TABLE LAYOUT

<1F GrandBallroom>
RoundTable
포디움 2

KITHCHEN

MENU			VALUE
<1F Grand >			
Int'l Buffet A	0pax	₩0	₩0
식사시간 -			₩0

INTERNATIONAL BUFFET A
첨부메뉴 확인

FINANCE

ENGINEERING

빔프로젝터 사용(노트북 주최측 지참), 동영상 1시간 정도 상영예정
마이크-유선2, 무선2

SIGN BOARD

2016년 12월 19일 월요일 18:00
1F 그랜드볼룸

NOTE

대절버스5~6대 들어올 예정

	BQ RSVN	DOC	KC	FB
확인				

[그림 2-19] 연회행사지시서(BEO)

3. 풀 코스(Full Course) 요리 서비스 진행순서

1) 한국식 요리 서비스

[표 2-17] 한국식 요리 서비스

순서	메 뉴	항 목	서비스 실시 내용
1	기본찬	기본찬 제공	간장, 초간장, 초장, 물김치, 깍두기, 백김치, 김, 이색나물 등을 순서에 맞춰 스푼이 가는 쪽을 오른쪽으로 하여 잘 정돈하여 세팅한다.
2	수삼과 꿀	수삼과 꿀 제공	수삼은 왼쪽에, 꿀은 오른쪽에 놓는다.
3	구절판	구절판 제공	수삼과 꿀접시를 치우며 구절판을 제공한다.
4	잣죽	잣죽 제공	잣죽 스푼을 세팅하고 잣죽을 제공하면서 구절판을 뺀다.
5	전복초, 대하찜	전복초, 대하찜 제공	대하찜과 전복초는 식으면 제맛이 나지 않으므로 식기전에 즉시 제공한다.
6		식접시 세팅	대하찜 접시를 제거하면서 신선로의 식접시를 스푼과 함께 세팅한다.
7	신선로	신선로 제공	신선로는 뜨겁기 때문에 반드시 장갑을 착용하고 서비스 웨곤를 이용하여 서비스하며, 고객에게 피해를 주지 않도록 천천히 제공한다.
8		신선로 치우기	충분한 시간적 여유를 갖고 대기하다가 고객이 다 드시면 뺀다.
9	갈비찜	갈비찜 제공	찜기에 담긴 갈비찜을 제공한다.
10	너비아니	너비아니 제공	너비아니를 제공하면서 갈비찜을 뺀다.
11		너비아니 치우기	너비아니 접시를 치운다.
12	진지와 탕	진지, 탕 제공	진지, 탕를 동시에 제공한다.
13		모든 접시류 치우기	물잔을 제외한 모든 접시를 치운다. 이때 음료잔 등에 음료가 남았을 경우 음료잔은 치우지 않는다.
14	디저트	디저트 제공	디저트에 맞는 기물을 세팅하고, 디저트를 제공한다.
15	인삼차	인삼차 제공	꿀과 함께 제공한다.

2) 서양식 요리 서비스

[표 2-18] 서양식 요리 서비스

순서	메 뉴	항 목	서비스 실시 내용
1		고객 입장	담당구역 내 명찰표(Place Card)를 확인하여 고객을 자연스럽게 착석을 권하며 도와 준다.
2	White Wine	화이트와인 제공	주빈(Host)의 시음후 Head Waiter 신호에 의하여 일제히 제공한다.
3	Appetizer	전채요리 제공	Head Waiter 신호에 따라 동시에 입장하여 요리를 제공하고, 와인을 추가로 제공한다.
4		전채요리 접시 치우기	다 드신 전채요리 접시를 고객 오른쪽에서 뺀다.
5	Soup	숩컵 혹은 숩볼 세팅	메뉴에 따라 따뜻하게 데워진 숩컵(Soup Cup or Bowl)을 갖고 고객의 오른쪽에서 세팅한다.
6		수프 제공	고객의 왼쪽에서 숩트린(Soup Tureen)과 국자(Laddle)을 사용하여 수프를 제공한다. 이 때 수프가 뜨거우므로 조심해서 제공한다.
7	Bread	빵 제공	Hard Roll, Soft Roll, French Bread 등 사전에 준비한 빵을 고객의 취향에 맞게 제공하고 남는 것은 테이블위에 놓고 나온다.
8		숩컵 혹은 숩볼 치우기	숩컵(Soup Cup or Bowl)을 고객의 오른쪽에서 뺀다.
9	Fish	A조: 생선접시 세팅 B조: 생선요리 제공	A조 : 생선접시를 고객 수만큼 세팅한다. B조 : 생선요리 제공
10		생선요리 접시 치우기	고객의 오른쪽에서 뺀다.
11	Sherbet	샤베트 제공	드라이아이스(Dry ice)를 이용하여 더운물을 드라이아이스 볼(Dry ice Bowl)에 부어서 김을 낸 후 샤베트를 제공하여 분위기를 연출하기도 한다.
12		샤벳 볼 치우기	고객의 오른쪽에서 뺀다.
13	Red Wine	레드와인 제공	주빈의 시음 후 Head Waiter 신호에 의하여 일제히 제공한다.
14	Main Dish	A조 : 메인접시 세팅 B조 : 메인요리 제공	A조 : 메인접시를 고객 수만큼 세팅한다. B조 : 메인요리를 제공한다.
15	Salad	A조 : 샐러드 제공 B조 : 샐러드 드레싱 제공	A조 : 고객의 왼쪽에서 샐러드를 제공한다. B조 : 고객의 왼쪽에서 드레싱을 제공한다.

16		메인접시 및 기타 접시류 치우기	맛있게 드셨습니까?라고 여쭙고 고객의 오른쪽에서 조용히 뺀다. 이 때 기물 소리가 너무 시끄럽지 않도록 주의한다. 물컵과 와인잔을 제외한 모든 기물은 치운다.
17	Cleaning	테이블 치우기	크럼브 스위퍼(Crumb Sweeper)를 사용하여 테이블 위의 빵가루와 기타 부스러기를 청소한다.
18	Dessert	디저트 제공	고객의 오른쪽에서 디저트를 제공한다
19	Champagne	샴페인 제공	샴페인은 주빈(Host)이 시음을 하지 않으므로 헤드웨이터의 신호에 따라서 동시에 제공한다.
20		Speech	주빈의 연설(Speech)이 시작되면 헤드웨이터, 캡틴을 제외한 전 종사원은 조용히 Back Side에서 대기한다.
21	Coffee or Tea	A조 : 커피컵 세팅 B조 : 커피 혹은 홍차 제공	A조 : 따뜻한 커피컵을 고객수만큼 세팅한다. B조 : 커피포트(Coffee Pot)를 사용하여 커피 혹은 홍차를 제공한다.
22		대기 및 환송	전직원 입구에 도열하여 고객에게 감사함을 표시한다.

주) 위순서는 국가귀빈 접대시 제공되는 순서를 표시, 샴페인 제공순서는 통상 11번 전후에 위치함.

3) 중국식 요리 서비스

[표 2-19] 중국식 요리 서비스

순서	메 뉴	항 목	서비스 실시 내용
1	냉채	냉채 제공	일반(Nomal) 행사시는 사전에 냉채 접시를 세팅한 후 패싱 서비스(Passing service)하며, 딜럭스(Deluxe) 행사시는 일인분씩 담아서 제공한다.
2		냉채접시 치우기	냉채 접시를 빼고, 기본적으로 세팅되어진 숩컵(Soup Cup)을 밑으로 당겨 놓는다.
3	제비집 수프	수프 제공	숩트린(SoupTurren)과 숩국자(Laddle)을 사용하여 고객의 왼쪽에서 제공한다.
4		숩불 치우기	고객의 오른쪽에서 숩볼(Soup Bowl)을 치운다.
5	상어지느러미찜	상어지느러미찜 제공	소스(Sauce)가 흐르지 않도록 천천히 왼쪽에서 제공한다.(Passing service)
6		식접시 세팅	상어지느러미찜 접시를 빼면서 따뜻한 식접시를 고객의 오른쪽에서 세팅한다.
7	바다가재와 고추소스	바다가재 덜어드리기 (Passing service)	고객의 행동에 지장이 없도록 주의하면서 고객의 왼쪽에서 제공한다.(Passing service)

8		식접시 세팅 및 치우기	사용한 식접시(바다가재 접시)를 빼고 새로운 접시를 세팅한다.
9	쇠고기 해삼찜	쇠고기 해삼찜 덜어드리기(Passing service)	쇠고기 해삼찜을 1인분씩 제공한다. (Passing service)
10		식접시 세팅 및 치우기	쇠고기 해삼찜 접시를 빼고 새로운 접시를 세팅한다.
11	북경오리	북경오리 제공 (Passing service)	북경오리 밀쌈의 내용물이 흩어지지 않게 천천히 제공하면서, 사용한 식접시(북경오리 접시)를 뺀다.
12		식접시 치우기	북경오리의 식접시를 치우고, 밑반찬을 추가 제공한다.
13	기스면	기스면 제공	그릇이 크고 국물이 많기 때문에 고객에게 흘리지 않도록 천천히 안전하게 제공한다.
14	리찌두부	디저트 제공	기스면 볼(Bowl)를 빼고 난 후 제공한다.

4. 연회용 집기 비품과 취급요령

1) 테이블과 의자류

연회행사에서는 테이블과 의자류 중 어떤 종류를 사용하느냐에 따라 분위기와 기능성에서 많은 차이가 나는데, 연회장에서 사용되고 있는 테이블의 형태는 일반적으로 다음과 같이 7가지 형태의 테이블이 사용된다.

① 직사각형(Rectangular)

연회에서 가장 많이 사용되는 테이블로서 18인치×72인치, 72인치×30인치, 18인치×60인치, 60인치×30인치 4종류가 있다.

② 정사각형(Square)

일반적으로 보조용으로 사용되는 경우가 많은데 일반적으로 크기는 30인치×30인치이다.

③ 라운드형(Round)

연회를 할 때 가장 보편적으로 사용하는 테이블로 42인치, 54인치, 60인치, 72인치가 있다. 54인치는 칵테일이나 장식용으로, 60인치는 6~8인용으로, 72인치는 8~10인용으로 사용하고 있으며, 10인 이상일 경우 72인치 위에 Top table을 올려 사용한다.

④ 초승달형(Crescent)

서펀타인(Serpentine)이라고도 불리우며, 단독으로는 사용하지 못하고 다른 테이블과의 조화로 여러 가지 모양을 내는데 사용한다.

⑤ 반원형(Half-Round)

직사각형의 끝부분에 붙여 사용한다.

⑥ 1/4형(Quarter-Round)

단독으로 사용되지 않고 테이블의 끝처리에 주로 쓰인다.

⑦ 타원형(Oval)

컨퍼런스(Conference) 테이블이라고도 하며, 주로 회의용으로 사용한다.

☞ 테이블 및 의자류의 사용법 및 주의사항

· 행사내용에 맞게 사용한다.
· 무리한 충격을 가하지 않고, 용도 외에 사용하지 않는다.
· 불량 및 파손시 즉시 수리하며, 수시 점검한다.
· 테이블류는 바닥에 미끄럼 방지 도구(카페트 등)를 사용하여 똑바로 세워 보관한다.
· 스타킹 체어(Stocking Chair)는 10개 이상씩 쌓지 않는다.
· 암체어(Arm Chair)는 반드시 겨드랑이 사이에 껴서 운반하며 끌거나 던지지 않는다.

2) 연회용 주요 장비

연회행사 목적이나 내용에 따라 그 용도를 다르게 사용한다.

① 조립식 무대(Stage)

높이 조정이 가능하고, 보관이나 이동이 쉽도록 접을 수 있으며, 바퀴가 달려있다. 무겁고 사용방법이 복잡하므로 취급에 유의하고, 운반시는 반드시 2인 1개조로 편성하여 운반한다.

② 댄싱플로워(Dancing Floor)

춤을 추는데 사용하며, 조립식으로 되어 있어 활용이 편리하도록 되어 있다. 운반시 2인 1개조로 하여 cart를 사용하여 운반하고, 바닥에 흠집이 생기지 않도록 한다.

③ 연무기계(Dry Ice Machine)

각종 가족모임과 호텔기획행사시 분위기 연출을 위해 사용한다. 사용시 적정온도(75~85℃)를 유지하여 과열을 방지하고, 이동시 벽이나 기타물체에 부딪치지 않도록 운반한다.

④ 붉은 카펫트(Red Carpet)

연회장 입구나 연회장 무대용, 및 VIP 영접시 사용한다. 용도에 맞게 사용하며, 운반은 2인 1개조로 한다.

⑤ 병풍(Folding Screen)

가족모임이나 연회장의 분위기를 살리는데 효과가 있다. 운반시 2명이 함께 운반하도록 하며, 무리한 힘을 가하거나 그림 부분을 훼손하면 안 된다.

제5절 메뉴관리

1. 메뉴의 개요

오늘날 메뉴라는 단어는 매우 다양하게 사용되고 있는데, 메뉴란 단어의 어원은 브리태니커의 사전에 의하면 라틴어의 Minutus에서 유래되어, 불어의 Menue, 영어의 Minute에서 만들어진 말로써 '작은, 간단한, 혹은 상세한' 등의 뜻을 가지고 있다. 서양의 레스토랑에 오늘날과 같은 형태의 메뉴가 등장한 것은 그리 오래 전의 일이 아니다. 서양의 초기 커피하우스나 간이음식점 등에서는 글로 쓴 메뉴 대신 종사원이 모든 메뉴품목을 기억해서 고객에게 알려주었다. 후에 프랑스 파리의 몇몇 레스토랑에서 종사원이 조그만 판자 위에 모든 품목을 적어 허리춤에 달고 다니며 외우거나 고객에게 보여 주었는데, 이것은 고객을 위해서 뿐만 아니라 조리사나 종사원들에게도 글로 씌어진 메뉴가 필요했기 때문이었다. 이러한 초기형태의 메뉴들이 오늘날 우리가 사용하는 메뉴와 같이 다듬어진 형태로 발전되었다.

1) 메뉴의 특징

메뉴란 고객과의 커뮤니케이션에 사용되는 가장 중요한 마케팅 도구이며, 고객의 잠재적 욕구에 가장 큰 영향을 주고 있다. 또한 고객의 메뉴선택에 많은 영향을 주어 식음료업장의 경영방법 및 서비스타입 등을 결정한다.

또한 메뉴는 업장의 마케팅 계획을 실행하는 도구로 사용되는 기능을 갖고 있는데, 특징을 살펴보면 다음과 같다.

① 고객의 입장 : 메뉴 및 가격결정 자료가 된다.
② 직원의 입장 : 음식주문과 조리할 내용파악이 가능하다.
③ 고객과 식당사이에 이루어진 최초의 대화역할을 한다.
④ 홍보의 도구로 활용된다.
⑤ 가격결정의 기준을 제시한다.
⑥ 주방의 구조물이나 기구설치의 근거자료가 된다.
⑦ 판촉과 상품화 계획을 할 수 있다.
⑧ 식재료의 주문 및 요리내용을 지시한다.
⑨ 주방 및 업장 종사원의 기술 수준의 척도를 나타낸다.
⑩ 주방 및 업장의 디자인과 설계에 영향을 준다.
⑪ 업장에서 필요한 종업원의 질적 수준과 수를 결정한다.
⑫ 서빙방법을 지시한다.

2) 메뉴의 중요성

식음료는 모든 것이 메뉴로부터 시작된다는 것은 과장된 표현이 아니다. 식음료 업장이 어떤 조직구조를 어떻게 운영하여 어떤 단계까지 목표를 달성할 것인지도 메뉴로부터 시작된다. 실내장식 및 디자인 또한 메뉴로부터 시작된다. 따라서 메뉴계획시나 마케팅계획 실행시 표적시장의 욕구를 정확하게 확인하고, 그에 맞는 메뉴를 개발해야 한다. 즉, 메뉴는 기업의 경제적 목표를 달성할 수 있을 경우 표적으로 삼는 세분시장, 선정하여야 할 위치 등을 알 수 있는 타당성 연구에서 주요한 요인이 된다.

① 메뉴관리는 경영의 시작이고, 경영의 핵이다.
② 식당의 운영상태를 알 수 있다.
③ 식당의 얼굴이며, 품격을 나타낸다.
④ 고객에게 식욕을 일으켜 판매를 도와준다.
⑤ 식당의 개성과 분위기를 조성한다.
⑥ 말없는 판매자이다.

3) 메뉴의 유형

메뉴를 구분하는 방법으로는 메뉴품목이 어떻게 제공되고 가격이 결정되었는가와 얼마나 자주 변화를 하는가, 서비스는 어떻게 이루어지고 있는가에 따라서 분류하고 있다.

(1) 형태에 의한 분류

① 고정메뉴(The fixed menu)

메뉴품목이 변하지 않고 지속적으로 제공되는 메뉴형태로서 메뉴에 대한 빠른 싫증과 계절별 특성이 없고, 시장의 한계성이 있는 단점이 있다. 반면에 장점으로는 노동력 감소, 재고의 감소, 통제 및 조절이 쉽고 품목의 품질제고를 할 수 있으며, 식자재 비용의 절감, 상품에 관한 지식습득의 쉬운 점과 교육훈련을 적게 해도 된다는 점이다.

② 순환메뉴(The cycle menu)

월별 계절별 등 일정한 주기로 변화하는 형태의 메뉴로서, 변화된 느낌을 줄 수 있고 계절별로 메뉴조정이 가능하다는 장점이 있다. 단점으로는 빈번한 메뉴의 순환으로 특성을 상실할 수 있으며, 식자재의 재고 생성과 숙련된 조리사가 필요한 점이다.

③ 가변메뉴(The changing menu)

영업상황 및 식자재 가격변동에 따른 불규칙적으로 변화하는 형태의 메뉴로서 메뉴에 대한 싫증감소, 일별 · 월별 · 계절별로 메뉴변화가 가능한 반면, 식자재의 재고부담과 숙련된 인력이 필요하여 인건비가 증가할 수 있는 단점이 있다.

(2) 서비스방법에 의한 분류

① 정식메뉴(Table d'hote menu)

전체 식사코스를 세트로 묶어 일정한 가격으로 판매하는 메뉴로서 특징은 다음과 같다.

· 어느 때나 사용이 가능하다.(조식, 중식, 석식, 연회 등)
· 일반적으로 미각, 영양, 분량의 균형이 유지되어 있다.
· 주기적으로 새로운 메뉴개발의 필요성이 있다.

② 일품요리 메뉴(A La carte menu)

메뉴품목마다 개별적으로 가격이 책정된 메뉴로서 특징은 다음과 같다.

· 메뉴의 구성은 정식메뉴(Table d'hote menu) 순으로 구성되어 있다.
· 각 코스별 여러 가지의 종류를 나열하고, 고객의 기호에 맞는 음식을 선택할 수 있다.
· 장기간 사용이 가능하므로 요리준비, 재료구입이 단순화 되어 있어 능률적으로 운영할 수 있다.
· 식자재의 원가상승 압박과 단골고객에게 신선미가 없어질 수 있어, 새로운 메뉴 계획은 지속적으로 시도할 필요가 있다.

③ 특별메뉴(Special menu)

기념일 등 특별한 날이나 계절과 장소에 따라 그 감각에 어울리도록 구성된 메뉴로서 장점은 다음과 같다.

· 재료의 재고품판매를 꾀할 수 있다.
· 고객의 선택의 폭과 흥미를 제공할 수 있다.
· 매출액 증진에 기여한다.
· 매일 매일 준비된 상품으로 신속한 서비스가 가능하다.

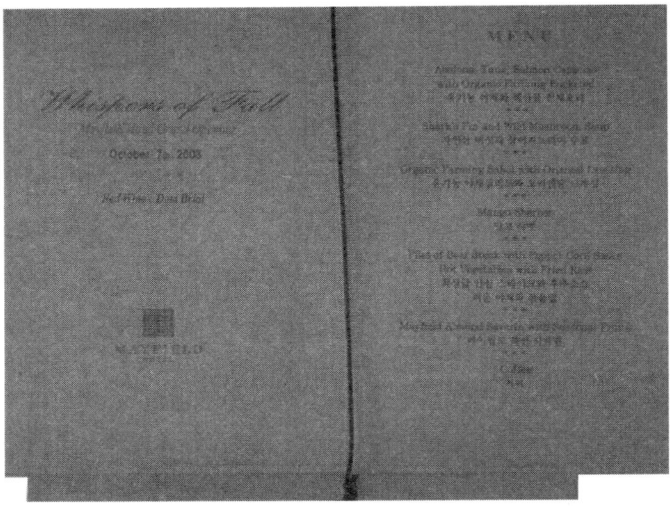

[그림 2-20] 연회장 특별메뉴

2. 메뉴계획

좋은 메뉴가 되기 위해서는 메뉴계획시 경영의 측면과 고객의 측면에서 고려해야 한다. 즉 메뉴는 고객지향적인 시각에서 운영되어야 하며, 고객의 욕구 및 필요에 부응할 수 있는 마케팅 목표를 갖고 있어야한다. 또한 메뉴는 식재료 원가가 통제기준을 넘지 않도록 효율적으로 원가통제 지향적이어야 한다.

메뉴계획은 각종 식음료와 조리방법, 서비스방법 등에 대한 전반적인 지식이 요구되는 것으로, 음식에 대한 이해와 영양적 요소, 디자인, 색상감각 등 예술적인 지식과 경영관리 감각을 필요로 한다. 그러나 원가, 이미지, 구입 불가능한 식재료, 부적절한 조리기구와 기술, 품질유지의 어려움 등으로 고객이 원하는 메뉴를 모두 생산할 수는 없다. 그러므로 식음료업장의 효율적인 영업을 위해서 업장의 이미지에 맞는 메뉴품목을 설정하고 합리적인 메뉴를 계획하여야 한다.

1) 메뉴계획의 절차

① 고객의 욕구 및 필요를 파악한다.
② 현재와 과거의 메뉴품목을 조사한다.
③ 표준조리표를 작성한다.
④ 계절음식 및 최우선 구매목록과 재고자산목록을 조사한다.
⑤ 표준조리표에 근거한 표준 1인분 원가를 계산한다.
⑥ 과거 판매기록 및 생산기록을 참고하여야 한다.

2) 메뉴계획시 고려사항

[표 2-20]에서와 같이 메뉴를 계획하기 전에 경영관리측면, 메뉴디자인측면, 마케팅측면 등을 항상 고려해야 한다.

[표 2-20] 메뉴계획시 고려사항

경영관리 측면	메뉴디자인 측면	마케팅 측면
· 영업장 분위기 · 새로운 대체품목의 개발 · 경쟁업체 · 식재료 구입의 용이성 · 조리기구 및 시설의 수용능력 · 식당의 규모 및 조리시간 · 조리 인력수와 기술 · 원가와 수익성 · 위생	· 효율적인 공간활용 및 배치 · 메뉴표지 및 메뉴판의 재질 · 메뉴의 크기 · 활자의 종류와 크기 · 메뉴품목의 이해성 · 문법, 철자, 가격의 정확성 · 주력 메뉴품목의 의치 · 영업장의 이름, 위치, 전화번호, 영업시간 등의 기재여부	· 고객의 욕구 · 메뉴의 다양성과 매력성 · 풍미의 조화 · 영양적 요소

3. 메뉴가격 결정방법

일반적으로 상품에 대한 가격결정은 주로 원가, 수요, 경쟁 등 세 가지 요인이 중요시된다. 그러나 기본적으로 한 기업의 가격은 어디까지나 기업의 유지 및 성장을 고려하여 결정되어야 한다. 일반적으로 호텔식음료의 가격결정 방법은 원가지향적 가격결정 방법과 수요나 경쟁지향적 가격결정방법을 사용하고 있다.

1) 원가지향적 가격결정 방법

상품생산에 사용된 비용을 기준으로 가격이 결정된다. 어떠한 비용을 가격결정을 위한 원가로 간주하느냐에 관해서는 가격결정 목적과 내부적인 요인에 따라 달라질 수 있으나, 식음료업에서는 실제 비용을 중심으로 사용한다.

① 직접원가에 의한 가격책정(Direct cost pricing)

가장 보편적인 가격책정법으로 판매가격을 식자재원가에 기초하여 책정하는 방법이다.

판매가격(selling price) = 식자재원가 / 목표로 하는 원가비율

예를 들어 식자재원가를 900원으로 잡고 목표로 하는 식자재원가율을 30%로 잡으면 그 품목의 판매가격은 3,000원이 된다.(판매가격=900/0.30=3,000)

② 평균비용에 이익을 합한 가격책정(Average cost plus profit)

모든 품목들에 들어가는 재료들이 거의 비슷하고 필요한 인건비의 양과 형태도 비슷한 경우 가장 안전하게 사용할 수 있는 방법이다. 즉, 한 메뉴가 같은 종류의 품목들로 구성되었을 경우, 예를 들면 도너츠 전문점에서와 같이 각 품목에 전반적인 생산비용의 차이가 없을 때 개개 품목에 별도의 가격을 책정하는 것보다는 한 상자당 얼마의 가격을 책정하는 것이 훨씬 합리적이다. 이렇게 함으로써 경영자는 모든 비용과 원가 그리고 목표로 하는 이익의 폭에 대한 내용을 쉽게 파악할 수 있고, 적절한 세일즈 믹스의 효과까지 볼 수 있게 된다.

③ 총비용에 이익을 합한 가격책정(All cost plus profit)

가장 널리 인정되는 방법으로서 모든 비용과 목표로 하는 이익을

합한 후에 가격을 책정하는 방법이다. 이는 매우 많은 시간을 요하는 어려운 작업으로 각 품목의 생산에 소요되는 상세한 인력에 대한 비용 파악 뿐 아니라 기타의 모든 발생 가능한 비용을 계산해 내야 한다. 총비용을 계산하는데 있어 여러 가지의 비용과 원가에 대한 내용이 들어갈수록 계산의 정확도가 떨어져 이러한 부정확한 원가계산에 근거한 가격책정은 시실 매우 위험스러울 수 있다.

2) 수요지향적 가격결정방법

원가보다 소비자의 수요를 근거로 가격을 결정하는 방법으로, 각 가격에 따른 수요량을 추정하여 매출에 따른 이익이 최대가 되도록 가격을 결정한다.

① 인지된 가치에 따른 가격결정법(perceived-value pricing)

이 방법은 수요기준 가격결정법이라고 불리어지며, 제품의 인지가치에 근거를 둔다. 이는 판매자의 원가수준이 아니라 구매자의 지각가치를 가격결정의 출발점으로 하고 있다. 즉, 각 메뉴품목의 상대적 인지가치를 측정하여 가격결정에 이용하는 것이다. 그러므로 인지가치에 따른 가격결정법은 제품의 가치에 대한 소비자의 인지도를 얼마나 정확하게 측정하였느냐에 따라 유용성 여부가 결정된다고 볼 수 있다.

② 수요차별에 따른 가격결정법(demand differential pricing)

수요에 기초한 가격결정의 한 가지 방법은 시장별 가격차별법으로 불리어지기도 하는데, 이것은 하나의 제품이 두개 혹은 그 이상의 다른 가격으로 판매되는 것을 말한다. 즉, 고객 · 장소 · 시간에 따라 시장을 세분하여 차별적 가격을 적용한다.

이 수요차별법에 따른 가격결정을 하기 위해서는 다음과 같은 기본조건이 필요하다.

첫째, 각 세분시장은 자체의 고유한 수요곡선을 가져야 한다. 둘째, 각 세분시장에 책정된 가격은 차별화를 위해 투입된 광고비 및 특별비용을 포함하여 적절한 이윤이 보장되어야 한다. 예를 들어 단체관광 고객과 개인상용 고객은 서로 다른 수요의 탄력성을 갖고 있다. 단체고객은 가격에 민감하나, 개인상용 고객은 가격에 민감하지 않다. 또한 식음료업장에서 차별적 가격을 적용하여 수요가 적은 낮 시간에 가격을 싸게 하는 정책은 수요차별에 따른 가격결정법이라 하겠다.

3) 경쟁지향적 가격결정 방법

경쟁지향적 가격결정은 제품의 원가나 수요보다도 경쟁업자의 가격을 기준으로 가격을 결정하는 방법이다. 이 방법의 특징은 가격결정시 제품의 원가나 수요보다는 경쟁기업의 가격변동을 더 중요하게 고려한다.

① 가격선도제(price leadership)

동일업계에서 가격변화에 가장 영향력이 있는 기업인 가격선도자에 의해 가격이 결정되는 형태를 말한다. 이러한 가격결정은 독점상태하에서 가격선도자에 의해 나타나게 되며, 가격을 추종하거나 모방하는 가격을 추종가격 또는 모방가격이라 부른다.

② 적정가격(reasonable price)

경쟁업체의 가격과 비교하여 적정수준이라고 판단되는 경영자의 주관적 가치결정 방법이다.

③ 최고가격(highest price)

경영자가 임의로 고객이 지불할 수 있는 가장 높은 가격을 결정한다.

④ 특매가격(loss leader price)

주력품목의 가격을 인하하여 고객을 끌어들인 다음 이윤을 남기기 위해 다른 품목에서 높은 가격을 받는 방법이다.

⑤ 경쟁입찰 가격결정법(competitive bidding pricing)

단체급식을 목적으로 업체에서 경쟁입찰에 의해 제품의 가격을 결정하는 것이다. 즉, 경쟁입찰 가격결정법은 기업의 원가나 수요에 기초를 두기보다는 경쟁사 가격을 예측하여 그것을 기초로 가격을 결정하는 방법이다.

3장.

호텔주방부문

제1절 호텔주방의 개념과 의의

호텔의 주방은 호텔의 등급이나 규모의 특성에 따라 차이가 있으나 각 영업장에 따라 여러 개의 주방들로 구성되어 있으며 각 단위 주방들의 상호 협력체제로 조리 업무를 수행하여 나가고 있다. 이러한 호텔의 주방은 고객에게 판매할 상품, 즉 음식의 조리라는 생산을 목적으로 하는 주어진 공간으로서 사전적 의미의 주방은 '음식을 만들거나 차릴 때 쓰도록 정해 놓은 방' 으로 일정한 공간을 의미한다.

즉 공간적 의미를 갖는 주방은 각종 조리기구 및 시설을 사용해서 기능적이며 위생적으로 식료와 음료를 생산하여 고객에게 제공할 수 있는 시설을 갖춘 설비가 있는 공간이라고 할 수 있다. 이러한 호텔주방의 개념을 정리한 내용을 살펴보면 다음과 같다.

김현덕은 호텔주방이라 함은 '일정한 조리기술을 가진 조리사가 음식을 조리할 수 있는 일정한 시설과 조리기구를 갖추어 놓은 장소로서 조리실 또는 조리장' 이라고 하였다. 김기영은 호텔주방이란 ' 주방장 혹은 조리 부서의 장을 중심으로 법적 자격을 갖춘 조리사가 제법 또는 양목표(recipe)에 의해 음식을 조리 가공 처리할 수 있는 일정한 시설과 조리기구를 갖추어 놓은 장소' 라고 정의하였다. 또한 곽미경은 호텔의 주방을 '관광호텔 이용고객의 기호에 알맞은 요리를 제공하기 위해 조리 능력과 자질, 법적 자격을 갖춘 조리사가 각종 조리시설 및 조리기구를 이용하여 안전하고 위생적인 환경 속에서 조리작업을 행할 수 있는 공간' 이라고 정의하였다.

따라서 호텔의 주방은 '호텔 고객의 취향과 기호에 맞게 음식을 제공하기 위하여 전문적인 조리지식과 기술을 가진 조리사가 양목표에 의한 조리 작업을 할 수 있는 각종 조리시설, 기구, 장비, 설비 등을 복합적으로 갖추어 놓은 일련의 공간' 이라고 정의할 수 있다.

제2절 호텔주방의 조직

1) 주방 조직의 의의

어떠한 조직이든지 조직의 목적이 있다. 그러나 그 목적을 달성하기 위한 효율적인 조직을 구성하기란 쉽지 않다. 또한 조직이란 일반적으로 어떤 목적을 달성하기 위하여 1인이 해야 할 일을 타인과 협력해서 하는 것이 효율적일 경우 형성된다. 알렌(*L.A. Allen*)은 조직이란 구성원이 기업의 목표를 달성하기 위하여 가장 효과적으로 협력할 수 있도록 직무의 내용을 명확하게 편성하고, 또 그 직무수행에 관한 권한과 책임을 명확하게 함과 동시에 이것을 위양하여 상호관계를 설정하는 과정이라고 정의하고 있다. 따라서 호텔주방의 조직은 조리상품 생산활동을 보다 효과적으로 달성하기 위하여 종사원 개개인에게 직무를 규정하고 필요한 권한과 책임을 할당함으로써 각 직무의 상호관계를 적립하는 일체의 인적 구성관계를 의미한다.

이러한 조직은 호텔의 규모와 위치, 타켓고객, 주방의 형태, 조리기술의 성격 등 경영의 특성에 따라 차이는 있겠으나 일반적으로 기본적인 구성은 유사하며, 그 역할에 따라 라인(line)조직과 스태프(staff)

조직으로 나눌 수 있다. 라인이란 수직계층의 지휘계통을 의미하고 스태프는 수평적 보좌역할을 뜻한다.

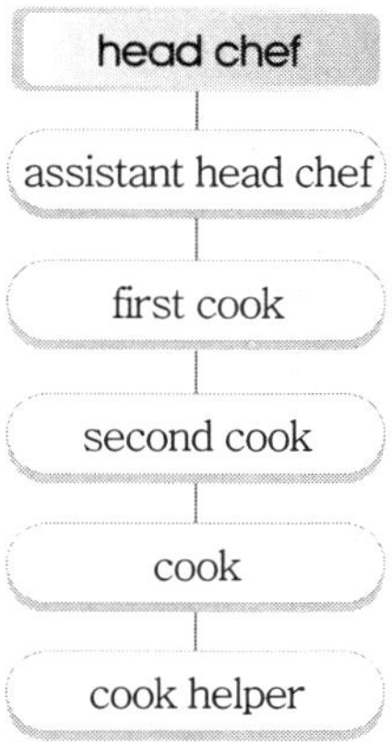

[그림 3-1] 주방의 기본 조직도

2) 호텔주방의 기본 조직도

일반적으로 호텔주방의 기본적인 조직의 구성형태는 [그림 3-1]과 같이 주방의 생산과 운영활동에 전반적인 권한과 책임을 갖는 총주방장(executive chef)이 있고, 그를 보좌하는 부총주방장(assistant executive chef)과 각 단위 영업주방을 관장하는 업장 주방장이 있으며, 그 다음 직급으로 1st cook, 2nd cook, 3rd cook, cook help. apprentice 등이 있다.

[그림 3-2] Executive Chef- Hotel Lotte

[그림 3-3] Section Chef

3) 호텔주방 조직의 일례

호텔주방의 조직 구성형태는 호텔의 규모와 위치, 관리 형태에 따라 각 각 약간의 차이는 있지만 일반적으로 다음과 같다.

(1) 대규모 호텔의 조직도

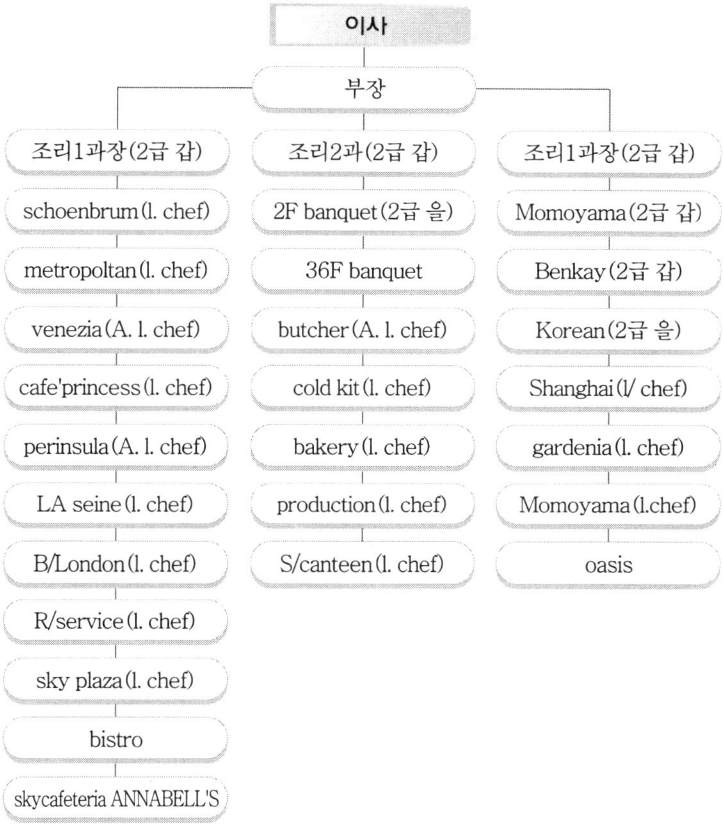

[그림 3-4] 대규모 호텔의 조직도(특1급 L호텔)

(2) 중간 규모 호텔의 조직도

[그림 3-5] 중규모 호텔주방 조직도(1등급 S호텔)

(3) 소규모 호텔의 조직도

(a) 2등급 R호텔

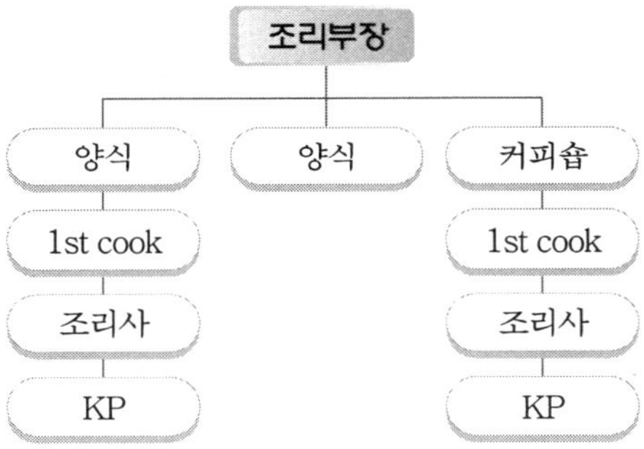

(b) 3등급 E호텔

[그림 3-6] 소규모 호텔주방 조직도

이와 같이 우리나라식 호텔 조직에서 주방 부서는 일반적으로 독립된 조직으로 구성되어 있다. 그러나 체인의 경우 주방 부서가 식음 부서에 소속되어 있어 식음부서장의 관리하에 두는 것이 특징이다. 전자의 조직을 주로 유럽식 주방 조직이라 하고, 후자의 경우를 미국식 주방 조직이라고 한다.

그리고 소규모 호텔에서는 식음 부서의 소속하에 있다. 또한 주방 조직을 구성하는 구성원의 타이틀도 호텔에 따라 각각 상이하며, 주방 책임자의 타이틀도 대형 호텔의 이사에서 규모가 작은 2~3급 호텔의 경우 계장, 주임까지 다양하다.

제3절 호텔주방 관리의 필요성

1) 식음부문의 역할

현대 호텔경영에서 식음부문은 과거와는 달리 새로운 수익센터로서, 그리고 무한한 잠재력을 가진 수입원으로 인식되고 있다. 이러한 인식은 객실과 부대시설 부문에서 발생하는 수입의 단순한 비교(1988년 43.3 : 56.7%에서 1944년 39.6 : 60.4%로 3.7% 증가)만으로도 현대 호텔경영에서 식음부문이 더 이상 보조적인 역할이나 필요악(고객을 위해서는 필요하지만 수익성면에서는 악이라고 하여 식음부문은 필요악이라고 말했다고 한다)이 아니라 '수익센터' 로서 주도적인 역할을 하고 있다는 사실이 객관적으로 증명된 듯하다.

2) 목적과 역할상의 문제

호텔의 서비스 수준을 높이고 이미지를 보강하기 위한 호텔의 편의시설로 고려되는 식음 부대시설은 일반 레스토랑보다 일반적으로 더 많고, 더 안정된 종사원을 확보해야 한다. 또한 식음 부대시설은 호텔의 다른 나머지 시설과도 같은 수준으로 유지, 관리되어야 하기 때문에 장식의 개발과 유지 그리고 영업활동에 요구되는 equipment와 utensil 유지와 관리에 쓰는 비용도 훨씬 높다.

또한 고객의 편의가 우선되는 호텔 식음 부대시설에서는 사전에 설정된 서비스 기준에 알맞은 서비스를 365일 제공해야 한다는 것이다. 게다가 고객의 다양한 욕구를 충족시켜주기 위해서 호텔에서는 다종다수의 업장을 운영한다. 그 결과 종사원수의 증가, 추가적인 시설과 도구의 요구, 더 확장된 관리 통제의 요구 등이 원가의 상승을 초래한다.

3) 관리상의 문제

생산(주방)과 판매(부대업장)에서 생산과 판매에 종사하는 종사원의 수가 전체 종사원의 44.5%를 차지하고, 이 두 부서에 근무하는 종사원의 인건비는 호텔 전체 인건비 44.4%를, 그리고 이 두 부서의 원가는 호텔 전체 원가의 65.8%를 차지하고 있으나 순수익은 전체의 33.3%만을 차지하고 있어 관리와 통제에 커다란 문제점이 있음을 암시하고 있다.(서울소재 특정호텔 1995년 실적정리)

결국 인적자원의 관리뿐만 아니라 생산과 판매를 보조하는 시설의 개보수, 생산과 판매에 요구되는 각종 equipment와 utensil 등과 같은 보조 기능에 대한 관리와 유지는 과거에 비하여 더 많은 비용을 요구하고 있다. 게다가 노후된 시설에 대한 정기적인 개보수비용, 고가의 equipment와 utensil의 구입비용과 그 유지와 관리비용, 파손으로 인한 교체비용, 시설의 관리와 유지비용 등은 향후 계속 증가할 것으로 사료되기 때문에 과학적인 주방관리의 필요성은 절대적이라고 말할 수 있다.

제4절 호텔주방의 일반관리

1. 호텔주방 관리의 의의

호텔주방관리의 개념에 접근하기 위하여 우선 일반적인 개념을 살펴보고자 한다. 기업에 있어서 관리란 다수의 인간활동의 결합에 의하여 어떠한 목적을 달성하는 행위다. 관리기능은 다수인의 활동을 통합하여 경영목적을 달성시키기 위한 기능이며 여기서는 어떠한 과업을 달성하기 위한 기능의 과정과 그 순환을 대상으로 관리를 보는 것이다. 이때 관리는 일반적으로 계획(planning), 조직(organizing), 요원화(staffing), 지휘(directing) 그리고 통제(controlling) 등의 5개 기능의 순환으로 이루어지며 관리과정과 management cycle을 형성한다.

사전적 의미에서 관리라고 하면 ①사람을 통제하고 지휘 감독하는 것, ②시설이나 물건의 유지, 개량 따위를 꾀하는 것, ③일을 맡아 처리하는 것으로 정의 · 표현하고 있다. 이러한 일반적인 관리의 의미로부터 인간이 주체가 되어 제한된 인적 · 물적 자원을 동시에 합리적이고 복합적으로 결합하여 기업의 경제적 가치 창출을 목적으로 하는 일련의 과정임을 발견할 수 있다. 따라서 관리란 다수인의 인간활동의 결합에 의하여 특정한 목적을 달성하고자 하는 행위인데, 이것을 단적으로 표현하면 타인으로 하여금 일을 하도록 하는 것(get things done through others)이라고 할 수 있다.

이와 같은 관리의 기본적인 원칙을 전제로 한다면 호텔의 주방관리도 일반적인 관리와 크게 다르지 않다라고 말할 수 있다. 따라서 이상의 개념적 기초를 토대로 호텔주방 관리는 '주방이란 일정한 공간을 중심으로 고객에게 제공될 상품을 가장 경제적으로 생산하여 최대의 이윤을 창출하는데 요구되는 제한된 인적자원과 물적 자원을 관리하는 과정' 이라고 할 수 있다.

이러한 관점에서 주방 관리를 단계적으로 살펴보면 주방의 사전관리와 실행관리로 크게 나눌 수 있다. 먼저 주방의 사전관리란 호텔의 전체적인 컨셉에 바탕을 두고 계획된 각 영업장에서 요구되는 상품을 가장 효율적으로 생산하는데 요구되는 제반 변수들의 관리를 말한다. 즉 사전에 설정된 컨셉을 바탕으로 주방의 크기와 위치를 결정하고, 주방의 시설과 배치, 저장고의 종류, 크기와 설치위치, 주방기물의 선정, 주방환경 등의 기본 원칙을 바탕으로 특정한 업장의 상황적인 변수를 고려하여 기능적으로 계획된 후 디자인되고 실행되도록 관리하여야 한다.

그리고 실행관리란 주방이라는 주어진 공간에서 고객에게 제공될 상품을 가장 경제적으로 생산하여 최대의 이윤을 창출하는데 요구되는 사항들을 구체적으로 관리하는 단계를 말한다. 즉, 주방이란 공간에서 가장 경제적으로 조직의 목표를 달성하는데 사용하는 인적자원과 물적 자원의 관리를 말한다.

2. 호텔주방의 사전관리

1) 사전관리의 의의

호텔주방의 사전관리란 타당성 조사에서 시작하여 호텔의 전반적인 컨셉을 설정하고 그 컨셉에 따라 식음부문의 운영방안이 확정되면 그 방안에 따라 주방 전반에 대한 구체적인 내용의 검토라는 과정을 거치게 된다.

따라서 주방 전반에 대한 구체적인 내용의 검토가 완료된 상태부터의 관리를 주방의 사전관리라고 정의한다. 즉 주어진 타켓고객을 중심으로 주어진 공간에서 무엇을(메뉴), 누가(주방구성원), 무엇으로(주방기기), 어떻게(생산방식)의 과정을 관리하는 단계로 그 범위를 제한한다.

2) 시설관리

일반적으로 시설이란, 유형고정자산의 총칭이다. 즉, 고정자산의 회계에서 분류되는 토지, 건물, 구축물 그리고 기계장치기구 및 비품설비 등을 총괄적으로 칭하며, 시설관리란 이와 같은 고정적인 시설을 활용하여 기업의 목적을 추구하는 제반활동을 말한다.

호텔에 있어서의 주방시설은 주방 자체뿐만 아니라 식자재를 보관하는 보관장소, 음식을 조리하는데 요구되는 기기와 그 기기의 배치, 상하수도 시설, 환기시설, 조명시설 등을 통틀어 말한다.

주방에 있어서 시설계획은 능률적인 조리를 할 수 있는 시설과 작업능률면에서 기능성, 경제성, 위생성이 발휘될 수 있는 계획을 의미하며, 이러한 시설계획은 최대의 작업능력을 최소의 공간에 계획하는 것이 궁극적인 목표이다. 또한 주방공간의 시설배치는 근무환경의 질 개선, 노동생산성(조리시간 단축), 시설의 효율성, 음식의 질 개선, 위생 등에 지대한 영향을 미치게 되므로 주방의 초기 계획에서 세심한 주의를 필요로 한다.

본서에서는 주방의 시설에 관하여 크기, 기물, 레이아웃, 저장고의 크기와 종류, 안전과 위생을 포함하는 주방의 환경에 대하여 고찰하고자 한다.

(1) 주방의 크기

주어진 공간에서 어느 정도를 생산활동(주방)과 생산활동을 보조하는 수납과 저장을 위한 보조 공간으로, 그리고 판매공간(홀)으로 할 것인가를 정확하게 계산한다는 것은 아주 어려운 문제이다. 일반적으로 레스토랑의 생산과 판매활동에 요구되는 기능은 [표 3-1], [표 3-2]와 같이 다양하다. 그리고 이렇게 다양한 기능은 건물의 구조, 타켓고객, 부대영업장의 수와 형태, 메뉴, 수용인원, 사용인원, 사용하는 식자재의 상태, 생산방식과 구매방식, 서비스 형태, 좌석회전율, 영업정책 등에 따라 그 기능도 각각 달라진다.

[표 3-1] 요구 전체면적 가이드 라인

레스토랑의 형태	좌석당 차지 면적
테이블 서비스	2.23~2.97m^2
카운터 서비스	1.67~2.23m^2
부스 서비스	1.86~2.60m^2
카페테리아 서비스	2.04~2.79m^2

[표 3-2] 개산된 생산지역의 면적

레스토랑의 형태	좌석당 차지 면적
테이블 서비스	0.74~1.11m^2
카운터 서비스	0.37~0.56m^2
부스 서비스	0.56~0.93m^2
카페테리아 서비스	0.74~1.11m^2

자료 : *Edward A. Kazarian*, 「Foodservice Planning, 3rd ed」, VNR, 1989, P.242

① 전체면적

[표 3-1]에 일반적으로 레스토랑의 전체 면적을 산정하는데 있어 가이드라인으로 이용되는 좌석 1개가 차지하는 면적을 레스토랑의 형태별로 정리하였다.

② 생산지역

고객에게 제공할 아이템을 생산하는데 요구되는 검수, 저장, 준비, 생산, 세척 등과 같은 모든 기능적인 지역을 생산지역이라고 한다. 일반적으로 개산(概算)된 생산지역의 면적은 [표 3-2]와 같다.

이 수치는 타켓고객과 생산방식, 그리고 서빙 방식과 식자재의 구매시장의 조건 등과 같은 여러 가지의 상황적인 변수에 의해서 수정된다.

먹을 수 있도록, 또는 쿠킹할 수 있는 상태로 된 식자재에 의존도가 높으면 높을수록 생산지역의 공간은 작아지고 그 반대의 경우는 커진다.

일반적으로 주어진 기능별 생산지역의 대략적인 크기의 배분에 대한 가이드라인을 제시한 표가 [표 3-3]이다 생산지역의 기능별 크기의 배분은 전적으로 메뉴와 사용하는 식자재의 상태와 식자재의 공급시장 그리고 생산방식과 같은 변수에 따라 큰 차이가 난다.

[표 3-3] 개산된 생산지역의 기능별 크기의 배분기준

기능별 지역	허용면적(%)	기능별 지역	허용면적(%)
검수	5	세척	5
식료저장	20	통로	16
준비	14	오물저장소	5
쿠킹	8	종사원 시설	15
제과제빵	10	기타	2

자료 : *Edward A. Kazarian*, 「Foodservice Planning, 3rd ed」, VNR, 1989, P.243

(2) 주방의 레이아웃

작업장과 사용할 기기에 대한 검토가 일단락되면 주방의 레이아웃에 들어간다. 주방의 레이아웃 과정은 각각 다른 두 단계의 작업이 동시에 행하여진다. 한 단계는 주방의 기기, 작업대, 싱크대와 같은 개개의 것들을 기능적으로 유니트화하여 한 단위로 배열하는 것을 말하고, 또 다른 단계는 단위화된 각각의 기능지역이 주방의 생산활동과 상호 유기적인 체계를 구축하여 하나의 단위로 배치하는 과정을 말한다. 즉 검수, 저장, 준비, 생산, 세척, 화장실, 휴게실, 사무실과 같은

생산지역이 아닌 지역까지를 하나의 단위로 생각하는 주방배치의 기본 원칙을 고려하여 레이아웃 되어야 한다. 따라서 주방시설 및 장비의 효율적인 배치는 공간의 효율적 이용, 인적자원의 효율적 활용, 생산과정이라는 관점에서 호텔식당의 수입창출을 극대화시킬 수 있는 적극적인 수단이므로 호텔 식당의 우수한 판매환경을 형성한다. 결국 주방의 설비배치의 기본형태는 식재료 반입→저장→준비→저장→생산→서빙→저장 등과 같은 생산활동의 흐름을 따라 효과적으로 처리하는데 중점을 두어야한다. 이러한 점을 고려하여 주방의 효율적인 시설배치를 위해서는 다음과 같은 사항을 고려해야 한다.

첫째, 타켓고객, 생산방식, 서빙방식 그리고 사용하는 식자재의 상태(완제품, 반제품), 식자재의 구매체계, 앞으로의 변화(확장 또는 축소) 등과 같은 변수를 고려하여 각각 다른 기능을 가진 공간의 명확한 구분과 규모가 적절하여야 한다.

둘째, 식자재의 도착과 준비, 보관 그리고 준비하여 음식을 만들어 식당에 서빙될 때까지의 흐름을 고려하여 주방기기를 배치하고 동선이 결정되어야 한다.

셋째, 설비시설의 배치는 반드시 주방의 실무경험과 지식을 바탕으로 한 이론적 타당성을 토대로 하여 인간 중심의 과학적인 배치가 이루어져야 한다.

넷째, 조리공간은 작업 업무를 수행하는 데 있어서 불필요한 노력을 줄 일수 있도록 설계되어야 하는 것이 최선이며, 바람직한 배치를 위한 주방설계에 있어서는 원재료의 접근용이성과 원재료의 이동 및 흐름, 다른 시설과 관계, 기구와 장비에 접근 용이성 등을 고려하여야 한다.

다섯째, 배치는 공간 설계 또는 공간 할당에 기초하여 부문화 계획에 의해 실현되므로, 장비배치에 있어서는 장비배치의 형태 및 방법, 조리시설구역의 기능적 배치 등을 고려하여야 한다. 즉 기능적 지역은 저장, 준비와 마무리 조리, 서비스와 식사하는 곳, 식기 세척장, 린넨실, 로커룸, 판매주방과 같은 지원지역 등의 상호 유기적인 관계를 고려해야 한다.

여섯째, 주방설비는 작업의 능률에 큰 영향을 미칠 뿐만 아니라 안전과 위생에 직결되므로 시작단계에서부터 안전과 위생에 대한 변수를 고려하여야 한다.

(3) 저장고의 규모와 위치

식료와 음료를 보관할 저장고의 설계는 사전에 설정된 컨셉에 바탕을 두고, 메뉴와 생산방식, 구매시장의 조건, 그리고 미래의 영업활동의 변화 등을 고려하여 단순한 기능에서 저장고가 설계되지 않고 관리적인 차원에서 저장고가 설계될 수 있다.

일반적으로 식료와 음료를 저장하는 저장고는 냉동고와 냉장고, 일반저장고 그리고 음료를 보관하는 음료저장고로 나눈다. 그리고 전 업장에서 사용하는 육류와 일반식자재 등을 저장하는 대형 냉동·냉장고 등이 있다. 그러나 1급 이하의 소규모 호텔에서는 그 규모와 종류도 제한되어 있고, 적절하지 못할 뿐만 아니라 위치 또한 비상식적인 경우가 많다.

저장고의 규모와 수를 정하는 데 이용되는 지침은 있으나 특정 업장의 구체적인 내용을 알지 못하면 별 의미가 없다. 특정 호텔의 구체적인 내용이란 타켓고객, 메뉴, 사용하는 식자재의 상태(완제품, 반제품, 원상태로 준비하여 사용) 식자재의 공급시장의 조건(국산, 수입), 생산방식, 메뉴, 가격, 서빙방식, 좌석수와 회전율 등과 같은 변수를 말한다. 이와 같은 구체적인 내용이 파악되었을 때만이 주어진 환경에서 적절한 저장고의 용량과 종류를 결정할 수 있다.

또한 저장고의 위치는 식자재가 구매되고 판매되는 전과정을 따라 위치하여야 하며 가능한 한 식재료 저장고는 삭자재를 사용할 장소와 인접한 곳에 위치하여야 한다. 그럴 때만이 구매→검수와 이동→저장→준비와 생산→판매 등의 활동에 요구되는 작업의 효율성을 향상시키고 종사원의 생산성을 높일 수 있다.

(4) 주방의 조리기기

적절한 조리기기의 선택은 생산성 향상과 원가의 절감에 절대적인 영향을 미친다. 불필요한 주방 기기의 구매, 용량의 과다 또는 과소한 기기, 필요한 기기의 부족 등은 생산성을 저하시키고 비용을 증가시키는 요인으로 작용한다.

주방에서 생산활동에 사용하는 조리기기는 레스토랑의 형태 등에 따라 약간의 차이는 있겠지만 주요 기기류는 자동식기 세척기와 열조리 기기, 냉장고, 냉동고, 작업관련 기구인 선반 및 찬장, 작업대, 잔반처리 콘베이어가 있으며, 식음료 기계류로 커피 제조기, 주스와 아이스크림 공급기로 구분되어지는데 대략 30~40종류로 100여 가지가 넘고 같은 제품이라도 신제품이 여러 가지 제작되어 나오기 때문에 실제는 수백 가지에 달한다. 부대업장이 많은 대형 호텔의 부대업장의 주방에서 사용하는 주방기기와 업장의 수가 1~2개로 제한되어 있는 소형 호텔의 부대업장 주방에서 사용하는 기기는 그 종류와 용량, 구매방법, 가격 등에서도 큰 차이가 난다. 그러나 업장의 형태나 규모의 대소에 관계없이 주방 기기를 구입할 때 고려하여야하는 변수는 같다라고 말할 수 있다.

첫째, 주방에서 사용하는 기기의 종류와 용도 그리고 수량과 용량 등의 결정은 사전에 결정된 메뉴에 바탕을 두고 결정하여야 하며, 메뉴는 타켓고객에 바탕을 두고 계획되어야 한다. 그리고 이러한 변수들은 미래(중 · 단기)의 불확실성에도 대비하여야 한다.

둘째, 조리기구를 구입할 때는 기구의 용량, 용도, 성능, 규격 등의 장비에 대한 정확한 지식을 가지고 경제성, 내구성, 효율성, 유연성, 안전성 및 위생적인 측면을 고려하여 선택하여야 경제적 손실을 최소화하고 효율성을 최대화할 수 있다.

(5) 위생관리

주방에서의 위생관리라 함은 주방의 공간적인 활동의 범위 내에서 뿐만 아니라 식재료를 다루는 기구 및 장비들을 효과적으로 활용하도록 청결관리를 위한 총체적인 관리활동을 말한다. 특히 주방의 상하수도시설, 세면장 및 화장실, 쓰레기 처리시설, 보관시설 (냉장·냉동실, 창고, 찬장, 보관상자), 기구 및 기물의 안전점검, 해충의 침입방지시설(방서·방충), 정기적인 소독 등으로 시설과 기구 및 장비 등의 위생상태를 점검하고 이것들에 대한 점검기록카드를 작성 관리하는 것이 바람직하다. 따라서 주방의 시설과 기구 등의 장비에 대한 안전하고 위생적인 관리를 할 수 있도록 세심한 배치와 설계가 이루어져야 하며 그 내용은 다음과 같다.

첫째, 작업공간 바닥과 벽면은 청소가 용이해야 하며 바닥은 기름 · 수분을 흡수하지 않고, 미끄러지지 않는 재료를 사용하도록 해야 한다. 특히 주방의 바닥은 대리석이나 테레조(terazzo), 자연채석장타일(natural quarry tile) 그리고 아스팔트타일, 포장된 목재를 사용하여 흡수성이 없고 쉽게 청소할 수 있는 재료를 사용한다.

둘째, 작업의 공간 벽면은 딱딱하고 매끄러워야 하며 바닥재는 탄력성이 있으며, 소리가 적은 것으로 피로감을 주지 않는 재료가 좋다.

셋째, 주방의 바닥은 1/100 정도 경사로서 배수가 잘 되도록 해야 하며, 많은 열과 훈기, 냄새가 나기 때문에 조리사의 건강이나 요리의 변질을 방지하기 위해서 환기장치가 잘 되어 있어야 한다.

넷째, 주방의 내의 손상된 벽면 등의 시설을 즉시 수리해서 바퀴벌레나 쥐 등의 해충이 서식하지 못하도록 해야 한다.

다섯째, 식재료에 대해서는 적정 보관온도로 양호한 상태가 유지되도록 온도와 습도조절기를 갖추어 항상 점검 관리해야 한다.

여섯째, 부식성이 없는 금속재료로 된 용기나 칼 도구 등의 주방기구 및 기물은 내구성이 강하고 닦기 쉬워야 하며, 기물들은 음식을 만들 때 화학적인 반응이 일어나지 않는 것으로 사용해야 한다.

일곱째, 주방의 내벽은 바닥에서 1m까지 내수성이 있는 자재를 이용하여 청소하기 쉬운 구조로 만들고 항상 청결을 유지한다.

(6) 주방의 작업환경

생산성과 효율성을 높이기 위해서는 주방의 공간, 동선, 기기 등에 관한 배려도 중요하지만 주방에서 일하는 종사원들이 쾌적한 분위기에서 일할 수 있도록 주방의 작업환경에 대한 고려 또한 중요한 요소이다.

일반적으로 주방의 작업환경에서 고려되어야 하는 사항은 다음과 같다.

① 온 도

순수한 주방은 일반적으로 hot kitchen과 cold kitchen으로 나눈다. 그 결과 주방 전체를 일정한 온도 내에서 유지한다는 것은 첨단 시설이 갖추어지지 않는 주방에서는 거의 불가능한 일이다. 일반적으로 주방에서 종사원의 나이와 성별 등에 따라 약간에 차이가 있겠으나, 가장 이상적으로 작업을 할 수 있는 온도는 여름의 경우 18.3~21.1℃ 이내 그리고 겨울의 경우는 20.6~22.8℃ 이내이다. 또한 이상적인 습도는 40~60% 이내이어야 한다.

② 조 명

일반적으로 주방 내에서 작업을 하지 않는 지역의 적절한 조도는 15~20 foot candles(조도의 단위로 161~215Lux에 해당)가 이상적이고, 작업표면의 경우는 보통 작업인 경우 이보다 더 높은 30~40 foot candles(323~430Lux)이어야 한다.

③ 잡 음

주방에서 발생하는 잡음은 다양하다. 기물들이 서로 부딪쳐서 생기는 잡음, 주방기기의 조림과 사용에서 발생하는 잡음, 환풍기, 펌프 그리고 콤프레셔 등에서 발생하는 잡음 등과 같이 다양한 잡음을 감수해야 한다. 이러한 점을 고려하여 주방의 설계와 디자인시 방음에 대한 배려가 있어 소음수준을 50db 이내로 하도록 노력하여야 한다.

④ 통풍시설

조리를 할 때 발생하는 스팀, 연기, 기름, 냄새 등을 주방 밖으로 보내고 신선한 공기를 주방 안으로 들어오게 하는 시설은 종사원의 건강과 주방기기의 유지와 관리에 절대적으로 중요하다.

일반적으로 1m^2당 1분에 0.142m^3의 신선한 공기를 주방 안으로 들여보내는 장치가 있어야 한다.

(7) 원가관리

① 표준 양목표 작성

Standard recipes라고도 하는 표준 양목표는 메뉴계획에서 선정된 아이템을 과학적으로 생산하기 위해서 사용되는 식재료의 종류와 양, 단위당 원가, 만드는 방법 등을 기록한 주방에서 사용하는 조리작업 지시서이다. 이 표준 양목표는 원가계산, 매가책정, 표준원가결정 및 품질관리 등의 목적에 기여하게 된다.

표준 양목표의 중요도를 인식하고 해당 아이템을 만드는 데 요구되는 모든 재료의 양과 단위, 단위당 원가, 만드는 방법, 1인분 만드는 데 소요되는 총원가, 매가, 아이템을 만드는 데 요구되는 요리사의 수준, 아이템을 완성하는데 걸리는 시간, 쿠킹에 요구되는 도구, 완성된 음식을 담을 그릇의 크기, 서빙 방법 그리고 서빙 준비가 완료된 상태로 찍은 사진 등이 포함되어 표준 양목표가 만들어지기도 한다. 이러한 준비가 있을 때만이 이 아이템을 누가 언제 만들어도 같은 재료로, 같은 원가에 같은 맛을 내는 아이템을 생산할 수 있어 계속적으로 같은 품질을 유지할 수 있으며 생산과 서빙부서의 종사원에게도 교육용으로 활용할 수도 있다.

표준 양목표의 용도를 살펴보면 다음과 같다.

· 특정재료에 대한 식자재 원가계산의 기준이 되며 원가에 의한 판매가격의 산정에 기여한다.

· 표준 식재료 원가의 산정에 기여한다

· 좋은 품질의 요리생산에 일관성을 유지시키고 이를 보장하는 데 기여한다.

· 요리 및 제품의 표준화와 식재료의 공급관리에 기여한다.

· 조리사의 숙련된 측정 및 교육훈련 관리에 용이하다.

또한 표준 양목표를 통해 산출된 표준원가는 메뉴 품목별 가격결정의 기초자료로 사용되며 표준원가의 실제원가 차이분석을 위한 원인 규명에 직접적인 영향을 미치므로 원가관리를 위한 표준으로서 적합하다. 그리고 합리적 원가관리를 지속적으로 유지하기 위해서는 표준 양목표의 원가수정을 하게 될 경우가 발생하는데 이러한 요인으로서 표준 양목표 수량의 변경, 시장가격의 변동, 상품명세(specification)의 변경, 메뉴 판매가격의 변동 등의 경우와 정기적 원가수정의 기간이 도래할 때 정기적, 비정기적으로 원가수정을 함으로써 표준 양목표관리를 효율적으로 유지해 나갈 수 있다.

② 구매관리

호텔주방의 조리 전의 관리단계인 원가관리과정에서 메뉴계획에 의거 표준 양목표가 작성되면 음식을 생산하기 위하여 소요되는 식재료를 구입하게 되는데 이를 구매(purchasing)라 한다.

호텔주방의 식재료 구매관리는 판매 또는 조리목적에 필요한 식품을 적절한 납품 예정자와 구매처를 탐구 파악하여 교섭을 거쳐 발주 및 가공시켜 구입하고, 이를 필요로 하는 주방이나 식재료 창고에 입고하는 일이다.

식재료의 구매는 정기적이고 치밀한 시장조사를 통하여 용도에 적합한 식자재를 합리적인 가격에 구매하고 납품시기와 품질에 유의해야 한다. 합리적이고 효율적인 식재료를 구매하기 위해서는 품목에 대한 품질, 규격, 무게, 수량, 기타 질적 특성을 간략하게 기술한 표준구매명세표(standard purchasing specification)를 작성하여야 한다. 이는 구매의 일관성 및 표준설정, 검수절차의 간소화, 음식의 질적 관리, 재고관리적정화, 구입원가의 절감효과 등을 기대할 수 있다. 이러한 표준구매명세표는 구매책임자, 요리책임자, 식재료 관리자의 합의사항을 작성하여 구매책임자, 공급업자, 주방의 총책임자, 식음료 총책임자, 원가관리책임자, 검수책임자 등과 같은 관련자에게 배부된다.

구매스펙은 용도에 따라 다양하게 작성하는데 이용자가 필요로 하는 정보를 포함하면 이상적인 구매스펙이라고 말할 수 있다. 주로 육류, 생선, 과일, 야채 등에 많이 사용되는 구매스펙은 일반적으로 다음과 같이 내용을 포함하여야 한다.

- 구매할 상품의 용도
- 상품의 정확한 명칭
- 크기 또는 무게, 등급
- 생산지
- 숙성도
- 형태
- 일반적인 사항(배달시간과 절차, 지불방법 등)
- 입찰절차
- 기타 필요한 사항

호텔주방에서의 소요되는 식재료의 구매방법으로는 거래방법에 따라 현금구매와 외상구매가 있고 구매방식에 따라 직접구매와 위탁구매가 있다. 이러한 식재료의 구매관리과정은 호텔의 규모 및 특성, 관리형태에 따라 다소 차이가 있을 수 있으나 [그림 3-5]와 같이 나타낼 수 있다.

구매관리의 원칙을 무시한 비효율적인 구매관리는 원가를 상승시키게 되는데 그 원인을 살펴보면 다음과 같다.

- 메뉴계획이나 표준 양목표를 무시하고 무계획적으로 과다 구매하거나 너무 비싼 값으로 구매할 때
- 재료의 질, 중량, 형태, 규격 등에 대한 구매표준명세서가 없을 때
- 납품업자와 신뢰도 등의 관계가 원만하지 못할 때
- 검수와 청구 및 지불에 관한 심사가 없거나 등한시할 때
- 불량 품목 등에 대한 확인서를 받지 않을 때
- 재료의 가격, 수량, 품질 등에 관한 검사를 불충분할 때
- 재료의 검수시 무게를 측정할 수 있는 저울같은 비품이나 시설이 부족할 때 등이다.

메뉴계획	구매필요성 인식
표준양 목표	구매의뢰, 장단기 식재료
소요식재료 요건 요구	표준구매명세서
공급처 선정 및 확보	공급처 실태조사(신뢰도, 규모 등), 시장조사
구매가격 결정	가격, 품질, 서비스상태(공개경쟁입찰 및 수의계약)
계약 및 발주	계약방식 선택, 거래확인
검 수	납품서와 발주내용과 사실확인, 적합여부 판정
저 장	냉장, 냉동, 일반창고 구분 저장
기록 및 보관	물품인수증, 구매요구서, 반품증, 정리 및 기록

[그림 3-7] 식재료 구매관리 과정도

3. 호텔주방의 실행관리

1) 실행관리의 의의

타켓고객과 메뉴, 광의의 주방시설과 설비, 인원 그리고 효율적인 생산활동을 보조하는 제반 사항들이 완성된 상태에서 주방의 생산활동에 직접적으로 영향을 미치는 변수들을 관리하는 단계를 본서에서는 실행관리라고 정의한다.

실행관리에서 관리의 대상이 되는 변수들을 메뉴관리, 주방의 인적자원관리, 원가관리 그리고 안전과 위생관리와 같은 변수들이다.

2) 메뉴관리

메뉴가 경영관리의 중요한 부분으로 강조되고 있는 이유는 식음부문의 운영과 관리의 핵심이 되기 때문이다. 그런데도 아직도 많은 사람들이 메뉴를 단지 레스토랑에서 제공하는 음료와 식료를 기록하는 단순한 역할을 수행하는 수단으로만 생각한다.

식음부문의 효율적인 관리는 식음부문의 운영에 직·간접적으로 관련이 있는 모든 영역을 종합적인 관리시스템으로 만들어 관리할 때만이 가능하게 된다.

실행관리 단계에서의 메뉴의 관리는 다음과 같이 구체화할 수 있다.

① 메뉴상에 있는 아이템을 사전에 작성된 표준 양목표에 의해서 생산할 수 있도록 교육하는 것이다.
② 고객에게 보다 다양한 아이템을 제공할 수 있는 여러 가지 형태의 특별메뉴를 개발하는 것이다.
③ 서빙하고 남은 음식을 다른 용도로 재활용하거나 또는 다른 아이템으로 상품화할 수 있는 기교에 대한 관리가 필요하다.
④ 고객이 주문한 아이템을 신속 · 정확하게 만들기 위해서 메뉴상에 있는 아이템을 생산하는 데 요구되는 식재료에 대한 사전준비(mise en place)에 대한 관리이다.
⑤ 예약 상황과 통계에 의한 예측으로 적정량의 준비에 대한 관리이다.

3) 조리사 관리

주어진 환경에서 사전에 작성된 메뉴에 의해서 고객에게 제공할 아이템을 가장 경제적으로 생산할 수 있게 하기 위해서는 주방의 인적 자원인 조리사의 관리가 선행되어야 한다.

주어진 인원을 최대한 활용하여 최대의 생산성을 높이기 위해서는 조리사의 적재적소 배치와 경력개발 단계의 개선, 과학적인 근무스케줄 작성, 교육훈련, 동기부여, all round play를 이용한 생산성 향상 등과 같은 관리를 말한다.

(1) 적재적소 적정인원 배치

주방의 능률은 조리사의 능력의 질과 양에 의존하게 되므로 적정한 배치를 요구하게 된다. 적정한 배치를 하기 위해서는 한편으로는 직무분석과 직무평가를 통해 성격이 밝혀져야만 하고, 다른 한편으로 적절한 인물의 발견 및 적성배치를 위한 교육훈련이 전제조건으로 이루어져야 한다. 그럼에도 불구하고 대부분의 소형호텔의 주방 인원배치는 적재적소의 원칙보다는 지연이나 학연 등의 비공식적인 조직의 힘이 강력히 작용한다. 즉 그 사람의 기술, 능력, 적성 그리고 조식의 효율성과 생산성보다는 상사와의 개인적인 관계가 크게 작용하는 경향이 있다. 그러나 호텔의 주방은 그 업무의 성격상 연구개발, 순발력과 세심한 주의, 또는 고도의 기술을 요하는 등 다양한 특성을 가지고 있기 때문에 조리사의 능력, 기술, 품성, 적성, 장래성 그리고 조직의 생산성과 유의성 등을 고려하여 배치하거나 순환배치하여야 하는 것이 원칙이다.

(2) 근무 스케줄 및 근태관리

주방에 적정인원을 배정함과 동시에 주방운영의 효율성을 제고하고 목표달성을 위해 구체적인 운영방안을 고려해야 한다.

주방의 책임자는 일일 또는 주별, 월별 상황에 따라 스케줄 작성과 출퇴근, 지각, 조퇴, 비번, 휴가, 예비군 훈련, 민방위 훈련, 개인 사정 등의 세부적인 내용을 철저히 통제하고 파악하여 제한된 인원으로 최대의 효율성을 이루도록 해야 한다.

근무 스케줄은 업장의 사정에 따라 수시로 변경될 수 있으므로 명심하여 유연성 있는 스케줄 작성이 필요하다. 그리고 업무 시작 전에 작업 순위와 작업 진행 등에 관한 미팅을 하거나 업장 지배인과 당일, 주, 월별 등의 예약상황을 점검하고 의논하는 것이 업무의 능률과 효율을 위해 필요하다.

또 업무중에 발생한 메뉴의 개선, 서비스개선, 업무개선 등에 관한 건의사항이나 시정해야 할 사항이 있으면 누구나 서면으로 공식적인 절차에 따라 경영층에 보고되어 주방업무 개선에 반영되도록 노력해야 한다.

4) 원가관리

실행관리 단계에서의 원가관리는 주로 고객에게 제공될 아이템을 생산하는데 요구되는 식자재와 사전에 설정된 표준에 대한 관리를 말하는 것으로 일반적으로 다음과 같은 내용의 관리를 말한다.

(1) 표준 양목표의 사용

표준 양목표를 사용함으로써 기대되는 효과는 다음과 같다.

· 통일된 메뉴의 품질과 맛(uniform quality taste)
· 예측할 수 있는 조리 산출량(predictable yields)
· 감독업무 축소(less supervision)
· 미숙련자에 대한 도움(less trained help)
· 원가관리확립(established food cost control)
· 독립성(independence)

따라서 표준 양목표에 의해 산출된 원가는 표준원가로서 원가관리의 기초자료로 이용되며 실제 원가와의 차이분석을 위한 원인규명에 직접적인 영향을 미친다. 식음의 조리과정에서 양목표에 근거하여 조리를 한다면 합리적인 원가로 생산성을 제고시킬 수 있을 것이다. 즉 표준 식재료 원가의 산정에 기여하게 되며 표준화되면 양질의 요리를 생산할 수 있다. 또 고객이 지불한 요금에 합당한 가치의 품질 보장으로 고객을 보존하고 과다한 양의 식재료 사용을 방지할 수 있다.

(2) 식재료 관리

조리작업 중에 있어서의 식재료 관리는 창고에서 불출되어 고객의 예약이나 주문에 의해 즉시 조리를 할 수 있는 주방 내의 냉장고 등의 저장고에 대기 상태에 있거나 조리 중에 있는 식재료를 관리하는 것을 말한다. 일반적으로 세심한 주의를 요하는 관리내용을 정리하면 다음과 같다.

· 식재료의 준비과정에서 발생하는 손실
· 식재료의 준비과정중 부적절한 기기의 사용에서 발생하는 손실
· 과다한 음식의 생산에서 야기되는 손실
· 양목표에 의한 조리보다는 경험에 의한 조리에서 발생하는 손실
· 표준화된 조리방법을 쓰지 않거나 미숙한 조리에서 발생하는 손실
· 주방 내의 식자재 관리 소홀로 인한 식재료의 변질로 인한 손실

· 식자재 관리에 대한 종사원들의 교육결여에서 발생하는 손실 등이다.

이러한 손실을 고려할 때 주방에서 주방 내의 식자재를 보다 구체적으로 관리하여 손실을 최소화하기 위해서는 다음과 같이 내용이 우선적으로 고려되어야 한다.

첫째, 표준 양목표에 의해 메뉴상의 아이템을 생산하여 표준원가와 실제식료 원가와의 차이를 최소화한다.

둘째, 생산에 이용될 식재료의 적정량의 구매요구, 구매되어 구입된 아이템의 저장과 준비과정에서의 식재료 관리를 철저히 하여야 한다. 이러한 관리는 예측과 par stock이나 A-B-C 분석 등과 같은 식재료 관리의 기교를 이용하여 합리적으로 관리할 수 있다.

셋째, 준비과정에서 손실을 최소화하여야 한다. 식재료의 전(前) 처리과정에서 씻기, 자르기, 껍질 벗기기 등의 작업 과정에서 가식부분의 손실이 최소가 되도록 하여야 한다.

넷째, 식재료의 보관을 철저히 하여야 한다. 주방에서 당일 조리를 하고 남은 식재료가 주방의 식재료 관리에서 최대의 과제인데, 이때 공기와 접촉을 차단하여 변질이나 부패를 막아 명일의 조리 작업에 사용할 수 있도록 관리해야한다.

다섯째, 서빙하고 남은 음식에 대한 재활용을 위한 메뉴 아이템을 개발하여 상품화시켜야 한다.

여섯째, 식재료의 이동, 입출 과정에서 발생하는 제양식을 정확히 관리하여 원가관리에 대한 기초자료로 활용하여야 한다.

결국 조리중에 있어서 원가관리는 식재료를 직간접적으로 취급하는 관계자들의 원가절감에 대한 궁극적인 마인드와 교육과 감독에 달려 있다고 말할 수 있다.

5) 안전과 위생관리

(1) 안전관리

주방은 조리작업 과정에서 사고를 유발할 수 있는 요인이 산재해 있는 곳이다. 따라서 호텔주방의 안전관리는 조리업무수행 중 일어날 수 있는 각종 산업재해 예방을 위해서 위험한 시설물에 대한 안전장치를 설치하고 종사원의 안전교육확립으로 상해나 화재 등의 인적 · 물적 사고 피해를 방지하기 위한 제빈관리활동이 요구된다.

주방에서의 일반적인 안전사고와 재해의 원인으로, ① 안전설비가 불완전한 경우, ② 주방기물 및 시설에 대한 조리사의 사용 부주의 및 안전지식 결여, ③ 전기, 가스, 화기에 의한 화재, ④ 일상적인 안전점검 소홀 등으로 나누어 볼 수 있다.

따라서 안전한 주방환경을 위해서 관리자, 조리사 및 주방 구성원이 주의해야 할 안전관리의 세부적인 사항들은 다음과 같다.

첫째, 자격 있는 안전점검자에게 정기적인 안전점검을 받는다.

둘째, 모든 사고를 기록화한다.

셋째, 모든 장비, 기계, 시설물 등의 유지·관리가 잘 되어 있어야 한다.

넷째, 바닥은 항상 건조한 상태를 유지하여야 한다.

다섯째, 소화장비의 배치장소와 사용방법을 알아두며 정기적인 검사로 소화장비를 관리한다.

여섯째, 규정에 맞는 유니폼을 착용하여야 한다.

일곱째, 스토브나 오븐, 프라이어 등으로 조리작업을 할 때 화상을 입지 않도록 조심하여야 하며, 또한 분쇄기나 고기 써는 기계 등은 사용하는 방법을 숙지하여 찰과상이나 부상을 입지 않도록 조심하여야 한다.

마지막으로, 조리사의 생산성 향상과 작업에 대한 주의를 숙지시키기 위해 정기적인 안전교육이 실시되어야 한다.

(2) 위생관리

주방의 위생관리는 식품위생, 환경위생, 개인위생으로 나누어진다. 식품위생이란, 식품, 첨가물, 기구 또는 용기, 포장을 대상으로 하는 음식에 관한 위생을 말하는 것으로 음식물의 변질, 오염 및 유독, 유해물, 위해물의 혼입 등을 방지하고 음식물과 관련 있는 첨가물, 기구, 용기, 포장에 대해서도 비위생적인 요소를 제거하여 음식으로 인한 위해를 방지하고 우리의 건강을 유지, 향상시키기 위한 것이다.

환경위생은 조리공간이 차지하고 있는 주방의 설비시설 및 식품을 다루는 모든 조리기구와 장비 등으로 인한 조리공정 과정에 직 · 간접적으로 관련이 있는 시설위생을 말한다.

이는 첫째, 식품을 다루는 각종 조리기구와 장비의 청결, 둘째, 상하수도의 배관, 쓰레기처리시설, 환기시설, 방서방충시설, 냉난방시설의 위생, 셋째, 조리사가 사용하는 화장실, 세면장시설의 위생, 넷째, 식품을 보관하는 보관시설 등으로 식자재나 음식물에 직·간접적으로 영향을 미칠 수 있는 요소를 항상 위생적으로 관리하는 것이다.

또한 음식을 만들기 위해 활동하는 조리사는 고객뿐만 아니라 자신을 질병으로부터 보호하고 위생적으로 음식을 조리하기 위해서는 위생관념과 청결이 선행되어야 한다.

주방의 위생문제를 도시화하면 [그림 3-6]과 같다.

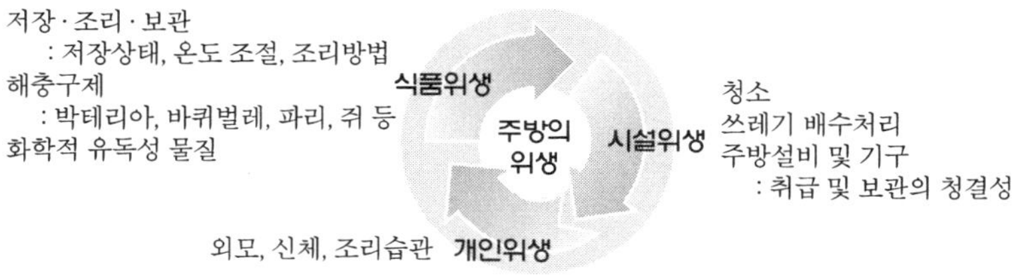

[그림 3-8] 주방의 위생문제

(자료 : 곽미경, '관광호텔주방환경 평가에 관한 연구', 경기대학교대학원 석사학위논문, 1994. p.25)

Part 3. 관리부문

1장.

호텔인사 · 교육

제1절 호텔인사관리의 기본적 개념

1. 호텔인사관리의 본질

기업의 경영활동, 즉 생산관리 · 판매관리 · 재무관리 · 구매관리 · 인적자원관리 · 회계처리 등의 활동 중 인적자원관리활동의 중요성을 강조하는 학자들이 많다. 경영의 제자원, 즉 인적자원(human resources) · 물적자원(material) · 재무적 자원(money) 그리고 정보(information) 등을 활용하는 것은 결국 인간인 조직구성원의 활용여하에 따라 조직의 성과가 달라진다.

종래의 인사관리(Personnel Management: PM)는 개인의 문제가 아니라 조직에 고용된 사람들과 관련된 문제를 다루는 것으로 인식되어 왔다. 그러나 인적자원의 중요성이 커지고 인간의 존엄성 · 자율성 · 책임감에 대한 관심이 높아지면서 인적자원관리라는 용어가 대두되었다. 인사관리와 인적자원관리는 여전히 혼용되고 있지만, 인적자원관리로 통합되는 방향으로 나아가고 있다.

인적자원관리(Human Resources Management : HRM)의 정의는 다양하게 내릴 수 있지만 현 인적자원관리의 기본문제가 구성원들의 자율성과 책임성이 강조되고 있는 것을 고려하면, 현대 조직의 인적자원관리는 '조직이 필요로 하는 인력의 조달·유지·개발·활용을 자율성과 책임성 원리에 기초하여 계획하고 조직하고 통제하는 일련의 관리활동' 이라고 할 수 있다.

한편, 호텔인사관리는 사람을 대상으로 하는 관리활동이므로 관리하는 측과 관리받는 측의 사고방식과 행동양식에 의해 관리활동이 달라지기도 한다.

호텔기업은 서비스가 주된 활동이기 때문에 고객과 서비스 제공자간의 직접적인 접촉이 이루어지므로 서비스활동에 종사하는 구성원들의 능력·자세·활동에 따라 효율성이 달라진다. 또한 서비스의 산출물이 대부분 무형적이기 때문에 평가의 어려움이 있으며, 인력개발활동 역시 제조기업과 달리 기술변화의 속도가 비교적 느리기 때문에 교육훈련의 내용이 제품의 생산기술보다는 비구체적이다. 또한 인적자원의 능력에 대부분 의존하기 때문에 노동력의 효과적인 관리 없이 조직이 목표를 달성하기는 불가능한 것이다. 따라서 호텔인사관리를 정의하면 '호텔조직 및 직무에 필요한 인적자원을 확보·유지하여 이들의 잠재능력을 최대한으로 발휘할 수 있도록 조직분위기를 최적으로 조성하고 이를 활용하여 개인 만족은 물론 조직목표 달성을 위해 계획하고 조직하고 통제하는 관리활동' 이라고 할 수 있다.

오늘날 호텔기업을 관리하기 위해서 수행되어야 할 인적자원의 관리 기능은 복잡하고 다양하다고 할 수 있는데, ① 인사계획수립 ② 직무분석 ③ 인사고과 ④ 모집·선발·배치 ⑤ 교육·훈련 ⑥ 임금관리 ⑦ 노사관계 등으로 요약할 수 있다.

또한 호텔인사관리는 세 가지의 관리영역으로 요약될 수 있는데, 세 가지의 관리영역이란 고용관계관리, 인간관계관리, 그리고 노사관계관리를 말한다. 고용관계관리에서는 기능에 초점을 둔 노사간의 신분관계가, 인간관계관리에서는 노사간의 관계성에 역점을 둔 경영사회관계가, 그리고 노사관계관리에서는 노사를 중심으로 한 제도적 문제가 중점적으로 다루어지고 이를 통하여 호텔조직내 산업평화가 이룩

될 수 있는 이론적 기초가 제시된다.

따라서 고용관계관리에서는 능률의 논리(logic of efficiency)를 중요시하는 합리성이, 인간관계관리에서는 감정의 논리(logic of sentiment)를 중시하는 인간성이, 그리고 노사관계관리에서는 권력의 논리(logic of power)를 중요시하는 평등성이 강조된다.

호텔기업의 인사관리는 호텔기업내 인간관계를 전제로 하는 인간을 대상으로 그 인간, 즉 종사원의 노동력을 최대한 유효하게 이용하기 위해 학문적 기법을 연구·도입하여 호텔기업이 필요로 하는 종사원을 확보하고 유지하며 능력을 개발하는 것을 그 기능으로 하고 있다.

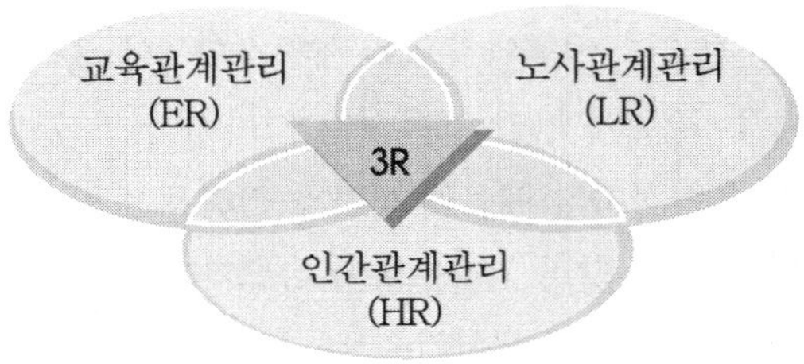

[그림 1-1] 호텔인사관리의 시스템적 접근

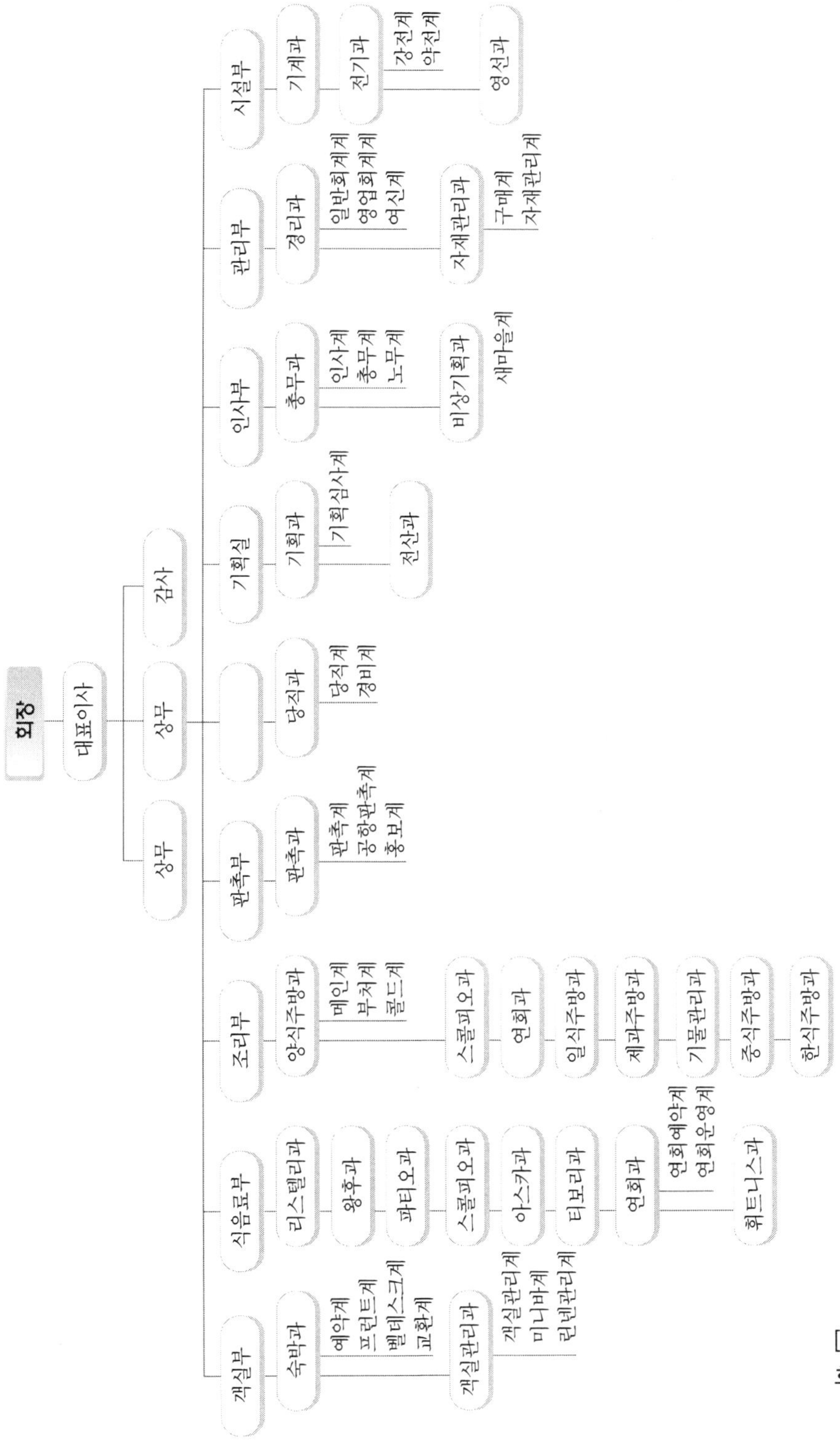

[그림 1-2]
호텔의 조직도–국내

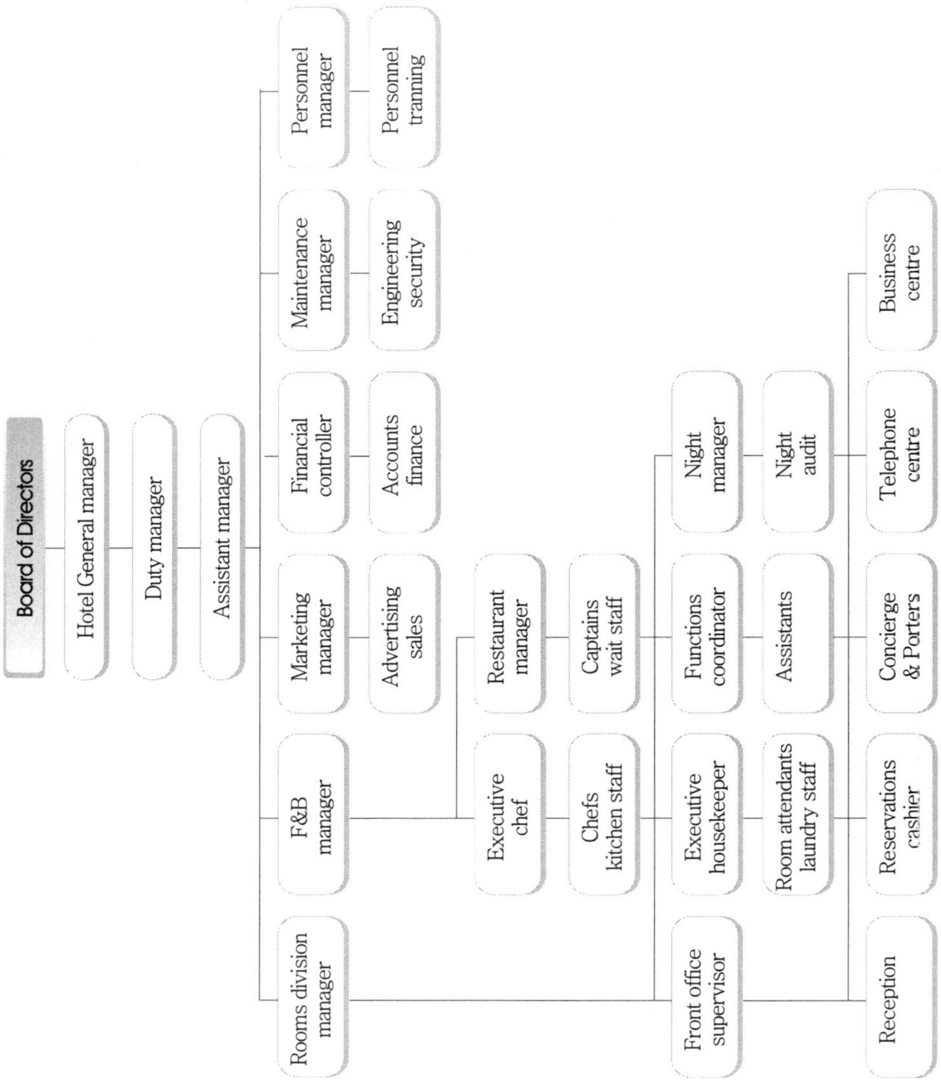

[그림 1-3] 호텔의 조직도-외국

2. 호텔인사관리의 특징

호텔은 일반 대중을 고객으로 하고 숙식을 제공하기 위한 인적서비스와 물적서비스 및 시스템적 서비스로 구성된다. 또한 고층 건물의 현대적인 시설과 화려한 분위기, 부드럽고 안락한 객실, 정결한 식당, 연회장, 주장(bar), 기타 부대시설 등 일반 대중을 위한 서비스 시설을 갖추고 있으므로 호텔경영의 성공요소는 시설의 수준, 고객의 수준, 서비스의 수준에 의해 영향을 받으며, 이러한 요소가 서로 균형을 이루어야하는데 어느 한가지라도 문제가 되면 전체 경영이 흔들리게 된다. 특히 호텔조직은 다른 어떤 서비스 조직보다 인적서비스의 의존도가 크므로 인적서비스의 질을 극대화시키기 위한 인력개발과 서비스에 대한 노하우(know-how)의 축적, 서비스의 기술혁신이 필요하다.

호텔인사관리의 출발점은 바로 객실 수와 부대 영업시설의 규모에서 찾을 수 있다. 호텔의 영역은 매우 넓기 때문에 여러 영업 부문이 각기 독특한 성격을 나타내고 있다. 즉, 식당, 객실, 주장(bar), 주방, 회계 그리고 관리 부문의 인사, 교육, 임금, 안전, 시설, 복지후생, 노사관계 등 어느 한 부문만을 중점 관리하기 위해 타 부분을 배제할 수 없기 때문에 각 부문의 관리를 위해서 각 부문에 맞는 각각의 기준을 정하여야 한다. 특히 호텔산업에 있어서 기업 전략을 기준으로 하여 현실에서 필요한 주요 방향을 명확하게 하고 환경변화에 적응할 수 있는 관리를 해야 하는데 서비스의 질도 호텔의 시설수준, 해당 호텔을 이용하는 고객에 맞게 설계되어야 하며, 이를 위한 인사정책, 감량경영에 따른 고용조정, 고령화 및 고학력화에 따른 종사원의 질적 변화를 수용할 수 있는 대응책이 필요하다. 또한 호텔산업은 이직률이 매우 높기 때문에 종사원 만족의 극대화를 위한 리더쉽·모티베이션과 이직방지를 위한 경력개발전략과 우호적인 노사관계의 정립이 필요하다.

1) 호텔산업의 변화에 따른 노동력의 변화

1970년대 급속한 경제성장에 힘입어 근로자의 일하는 시간이 증대됨에 따라 휴가시간의 감소와 항공기 여행의 증가는 공항호텔의 발전을 가져왔고, 이 기간 동안의 경제적 발전이 중 · 소도시의 발전의 계기가 되어 많은 컨벤션 호텔이 건설되었다. 이러한 호텔의 변화는 호텔산업에 대형화 및 체인화의 현상을 초래하였다.

1980년, 90년대에는 시장세분화전략에 따른 고급 호텔들이 등장하면서 대형회의장, 휘트니스센터, 스위트 객실 등을 갖추고 대규모 회의 및 귀빈을 유치하면서 비약적인 성장·발전을 하게 되었다. 따라서 소규모의 경영에 의존할 때보다 많은 노동력이 필요하게 되었으나 전문적인 호텔교육을 받은 사람이 부족함에 따라 노동력의 양적·질적 부족현상이 나타나게 되었다.

2) 종사원 능력의 질적 수준 변화 및 임금격차

지난 시절 호텔의 경영자는 노동력의 공급에 있어 내부 인력에 의존하거나 인건비의 절감이라는 차원에서 교육수준이 낮은 종사원의 고용에 의존했었다. 그 결과 종사원에 대한 재교육비용의 증가를 가져왔으므로 경영자에게는 부담이 되었다.

한편, 호텔산업이 성장산업이라는 인식아래 각 대학의 관광 및 호텔관련학과가 증가하면서 우수한 자질을 갖춘 전공자들이 호텔에 진출하면서 호텔기업의 종사원의 질적 수준에 변화를 가져왔다. 기존의 저학력 호텔종사원의 고용 관례가 무너지고 관광관련 전공자들을 고용하게 됨에 따라 호텔종사원간의 학력간 갈등 및 임금불균형현상을 초래하게 되면서 점차 고학력화 현상과 학력간의 임금격차 및 승진문제 등이 야기되었다.

3) 높은 이직률

단기간에 이루어진 호텔산업의 비약적인 발전은 노동력의 부족을 가져왔고, 국민들의 소득 증가와 문화생활의 증가는 외식산업을 발전시키는 계기가 되었으므로 이들 산업에 종사하는 사람들의 일자리가 증가함에 따라 직장을 자유로이 선택할 수 있다는 의식구조의 변화를 가져왔다. 또한 저연령 근로자 및 여성근로자가 많기 때문에 타산업에 비해 이직률이 현저히 높은 것이 사실이다. 높은 이직률은 새로운 인력고용 및 훈련비용의 증가를 가져와 기업에 인건비의 부담으로 작용하고, 다른 종사원의 사기에도 영향을 미치므로 서비스품질에 좋지 않은 영향을 주기 때문에 또 다른 손실이 발생된다. 따라서 종사원 개개인에게 적성에 알맞은 직무를 부여함으로써 종사원의 직무안정과 경제적 안정 및 근로생활의 질(quality of work life)을 향상함으로써 종사원의 능력을 최대한 발휘할 수 있는 환경을 조성해야할 것이다.

4) 이미지의 변화

과거 호텔과 외식산업은 저임금, 휴일근무 및 연장근무, 비고정적인 근무시간, 미흡한 후생복지, 고된 작업조건 등으로 인해 다른 산업에 비해 근무지로서 매력적이지 못했다. 그러나 외국의 유수 체인호텔들이 진출하면서 경영계약, 프랜차이징 방식 등을 통한 경영방식의 변화를 가져왔고, 많은 대기업들의 호텔산업 및 외식산업에 대한 경쟁적인 투자는 고용환경의 개선을 가져왔고 이 분야의 산업이 다른 산업에 비해 결코 뒤떨어지지 않게 되었다.

또한 외식산업의 경우에도 많은 대기업들이 단체급식업 및 상업적 식당업(commercial restaurant)에 진출하고 있어 외식산업의 이미지 역시 좋아지고 있다. 그러나 많은 종사원들이 특급호텔을 선호하고 있어 저등급의 호텔은 우수한 인력을 유치하는데 어려움이 있고, 아직까지 남아있는 유교적 가치관 때문에 호텔이나 외식산업에 종사하는 것을 기피하는 경향이 있는 것도 사실이다. 그러나 이러한 이미지는 중요하지 않다. 최근의 조사에서 가장 많이 선호되고 있는 전공분야가 관광·호텔·외식경영 분야로 나타났고, 전문대학 이상의 교육기관에서 관광관련의 전문적인 교육훈련을 받은 인력들이 이 분야에 진출함으로써 그들의 전문능력을 발휘하고 고품질의 서비스를 제공함으로써 이들 산업에 대한 부정적인 이미지보다는 선망직종으로 부각되고 있기 때문이다.

5) 기업제휴에 따른 문화적 갈등

우리나라의 호텔기업도 외국에 진출하고 있으나 외국의 유명 호텔들이 막대한 자본과 선진기술을 가지고 우리나라에 진출하고 있다. 우리나라의 호텔기업은 외국차관 및 외국자본과의 합작 등으로 인하여 기업 스스로의 경영능력이나 관리기술이 부족한 것이 사실이다.이로 인하여 세계적인 체인호텔과의 제휴에 따르는 외국인 경영자와 국내 종사원들과의 언어 및 문화적 차이로 인한 마찰과 갈등이 발생하고 있다. 종래 전통적인 연공서열제가 무너지고 계약제, 능력급제의 도입 등 서구적 임금관리 및 인사방식은 종사원들에게는 낯설게 느껴지고 이로 인한 직장에 대한 불안을 초래함으로써 종사원들의 직무안정은 물론 조직몰입을 어렵게 만들고 있다.

이와 같은 환경적 특성 외에도 점차 높아지고 있는 여성인력의 증가에 따른 직장내 성희롱 문제, 정리해고의 보편화, 비정규직 및 아웃소싱의 증가추세로 인한 직무불안정, 다양한 학력의 존재에 따른 학력차로 인한 갈등문제 등을 안고 있다.

3. 호텔인사관리의 과제

우리나라의 호텔기업은 이제까지 권위나 신분에 대한 종속의식이 강하고 유교적 가족제도 하에서 자라온 착한 노동력을 원하는 만큼 얼마든지 낮은 임금으로 고용할 수 있었고 미국의 인간관계관리(human relations management) 기법의 적용이 없이도 충분했었다.

호텔의 규모에 따라 차이는 있으나 한국적 호텔인사관리의 특색은 사람에 기반을 둔 연공서열주의라고 할 수 있는데 많은 호텔이 종래보다는 연공서열의 비중을 낮게 적용하고 있는 실정이나, 연공서열 요소를 배제하고 난 후의 능력 및 업적을 평가하는 객관적 기준이 정립되어 있지 않기 때문에 과도적인 조치로서 연공서열주의와 학력지향

주의 및 정년보장 제도 등이 불가피했다. 그러나 호텔기업을 둘러싼 내외 환경의 변화와 기술혁신이 진전됨에 따라 학력별 인사관리는 종사원이 능력을 십분 발휘할 수 없게 되었다. 특히, 기술혁신 및 자동화의 급격한 진전은 직무의 단순화 · 전문화를 촉진함과 동시에 새로운 직종의 등장으로 호텔기업의 근대화 및 합리화는 물론 경영의 모든 면에서 고도로 전문화된 지식과 기능을 가진 스탭, 즉 전문가를 요구하게 되었으므로 호텔기업의 직무를 분석·정리하여 이의 효과적인 직무수행에 필요한 능력과 적성을 갖춘 종사원을 채용·배치하여 대우하는 능력주의 인사관리를 추진해야 한다. 즉, 인원감축을 통한 소수정예주의로 실질임금수준을 높이고 직무별 충원계획의 수립, 승진제도의 확립, 능력에 의한 채용, 적재적소배치원칙이 기본 전제가 되어 직무수행과 관련된 능력있는 우수한 종사원의 확보책으로서 능력주의 인사관리가 제도화되어야 한다. 따라서 앞으로의 호텔인사관리의 방향은 새롭게 전환되어야 하는데 그 내용은 다음과 같다.

첫째, 추상적 인사관리에서 벗어나 직무에 밀접한 인사관리로 구체화되어야 한다.

일반적 채용에서 직종·직무별 채용으로, 우수한 인력의 채용에서 직무에 적합한 인력의 채용으로, 사람 중심의 채용에서 일 중심의 채용으로 전환되어야 하며, 인사평가에 있어 직무수행도에 따른 업적평가로, 연공승진에서 적재승진으로, 서열승진에서 능력승진으로, 연공서열급 임금에서 직무급 또는 직능급 임금으로, 직계 조직에서 직능본위조직으로 전환되어야 한다.

둘째, 호텔인사관리의 기본방침은 연공서열주의에서 능력주의로 지향되어야 하며 능력주의가 모든 부문관리활동의 기본이 되어야 한다.

셋째, 인간관리에 대한 사고방식이 일 중심 또는 생산중심에서 종사원중심 또는 인간중심으로 전환되어야 한다.

또한 업적에 대한 관심도 인간에 대한 관심 못지않게 중요하나, 인간중심의 사고를 바탕으로 하는 것이 바람직하다.

넷째, 행동과학적 사고에 의한 호텔인사관리이어야 한다. 심리학적·사회학적 연구 결과에 따른 종사원의 의식 및 욕구 구조를 파악하여 불만의 원인을 제거하는 소극적 방법을 지양하고, 적극적인 동기요인을 찾아 인간적 만족을 시켜주어야 한다. 또한 통제에 의한 관리에서 목표에 의한 관리로, 종사원의 처우관리에서 인적 능력 개발관리로 차원 높은 방향전환을 강구해야 한다.

다섯째, 호텔인사관리의 전략화가 필요하다. 장기적인 안목에서 노동력의 수요공급상태를 예측하여야 하고 자동화 및 정보화를 촉진하여, 소수 정예로 고임금시대 및 인력부족에 대비하는 전략이 요망된다.

여섯째, 종사원에 대한 인건비는 경비로 볼 것이 아니라 투자라는 의식의 전환이 필요하다. 생산에 필요한 여러 자원 중 가장 가치있는 것은 인간에 대한 투자이므로 인건비가 투자비라는 개념으로의 인식전환이 빨리 바뀔수록 호텔인사관리의 현대화는 촉진될 것이다.

제2절 호텔의 직무관리

조직은 종사원 각자에게 일정한 직무를 부여하고, 각 직무는 조직전체의 목표달성을 위해 적절히 조정되어야 한다. 따라서 직무관리는 직무를 체계적으로 정비하고 그에 적합한 인력을 모집·선발하고, 각자의 직무에 상응하는 대우를 받게 하며, 그들이 보람을 가지고 일할 수 있도록 직무를 설계하는 것을 말한다.

호텔의 직무관리는 직무를 통하여 유효한 성과를 산출하려는 제반 인적자원관리활동의 기초가 되므로 직무관리는 호텔경영환경의 변화에 맞추어 수행되어야 한다.

조직활동의 기초가 되는 직무관리는 직무분석·직무분류·직무평가 및 직무설계로 나뉘어진다.

첫째, 직무분석(job analysis)은 직무의 내용과 그 직무를 받을 사람의 자격요건을 분석하는 과정으로, 그 결과 직무기술서와 직무명세서가 작성된다. 직무분석은 직무분류 · 직무평가 · 직무설계의 기초가 된다.

둘째, 직무분류(job classification)는 동일 또는 유사한 역할과 능력을 요구하는 직무들을 집단으로 분류하는 것으로 인간관리 활동, 즉 승진·이동·임금·교육훈련·인사고과·선발 등을 수행하는 기초가 된다.

셋째, 직무평가(job evaluation)는 직무분석과 직무분류를 기초로 하여 직무의 상대적 가치를 체계적으로 결정하는 것이다. 이것은 조직의 개인적 요소를 배제하고, 직무 자체의 중요도를 평가하는 것으로, 직무급의 결정·임금관리·승진·이동·인사고과·교육훈련의 기초자료가 되다.

넷째, 직무설계(job design)는 직무의 내용과 조직목적을 효과적으로 달성함과 동시에 개인의 욕구도 충족시킬 수 있도록 설계하려는 것이다. 직무설계는 직무분석, 직무분류, 직무평가와 성격상 구별되지만 기업조직의 기본단위인 직무를 통하여 인적자원 관리활동의 기초가 된다는 점에서 직무관리의 범위에 포함된다.

1) 직무분석

호텔기업을 경영하기 위해서 여러 가지 세분화된 일들을 분담하고 짜여진 절차대로 수행하여 목적을 달성할 수 있도록 하는 것이 직무관리의 기본이다. 종사원을 채용해서 배치, 교육훈련의 실시, 임금지급 등 모든 부문관리 활동은 직무관리에 근거를 둔다.

직무관리는 직무분석에서 비롯되며 직무를 잘 분석하고 합리적으로 구성하는 일은 호텔인사관리의 가장 중요한 활동이다. 호텔은 인적자원에 의존하고 있는 비중이 매우 높으므로 사람과 직무와의 결합이 합리적으로 구성되어야 하기 때문이다.

직무분석(job analysis)은 어떤 직무를 구성하고 있는 업무의 내용과 직무를 수행하기 위하여 담당자에게 요구되는 경험·자질·기능·지식·능력·책임 등을 파악하여 그 직무가 타직무와 구별되는 요인을 명확하게 밝혀 기술하는 절차이다. 따라서 직무분석은 어떤 직무의 내용 또는 요구조건을 사실적인 자료를 기초로 정리·분석하여 개별 직무의 성질에 가장 적합한 인력을 조직 내에서 유효하게 확보·육성·활용하는 기술이다.

다시 말하면 직무분석이란 '특정 직무에 관한 정보를 체계적으로 수립하여 특정 직무의 책임과 의무, 직무수행에 요구되는 지식, 기술, 능력을 결정하는 과정' 을 말한다.

보편적으로 직무분석은 직무담당자가 수행해야 할 육체적 · 정신적 업무의 내용, 업무의 수행시기와 장소, 수행방법과 이유 그리고 업무를 수행함에 있어서 필요로 하는 자질요건 등을 밝혀내는 데에 그 주요 목적이 있다고 할 수 있으며 구체적인 목적은 다음과 같다.

① 종사원의 선발과 배치
② 종사원 교육훈련
③ 체계화된 직무의 조직화
④ 종사원 급여관리
⑤ 종사원 안전관리
⑥ 작업개선을 위한 자료
⑦ 종사원 고충(grievance)처리
⑧ 종사원 업적평가

직무분석에 의해서 수집된 직무에 대한 자료는 다음과 같이 직무기술서와 직무명세서에 의해 정리되고 요약된다.

직무기술서(job description)란 직위기술서 또는 직무해설서라고도 하는 것으로 직무분석의 결과에 의해서 얻어진 정보를 일정한 양식으로 기록·정리한 서식으로 직무에 대한 설명서이다. 즉, 직무기술서란 '직무분석의 결과로 얻어진 직무의 성격·내용·수행방법·기대되는 결과 등을 간략하게 정리한 직무해설서' 이다.

직무기술서에는 직무인식사항(job identification), 직무내용(job content), 직무개요(job summary), 직무수행요건(job requirement) 등을 기재한다.

직무명세서(job specification)는 직무분석의 결과 작성되는 직무기술서를 보다 발전시켜 직무가 갖는 특성을 보다 구체적으로 명시해놓은 것으로, 직무기술서가 직무의 내용 및 성질을 해설한 것인 데 대하여, 직무명세서는 직무에 필요한 사항, 특히 인적요건(personality requirement), 즉 지식, 기능, 능력, 개인적 특성 등을 자세하게 기술한 문서이다.

직무명세서에는 직무의 내용, 일반적 개요, 작업조건 등도 기재되지만 그보다는 오히려 특정 직무가 필요로 하는 인적요건, 즉 지식수준, 기술 · 숙련수준, 체력수준, 성격요건, 경험요건, 기타 교육수준 요건 등이 명시된다.

2) 직무평가

직무평가(job evaluation)란 직무별 임금을 결정하기 위하여 조직내에서 일정 직무가 갖는 상대적 가치(relative worth)를 분석, 비교하는 공식적이고 체계적인 평가과정으로 각 직무가 가지고 있는 숙련도·책임·난이도·복잡성·필요노력·위험도 등을 비교 평가하여 이들 직무에 대한 상대적 서열을 매기는 것이다. 직무평가는 직무분석에 따른 직무기술서와 직무명세서 등의 정보자료를 바탕으로 조직내 각 직무의 가치를 상대적으로 평가하는 것으로 그 직무를 수행하는 인물평가가 아니다.

직무평가의 기본적인 목적은 기본급·직무급·직무수당 등의 임금을 합리적으로 결정하고, 직계제도를 확립하는 기초자료를 얻기 위한 것이다. 그러나 직무평가는 임금결정의 참고자료를 얻는 것이지, 전적으로 직무평가의 결과에 의해서만 임금을 결정할 수는 없으며, 직무평가의 구체적 목적은 다음과 같다.

① 공정한 임금체계의 확립

② 인적자원관리 활동의 합리화

③ 노사간 임금협상의 기초

직무평가요소는 각 직무에 공통적이고, 과학적 객관성을 가지고 있어야 하며, 노사쌍방이 납득할 수 있어야 하고, 직무내용을 구성하는 중요한 요소이어야 한다. 일반적인 평가요소로 사용되는 것은 다음과 같다.

① 숙련(skill) 요소 : 교육, 지식, 경험, 판단력 등

② 노력(effort) 요소 : 육체적 노력, 창의성, 기타 정신적 긴장 등
③ 작업조건(working conditions) : 작업환경 등

제3절 호텔종사원의 채용 및 배치관리

인적자원은 물적자원과는 기본적으로 다른 성격을 가지고 있으며, 경영의 주체인 동시에 객체가 되기 때문에 성과를 창출하는 과정에서 중요한 역할을 하게 된다. 채용관리는 인적자원관리중 개인과 기업이 서로간의 관계를 시작하는 단계에서 필요한 모든 업무를 내용으로 하고 있다. 따라서 채용과정에서 입사후 기업에 기여하는 정도가 높은 사람을 잘 선별하여 채용해야 하는 것이다.

채용은 전통적으로 '조직의 빈자리를 채우기 위해 자질을 갖춘 우수한 사람을 선발하는 과정' 으로 정의되어 왔다.

그러나 지난 몇 년 동안 채용관리의 중요성이 점차 커지게 되어 채용은 기업이 필요로 하는 사람에 대한 정보의 수집과 분석, 외부 노동시장에서 선발되는 신입사원과 경력사원, 조직 내 내부노동시장을 통한 배치전환과 공모제도(job posting), 법률적 규제와 환경적 제약의 정확한 이해 등을 포함하게 되었다.

호텔기업 역시 종사원의 채용관리에서 항상 염두에 두어야 할 것은 노동시장의 여건변화를 충분하게 파악하고, 노동의 수요자인 기업 입장에서만 접근할 것이 아니라, 노동의 공급자인 종사원 입장에서도 접근하는 자세를 가지는 것이 바람직하다.

채용관리(employment management)는 우수한 인적자원의 확보를 목표로 하고 있고, 단순히 우수한 사람을 확보하는 것만으로는 부족하다. 시간적으로 적기에 경쟁기업보다 빨리 접근하여 채용결정을 내리는 것이 중요하고, 채용업무가 일년 내내 진행되는 상설업무로 인식되어야 한다. 특히 호텔기업은 채용시기를 한정하여 종사원을 선발하기보다는 수시로 채용하는 것이 바람직하다.

채용관리의 효율성 여부를 판단하기 위해서는 개인의 직무성과와 기여도를 평가하는 정확하고 공정한 인사고과가 반드시 전제되어야 한다. 호텔기업의 채용관리의 목표를 보다 구체적으로 세분하면 다음과 같다.

① 호텔기업이 필요로 하는 우수한 인적자원을 선발할 수 있어야 한다.

② 호텔기업이 선발해서는 안될 사람을 채용하지 않아야 한다.

③ 호텔기업이 원하는 능력을 가진 사람들이 충분하게 지원하도록 해야 한다.

④ 시간과 비용이 적게 들어야 한다.

⑤ 정부가 규정한 기준을 만족시킬 수 있어야 한다.

채용관리는 인력계획, 모집활동, 그리고 선발 및 배치의 세 단계로 구성된다. 이러한 단계는 순차적으로 진행되므로 어느 한 단계를 소홀히 하게 되면 채용관리의 전반적인 효율성을 기대하기 어렵다.

1. 인적자원계획

기업이 급변하는 환경에 적응하는 데 필요한 적절한 기능을 갖춘 종사원이나 관리자를 적시에 확보하지 못할 경우 이는 기업의 경쟁력에 큰 손실을 가져온다. 인적자원에 잉여가 발생할 경우 이는 기업에 심각한 비용상의 문제를 초래시켜 어떠한 형태로든 종사원들의 복지에 악영향을 미치게 되고, 인적자원에 대한 수요와 공급의 균형이 제대로 유지하지 못할 경우 인적자원의 부족이나 과잉이 발생하면 조직의 유효성이 크게 저해를 받게 된다.

기업의 인적자원계획은 인적자원의 흐름을 균형되고 원활하게 유지하기 위하여 수립된다고 볼 수 있다.

인적자원계획(human resources planning)은 조직이 현재 및 장래의 각 시점에서 필요로 할 유형의 인력규모를 사전에 예측하고, 그에 대한 조직 내부 및 외부의 공급량을 예측하여 적절한 조치를 마련하는 과정인 인력계획(manpower planning) 또는 인력수급계획을 의미한다.

채용관리의 첫 단계인 인적자원계획에서는 '어떤 직무를 수행할 사람을 몇 명 채용할 것인가' 를 결정하게 된다.

즉 채용인력의 질적 측면과 양적 측면을 고려하게 되는 것이다. 따라서 인적자원계획을 구체적으로 정의하여 보면, 인적자원계획이란 '조직의 외부환경 및 내부환경의 분석을 통하여 조직이 장래의 각 시점별로 어떠한 유형의 인력을 얼마나 필요로 할 것인가를 예측하고, 필요로 하는 유형의 인력이 조직 내부 및 외부에서 얼마나 공급될 것인가를 예측하여, 인력의 수요와 공급간의 불균형이 이루어질 경우 그것을 조정할 수 있는 행동방안을 결정하는 과정' 이라고 할 수 있다.

1) 호텔인적자원계획 수립시 고려사항

인적자원계획의 중요성은 노동력의 과잉 또는 부족을 사전에 예측하여 과부족 상황이 심각하기 전에 대책을 수립함으로써 비용을 절감할 수 있다는데 있다.

인적자원계획이 잘못 수립되면 몇 년 지나지 않아 잉여인력이 발생하여 명예퇴직을 시키거나 감량경영을 하지 않으면 안되고, 그 결과 기업은 인력관리의 비효율성으로 인한 인건비의 증가와 경쟁력의 저하를 경험하게 된다.

인적자원계획이 잘못되면 채용관리의 전반적인 효율성을 기대하기 어렵다. 따라서 올바르고 실현 가능한 인적자원계획을 수립하기 위해서는 다음과 같은 몇 가지 사항들이 반드시 고려되어야 한다.

① 호텔기업이 원하는 인재상이 구체적으로 설정되어 있어야 한다.

② 전략적 인적자원관리 차원에서 장기적인 경영전략이나 경영계획이 수립되어 있어야 한다.

③ 필요한 인력을 결정하는 데 기준을 제공해 주는 직무분석이 이루어져 있어야 한다.

④ 과거의 생산성 향상 추세를 고려한 정원관리가 선행되어야 한다.

⑤ 현재 호텔기업이 보유하고 있는 내부 가용인력 정도에 대한 정

확한 분석과 인적 속성을 고려한 바람직한 인력구조가 설정되어야 한다.

2. 모집관리

우수한 인재를 어떻게 확보하는가는 인적자원 관리의 출발점이라고 할 수 있는데 인재확보는 모집과 선발로 구분된다.

모집관리란 선발을 전제로 유능한 인력을 조직적으로 유인하는 과정으로서 선발비율(선발예정자수/총응모자수)을 높일 목적으로 수행되는 고용활동이다.

모집(recruitment)은 기업의 욕구를 충족시킬 수 있는 사람 중에서 될 수 있으면 충분한 수의 사람들이 지원할 수 있게 하는 채용관리의 두 번째 단계이다. 모집활동의 중요한 기본 논리는 '노동의 공급자인 지원자와 노동의 수요자인 기업간에 서로에 관한 정확한 정보를 충분하고 성실하게 교환하는 것' 이다. 지원자는 회사에 관한 자세한 정보를 가지고 취업을 결정해야 하고, 기업은 지원자에 대한 충분한 정보를 가지고 채용 예정자를 결정해야 한다. 만약 정보가 부족하거나 잘못된 정보를 근거로 하여 입사하게 되면 개인과 기업 모두에게 많은 손실을 초래할 수 있기 때문에 결코 도움이 되지 못한다. 이런 경우 채용 후에 낮은 직무만족(job satisfaction)과 조직몰입(organizational commitment), 높은 이직률, 그리고 낮은 직무성과(job performance)가 나타날 수 있다.

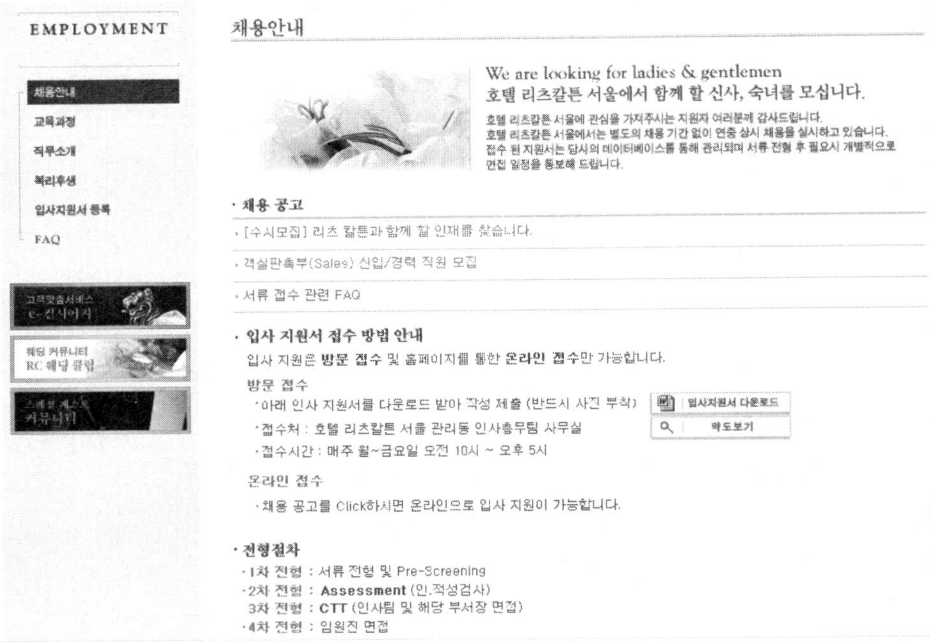

[그림 1-4] 'R' 특급호텔 채용안내

[그림 1-5] 'S' 특급호텔 채용안내

[그림 1-6] 'H' 특급호텔 채용안내

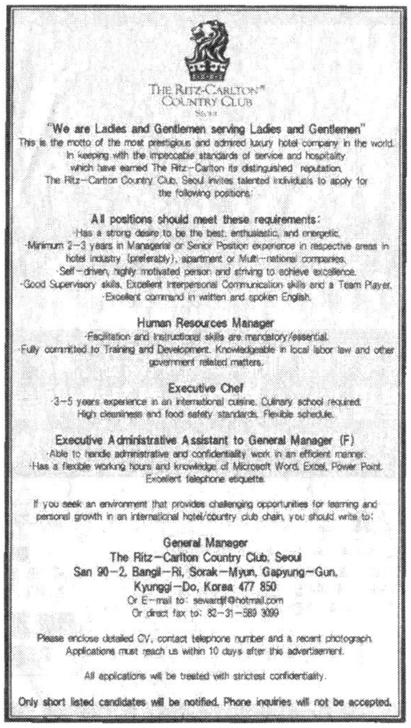

THE RITZ-CARLTON®
COUNTRY CLUB

"We are Ladies and Gentlemen serving Ladies and Gentlemen"

This is the motto of the most prestigious and admired luxury hotel company in the world. In keeping with the impeccable standards of service and hospitality which have earned The Ritz-Carlton its distinguished reputation, The Ritz-Carlton Country Club, Seoul invites talented individuals to apply for the following positions:

All positions should meet these requirements:

·Has a strong desire to be the best, enthusiastic, and energetic.
·Minimum 2~3 years in Managerial or Senior Position experience in respective areas in hotel industry (preferably), apartment or Multi-national companies.
·Self-driven, highly motivated person and striving to achieve excellence.
·Good Supervisory skills, Excellent Interpersonal Communication skills and a Team Player.
·Excellent command in written and spoken English.

Human Resources Manager

·Facilitation and instructional skills are mandatory/essential.
·Fully committed to Training and Development. Knowledgeable in local labor law and other government related matters.

Executive Chef

·3~5 years experience in an international cuisine. Culinary school required. High cleanliness and food safety standards. Flexible schedule.

Executive Administrative Assistant to General Manager (F)

·Able to handle administrative and confidentiality work in an efficient manner.
·Has a flexible working hours and knowledge of Microsoft Word, Excel, Power Point. Excellent telephone etiquette.

If you seek an environment that provides challenging opportunities for learning and personal growth in an international hotel/country club chain, you should write to:

General Manager
The Ritz-Carlton Country Club, Seoul
San 90-2, Bangil-Ri, Sorak-Myun, Gapyung-Gun,
Kyunggi-Do, Korea 477 850
Or E-mail to: sewardjf@hotmail.com
Or direct fax to: 82-31-589 3099

Please enclose detailed CV, contact telephone number and a recent photograph. Applications must reach us within 10 days after this advertisement.

All applications will be treated with strictest confidentiality.

Only short listed candidates will be notified. Phone inquiries will not be accepted.

[그림 1-7] 'R' 특급호텔 직원채용 신문공고

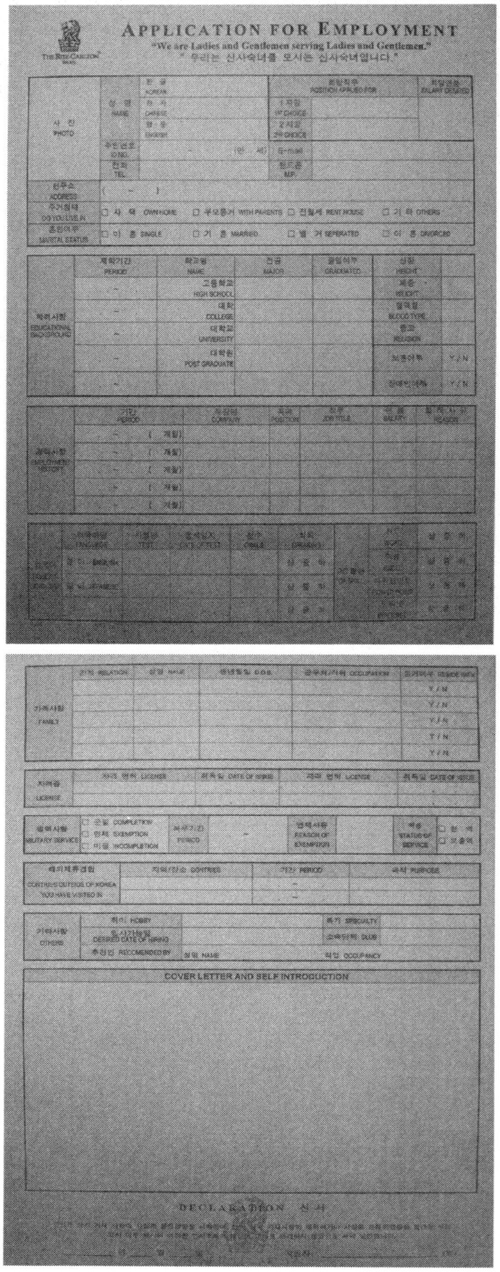

APPLICATION FOR EMPLOYMENT

"We are Ladies and Gentlemen serving Ladies and Gentlemen."

" 우리는 신사숙녀를 모시는 신사숙녀입니다."

COVER LETTER AND SELF INTRODUCTION

[그림 1-8] 'R' 특급호텔 입사지원서

1) 내부모집과 외부모집

모집활동은 외부노동시장의 여건 변화, 기업의 경영성과와 인지도, 기술의 발전과 소비자의 기호 변화에 따른 직무의 변화 등에 따라 달라지게 된다. 모집활동은 외부노동시장의 인력수요공급에서 특정 기업이 필요로 하는 인력의 공급이 수요에 미치지 못해 수요 초과 현상이 발생하면 선발보다 상대적으로 훨씬 더 큰 비중을 가지게 된다. 기업에게 우수한 인적자원의 확보는 곧 장래의 높은 경쟁력을 의미하므로 결코 소홀히 할 수 없는 분야이다.

호텔 및 외식산업이 새로운 종사원의 필요성을 인식하였다면 필요한 인적자원을 확보하기 위하여 지원자를 어떠한 방법으로 모집할 것인가를 결정하여야 한다. 모집방법은 충분한 규모의 지원자를 적은 비용으로 쉽게 확보할 수 있는 효율성 측면에서 검토되고 선정되어야 한다. 모집방법은 우선 기업 내부의 인력을 대상으로 하는 내부모집과 외부노동시장의 취업 희망자를 대상으로 하는 외부모집으로 구분되며, 우리가 일반적으로 모집이라고 부를 때는 주로 외부모집을 의미한다.

2) 노동력의 외부모집 방법

인적자원의 공급환경이 외부모집 원천의 조건을 결정하지만 노동력의 공급원에는 작업미경험자, 작업경험자, 직업교육 수료자, 직업자격증 보유자 등이 있으며, 어떤 사람을 채용할 것인지에 따라 적용할 수 있는 인적자원의 모집 방법은 다음과 같다.

① 광고(TV 등 방송매체, 신문 · 잡지, 사내광고, 옥외 광고 등)
② 현직 종사원의 추천
③ 수시 채용 희망자
④ 교육기관(학교, 학원 등)
⑤ 재취업 훈련 프로그램
⑥ 직업소개소

⑦ 직업훈련원
⑧ 근로자 파견 회사
⑨ 연고모집

호텔이나 외식산업에서는 위의 방법 외에도 식당의 테이블 매트나, 영수증, 식당 내 게시물, 옥외 광고판에 모집광고를 하거나 종사원에 의한 추천방법을 활용하는 것도 효과가 있다. 특히, 우리나라는 혈연, 지연, 학연 등 연고를 중시하는 사회적 분위기 때문에 종사원 추천이 큰 영향을 주고 있는 것도 사실이다.

한편, 학교와 같은 교육기관은 잠재적 종사원의 가장 훌륭한 공급원으로서 관광관련 학과에서 교육받은 학생들의 호텔 등 산업체 현장실습을 통해 가능성있는 인재를 발굴해낼 수 있기 때문에 호텔기업이 선호하는 방법중의 하나이다.

모집방법은 모집시기와 횟수에 따라 정규모집과 수시 모집이 있으며, 호텔이나 외식산업체가 직접 모집하는 직접모집과 근로자 파견회사 등에 의한 위탁모집이 있다.

3. 선발관리

일반적으로 기업의 채용관리에서 모집활동보다 더욱 중요한 것이 선발활동이다. 선발(selection)이란 입사지원자 가운데서 현재의 환경적 상황들을 고려하여 특정 직위에 가장 적합한 사람을 뽑아내는 과정을 말한다.

즉, 최적의 인적요소를 특정직무에 결합시키는 과정으로 기능상호간에 발생되는 직무를 효과적으로 수행할 수 있는 최적의 적성과 기술을 가진 사람에게 조직구성원의 자격을 부여하는 행위라고 할 수 있다.

선발에 있어서는 선발기법의 선택과 채용과정의 합법성 여부가 가장 중요한 과제가 되는데 어떤 선발기법을 선택할 것인가는 채용 후 직무성과, 근속 및 이직률, 조직몰입도를 예측할 수 있는 능력이 판단 기준이 된다. 기업들은 이러한 예측력을 높이기 위해서 서류전형,

능력검사, 인성 및 적성검사, 면접 등 여러 가지 선발기법들을 종합적으로 활용한다.

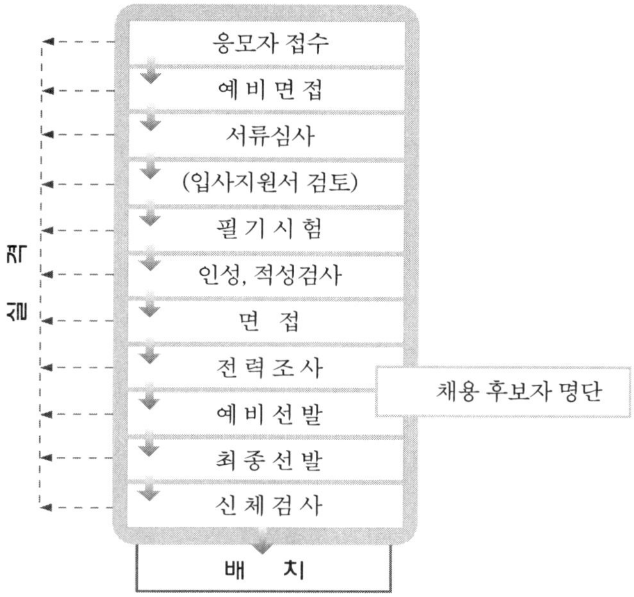

[그림 1-9] 선발절차

선발기법의 선택에 있어 신뢰도와 타당도외에도 선발기법의 비용(cost)도 간과할 수 없으므로 직무성과예측을 위해 적은 비용으로 효율적인 기법이 무엇인가를 고려해서 결정해야 한다.

종사원 선발에 있어서 가장 중요한 것은 시험이다. 시험은 필기시험과 구술시험 및 면접 등이 있는데 필기시험은 개인이 가진 직무지식이나 일반지식을 알아보기 위해 실시되나 오늘날에는 특별한 경우를 제외하고는 많은 경우 필기시험은 생략하고 외국어시험(TOEIC, TEFEL 등)이나 면접, 기타 인성·직무적성검사에 의하여 시험을 대신하는 경우가 많다.

근래에는 많은 기업들이 입사시험에서 주로 전공필기시험을 생략하고 TOEIC 성적이나 학교성적을 참작하여 선발하는 경우가 많다. 특히 호텔기업 및 외식산업은 직무성격상 외국어능력 및 인성을 중시하여 면접시험을 강화하는 경향이 짙다.

면접(interview)이란 필기시험에서 나타나지 않은 지원자에 대한 정보를 얻어내고, 직무수행, 기타 인품에 관한 정보를 얻기 위해서 실행하는 종합적 인성검사라 할 수 있다. 종사원 선발에 있어서는 구술시험(oral test)으로서 면접시험을 치도록 해야 하는데 이는 개인이 갖는 인격적 특성, 즉 태도나 성격, 소질과 인간성, 판단력, 사고력, 창의력 등을 알아보기 위해서 실시된다. 면접을 보다 효율적으로 수행하기 위해서 면접에 대한 계획과 준비를 하고 실제로 면접을 실행하며 그 결과를 분석하고 평가한다.

일반적인 면접시험의 역할은 다음과 같다.

① 종합적인 인물의 평가
② 성격이나 성품의 판별
③ 지원동기 및 의욕의 확인
④ 지식 또는 교양 수준의 평가
⑤ 말솜씨 및 두뇌 회전능력의 관찰
⑥ 사상 또는 인생관의 관찰
⑦ 협조성 및 지도력 등의 관찰

선발시 활용하는 면접은 면접 담당자 및 피면접자의 수에 따라 개별면접과 집단면접으로 분류되며, 면접의 운영방식 및 비용에 따라 비구조적 면접, 구조적 면접, 혼합형 면접이 있으며 이외에도 패널면접과 스트레스 면접 등이 있다.

이상과 같은 채용절차와 방법에 의해 종사원 모집과 선발을 하게 되는데 보편적으로 볼 때 다음과 같은 입사지원자의 경우에는 선발에서 배제되어야 한다.

① 적절한 경력계획, 즉 회사 내에서 실현코자 하는 동기와 목적의 방향의식이 뚜렷하지 못할 때
② 자기 전문분야에 대한 지식이 부족해서 자질요건에 문제가 있다고 판단될 때
③ 자신의 생각과 의지를 분명하게 표현하지 못하고 산만한 태도를 보일 때

④ 성취행동면에서 불충분한 점이 엿보이고 또 기타 행동면에서도 정곡을 찌르지 못하는 경우
⑤ 면접에 대한 마음의 준비가 전혀 되어 있지 않고 당해 회사에 대해서도 아무런 관심을 가지고 있지 않을 때
⑥ 관심과 열의가 없고 무차별적인 태도를 보일 때
⑦ 오만하고 공격적이고 자만하며 냉담할 때
⑧ 최상의 보상제공에 관심을 나타냄으로써 지나치게 돈만을 의식하고 이를 중요시할 때
⑨ 일 그 자체에 대해서는 거의 관심이 없어 보일 때
⑩ 기초부터 닦아나가려는 의지가 없고 한꺼번에 큰 것을 이루려는 비현실적인 태도를 보일 때
⑪ 변명을 잘 하고 애매한 태도를 보이는 경우
⑫ 신뢰감을 갖지 못하는 태도와 몸의 자세가 불안정하고 미성숙한 자일 경우
⑬ 외모가 단정하지 못한 경우에 선발에서 배제해야 한다.

제4절 호텔의 인사고과제도

1. 인사고과의 의의

인사고과는 일반적으로 근무평정(performance rating)이라고 불리는 것으로 종사원 평정(employee rating), 능률평정(efficiency rating), 성적평정(merit rating), 또는 업적평정(performance appraisal) 등과 같이 다양하게 불려지고 있는데 종사원의 업무수행상의 업적과 이를 통한 미래의 잠재적 능력을 상위자로 하여금 측정·평가하도록 하는 제도로서 종사원의 실무능력, 성격, 적성 및 장래성 등이 판정된다.

호텔기업의 인사고과는 1980년에 한국관광협회가 주관하여 관광호텔 전 종사원에게 적용하여 실시하려고 했었으나 주위의 반발과 사회

적인 여려 가지 여건에 부딪쳐 그 실현을 보지 못하고, 현재 각 호텔별로 인사고과표를 만들어 승진이나 인사이동에 참고자료로 활용하고 있다. 따라서 호텔의 인사고과표는 획일적으로 적용될 수 없으며 각기 호텔의 여건과 특성에 따라 실시하여 관리고 있다.

모든 제도가 그러하듯이 인사고과제도도 하나의 관리제도로서 이것이 성공하기 위해서는 공정하고 객관성이 있어야 하며, 신뢰성이 있고 납득할 수 있어야 하여 기업특성과 실정에 맞는 독자적인 것이어야 한다.

특히, 호텔 · 외식산업에 있어서는 다른 산업과는 달리 노동집약적이고 높은 이직률로 인하여 효과적인 인사고과방법이 더욱 절실하다.

인사고과의 요소로는 업무지식, 협조성, 책임감, 근면도, 작업량 및 작업의 질 등이 있는데 어떤 요소를 고과기준으로 택하느냐에 따라 인사고과의 결과는 달라진다.

인사고과는 호텔 종사원의 근무실적이나 능력, 성격, 적성 등 모든 근무성적을 질서 있게 조직적으로 파악해서 평정하는 절차이며 인사관리상의 제 문제 해결에 대한 자료를 만들어 종사원의 자질 향상과 사기 앙양을 도모하는 데 그 목적이 있다. 그러므로 인사고과는 승급의 결정, 상여의 결정, 승진의 결정, 배치이동의 결정, 교육훈련의 기준 및 상벌 등의 기준을 결정하기 위한 것이다.

요컨대, 인사고과는 일반적으로 종사원이 얼마나 열심히 일하고, 업적을 올리고, 능력을 지니고 있는지를 평가하여, ① 승진·승격, 배치이동 등과 관련한 신분상의 의사결정, ② 인재를 육성개발하기 위한 교육훈련상의 의사결정, ③ 승급, 인센티브 및 복지후생 등과 같은 처우상의 의사결정을 하기 위한 기준으로 활용된다.

인사고과의 요소는 인사고과에서 평가할 대상 항목들을 말한다. 고과요소는 양적 성과와 질적 성과·근무태도·솔선력·협조성·신뢰성·직무지식·적극성·창의성·판단력 등 다양하다. 그러나 이들 요소들은 업무성과·업무수행태도·업무수행능력 등 세 가지로 요약할 수 있다. 어느 고과요소에 비중을 두고 평가하는가는 조직과 목적에 따라 다르다.

예를 들면, 호텔종사원이 갖춰야 하는 정신적 요건인 스키치

(SCEECHH)정신이 평가요인으로 반영될 수 있다. 스키치란 서비스(service), 청결성(cleanness), 능률성(efficiency), 경제성(economy), 환대성(courtesy & hospitality), 정직성(honesty)을 의미하는 것으로 호텔종사원의 평가요소로 활용된다.

[표 1-1] 호텔 · 외식산업 종사원의 평가요소

호 텔	외식산업	
· 외 모	· 의존성	· 생산성
· 신뢰성	· 인 성	· 안전성
· 경 력	· 융통성	· 지적능력
· 긍정적 태도	· 외 모	· 서비스태도
· 직업윤리	· 정 직	· 직업윤리
· 인 성	· 정 력	· 고객 인지력
· 기 술	· 경 력	· 긍정적 태도
· 서비스	· 매 너	· 의사소통 능력
· 의 지	· 야 망	· 배우고자 하는 의지
· 안정성	· 미 소	· teamwork
· 자 질	· 자존심	· 솔선수범(self-starter)
· 이동능력(transferability)	· 성실성	
· 팀워크(협동)		
· 정직성		

2. 인사고과의 방법

인사고과 방법은 공개여부에 따른 분류, 고과주체에 따른 분류, 평정기법에 따른 분류 등으로 구분할 수 있다.

고과자에 의한 방법으로는 자기고과, 상위자에 의한 고과, 동료에 의한 고과, 하위자에 의한 고과, 평가센터법에 의한 고과, 고객에 의한 고과등이 있으며, 호텔 · 외식산업 관리자는 고객을 만족시키는 것이 서비스 조직의 최고의 목적이므로 고객에 의한 평가가 가장 최선의 방법이라고 생각할 수도 있다. 이러한 고객평가는 종사원의 교육훈련이 필요한 때를 결정하는 유용한 방법이다. 고객에 의한 평가는 평균보다 극단적으로 강조되는 경향이 있고 또한 정확한 직무의 책임을 지우기가 어렵다.

인사고과를 운영하는데 있어서 가장 중요한 성공의 요소는 다음과 같다.

첫째, 경영자의 적극적인 참여와 후원이 필요하다. 아무리 좋은 인사고과제도를 갖고 있다고 해도 경영자가 고과에 관심을 갖지 않거나 고과 결과를 제대로 활용하지 않는다면 성공을 기대하기 어려울 것이다.

둘째, 고과자를 누구로 몇 명으로 할 것인가이다. 지금까지는 상위자에 의한 복수고과가 일반적이었으나 최근에는 하위자에 의한 고과, 동료에 의한 고과를 실시하기도 하고 단순한 복수고과에서 탈피하여 직속상사의 평가에 중점을 두는 호텔기업도 있다.

셋째, 철저한 고과자의 훈련이다. 즉 인사고과의 실시에 있어서 평가할 능력과 자격을 갖추게 하는 것은 주관적인 판단을 할 수밖에 없는 인사고과의 숙명적 결함에 비추어 무엇보다 긴요한 일이라고 할 수 있다.

넷째, 고과실시 절차 등을 차질이 없도록 면밀하게 수립하고 고과운영지침 등을 통해 고과과정에 지켜야 할 요건을 명확하게 해야 한다.

전통적으로 우리나라의 기업은 연공서열주의에 기초한 인력관리 때문에 근속연수나 학력 등이 중요시되어 왔다. 그러나 서구식 능력주의가 인력관리의 새로운 제도로 도입되면서 인사고과제도도 능력주의의 그것으로 바뀌어가고 있다. 우리나라 호텔기업이 추구해야 할 바람직한 인사관리의 전개방향을 제시하면 다음과 같다.

① 처우 중심의 인사고과에서 다목적 인사고과로
② 인사고과를 공정처우의 기초 자료로 활용
③ 획일적 인사고과에서 목적별 인사고과로
④ 비밀주의 고과에서 공개주의 고과로
⑤ 인사부 중심의 고과에서 직무 현장라인 중심의 고과로

제5절 호텔종사원의 능력개발

1. 개인능력 개발의 의의

종사원을 모집, 채용한 다음에 해야 할 일은 직무·조직에 대한 적응능력을 개발하는 것이다. 종사원은 채용시점에서 완벽할 수 없으며, 따라서 훈련과 교육이 실시되어야 하고, 이는 조직에 있어 필수적인 것이다. 만약 조직적인 개발계획이 없다면 능력개발은 대부분의 경우 자기계발과 직무 경험에 의해서 얻을 수밖에 없다. 능력개발에는 특정 직무에서의 기능향상과 전체 환경의 이해를 위한 일반적 지식의 훈련 · 교육이 포함된다.

교육훈련(education)이란 비관리직 종사원들로 하여금 특정목적을 달성하기 위하여 기술적인 지식과 숙련을 습득하게 할 수 있도록 체계적이고 조직화된 절차에 의하여 단기적인 교육을 시키는 것을 말한다,

한편, 능력개발(development)이란 관리직 종사원들이 전사적 관점에서 필요로 하는 개념적 · 이론적 지식을 습득할 수 있도록 체계적이고 조직화된 절차에 의하여 장기적인 교육을 시키는 것을 말한다.

조직의 계획적인 교육훈련의 실시는 생산성의 증가, 종사원 모럴의 향상, 원가절감 그리고 외부환경 적응을 위한 안전성과 유연성을 가져온다. 또한 종사원에게는 그들 생애의 일부를 형성하는 직업선택을 현명하게 할 수 있도록 유도한다.

호텔리어어 조언

노력하는 사람에게는 반드시 참된 이룸의 기쁨이 찾아온다

ㅇㅇㅇ 관광정보과 졸업
F&B Event Coordinator F&B Planning
ㅇㅇHotel

안녕하십니까?

저는 관광정보과를 ㅇㅇ년 졸업하여 현재는 ㅇㅇ에서 F&B Event Coordinator F&B Planning를 맡고 있는 ㅇㅇㅇ이라고 합니다. 이렇게 지면을 통해서나마 여러분들을 만나뵙게 되어 매우 반갑습니다.

지난 ㅇ월 ㅇ일 모교에서 진로지도반 야외학습 행사에 초청되어 후배들과 몇 마디 간단하게 대화를 나누긴 했지만 그것만으로는 아쉽고 부족하다는 후배들의 간곡한 요청으로 사회인으로서 체험담을 선배의 위치에서 적어 보았습니다. 모자란 저에게 이런 자리를 빌어 후배 여러분과 소통할 수 있는 기회를 주신 모교에 진심으로 감사드립니다.

돌이켜보면, 정신없이 친구들과 어울려 다니고 대학생이라는 자유와 해방감 속에서 보낸 1학년, 물론 2점을 겨우 넘는 학점을 기록하였고 2학년이 되는 추운 겨울, 책임감 없는 자유에 대한 쓰라린 대가를 몸소 깨닫고 다소 이르게 미래에 대한 걱정과 사회라는 전쟁터에 들어갈 준비를 시작하였습니다.

그리고 2학년 1학기가 끝나갈 즈음, 1급 호텔의 웹사이트를 방문하여 각 호텔의 정보를 익히고 제 발이 닿을 수 있는 곳에 위치한 모든 특1급 호텔들을 찾아다니면서 호텔리어라는 직업에 대한 강한 매력과 꼭 하고 싶다는 강한 의지로 지원서를 제출하였습니다.

남들보다 조금 더 관심을 기울이고 정보를 수집하며, 노력하면 언젠가 꼭 이루어지리라는 강한 믿음과 도전정신을 갖고 몸으로 부딪쳐 보았습니다.

온 한반도를 뜨겁게 달구었던 2002년 6월, 모두가 월드컵의 열기로 후끈 달아오르게 했던 그 때, 열심히 노력하며 발로 뛴 땀의 대가로 서울의 중심, 중구 소공동에 위치한 ㅇㅇ호텔의 F&B Hepler라는 명칭의 아르바이트생으로 일할 수 있는 기회가 주어졌고 그 해 가을에 계약직으로 정식 입사를 하였습니다.

식음료 업장의 Service person으로 열심히 본연의 임무에 충실하며 나의 발전을 위하여 영어 공부, 컴퓨터 공부 또한 열심히 하였으며, 2003년 2월 ㅇㅇ호텔의 10개 영업장을 중심부에서 기획하며 이끌어 가는 식음기획팀의 코디네이터 사내 채용에 합격하여 현재는 매달 식음업장에서 진행하는 메뉴 프로모션, 격월로 진행되는 각종 파티 플랜과 더불어 영업장 관리 등의 업무를 진행하고 있습니다.

대단하지는 않지만 조금은 특별한 저의 이력을 설명드린 이유는 제 자랑을 하기 위해서가 아니라, 노력하는 사람에게는 반드시 참된 이름의 기쁨이 찾아온다는 말씀을 드리고자 함입니다. 2년, 짧은 학교 생활을 하면서 훌륭한 교수님들의 가르침도 물론 중요합니다. 그리고 여러분이 학교에서 배운 것들을 시험을 위해서 혹은 진정한 본인의 지식으로 만들기 위해서 공부하고 연구하는 것도 역시 매우 중요합니다.

그러나 여러분들이 간과해서는 안될 것이 또 하나 있습니다. 바로 노력과 경험입니다.

진취적인 자세를 가지고 본인이 진정 원하는 바를 위해 노력하고 탐구하며 젊은 시절 폭 넓은 경험을 쌓는 것 만큼 여러분 인생을 튼튼하게 받쳐줄 것은 또 없다고 생각합니다.

제가 처음 레스토랑이라는 곳에서 아르바이트를 시작한 것은 고등학교 2학년 때 였습니다. 처음엔 단순히 용돈을 벌기 위해 시작했던 한 달에 30만원을 받던 4시간 짜리 아르바이트가 저에게 식음서비스에 대한 최초의 관심을 갖게한 계기였고 이 때 배운 작지만 귀중한 경험과 지식들이 남들보다 조금은 더 식음서비스에 관심을 갖고 조금 더 일찍 나아갈 수 있는 바탕이 되어주었습니다. 그리고 이 폭 넓은 경험이 제게는 스승이 되었습니다.

학교에서 열심히 지식을 축적하십시오. 그리고 나아가 열심히 발로 뛰며 여러분이 미래를 스스로 개척하십시오. 여러분이 스스로 쌓아 올린 지식과 경험이 저와 같이 여러분에게 좋은 스승이자 부모가 되어 줄 것입니다. 땀 흘린 여러분에게 진정으로 보람되고 아름다운 미래가 찾아와 줄 것입니다. 저 역시 현실에 안주하지 않고 더욱 열심히 노력하여 ㅇㅇ대학 많은 선후배 그리고 교수님들께 누가 되지 않고 자랑이 될 수 있도록 노력하겠습니다.

감사합니다.

2. 교육훈련의 필요성

교육훈련은 직무 기술을 전제로 하여 이루어지기 때문에 그 직무가 필요로 하는 직무 요건이 밝혀져야 하고 현재의 직무기술에서 미흡한 부분은 교육훈련에 의해 보충되어야 한다. 일반적으로 부분적인 교육훈련보다는 전반적인 교육훈련이 중요하며, 그 계획과 실시 및 효과를 얻는 것에 주력해야 한다.

호텔종사원의 자질을 개발하고 직무에 대한 적응성을 높임으로써 보다 나은 직무와 자격을 갖출 수 있도록 조직적·체계적으로 유도하는 것이 교육이다. 그러므로 교육훈련은 현장 또는 하위 종사원에서부터 감독자, 관리자, 그리고 경영자에 이르기까지 호텔내의 모든 사람에게 필요하며 일정 시기마다 계속적으로 실시되어야 한다. 특히, 신규 종사원에게도 교육훈련을 실시하여 호텔의 전반적인 실정을 이해시키고, 자기가 담당할 직무에 필요한 제요건에 관하여 지시를 받을 수 있게 하며, 근무시의 제반 안전관리와 사고에 대한 주의력을 갖도록 하는 것은 매우 중요한 일이다.

또한, 교육훈련은 새로운 지식과 기술을 익히게 하여 호텔상품 판매에 기여하게 한다. 그러므로 신입 종사원으로부터 경영자에 이르기까지 모든 계층이 교육훈련 대상이 되며, 경영자의 입장에서 보면 교육훈련을 통하여 경영목표 달성을 위해 종사원을 조직화하는 의의가 있으며, 종사원 측에서 보면 개인이 가지고 있는 자아에 대한 인식과 개인의 생활을 호텔 환경에 적응시킴으로써 능력향상의 기회를 얻게 된다. 이렇게 향상된 종사원의 능력을 호텔경영에 투입시킴으로써 종사원은 물론 기업 양자의 존재가치를 살려 서로를 위해 계획되고 운영되는 적극적인 성과를 기대할 수 있게 된다.

따라서 교육훈련을 실시하는 목적과 효과는 다음과 같다.

교육훈련은 지식과 기능을 전달함으로써 유능한 인재를 육성하고(인재육성), 그를 통하여 조직의 기술축적의 달성과 동시에 구성원의 태도개발 및 변화를 꾀하여(근무태도향상), 조직의 목표달성을 위한 경영자와의 충분한 의사소통을 이룩하며, 구성원과 자기 발전의 욕구충족을 기하고 또 능력개발을 통하여 성취동기를 유발하는데 중요한 목적이 있다.

① 특정 직무에 필요한 지식 향상, 기술 향상, 태도 적응
② 종사원의 인격완성 및 생활향상
③ 기업에게는 종사원의 능률향상 및 인재육성
④ 궁극적으로는 기업의 유지 · 발전

한편, 호텔 및 외식산업은 인적 · 물적서비스를 제공하는 기업이기 때문에 종사원의 교육훈련을 서비스가 보다 효과적으로 달성하기 위해 필요한 지식, 기능, 태도의 향상에 초점을 맞추어야 한다. 또한, 실제 직무수행에 있어서 부족한 점과 개선할 점, 문제의 해결 방법, 행동의 변경 등에 관한 훈련이 필요하다. 따라서 서비스제공이라는 호텔 및 외식산업의 특수성에 비추어 볼 때 교육훈련에는 다음과 같은 내용이 포함되어야 한다.

① 서비스를 제공하는 사람의 인격향상을 위한 교육
② 현재경영에서 중시하는 고객 지향적 사고에 대한 교육
③ 판매향상을 위한 서비스 및 인간적 기술
④ 상품 지식

3. 교육훈련의 종류

교육훈련은 호텔 내의 기초교육과 재교육으로 구분하여 실시하게 된다. 기초교육은 신입 종사원이 호텔의 전반적인 업무에 대한 것과 자신이 근무해야 할 위치에서 필요한 전문지식을 교육받는 것이고, 재교육은 기존 종사원들을 대상으로 시대의 흐름에 따라 변화해 가는데 적응할 수 있도록 하는 교육이다. 이러한 교육은 호텔 내에서 실시하는 자체 교육훈련과 외부 교육훈련으로 구분하며, 호텔 자체에서 하는 교육훈련은 총지배인이나 부서의 전문가나 책임자가 실시하거나 외부로부터 전문가를 강사로 초청하여 실시하게 된다. 그리고 외

부의 교육훈련은 종사원을 전문교육기관에 보내서 교육하는 방법이다. 이러한 교육훈련은 신입 종사원, 감독자, 중간관리자, 경영자 교육훈련 등 계층과 직능별로 구분해서 실시하게 된다.

1) 훈련대상에 따른 분류

교육훈련은 누구를 대상으로 하여 실시하느냐에 따라서 입직훈련과 현직자훈련으로 나눌 수 있다.

(1) 입직훈련(orientation training)

입직훈련은 호텔 등 회사에 처음 들어온 신입 종사원들에 대하여 직무에 종사하기에 앞서 호텔에 대한 제반 사항과 기본정책 그리고 자신이 맡아야 할 직무에 대한 지식과 기술 및 근무태도, 호텔에 대한 친근감과 업무에 대한 흥미, 집단생활에 있어서 지켜야할 규칙 등 일반적인 사항을 습득시킬 목적으로, 입사후 수습기간 중 실시하는 훈련이다. 신입사원에 대한 훈련의 내용으로는 회사의 전반적인 사항에 관한 것과 소속부서에 관한 사항으로 대별할 수 있으며, 입직훈련의 주요 내용은 다음과 같다.

① 회사와 조직 자체에 관한 사항 : 회사의 연혁, 발전, 경영특성, 제품과 서비스에 관한 것
② 인사방침 : 신입사원이 회사에 대해서 기대할 수 있는 것과 회사가 종사원에 대해서 기대하고 있는 것
③ 고용의 조건 : 일반적인 규칙, 조합, 규약의 조항
④ 종사원 이용 시설 및 물적 시설 : 사용 가능한 복지후생조건, 주차시설 등
⑤ 근로조건 : 직무의 성격, 작업시간, 임금, 승진기회 등
⑥ 감독자에 관한 사항 : 감독자, 노조원에 대한 소개
⑦ 당해 부문의 규정과 규칙
⑧ 타부문과의 관계
⑨ 직무에 대한 상세한 기술 : 책임기준, 작업시간, 임률, 작업장,

시설 등

⑩ 호텔의 기초교육 : 호텔경영관리, 현관업무, 객실업무, 식당업무, 주장업무, 호텔회계, 호텔서비스, 안전관리, 업장별 실무실습 등

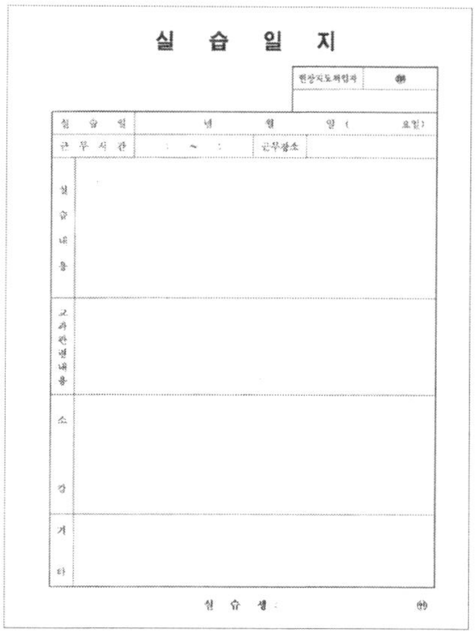

실 습 일 지

현장지도책임자	(인)

실 습 일	년 월 일 (요일)		
근 무 시 간	: ~ :	근무장소	
실습내용			
교과관련내용			
소감			
기타			

실 습 생 : (인)

[그림 1-10] 호텔 인턴쉽 실습일지

(2) 현직자훈련

호텔의 신입 종사원은 물론 현직 종사원들에 대해서도 교육훈련을 철저히 해야 하는데, 현직자 훈련에는 훈련의 대상자에 따라서 종사원훈련, 감독자훈련, 관리자훈련 및 경영자훈련 등이 있다.

2) 훈련장소에 따른 분류

교육훈련은 그것이 실시되는 장소에 따라 직장내 훈련과 직장외 훈련으로 구별된다.

(1) 직장내훈련(OJT:on the job training)

OJT는 직장훈련, 직장내 훈련 또는 현장훈련으로서, 현장의 직속상

사에 의해 이루어지는 직무훈련이다.

OJT훈련에 대한 책임은 주로 감독자에게 맡겨지는데 경우에 따라서는 감독자가 아닌 고참 종사원에 의해 이루어지기도 하며, 호텔 등의 서비스직 종사원에게 적당한 방법이다. 이 방법은 훈련 대상자들이 현장에서 실감 있는 훈련을 받음으로써 교육훈련의 효과가 커진다는 장점도 있으나, 업무에 지장을 줄 수 있다.

OJT 훈련에서 사용하는 방법에는 도제훈련(apprenticeship), 직무순환법(job rotation), 실연(demonstration) 등이 있다.

(2) 직장외 훈련(Off-JT:off the job training)

직장외 교육훈련이란 직무외 훈련으로서 교육훈련을 담당하는 전문스탭의 책임하에 이루어지는 것으로서 직장내 교육훈련 이외의 모든 교육훈련을 말한다. 이것은 조직 내에 있는 양성소나 연구소 등과 같은 특정의 교육훈련시설을 통해서 하는 것은 물론, 정기적 내지 부정기적 강습회나 강연회의 개최 혹은 조직외의 전문적인 훈련기관에 위탁하여 수행하는 경우도 있다. 따라서 내용적으로 볼 때 Off-JT는 집합교육으로서의 성격을 갖고 있고, 현장의 작업과는 직 접적인 관련을 갖지 않는 보편적이고 일반적인 작업에 대한 사고 방식이나 작업의 개선방식 및 인간관계의 중요성 등과 같은 것을 교육훈련하는 데 적합하다.

이는 현장 작업과 관계없이 예정된 계획에 따라 훈련할 수 있다는 장점이 있으나 그 결과를 곧 현장에서 활용하기 어렵다는 단점이 있다.

Off-JT에서 사용할 수 있는 교육훈련방법은 실습장(vestibule)훈련, 강의식(lecture)·회의식(conference)훈련, 시뮬레이션(simulation), 역할연기(role playing), 감수성훈련(sensitivity training) 등이 있다.

[표 1-2] OJT와 Off-JT의 장 · 단점

훈련	장 점	단 점
OJT	1. 훈련이 추상적이 아니고 실제적이다. 2. 실시가 Off-JT보다 용이하다. 3. 상사나 동료간 이해와 협동정신을 강화 · 촉진시킨다. 4. 낮은 비용으로도 할 수 있다. 5. 훈련을 하면서 일을 할 수 있다. 6. 구성원의 습득도와 능력에 맞게 훈련할 수 있다.	1. 우수한 상사가 반드시 우수한 교사는 아니다. 2. 많은 구성원을 일시에 훈련할 수 없다. 3. 통일된 내용과 같은 수준의 훈련을 할 수 없다. 4. 원재료의 낭비를 초래한다. 5. 일과 훈련 모두 소홀히 할 가능성이 있다. 6. 전문적인 고도의 지식 기능을 가르칠 수 없다.
Off JT	1. 현장 직무와 관계없이 예정된 계획에 따라 실시할 수 있다. 2. 많은 사람을 동시에 교육할 수 있다. 3. 전문적인 지도자가 실시한다. 4. 업무부담에서 벗어나 훈련에 전념하므로 훈련효과가 높다.	1. 교육훈련결과를 현장에 바로 활용키가 어렵다. 2. 작업시간이 감소한다. 3. 비용이 많이 든다.

제6절 호텔의 임금관리

1. 임금관리의 의의

1) 임금의 의의

일반적으로 임금(wage)이란 사용자의 입장에서 볼 때는 근로자가 제공하는 노동의 대가로 근로자에게 지급하는 보수(pay, fee)이며, 근로자의 입장에서 보면 생활의 원천이 되는 소득이 된다.

우리나라 근로기준법 제18조에 의하면, '임금이란 사용자가 근로의 대상으로 근로자에게 임금·봉급, 기타 여하한 명칭으로 지급되는 일체의 금품을 말한다' 라고 되어 있다. 이때 임금의 의미는 임금·

급료·수당·상여금 등도 포함하는 넓은 의미의 임금으로 경우에 따라 급료·급여·봉급·보수 등 여러 가지로 표현되어 왔다. 또 이들 용어는 일반적으로 ① 지급대상, ② 지급기간, ③ 지급방법을 기준으로 구별하여 사용되는 경향이 있다. 즉, 임금이라고 하면 육체적인 노동을 위주로 하는 육체근로자(blue-color worker)에게 지급되는 시간급 또는 일당제의 명칭으로 노동의 반대급부를 장기적으로 지급하는 것을 총칭한다. 이와 반대로 봉급·급여·급료하고 하면 정신근로자(white-color worker)를 대상으로 근로의 반대급부를 장기적으로 지급하는 주급·월급·연봉 등의 형태로서 이를 총칭하여 봉급이라고 한다. 그러나 임금과 봉급은 다같이 노동을 통해서 얻어지는 소득이라는 관점에서 구분하여 사용하지 않고 총칭하여 임금이라고 부른다.

2) 임금관리

임금은 종사원의 입장에서 본다면 노동의 대가로서 얻은 소득이어서 이것은 그들의 생활을 유지하는 수입의 원천이 되며 총지배인, 부장, 과장, 계장, 종사원 등 근로자의 사회적 신분을 규정하는 사회적 의미를 갖고 있다.

호텔의 입장에서 볼 때 임금은 비용이 되나, 보다 엄밀히 말한다면 이것은 호텔기업 활동의 결과로서 얻은 성과의 선급부분이라 할 수 있다. 따라서 근로자는 보다 많은 안정적인 임금지급을 요구하나, 사용자측은 호텔 종사원들이 호텔기업 목적의 달성을 위해 바친 노력과 능률에 대응하는 수준에서 지급하려 한다. 호텔 측에서는 임금이 호텔기업의 주요 코스트이기 때문에 가능한 한 저율의 임금인상을 하려 하고, 종사원 측에서는 이와는 반대로 임금이 주요 수입원이기 때문에 가급적 임금을 고율로 요구하게 되는 것이다. 이러한 임금이 가지는 양면적 기능 때문에 임금을 둘러싼 노사분규가 생기기 쉬우므로 이에 대한 관리는 호텔인사관리상 중요한 내용이 된다.

임금관리는 상반되는 이해관계를 조정하여 상호이익의 방향으로 임금제도를 형성함으로써 노사관계의 안정을 도모하고 이를 바탕으로 노사협력에 의한 조직의 생산성 증진과 종사원들의 생활향상을 달성하는데 목적이 있다.

따라서 임금관리는 임금의 다양한 기능을 충족시키는 방향으로 운영되어야 한다. 임금의 최저수준은 생계비를 보장하는 것이어야 하며, 단기적 관점보다 장기적 관점에서 임금수준의 꾸준한 향상을 통하여 구성원들의 기대를 충족시키는 동태적인 관리의 관점을 중요시하여야 한다.

2. 임금의 결정기준

일반적으로 호텔의 임금관리에 관한 문제는 임금의 전반적인 수준과 개인의 임금격차에 관한 내용으로 구분할 수 있다. 임금수준에 영향을 미치는 요소는 국민경제, 노동생산성, 정부의 임금정책, 기업의 지급능력 등이며, 임금격차에 영향을 미치는 요소는 근로자 개인의 학력, 능력, 연령, 자격, 가족수 등을 들 수 있다.

1) 임금수준관리

임금수준(wage level)의 관리는 임금격차의 관리이다. 임금수준이란 종사원 1인에게 지급되는 평균 높이를 말하는 것으로 임금베이스(wage base)라고도 한다. 임금수준은 기업에서 지급되는 임금총액을 종사원의 수로 나눈 것, 즉 1인당 평균 노무비를 말하는데 이는 조직 전체 임금의 상대적 수준을 나타내는 평균임금의 개념으로 쓰이기도 하고, 임금예산의 수준이란 뜻으로 쓰이기도 한다.

임금수준의 고저는 기업에 있어서 노무비 수준이 되는 동시에, 종사원 생활비의 높낮이가 되기 때문에 그 적정수준을 유지한다는 것이 그렇게 쉬운 일은 아니다. 그러나 임금수준의 적정선이 유지될 수 있을 때 호텔기업과 종사원은 둘 다 만족할 수 있기 때문에 임금수준을 결정할 때는 신중을 기하여야 한다.

[표 1-3] 통상임금과 평균임금

	통 상 임 금	평 균 임 금
정 의	근로자에게 정기적·일률적으로 소정 근로 또는 총근로에 대하여 지불하기로 정하여진 고정급, 시간급, 일급, 주급, 월급 금액	평균임금이란 이를 산정하여야 할 사유가 발생한 날 이전 3개월간에 그 근로자에 대하여 지급된 임금의 총액을 그 기간의 총일수로 나눈 금액
적 용	- 연장, 야간, 휴일 근로수당 - 해고 예고수당 - 최저임금 - 연차휴가의 대체수당 - 기타 법에 '유급'으로 표시되어 있는 경제적 보상	- 퇴직금 - 휴업수당 - 재해보상 (휴업보상, 장해보상, 유족보상, 장례비, 일시보상, 분할보상 등) ※ 제외되는 기간 및 임금 - 업무상 부상 또는 질병으로 휴업한 기간과 그 기간에 지급된 임금 - 사용자의 귀책사유로 인하여 휴업한 기간과 그 기간에 지급된 임금 - 수습사용중의 기간과 그 기간에 지급된 임금
산정방법	- 시간급, 일급, 주급, 월급	- 사유발생일 이전 3개월간의 임금총액/총일수

※ 임금총액 : 근로의 대상으로서 상용자가 근로자에게 지불하는 모든 것(현실적으로 지급된 임금뿐만 아니라 지급되어야 할 임금채권도 포함). 상여금은 산정사유발생일 이전 12개월 중에 지불된 금액을 그 기간 동안의 월수로 분할 산정하여 계산

2) 임금수준의 결정 요인

일반적으로 임금수준의 결정요인으로는 ① 종사원의 표준생계비, ② 기업의 지급능력, ③ 사회일반의 임금수준, ④ 노동생산성 등을 들 수 있으며, 이외에도 기업의 외부환경요인과 내부환경요인에 의해서 영향을 받기도 한다.

(1) 표준생계비

임금은 종사원과 그 가족의 생계를 위한 기초 수단이며, 그것은 노동의 재생산을 위한 수단이기도 하다.

생계비(cost of living)는 근로자들의 생계를 유지하기에 필요한 임금의 하한선을 결정하는 데 도움을 준다. 표준생계비란 종사원의 생

계만을 보장할 수 있는 최저임금으로서의 생존임금이 아니라, 그들의 문화적인 생활을 보장할 수 있는 생활임금(living wage)을 뜻한다. 따라서 그것은 인플레이션시에 물가상승을 커버해 나갈 수 있는 실질임금인 것이지, 단순한 명목임금(nominal wage)은 아니다. 생계비를 측정하는 방법에는 실태생계비조사와 이론생계비조사가 있다.

(2) 기업의 지급능력

기업이 많은 임금을 종사원에게 지급할 수 있을 때, 종사원의 경제적 만족은 커질 것이다. 그러나 기업은 종사원에게 무한정으로 임금을 지급할 수는 없다. 호텔기업은 종사원들이 기업 내에서 실현하는 생산성을 통해서 얻을 수 있는 이익을 감안하여 종사원에게 임금을 지급하여야 하기 때문에 기업이 종사원에게 지급할 수 있는 임금의 최고수준은 종사원의 한계생산력과 그에게 지급하는 실질임금의 수준이 일치할 때이다. 다시 말해서 기업이 종사원에게 제공하는 유인이 종사원이 기업에 바치는 공헌과 같을 때에 한한다. 호텔기업은 그 자체의 존속을 위해서 약간의 이익, 즉 최저필요이윤 또는 적정이윤을 확보하여야 하기 때문이다. 임금이 이와 같이 기업의 지급능력에 준해서 지급될 때 그것은 임금수준의 최고액을 나타낸다.

(3) 사회일반의 임금수준

임금수준은 사회적 균형이 유지되도록 책정되어야 한다. 임금은 동종기업, 동종산업은 물론이고 이종산업간에 있어서까지도 동일노동에 대해서는 동일임금을 지급할 수 있도록 하여야 한다. 이러한 적정임금은 능력과 업적을 기초로 하되, 남녀별, 지역별, 직업별, 산업별, 규모별로 그 격차가 없는 것을 이상으로 한다.

(4) 노동생산성(labor productivity)

생산성(productivity)의 개념은 여러 의미로 쓰이지만, 대체적으로는 노동생산성을 뜻하는 것으로 이해되며, 임금수준을 높이기 위해서는 노동생산성을 높여야 한다. 따라서 노동생산성의 향상은 임금수준을 향상시키기 위한 기본요건이 된다. 노동생산성의 향상 없이 임금수준만을 높인다는 것은 불가능하므로 높은 임금수준을 유지하기 위해서는 종사원의 노동생산성을 제고시켜야 한다.

(5) 경쟁기업의 임금수준

호텔기업은 등급에 따라 임금수준도 서로 대등한 관계를 형성하게 되므로 동일 업종 기업의 임금수준은 한 기업의 임금수준을 결정하는데 실질적으로 영향을 준다.

(6) 사회·경제적 영향

임금은 사회적 생활양식으로부터 크게 영향을 받는다. 임금수준은 국민경제상황과도 깊은 관계가 있어 경제수준 및 경제성장률이 높을수록 임금수준은 일반적으로 높고, 경제가 침체되어 있으면 임금수준은 낮아진다. 또한 취업률과 노동시장 상황 역시 임금수준에 영향을 미치므로 노동시장의 수요공급사정을 알려면 임금조사(wage survey)를 할 필요가 있다.

(7) 정부의 규제

원칙적으로 임금은 노동의 수요·공급과 시장원리에 따라 노사간의 임금교섭을 통하여 정해지는 것이 순리이겠으나 정부가 임금의 가이드라인을 정하여 권고하는 등의 정책을 펼쳐왔고, 또한 정부의 최저임금법이나 임금조정법 등 임금과 관련된 각종 법규들이 임금수준의 결정에 영향을 준다. 이는 정부가 종사원들의 최소한의 생활을 보장하는 것은 사회문제를 해소하고 산업평화를 유지하기 위해서도 꼭 필요하며, 종사원들의 기본생활에 대한 안정을 도모하기 위하여 법률이나 노사간의 단체협약, 기타의 방법으로 임금지급의 최저수준을 정하고 있다.

이상의 요인 외에도 임금수준의 결정요인으로는 조직의 규모와 역사, 경영방침, 노동조합의 영향 등이 있다.

한편, 우리나라 호텔기업의 임금인상률 결정방식을 보면 호텔의 규모가 클수록 단체교섭에 의한 방식을 채택하는 비중이 현저히 증가하고 있는 반면, 규모가 적을수록 회사의 임금관리 방침에 의한 방식을 채택하는 경우가 많다. 또한 임금인상률 결정기준으로는 경영수지 상태 또는 기업의 인건비 지불 능력, 노사관계 안정 또는 노사의 임금합의, 타기업 임금인상률, 물가상승 또는 생계비 상승률이 대표적인 것으로 나타났다.

3) 우리나라 호텔기업 임금체계의 특징과 한계

우리나라 호텔기업의 전통적인 임금체계는 연공급을 그 기본으로 하고 있으며 연공급이 가지고 있는 임금관리상의 경직성으로 인해 환경변화에 대응하여 유연하게 인건비를 관리할 수 있는 가능성을 크게 제약하고 있으며 능력과 성과를 고려할 수 있는 여지 또한 매우 적다.

연공급에 기초한 임금체계는 인적자원의 서비스에 의존하는 호텔기업으로서는 과중한 인건비의 부담 때문에 유연한 관리를 제약하여 경쟁력을 저하시키고, 호텔 내의 보상관리에 있어 성과와 능력을 보상과 연결시키는데 실패함으로써 동기부여 기능을 상실하고 있다.

(1) 호텔기업 임금체계의 특징

① 임금체계는 크게 기본급과 다양한 수당, 그리고 상여금의 세 가지로 구분된다.

기본급은 직급과 근속연수에 따라 증가하는 호봉에 의해 결정되며, 상여금은 다시 기본급에 연동되어 비례적으로 결정되는 것이 관행이다.

② 전통적인 임금체계는 임금구성과 관련하여 기본급의 비중이 매우 낮고 제수당이나 상여금의 비중이 높다.

호텔기업들이 기본급의 비중을 낮게 책정하는 것은 퇴직금을 포함한 다른 모든 임금항목 산정의 기준이 되는 기본급의 비중을 낮춤으로써 인건비를 줄이려고 한데 그 원인이 있고, 정부의 임금 가이드라인을 회피하기 위해 다양한 수당 항목들을 신설하면서 제수당의 비중을 높여온 것이 사실이다.

③ 임금체계가 매우 복잡하다.

기본급이 낮은 대신 임금보전을 위해 도입된 수당이 보통 10여가지를 상회하고 있고, 상여금 역시 원래의 상여금의 기능을 상실한 채 고정급으로 운영되고 있다. 그 결과 종사원들은 자신의 임금이 어떤 기준과 항목을 통해 최종 결정되는지에 대해 이해하기 곤란하다.

이와 같은 문제를 해결하기 위하여 많은 호텔기업에서 영업 부서에 근무하는 종사원을 중심으로 직무급 또는 직능급체계로 전환하여 운영하고 있으나 아직도 연공급체계를 관리하고 있는 실정이다.

이처럼 한국호텔기업이 경직적인 임금체계를 가지게 된 데에는 여러 가지 원인이 있는데, ① 한국의 전통적 유교 가치관에 의한 위계질서를 강조하고 있고, ② 인력시장이 특급호텔과 일반호텔 및 외식산업으로 구분되어 특급호텔의 경우 노동조합의 강력한 임금인상 요구에 따른 고임금정책을 유지하였다. ③ 호텔기업 상호간에 동질성을 유지하려는 경향과 정부의 획일적인 노동경제정책들이 임금정책에 많은 영향을 줌에 따라 호텔기업들간에 인사제도나 임금제도가 차별화되기 힘들었다. 따라서 우리나라 호텔기업이 개인의 성과와 조직성과의 향상을 유도하기 위해서는 종사원의 능력·노력·성과 등을 반영한 공정한 보상이 이루어져야 하므로 임금체계에 대한 새로운 검토와 도입방안을 모색해야 한다.

(2) 호텔기업의 임금제도의 개선방향

① 연공에 의한 호봉제도의 폐지와 직무에 맞는 급여를 결정·운영하여야 한다. 이에 개인별 능력에 따른 임금결정을 신축성 있게 적용함으로써 종사원의 사기앙양을 제고시켜야 한다.

② 동일조건의 동일근로에 대하여 동일임금 지급제도를 도입하여 임금격차를 해소시킨다.

③ 승진 및 승급에 있어 연공에서 벗어나 능력과 성과를 중심으로

한 성과주의 보상체계로 전환하여야 한다.

문제점(연공형)

동기부여 기능의 상실
우수인력의 확보 및 유지 곤란
인건비의 지속적 상승

→

개선 방향

성과지향형 보상체계
합리적인 인건비
단순화된 임금형태

[그림 1-11] 임금체계의 문제점과 개선방향

④ 다양한 각종 수당을 기본급으로 통합 · 흡수하여야 한다. 임금인상은 수당의 신설 또는 증액보다는 기본급 제고의 조정방법으로 개선하여야 한다.

⑤ 상여금에 있어 일정률 또는 근속에 따른 차등 운영이 아닌 성과배분의 성격으로 전환 · 운영되어야 한다.

⑥ 대부분의 임금인상이 매년 부문별 · 직종별 동일인상률을 적용하고 있으나 차등 운영하여 직무의욕 고취와 동시에 서비스의 생산성을 제고시킨다.

제7절 호텔의 복리후생 및 안전관리

1. 복리후생관리의 본질

1) 복리후생의 의의

호텔기업에 있어서 복리후생(welfare service, employee benefit and service programs)이란 호텔이 종사원과 그의 가족의 생활수준을 증진시키기 위하여 제공하는 임금 이외의 간접적인 모든 급부를 총칭하는 것으로 간접보상에 속한다. 복리후생은 호텔측이 자체의 부담과 책임하에서 마련하는 급여로서 구성원의 노동력 재생산, 즉 노동력의 확보·유지·배양을 원활히 하기 위한 것일 뿐만 아니라 경영공동체 형성의 기반으로서도 필요하다.

복리후생을 증진하는 주체는 호텔측이 되는 것이 보통이지만, 실제의 관리운영을 반드시 호텔측이 담당할 필요는 없다. 현실적으로 호텔측과 종사원측이 공동관리를 하는 경우도 많으며, 종사원측의 자치적 운영에 일임하는 경우도 있다. 원래 호텔종사원에 대한 복리후생제도는 온정적 · 은혜적 의미에서 사용자의 자유의사에 의한 임의적 제도로서의 성격을 가진 것이었으나, 산업사회의 발전과 특히 노사관계의 변화로 말미암아 오늘날에 있어서는 국가의 입법에 의하여 강제되는 법정제도로서의 성격을 띠게 되었다.

복지후생이 종사원에 대한 생활보장적·은혜적 시책으로서의 성격을 지니고 있는 이상, 호텔이 임금 이외의 수단에 의하여 종사원의 노동력을 조달·유지·발전시켜 종사원이 가진 능력을 호텔에 대하여 최고로 발휘케 하여 생산성 향상을 도모하고, 호텔을 번영토록 하는 동시에 종사원의 경제적·문화적 생활향상과 심신건강의 유지 증진 등으로 종사원의 복지를 개선하는 것을 목적으로 한 시책의 총칭이라고 할 수 있다.

복리후생이 갖는 기본적인 목표는 직장에 대한 소속감과 애사심을 높여 경영공동체를 구축하며, 노동력의 재생산을 확보하고 노사관계를 개선하려는 데 있다. 복리후생제도가 갖는 보다 구체적인 목표는 다음과 같다.

① 직장이동의 감소(reduced turnover)
② 사기의 개선(improved morale)
③ 안정성의 제고(enhanced security)

2) 직접복리후생과 간접복리후생

복리후생은 그 대상이 개인인가 아니면 집단인가에 따라서 구분할 수도 있는데 직접복리후생은 종사원 개개인에게 지급되는 것이고, 간접복리후생은 종사원 집단에게 지급되는 것이다. 따라서 직접복리 후생은 종사원 개인에게 지급되므로 종사원 각자의 입장에서 볼 때 직접급여가 되며, 일반적으로 현금급여가 중심이 된다. 또한 간접복리후생은 종사원 공동에 지급되므로 각자의 입장에서 볼 때는 간접급여가 되며, 일반적으로 현물급여가 중심이 된다.

3) 복리후생프로그램과 카페테리아식 복리후생

(1) 복리후생프로그램 도입시 고려사항

복리후생에 관한 모든 제도는 호텔의 규모·입지·노조의 세력·동업종의 상황·부담능력·호텔의 목표와 정책 등 여러 가지 요인들에 따라 다음 사항을 고려하여 각자의 호텔기업에 적합한 복리후생제도를 설계해야 한다.

① 종사원의 욕구 파악
② 종사원의 참여
③ 적용범위와 기업 부담능력 고려

(2) 카페테리아식 복리후생

복리후생제도와 각종 시설은 종사원의 직종·욕구·계층에 관계없이 동일한 혜택을 제공하거나 이용하게 하는 것이 원칙이다. 그러나 현실적으로 종사원에 따라 각각 다른 복리후생시설을 필요로 하게 된다. 종사원과 저소득층은 직접 임금이나 교육비 보조를 선호할 것이며, 나이가 많은 사람들은 연금이나 건강보험 등을 선호할 것이다.

이렇게 다양한 종사원의 욕구구조를 충족시키기 위하여 기업의 복리후생시설과 제도 중에서 일정한 비용의 범위 내에서 자신이 원하는 것을 선택하게 하도록 하는 복리후생제도를 카페테리아식 복리후생(cafeteria-style pay plans)이라고 한다. 이 제도는 종사원 개인의 욕구나 선호를 보다 적절하게 충족시킬 수 있고 보상의 가치에 대한 인식과 만족감의 증대를 기대할 수 있는 장점이 있는 반면, 관리의 복잡성, 비용 증대 등의 단점으로 인해 중소기업에서는 실시하기가 곤란하다.

[표 1-12] 카페테리아식 복리후생프로그램 예

① 주택제공	② 여행경비	③ 보험
④ 교육비	⑤ 식당이용권	⑥ 주차장이용권
⑦ 보육시설	⑧ 휴가·휴가비용	⑨ 세금부담
⑩ 주식매입권	⑪ 유동근무제	⑫ 휴양시설
⑬ 체육 · 휴양시설	⑭ 구내매점	⑮ 도서실

제8절 호텔의 인간관계관리

1. 인간관계관리의 의의

호텔기업에서의 종사원의 인간관계는 매우 중요하다. 호텔의 서비스는 복합적인 서비스이기 때문에 부서내의 팀워크는 물론이고 현관·객실·식당·주장 등 모든 부서의 종사원의 협동이 이루어져야만 좋은 서비스가 가능하다.

호텔내에서의 인간관계가 잘 되지 않으면 능률이 저하되고 대고객 서비스에도 나쁜 결과를 가져오게 되므로 직장내에서 누구에게서나 같이 일을 하고 싶다고 생각할 수 있는 사람이 되기 위한 노력이 필요하다.

따라서 조직내에 인간관계를 개선하고 종사원의 사기를 높이기 위한 노력이 요구되는데 현재 널리 사용되고 있는 대표적인 제도는 다음과 같다.

1) 사기조사

사기(morale)란 직장사기 또는 근로의욕이라고 통용되는데, 이것은 직장에 있어서 개인 또는 집단으로서의 심리적 태도를 말한다. 즉 개인을 중심으로 할 때는 '개개인의 욕구충족의 정도' 를 말하고, 집단을 중심으로 할 때는 '집단에 대한 일체감' 을 말하는 것이다. 사기조사(morale survey)란 이러한 사기를 종사원의 정신적 내지 내면적인 면에서 조사하는 것으로 직접적으로 호텔조직내의 여건에 대한 종사원의 태도(호의 · 비호의의 정도)를 조사하는 것이다.

종사원의 사기는 생산성·사고율·이직률 등에 크게 영향을 미치므로 사기조사를 통하여 종사원의 사기 또는 근로의욕을 저해하는 요인과 불평 · 불만의 원인, 나아가서는 조직의 불건전성의 원인이 밝혀지게 되고, 동시에 그 원인을 제거하기 위한 대책을 수립할 수 있는 기초자료를 얻게 된다.

사기조사의 목적은 감독자의 태도, 승진의 공정성, 책임수준의 타당성, 공정한 작업시간, 배치전환 및 복리후생시설에 대한 종사원의 만족도를 조사하는데 있다. 사기조사의 효과는 다음과 같다.

(1) 기업측의 효과

① 종사원의 근로의욕의 실태를 파악할 수 있다.
② 종사원들의 불평 · 불만과 그 원인의 파악이 가능하다.
③ 직장내에서 의사소통의 좋은 기회로 활용할 수 있으므로 인간관계의 개선에 도움이 된다.

(2) 종사원측의 효과

① 종사원의 평소 생각 및 의사표명의 기회가 있으므로 참가의식을 고취시킬 수 있고, 이로 인하여 노사간에 신뢰회복이 가능하게 된다.
② 불평 · 불만의 정서적 표출에 의하여 억압된 감정을 진정시킬 수 있으므로 정신건강에 도움이 된다.

2) 인사상담제도

인사상담제도(personnel counseling)란 종사원상담제도(employee coun-seling)라고도 부르는데 경영자가 조직내에 전문적인 상담자(counsellor)를 두어 종사원의 불평과 불만 · 희망사항 · 사적인 고민을 자유로이 상담할 수 있도록 함으로써 직장 내에서의 사기 및 근로의욕을 높이려는 것이다.

인사상담에는 완전한 지시를 하는 지시적 상담과, 전혀 지시가 없는 비지시적 상담, 그 중간 정도의 형태인 협조적 상담이 있으며 조직내에 상담전문가를 상설하여 운영하는 것이 바람직하다.

3) 제안제도

(1) 제안제도의 의의

제안제도(suggestion system)는 구성원으로 하여금 조직체의 운영이나 작업의 수행에 필요한 개선안을 제안토록 하고 심사하여 우수한 제안에 대해서는 적당한 보상을 하는 제도이다. 제안제도의 목적은 호텔내의 종사원으로부터 실질적인 개선안을 얻고자 하는 것도 있지만 종사원의 창의력을 발전시키고 그들의 근로의욕을 고양시키는 부차적인 목적도 있다.

(2) 제안제도의 효과(목적)

제안제도의 효과는 다음과 같다.

① 실질적 제안으로 인한 경제적 효율성이 향상된다.
② 근로의욕 향상 및 종사원의 상호이해를 돕는다.
③ 종사원간의 개선안을 상호 교환함으로써 인간관계의 향상이 가능하다.
④ 종사원의 창의력을 개발한다.

4) 고정처리제도

고정처리(grievance procedure)는 고충처리라고도 하는데, 고정이란 주로 종사원의 근로조건·단체협약의 실시 등에 있어서의 불평·불만을 의미한다. 따라서 고정처리제도는 종사원의 고충·불평·불만을 체계적으로 신속하게 해결하도록 하는 과정을 제도적으로 처리하는 것을 말한다. 호텔조직에서 발생하는 고정의 원인은 다음과 같다.

① 사용자의 정실, 불공평하거나 불이익한 대우
② 이유불명 또는 불공평한 해고와 좌천
③ 연공 또는 업적을 무시한 승급과 승진
④ 과중한 작업과 휴식·복리시설의 부족
⑤ 직무환경과 안전보건시설의 불량
⑥ 부당하거나 과도한 감독 및 자격미달 또는 인격부족의 감독자로 인한 불만
⑦ 종사원 고충제안에 대한 상위자의 압력
⑧ 여성종사자에 대한 차별 및 성희롱

고충은 그것이 잠재적이든, 현실적으로 나타나든 간에 호텔내에서 노사간의 관계상 어쩔 수 없이 존재하기 마련이다.

고정처리에 관한 사항은 사용자에 대하여 근로자측이 가지는 불평·불만이고, 이것을 그대로 방치해 두면 노동쟁의를 발생시킬 우려가 있을뿐더러 개인적·감정적인 고정이라고 할지라도 근로조건에 관한 것이라면 역시 노사간에 공통되는 문제라고 볼 수 있으므로 정식으로 고정처리를 하지 않으면 안 된다. 따라서 고정의 처리는 종사원의 불평·불만을 적절히 해결하도록 노력함으로써 노사관계의 안정을 도모하고 생산성을 향상함과 동시에 종사원에게는 구체적인 관심을 보임으로써 소외감을 극복하고 소속감을 고취시켜 주게 되므로 이에 고정처리의 의의가 있다.

제9절 호텔의 노사관계관리

1. 호텔노사관계관리

1) 호텔노사관계의 특성

호텔산업은 인적서비스의 의존도가 높은 산업이므로 노사관계에 따

라 서비스 질의 차이가 있을 수 있으며, 호텔 노사관계 형성에 기본적으로 영향을 미치고 있는 노사 관련 특성은 다음과 같다.

① 임금체계의 특성

호텔기업은 일반기업에서는 볼 수 없는 변동적 임금에 해당하는 봉사료가 있다. 호텔의 경우 기본급이 타산업에 비하여 상대적으로 낮은 편이지만 봉사료가 합쳐질 경우 임금의 수준은 높은 편이다. 그러나 봉사료는 상여금이나 퇴직금에 합산되지 않기 때문에 종사원의 불만이 많아 노사분규의 원인이 되고 있다.

② 높은 이직률

호텔 및 외식산업 종사원의 이직률은 타산업에 비해 더욱 높게 나타나고 있는데 이로 인한 노조의 단결력이 약하고 경영자들과 의사소통 결여로 노사관계의 안정성이 흔들리고 있다.

③ 노조에 대한 인식부족

노동조합의 임원과 종사원의 상당수가 노동조합의 의의와 목적을 올바로 인식하지 못하여 자신들의 권익보호를 위해 충분한 활동을 전개하지 못하고 있고, 경영자 역시 노동조합이 문제를 일으킨다는 판단 때문에 노동조합에 대한 올바른 이해가 부족하다. 또한 민주적인 노사관계의 발전을 의도적으로 억제 혹은 회피하려는 성향이 강하다.

이와 같이 우리나라 호텔산업에 있어서 노사관계관리가 전근대적인 요소들에서 탈피하여 노사는 적이 아니라 협조자라는 사고를 확고히 가져서 노사공동체의 실현을 달성하는 것이 무엇보다 중요하고, 상호신뢰의 바탕하에 서로의 입장을 이해하는 새로운 노사관계의 정립을 통해 종사원들의 직장만족을 유도하고 노사관계의 안정성을 유지하는 것이 중요하다.

2) 호텔노사관계의 개선 방향

① 공정한 보상체계의 확립

호텔산업은 관리체계, 보상체계, 종사원의 특성, 경영자 특성 중에서 보상체계가 노사화합의 정도에 가장 높은 영향을 미치는 것으로 밝혀졌기 때문에 공정한 보상체계의 확립이 요구된다. 특히, 임금체계에서 변동적 임금에 해당되는 봉사료의 기본급화가 요구되며 다양한 복지후생시설을 충분히 검토하여 실시하여야 한다.

② 종사원의 직장의식과 조직몰입

종사원들이 직장을 보람된 일터로 의식할 경우 호텔에 대한 긍지와 자부심을 갖게 되고 조직몰입의 향상을 초래할 수도 있다. 종사원이 호텔의 발전과 성장을 위해 자신의 희생을 감수할 수 있는 자세와 수용력이 향상되어 노사문제가 일어날 경우도 원만히 해결할 수 있게 되고, 호텔에 대한 일체감과 귀속의식이 생성되어 노사화합을 통한 노사관계의 안정성이 형성될 수 있다.

③ 경영체계의 합리화

호텔산업은 부서장의 권한과 책임 하에서 영업활동이 이루어지므로 부서장이 직무를 수행할 종사원 채용에 영향력을 행사할수록 가장 적절한 인재를 채용할 수 있다. 따라서 호텔의 경영방침 수립 및 시행에 있어 지배인 등의 하위 관리직에 대한 권한 및 참가의 기회를 확대할 때 경영방침에 대한 오해와 불신을 제거할 수 있기 때문에 노사화합의 정도가 높아질 수 있다.

④ 관리능력 향상

호텔기업의 경영자들은 종사원들에 대한 친근감, 관대함을 갖고 인간 중심적인 노사관계가 형성될 수 있도록 의사소통의 기회를 증대시키고, 종사원들의 능력배양에 높은 관심을 갖고 직무수행을 할 때 노사관계의 안정성은 이루어질 것이다.

제10절 호텔의 이직관리

1) 이직관리의 의의와 중요성

이직관리는 인적자원관리의 마지막 과정이다. 종사원은 언젠가는 조직을 이탈하게 되는데 조직을 떠난 종사원이 조직체에 대해서 호의적인 태도를 갖는가 또는 비호의적 태도를 갖는가는 중요한 의미를 갖는다.

이직은 자발적 이직(voluntary separation)과 비자발적 이직(involuntary separation)으로 구분할 수 있는데 자발적 이직은 회사에 대한 불만이 있다거나 보다 나은 직장을 찾아서 전직하는 경우 등 일반적으로 사직이라고 불리는 것이다. 비자발적 이직에는 해고(discharge), 일시해고(lay off), 정년퇴직(retirement) 등이 포함된다.

이직은 또한 회피가능 이직(avoidable separation)과 회피불가능 이직(unavoidable separation)으로 구분할 수 있는데, 회피 가능한 이직은 경영자의 노력에 의해서 이직을 최소화 할 수 있는 이직이며, 회피불가능 이직은 질병, 사망 등 불가피한 원인에 의한 이직을 말한다.

2) 이직의 원인과 관리

(1) 이직의 원인

호텔업계의 종사원 이직률이 타업계에 비하여 더 높다는 것은 대부분 알려진 사실이다. 종사원의 이직률을 줄임으로써 인건비를 줄일 수 있다는 것은 상식적인 일이지만 많은 호텔기업 경영자들이 수익의 증대를 위해 노력하면서도 정작 종사원의 이직에 대한 관리에는 소극적인 태도를 보이고 있다.

호텔 및 외식산업 종사원의 이직을 초래하는 요인은 매우 복합적이나 대표적인 원인은 다음과 같다.

첫째, 서비스 산업의 특성상 노동력의 육체적 투입강도가 높고, 둘째, 부서에 따라 야간근무 및 휴일근무가 많아 사회적 친교관계의 유지가 곤란하며, 셋째, 관리자의 인간관계 관리기술 부족 및 대인관계의 기능상실로 인한 개인적인 관계유지의 어려움이 많고, 넷째, 여성종사자의 증가에 따른 결혼·출산·육아 등과 관련된 개인적인 문제 등으로 인한 이직이 많다.

(2) 이직의 관리

조직내 이직은 긍정적인 면과 부정적인 측면이 있다. 종사원의 이직이 무조건 바람직하지 않은 것은 아니다. 조직내 과잉인원이 있을 때 이직에 의한 자연 감소가 가능하고 부적격자가 제거될 수 있다는 긍정적 효과가 있다.

그러나 이직으로 인한 모집비용의 증가, 신규 채용자에 대한 교육훈련비용의 증가, 숙련의 저하 및 유능한 종사원의 이탈로 인한 사회적 신뢰가 저하된다는 부정적인 측면 때문에 이직의 원인을 알고 이에 대한 적절한 대책의 수립이 필요한 것이다.

종사원의 잦은 이직은 호텔기업의 채용비용 및 교육훈련 비용을 증대시키고 이로 인한 업무의 비효율화를 초래할 수 있으므로 이직에 대한 다음과 같은 복합적인 대책을 검토하여야 한다.

첫째, 합리적인 경영방침과 인사방침을 수립하여 종사원에게 장래에 대한 기대를 갖도록 해야 한다.

둘째, 합리적인 고용제도의 도입으로 직무적성검사를 강화하고 면접시험을 과학화하여 부적격자의 채용을 최소화한다.

셋째, 근로조건을 적정화하여 복지후생시설 및 시책을 확충한다.

넷째, 봉사료 등과 같은 수당을 기본급화하여 임금불만의 원인을 제거하고, 직장내의 임금격차를 적절히 한다.

다섯째, 직무만족과 능력 발휘 기회를 제공함으로써 직장에 대한 유인을 강화한다.

여섯째, 관리자의 감독방식, 동료와의 인간관계, 고충처리제도, 자기 직업에 대한 사회적 위치 등과 관련된 사회적요인의 개선을 통해 직장생활에서의 행복을 찾을 수 있는 기회를 제공해야 한다.

이직에 대한 대책과 관리를 잘 함으로써 기대되는 효과는 다음과 같다.

① 기업 내의 고용의 안정화
② 종사원에게 심리적 안정감
③ 숙련 및 생산성 향상
④ 이직후 회사에 대한 좋은 이미지 형성

이직은 호텔기업의 생산성과 서비스 기술의 축적, 서비스품질 향상 등과 밀접한 관계를 갖는다. 이직의 방지 또는 감소는 특정한 제도·시책에 의해서 이루어지는 것은 아니지만 일상적인 고용관행, 임금체계, 조직 내 인간관계, 성과평가, 승진 및 승급 등 모든 제도가 복합적으로 작용되어 결과적으로 이직률을 높이기도 하고 낮추기도 한다. 따라서 호텔에서의 종사원 이직 방지를 위한 복합적인 대책이 필요하며, 호텔의 전사적인 차원에서 적극적인 검토가 이루어져야 할 것이다.

2장.

호텔마케팅

제1절 호텔마케팅의 기초

1. 고객만족과 가치창조

거의 모든 기업에서 마케팅은 고객과 관련된다. 고객을 이해하고 고객을 창조하고 고객과 상호소통하면서 고객에게 만족과 가치를 전달하는 일련의 일들이 가장 핵심적이고 중요한 현대적 의미의 마케팅 사고이며 또한 실제이다(*Kotler&Armstrong* 2001). 다양한 마케팅 정의 가운데 가장 간단한 정의의 하나는 마케팅은 이익으로 고객에게 만족을 전달하는 것이며 다른 하나는 개인이나 조직의 목표 또는 욕구를 만족시키는 것이다. 리츠칼튼호텔은 고객에게 진실로 '기억에 남는 경험(memorable experiences)'을 전달하는 것을 약속하고 있으며, 월마트는 세계에서 가장 큰 대형유통업체가 되기 위하여 '항상 싼 가격으로-언제나'를 고객에게 약속하고 있다. 페덱스는 미국의 소형 포장 택배업체로 우월적 지위를 유지하고 있음에도 항상 고객에게 가장 빠르게 배송하는 것을 약속하고 있다.

마케팅은 기업의 목적이 영리를 추구하거나 비영리에 두거나, 기업의 규모가 큰 대형기업이거나 소규모 자영업이거나, 기업의 사업 기반이 국내에 국한되거나 국제적 무대를 중심으로 하거나를 가리지 않고 모든 기업의 성공을 위해 중요하다. 영리를 추구하는 기업집단으로 세계적 기업인 메리엇호텔그룹(JW메리엇·리츠칼튼·르네상스), 힐튼인터내셔널, 롯데호텔, 호텔신라, 마이크 로소프트, 소니, 월마트, 삼성, 현대 등 모든 기업이 마케팅을 활용하고 있다. 하지만 비영리를 목적으로 운영되고 있는 나라, 국가기관, 정당, 학교, 병원, 박물관, 도서관, 종교단체, 공원 등도 마케팅을 활용하고 있다.

(a) 앞면

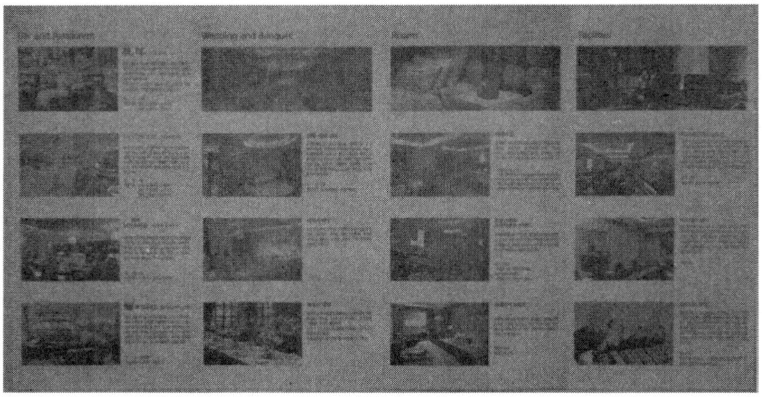

(b) 뒷면

[그림 2-1] 호텔안내

2. 마케팅 개념

마케팅은 개인이나 집단이 제품과 다른 여러 요소들이 포함된 가치를 교환하고 창조함으로서 그들의 욕구와 그들이 필요로 하는 것을 얻어내는 사회적이고 관리적인 과정이다(*Kotler & Armstrong* 2001). 또한 마케팅은 개인이나 조직의 목표를 만족시킬 수 있는 교환 창출을 통해 제품과 서비스, 아이디어의 분배, 촉진, 가격의 개념을 계획하고 실행하는 과정이다(*Solomon & Stuart* 1997). 즉 개인 또는 조직의 장기적 이익을 보장하기 위하여 그들의 욕구를 만족시키는 제품을 제공하고 고객의 욕구를 확인하는 기본적 사고가 마케팅의 개념이라 할 수 있다.

여기서 우리는 마케팅의 이해를 돕기 위해서 다음의 중요한 용어들 예컨대 욕구(need), 필요(want), 효익(benefit), 수요(demand), 제품과 서비스(product & service), 가치(value), 소비자(consumer), 고객(customer), 고객만족(customer satisfaction), 품질(quality), 교환(exchange), 거래(transaction), 관계(relationship), 시장(market), 효용(utility)을 이해할 필요가 있다.

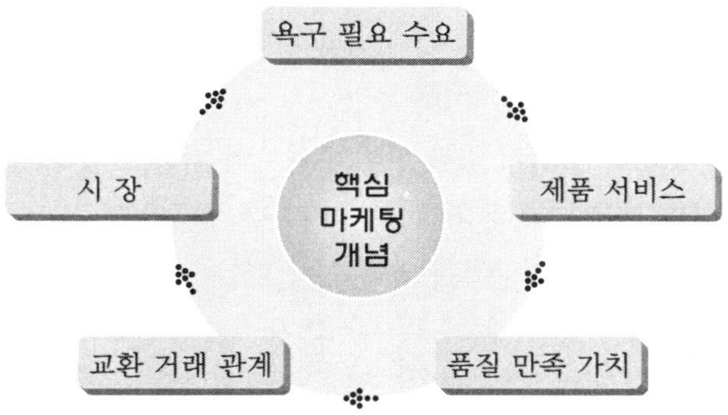

[그림 2-2] 핵심 마케팅개념

욕구(need)는 결핍을 느끼는 상태를 말하는데 어떤 이상적이거나 바람직한 상태와 실제상태 사이의 어떤 차이에서 나타난다. 인간은 자신이 느끼는 실제상태와 기대상태의 차이가 충분히 클 때 욕구를 만족시키기 위하여 어떤 행위를 취하려는 동기가 유발된다. 우리가 몹시 갈증이 나거나 배가 고플 때 갈증이나 고픈 배를 해결(만족)하기 위하여 물을 찾는 행동을 취하려 하거나 음식물을구하려는 행위를 취한다. 또한 내 자신의 머리 모양이 마음에 들지 않는다고 느낄 때 머리를 자르거나 다듬고 싶은 행동을 취하게 된다. 이렇게 욕구는 신체기능(어떤 먹는 행위와 관련)과 연결되기도 하고 정신기능(어떤 좋게 보이고 싶어하는 행위)과 관련되기도 한다. 그리고 어떤 제품은 인간의 다양한 다른 욕구를 동시에 만족시키기도 한다. 예컨대 유명한 호텔에 출입하거나 명품 버버리 코트를 구입하였다면 유명호텔과 명품코트에서 얻는 따뜻함과 같은 육체적 욕구를 충족시키는 한편 자기표현을 위한 개인적 욕구충족과 동시에 그 명품이 주는 유명세에 의하여 다른 사람들로부터 주목받게 되는 사회적 욕구 등도 동시에 만족시킬 수 있다.

필요(want)는 욕구를 실현시킬 수 있는 구체적 방법을 의미하는 것으로 문화적 사회적 영향을 의식하면서 특정한 방법으로 욕구를 만족시키려는 바램을 말한다. 인간은 개개인마다 서로 다른 성장배경과 학습경험 생활환경 등에 의한 자신만의 독특한 행동양식에 따라 다른 어떤 방법으로 욕구를 만족시키려 한다. 예컨대, 같은 형제자매라도 배고픔을 느꼈을 때 그 배고픔을 해결하는 방법은 다르다. 형은 얼큰한 뚝배기로, 동생은 햄버거로, 언니는 냉면으로, 동생은 김밥으로 허기를 때우는 경우가 될 것이다. 이것은 나라마다 민족마다 종교마다 교육수준에 따라 직업에 따라 빈부의 격차에 따라 성별에 따라 연령에 따라 가치관에 따라 문화에 따라 저마다 욕구를 만족시키고자 하는 구체적 해결수단이 다름을 의미하는 것이다.

효익(benefit)은 특정 제품이나 서비스가 욕구나 필요를 만족시켰을 때 그 제품이나 서비스를 통해서 얻게 되는 부분을 말한다. 효익은 고객이 특정 제품이나 서비스를 구매 또는 소비하기 위하여 투자하는 각종 노력과 그 제품이나 서비스의 구매와 소비를 통해서 얻어지는 보상의 비에 따라 결정된다. 제품이나 서비스의 구매와 소비로부터 얻어지는 보상이 자신이 제품이나 서비스의 구매와 소비에 투자한 노력보다 같거나 크면 효익이 있는 것이고, 그 반대의 경우는 효익이 없는 것으로 손해를 입었다고 느낀다. 고객은 제품이나 서비스를 구매하는데 따른 소비시간과 도달거리 정신적 육체적 고통 그리고 제품이나 서비스의 실제지불가격 등을 종합하여 그 제품이나 서비스가 주는 보상과 비교하여 효익을 판단한다. 때문에 기업은 자사의 제품이나 서비스가 고객에게 어떤 효익을 제공할 수 있는가를 부단히 연구하고 개발하려고 노력한다. 예컨대 자사의 제품이나 서비스가 기능적인 측면(이를테면 호텔은 이용 고객의 신변을 안전하게 보호해주고 생활에 쾌적한 환경을 제공)과 경험적인 측면(이를테면 호텔은 이용 고객의 품격을 높여주고 항상 신선한 상품으로 세심한 배려)에서 경쟁사보다 우수하다고 고객이 느낄 수 있어야 한다.

수요(demand)는 고객이 얻고자 하는 자원과 일치하는 제품이나 서비스에 대한 고객의 바램으로 고객이 자신의 필요를 만족시키는 자원이나 자신이 원하는 것과 연결되는 구매력의 결과를 의미한다. 즉 구매력이 있는 고객이 자신이 원하는 제품이나 서비스 대하여 구매를 희망하는 것을 말한다. 연휴나 방학기간을 이용하여 외국여행을 가고 싶어하는 사람들, 봄과 가을 신혼여행을 준비하는 사람들, 그리고 초·중·고등학교의 학기 중학생들의 수련회를 가고 싶어하는 학생들은 모두 특정기간 특정장소의 여행상품을 구매를 원하는 사람들이다. 한편, 호텔의 경우 계절 요일 특별행사 국제대회 등에 따라 호텔상품을 구매하고자 하는 고객들이 있다. 이처럼 특정 제품이나 서비스에 대하여 구매하기를 원하는 고객을 수요라고 한다.

제품(product)은 고객의 욕구와 필요를 만족시킬 수 있는 소비 사용 획득 관심 등에 대하여 시장에 제공될 수 있는 어떤 것을 의미하는 것으로 그것은 물질적 대상(physical objects), 경험(experience), 용역(service), 사람(people), 장소(place), 조직(organization), 정보(information), 아이디어(idea) 등을 포괄한다. 제품의 개념은 욕구를 만족시킬 수 있는 가능성을 가진 모든 것으로 그 물질적 대상의 범주가 무한하며, 또한 형체가 없는 무형의 상품(서비스)까지 포함한다. 때문에 제품은 고객의 욕구와 필요를 만족하는 교환과정에서 제공되는 사람, 장소, 생각, 상품, 서비스를 의미한다.

서비스(service)는 한 당사자가 다른 사람에게 제공할 수 있는 효익이나 어떤 행위로 본질적으로 무형이며 어떤 것에 대한 소유의 결과가 되지 않는다. 서비스는 무형성 소멸성 동시성 변화성 등을 특성으로 하며 제품처럼 판매되는 상품과 같다. 때문에 고객이 서비스를 구매하고 소비하기 위해서는 대가(화폐)를 지불해야 한다. 하지만 고객은 제품의 구매와 달리 서비스의 구매를 통해서 가질 수 있는 유일한 것은 경험뿐이다. 왜냐하면, 서비스는 가질 수도 만질 수도 잡을 수도 없기 때문이다. 이렇게 서비스를 상품으로 판매하는 대표적 기업은 이동통신, 방송, 언론, 호텔, 리조트, 여행사, 은행, 보험, 증권, 항공사, 차량정비소, 세무사, 회계사, 변호사, 택시 등이다. 예컨대, 고객이 여행사를 통해 여행을 하는 동안에 호텔에서 잠을 자고 식당에서 음식을 먹고 교통수단을 이용한다. 여기서 여행사 호텔 식당 교통수단은 고객이 그 서비스를 이용하기 위하여 대가를 지불하는 곳이다.

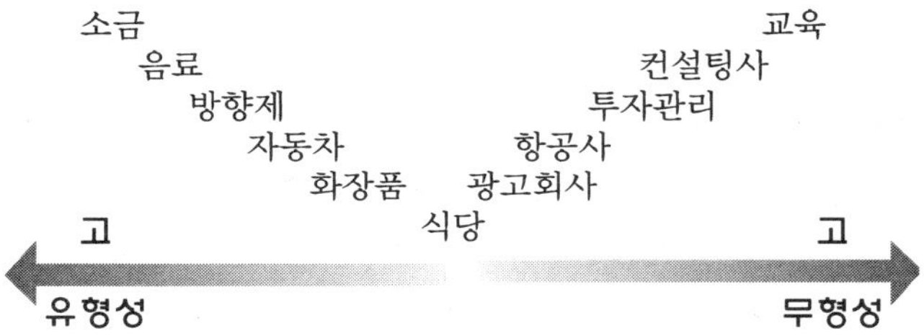

[그림 2-3] 제품과 서비스

가치(value)는 제품이나 서비스를 얻기 위해 투자한 비용과 제품이나 서비스의 사용과 소유로부터 얻어지는 가치의 차이에 의하여 결정된다. 예컨대, 리츠칼튼호텔을 이용하는 고객은 다양한 효익을 얻게 되는데 호텔이 제공하는 정중하고 빠른 서비스와 서비스이용관련 신뢰성이 가장 큰 비중을 차지한다. 가치는 다양한 제품과 서비스가 제공하는 가치에 대한 자신의 지각을 기준으로 구매선택을 결정한다. 고객은 종종 제품의 가치와 비용을 정확하게 또는 객관적으로 판단하지 못한다.

소비자(consumer)는 제품이나 서비스를 구매하는 궁극적 사용자를 말한다. 따라서 소비자는 서로 매우 다른 욕구를 가진 개인이거나 조직이거나 기업이거나 정부이거나 종교단체이거나 학교 등이 될 수 있다.

고객(customer)은 마케팅교환과정에서 가치 있는 제품이나 서비스를 제공받는 어떤 사람이나 조직을 말하며 이들은 제품이나 서비스의 실제 사용자일수도 그렇지 않을 수도 있다.

고객만족(customer satisfaction)은 구매자의 기대에 부응하는 제품이나 서비스의 지각된 성능을 말한다. 제품이나 서비스의 성능이 구매자의 기대에 미치지 못하면 불만족하게 되고 제품이나 서비스의 성능이 구매자의 기대에 부응하거나 초과하게 되면 만족하거나 기뻐하게 된다. 여기서 고객기대는 과거의 서비스 이용경험, 서비스 이용경험에 대한 친지들의 의견, 서비스기업이나 경쟁자가 제공하는 정보나 약속 등에 의해서 형성된다. 성공한 기업들의 경우 기업이 고객에게 제공하기로 약속한 것 이상을 고객에게 전달함으로서 고객을 기쁘게 한 결과이다. 고객지향 서비스기업의 경우 고객만족을 최대화시키지 않으면서 경쟁자보다 상대적으로 높은 고객만족을 전달하는 방법을 찾고 있다.

품질(quality)은 제품이나 서비스의 성과에 직접적으로 영향을 미친다. 때문에 품질은 고객만족과 고객가치와 밀접하게 관련된다. 품질은 협의의 관점에서 제품이나 서비스가 원천적으로 하자(결점 또는 불량)가 없어야 함을 말하며, 품질관리 관점에서 고객의 욕구를 만족시키는 능력이 있는 그 제품이나 서비스가 가지고 있는 전반적 특성을 의미한다. 품질은 제품이나 서비스가 가지고 있는 본질적 성능이기 때문에 그 제품이나 서비스의 성능이 구매자의 기대에 미치지 못하면 품질이 열악한 경우에 해당하고 제품이나 서비스의 성능이 구매자의 기대에 부응하거나 초과하게 되면 품질이 우수한 것이다.

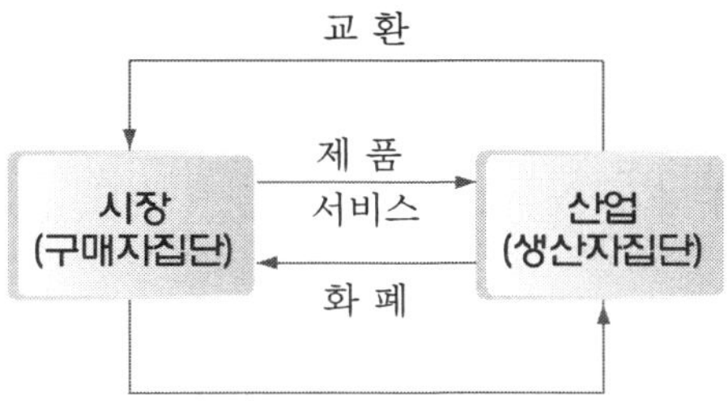

[그림 2-4] 교 환

교환(exchange)은 판매자와 구매자 사이에 발생하는 가치와 관련된 이전과정으로 자신이 줄 수 있는 어떤 것을 제공하고서 누군가로부터 자신에게 필요한 대상을 얻기 위한 행위를 의미한다. 교환은 사람이 자신에게 필요한 대상을 얻을 수 있는 많은 방법들 가운데 단지 하나만이 존재한다. 예컨대 배고픈 사람은 사냥 낚시 과일채집을 통해서 자신에게 필요한 음식을 직접 얻을 수 있고, 구걸행위를 통해서 또는 다른 누군가로부터 음식을 얻을 수 있다. 또는 배고픈 사람은 음식을 얻기 위해 돈을 지불하기도하고 다른 상품을 대신 내놓기도 하고 서비스를 대신 제공하기도 한다. 교환의 가정은 다음의 조건이 충족되어야 한다. 교환은 판매자와 구매자가 있어야 하고, 그 대상이 서로에게 필요한 가치 있는 것이어야 하고, 상호간 제안과 수용에 제한이 없어야 한다.

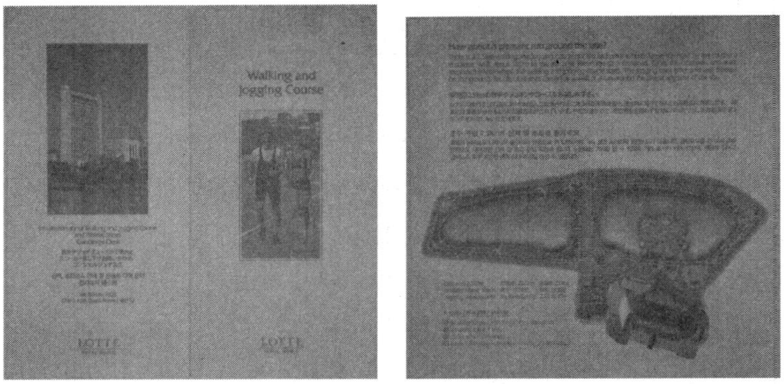

[그림 2-5] 홍보 브로셔 – 앞면/뒷면

거래(transaction)는 두 당사자 사이의 가치의 매매 또는 거래로 구성되는데 한쪽이 다른 한쪽에 x를 주고 대신해 y를 갖는 경우를 말한다. 거래는 장소의 일치 시간의 일치 등 적어도 두개 이상의 가치 있는 조건을 만족하는 두 당사자 사이의 교환을 의미한다.

관계(relationship)는 두 당사자 사이의 교환의 회수에 의해 형성되는 세기를 의미한다. 두 당사자 사이의 만남의 회수가 작거나 그 교환의 세기가 작으면 관계의 끈이 짧거나 약한 경우에 해당하며 그 반대의 경우라면 관계의 끈이 길고 관계의 강도가 큰 경우에 해당한다.

때문에 기업은 고객과의 관계를 돈독하고 끈끈하게 형성하여 자사가 생산한 제품이나 서비스에 대한 충성도를 높여 안정적인 판매기반을 구축하기 위하여 노력하는 것이다.

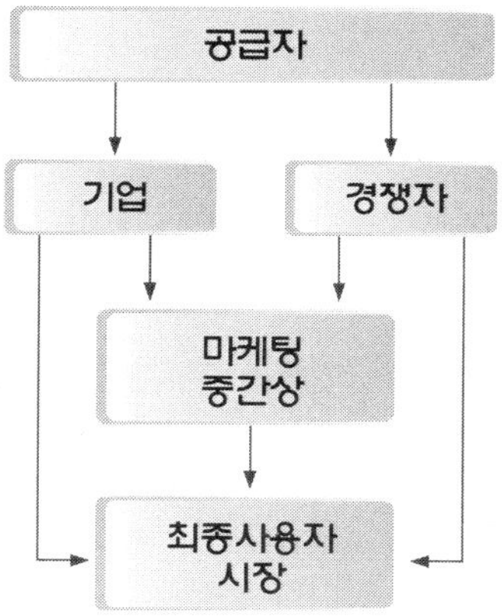

[그림 2-6] 기업과 시장의 마케팅시스템

(a) 앞면

(b) 뒷면

[그림 2-7] 호텔 웨딩안내

시장(market)은 제품이나 서비스에 대한 모든 실제적이고 잠재적인 구매자 집합으로 특정 제품이나 서비스를 통해서 만족할 수 있는 공통의 욕구를 공유하는 모든 고객과 잠재적 고객들이 교환의 대상이 되는 자원을 가지고 있으며 기꺼이 교환에 참여하고자 하며 또한 교환을 위한 권한을 가지고 있는 것을 의미한다. 특정 욕구나 필요를 공유하는 구매자들은 교환과 관계를 통해서 만족을 추구한다. 때문에 시장의 크기는 표출된 욕구를 가진 사람들의 수가 얼마나 큰가에 달려있다. 기업이 판매자들의 집합이라면 시장은 구매자들의 집합이라고 할 수 있는데 기업은 시장에 제품과 서비스를 공급하고 시장은 기업에게 제품이나 서비스의 구매에 따른 대가(화폐)를 지불하고 또한 정보를 제공한다.

효용(utility)은 사용자의 욕구와 필요에 부응하는 제품이나 서비스로부터 사용자가 받는 유용성 가치 만족을 말한다. 효용은 형태, 장소, 시간 그리고 소유 등 네 가지의 기본적 유형이 있는데 여기서 생산 활동은 형태의 효용을 만들어 내고 마케팅활동은 장소 시간 소유의 효용을 창출한다. 예컨대 형태의 효용은 고객의 욕구와 필요에 부응하는 제품이나 서비스를 구체적 형태로 만들어 내는 것이고, 장소의 효용은 고객의 욕구와 필요에 부응하는 제품이나 서비스를 어디서 구매할 수 있는가와 관련되며, 시간의 효용은 고객의 욕구와 필요에 관련되는 제품이나 서비스를 필요한 시점에 적절하게 구매할 수 있는가와 연결되며, 소유의 효용은 고객의 욕구와 필요와 일치하는 제품이나 서비스를 거래를 통하여 합법적으로 구매 소유할 수 있는가와 관련된다.

3. 마케팅 개념의 발전과정

마케팅의 개념은 많은 발전과정을 거치면서 형성되었다. 교환활동이 발생하는 곳을 시장이라 하며 이 시장지향성 정도에 따라 마케팅 개념의 발전과정을 생산지향, 제품지향, 판매지향, 고객지향, 사회지향으로 구분할 수 있다.

[그림 2-8] 마케팅개념 발전과정

1) 생산지향

생산지향은 고객이 주어진 제품들 중에서 가격이 싼 제품을 선호한다고 보는 관점이다. 생산지향은 제품이나 서비스에 대한 수요가 공급을 초과하는 상황에서 주로 발생한다. 고객은 가격이 싼 제품이나 서비스를 선호하며 이용 폭이 넓다고 가정하기 때문에 기업은 생산을 증가시킬 수 있는 방법을 찾는데 주력하고 제품생산의 효율성을 높이며 유통망을 확장하는데 주력하는 생산지향적 전략을 취한다.

2) 제품지향

제품지향은 고객이 가장 우수한 품질이나 효용을 제공해주는 제품을 선호한다는 관점이다. 고객이 기본적으로 품질과 성능이 우수한 제품을 외면하지 않을 것이라고 가정하기 때문에 기업은 다른 어떤 제품보다 우수한 양질의 제품을 생산하고 지속적으로 품질을 개선하는데 노력을 기울이는 제품지향적 전략을 취한다.

3) 판매지향

판매지향은 고객이 경쟁사 제품보다 자사제품을 보다 많이 구매할 수 있도록 이용 가능한 모든 판매활동과 촉진도구를 활용해 설득해야 한다고 보는 관점이다. 고객은 기본적으로 제품에 대한 존재를 알지 못하며 알고 있다고 하더라도 구매하지 않을 수도 있다고 가정하기 때문에 기업은 적극적 판매와 고객촉진에 전사적 노력을 기울이는 판매지향적 전략을 취한다.

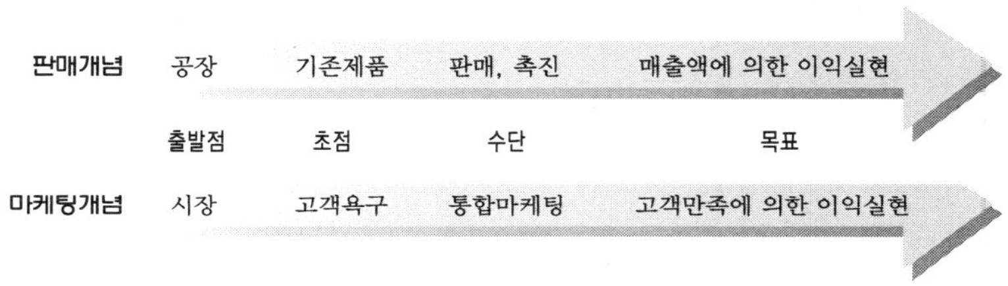

[그림 2-9] 판매개념과 마케팅개념의 비교

4) 고객지향

고객지향은 현대적 의미의 마케팅개념이라고도 하며 기업의 성패는 시장을 형성하는 고객의 욕구를 파악하고 이들에게 만족을 전달해주는 활동을 경쟁자보다 얼마나 효율적으로 수행할 수 있느냐에 달려있다고 보는 관점이다. 고객은 기본적으로 자신의 욕구와 필요에 부응하는 제품이나 서비스를 구하려 하기 때문에 이들의 기대에 부응하는 경쟁자보다 우수한 품질의 제품이나 서비스를 통해 고객만족과 고객가치를 창출할 수 있을 때 비로소 고객이 자사의 제품이나 서비스를 구매할 것이라고 가정하기 때문에 기업은 고객이 없이는 생존할 수 없다고 생각하며 고객만족경영에 전사적 노력을 기울이는 고객지향적 전략을 취한다.

5) 사회지향

사회지향은 기업의 성패가 기존의 고객지향을 한 차원 뛰어넘는 사회적 공감대까지도 형성할 수 있어야 한다고 보는 관점이다. 기업을 둘러싸고 있는 정치·경제·사회·문화환경은 급속도로 변화하고 있으며 기업의 세계화가 급속도로 확산되면서 자원고갈, 자연파괴, 환경오염, 교통문제, 고객피해 등이 기업에 의해 발생하는 문제라는 고객의 인식이 확산되고 있다고 가정하기 때문에 기업은 고객과 사회전체의 이익과 복지를 고려한 다하는 기업의 마케팅활동에 따른 의사결정시 기업윤리와 사회적 책임을 중시하고 사회의 공통 관심사를 함께 고려하는데 전사적 노력을 기울이는 사회지향적 전략을 취한다.

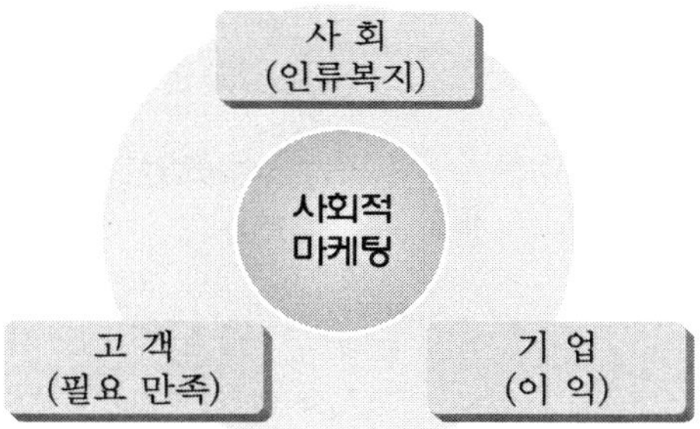

[그림 2-10] 사회적 마케팅 개념

4. 호텔서비스특성과 마케팅

호텔서비스 제공자는 서비스의 네 가지 특성을 이해하고 적절한 마케팅 전략과 계획을 수립하고 실천할 수 있는 능력이 있어야 한다. 호텔서비스의 네 가지 특성은 무형성, 동시성, 변화성, 소멸성 등이다.

1) 무형성

호텔서비스는 유형의 제품과 달리 고객이 객실, 식당, 연회, 바, 피트니스센타 등의 서비스를 구매하고 소비하기 이전까지는 볼 수 있거나 느낄 수 있거나 들을 수 있거나 만질 수 있거나 냄새를 맡을 수

조차 없는 형태가 없이 존재하는 무형의 특성을 지닌다. 때문에 고객들은 자신의 과거 호텔을 이용한 경험과 친지들의 경험담 또는 자신이 가지고 있는 관련 정보 등을 취합하여 막연하게 호텔서비스에 대한 생각을 할 수밖에 없다. 예컨대, 항공기에 탑승하기 이전까지 승객들은 누구도 자신이 들고 있는 항공권과 자신의 목적지까지 안전하게 갈 수 있을 것이라는 생각이외에는 아무 것도 알고 있지 못하는 것과 같다. 하지만 유형의 제품 삼성 휴대폰의 경우 아름다운 디자인과 색깔 모양 등 형체가 있기 때문에 보고 만지고 듣고 소유할 수가 있다.

따라서 호텔서비스 제공자는 고객의 기대와 그들이 이용하기 전에 느끼는 불안감 또는 고객위험을 최소화시키고 고객가치를 높일 수 있는 마케팅노력을 전개하지 않으면 안 된다.

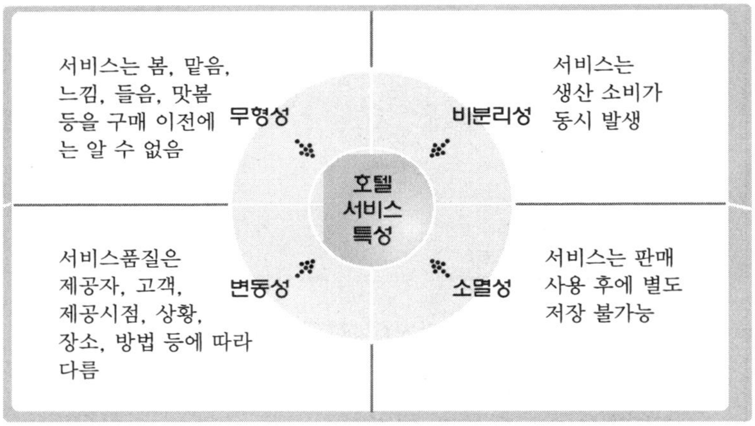

[그림 2-11] 호텔서비스의 특성

2) 동시성

호텔서비스는 대부분 서비스제공자와 고객이 거래가 이루어지는 장소에 함께 있다. 호텔서비스는 유형의 제품과 달리 이용 고객의 주문에 의하여 생산과 판매 및 소비가 동시에 이루어지기 때문에 생산과 소비가 분리되지 못하는 특성을 갖는다. 호텔서비스를 이용하기 원하는 고객이 호텔을 찾아와 주문을 해야만 생산이 개시되고 판매가 이루어지기 때문이다. 때문에 고객은 서비스의 생산과정에 참여하게 되고 판매되는 서비스상품의 부분이 된다.

고객접점의 접객종사원은 상품으로 판매되는 서비스의 부분이 된다. 식당에서 판매되는 음식은 눈에 드러나 보이지만 음식을 제공하는 접객종사원의 불량한 자세와 무례함은 전반적으로 그 식당과 음식에 대한 평가가 나쁠 수밖에 없으며 그 식당과 음식에 대하여 만족하지 않을 것이며 특별한 경우가 없는 한 그 식당을 다시 이용하는 일은 없을 것이다. 음식을 먹기 위해 식당을 찾은 고객 또한 상품으로 구매하는 서비스의 부분이 된다. 고객 자신의 복장이나 태도와 말씨 그리고 소란 등은 조용하고 아늑한 식당 분위기를 망칠 수 있으며 다른 고객의 자세나 태도 또한 식당의 품격을 결정하는 중요한 요소가 된다. 하지만 유형의 제품은 고객의 주문과 관계없이 별도의 장소 별도의 공장에서 생산이 이루어지고 별도의 장소에서 판매가 이루어진다.

따라서 호텔서비스 제공자는 고객의 서비스 생산과정의 참여성과 그 정도를 면밀히 검토 파악하고 고객의 기대를 이해하며 그들의 만족과 가치를 극대화시킬 수 있는 마케팅전략을 개발하지 않으면 안 된다.

3) 변화성

호텔서비스는 유형의 제품과는 달리 매우 높은 변화성을 가지고 있다. 호텔이 제공하는 서비스품질은 제공자에 따라, 고객에 따라, 제공상황에 따라, 제공시점에 따라, 제공장소에 따라, 제공방법에 따라, 제공요소에 따라 가변하는 특성을 지닌다. 호텔서비스는 생산과 소비가 동시에 이루어지기 때문에 서비스품질을 통제 또는 조정하기 어렵고 소비 또는 수요가 몰리는 성수기 또는 러시아워에는 서비스의 질적 일관성을 유지하기 어려우며 또한 고객과 접객종사원의 접촉빈도가 매우 높은 상황에서의 서비스품질과 일관성은 접객종사원의 자질과 능력에 의하여 결정되기 때문이다. 하지만 유형의 제품 모나미 볼펜의 경우 항상 균일한 품질을 유지한다.

따라서 호텔서비스 제공자는 고객에게 제공되는 서비스의 변화가능성을 인식하고 일관성을 유지하는 고품질서비스를 통한 고객만족과 가치를 극대화시킬 수 있는 마케팅전략을 부단히 개발하려는 노력을 기울여야 한다.

4) 소멸성

호텔서비스는 유형의 제품과 달리 저장이 불가능한 특성을 갖는다. 100개의 객실을 보유한 호텔이 당일 60방을 판매하였을 경우 40방은 판매되지 못하고 빈방으로 남아있게 된다. 이때 판매되지 못한 40개의 빈방을 다음날 다시 판매하기 위하여 저장할 수 없다. 저장이 가능하다면 40방을 판매하지 못하고 남겨 두었음으로 호텔이 보유한 100개의 객실과 합하면 140방이 되어야 할 것이지만 다음날 판매할 수 있는 객실은 실제로 총100방 밖에 존재하지 않는다. 하지만 유형의 제품 맥주 20병의 예를 든다면 오늘 10병을 판매하였다면 10병이 남았고 다음날 10병이 그대로 존재함으로 다시 판매할 수 있다.

따라서 호텔서비스 제공자는 고객에게 제공되는 서비스의 소멸성을 이해하고 고객만족과 가치를 극대화시키면서 가동률을 높일 수 있는 마케팅전략을 개발하여야 한다.

5. 호텔마케팅의 중요성

기업경영과 함께 사회전반에 걸쳐 마케팅의 중요성은 지대하다. 전 세계적으로 매년 수십조 달러에 이르는 제품과 서비스가 생산 판매되는데 상당부분이 상품개발 포장 유통 광과 인적판매 등의 마케팅 비용으로 쓰여지고 있다. 기업의 입장에서 보면 마케팅의 역할이 어떻게 효율적으로 수행해 내느냐에 따라 시장에서의 성패가 좌우된다.

마케팅은 사람들의 생활과 사고방식에 큰 영향을 미친다. 마케팅은 종종 물질만능주의를 조장하기도하고 유행이나 상품의 진부화를 고의로 촉진시키기도 하고 상품의 부가적 차별화를 통해 자원의 낭비를 초래한다는 비판을 받기도 한다. 그러나 마케팅은 기본적으로 고객의 욕구를 반영하여 제품이나 서비스를 만들고 그들이 지불할 수 있는 가격에 상품을 제공하려고 노력한다. 또한 마케팅은 고객의 삶의 질을 향상시키는 역할을 수행한다. 기업의 마케팅 담당자들은 이동전화나 자동입출금 서비스 등의 새로운 제품이나 서비스를 고객들이 받아 들여 생활의 질을 높일 수 있도록 도와주기도 하며 지나친 음주나 흡연에 대한 경고와 에너지절약과 관련된 메시지를 전달하는 공익성 캠페인을 벌이기도 한다.

[그림 2-12] 호텔 안내브로셔 - 앞면/뒷면

제2절 호텔마케팅환경

마케팅과 관련된 의사결정이 이루어지고 실행에 옮겨지는 현장인 호텔을 둘러싼 마케팅환경은 마케터가 마케팅계획을 수립하고 실행해 나가는데 매우 중요한 의미를 갖는다. 예컨대 자연환경보호에 대한 일반의 관심과 이와 관련된 법적 규제의 증가는 호텔이 수동적으로 추세에 순응하는 차원을 넘어 보다 적극적인 마케팅활동으로 이를 극복 선도해 나갈 것을 요구한다.

마케팅환경을 구성하는 요인들을 내·외적 환경요인의 두 가지 큰 범주로 나누어 보면 우선 내적 환경요인은 호텔과 마케팅담당자들에 의해 주도되면서 기업에 의해 통제될 수 있는 요인을 말한다. 호텔의 최고 경영층은 기업의 전반적인 정책을 제시하며 마케팅담당자들이 관련 의사결정을 내림에 있어 지침 제시역할을 한다. 마케팅담당자들은 이 같은 지침에 따라 구체적 마케팅계획을 수립한다. 한편 외적 환경요인은 호텔이 통제할 수 없는 환경요인들을 말하는데 이것은 법률적, 정치적, 경제적, 기술적 요인 등이 여기에 해당된다.

1. 내적 환경요인

내적 환경요인은 호텔과 마케팅담당자들에 의해 주도되면 기업이 통제할 수 있는 요인들을 말한다. 내적 환경요인들의 일부는 최고경영층이 통제하며 기업 전반을 지배하는 정책적 의사결정들에 의해 좌우된다. 따라서 마케팅담당자들은 전반적인 호텔의 목표를 달성하기 위하여 마케팅계획을 수립하고 이를 실행하는 책임을 진다.

1) 최고경영자

최고경영자의 의사결정형태는 다양하지만 그 가운데서도 다음의 의사결정들이 마케터에게 결정적인 영향을 미치게 되는데 사업영역, 기업목표, 기업문화 등이 그것이다.

(1) 사업영역

기업이 생산하는 제품이나 서비스의 종류, 지역적 범위, 소유구조 형태, 구체적 사업분야 등을 포함하는 전반적 의사결정은 최고경영자의 의사결정의 범주에 해당한다.

(2) 기업목표

최고경영자에 의해 제시되는 기업목표는 측정가능성을 전제로 결정된다. 기업성과는 제시된 목표와 실적을 비교함으로서 평가된다. 여기에는 매출액, 시장점유율, 이윤 등이 주로 이용되며 최근에는 기업윤리와 사회적 마케팅을 통한 고객의 가치를 기업목표로 중시하는 경향이 나타나고 있다.

(3) 기업문화

최고경영자의 리더쉽과 의사결정은 기업문화 창출에 결정적인 역할로 작용한다. 기업문화는 조직구성원들이 공유하고 따르는 가치 규범 관행들을 말한다. 우리나라의 기업문화는 가풍중시주의, 집합주의, 명분주의, 인간중시주의, 위계질서중시주의 등이 복합적으로 작용하고 있다. 최고경영자의 의사결정에 의하여 형성된 기업문화는 마케팅 활동에 크게 영향을 미친다. 신제품개발의 경우 기업문화는 결정적으로 작용하게 되는데 그 기업문화가 고객중시와 효율성중시문화인가 아니면 위계질서중시와 전통중시인가에 따라 신제품의 아이디어창출과 설계 및 제품개발과정에 영향을 미치게 된다.

(4) 목표시장과 마케팅목표

목표시장은 기업이 마케팅프로그램을 통하여 만족시키고자 하는 특정 고객집단을 말한다. 목표시장을 선택함에 있어 마케팅책임자는 시장을 어떻게 세분시장으로 나누며 그 세분시장들 중에서 어느 시장을 목표시장으로 할 것인가를 결정한다. 목표시장이 결정되면 마케팅목표를 설정하게 된다. 마케팅목표는 기업목표보다 구체적 단위로 실행 가능한 목표를 설정한다.

(5) 마케팅믹스

목표시장과 관련된 마케팅목표를 달성하기 위해 제품·서비스 촉진 유통 가격 등의 구성요소들을 적절하게 결합하는 과정을 말한다. 마케팅믹스를 구성할 때는 반드시 목표시장의 욕구를 적절히 반영하고 구성요소들 사이의 조화를 이룰 수 있어야 한다. 또한 기업의 자원한계를 고려하면서 차별적 우위를 가질 수 있도록 구성해야 한다.

마케팅믹스는 목표시장에서 기업의 마케팅목표를 달성하기 위하여 기업이 활용하는 마케팅도구들의 집합을 말한다. 일반적으로 마케팅믹스는 4P's를 일컫는데 마케팅믹스와 관련된 의사결정은 다음과 같다.

① 제품 · 서비스

제품 서비스 구색 이미지 상표 포장 등의 개발과 관련된 의사결정을 말한다.

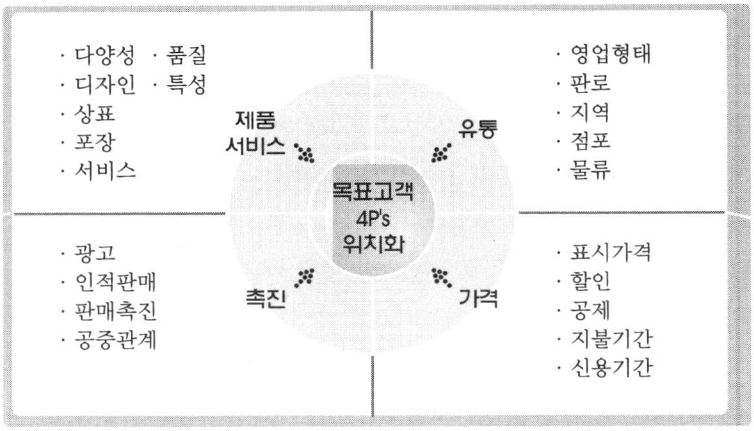

[그림 2-13] 마케팅믹스

② 가 격

제품이나 서비스의 가격의 수준과 범위 가격결정 판매조건 할인 등의 의사결정과 관련된다.

③ 유 통

제품이나 서비스의 유통경로를 설계하고 물류 및 재고관리 도 · 소매상의 관리를 위한 의사결정과 관련된다.

④ 촉 진

제품이나 서비스의 촉진활동을 설계하고 광고 인적판매 공중관계 판매촉진 캠페인 등을 통해 고객에게 자사의 제품이나 서비스를 알리는 기능과 관련된 의사결정을 한다.

2. 외적 환경요인

1) 고 객

기업은 자신의 주 표적시장을 자유롭게 선정할 수 있지만 선정된 목표고객들의 특성을 통제하기 어렵다. 기업은 고객들의 나이, 소득, 직업, 학력, 주거지, 국적, 인종, 언어 등의 고객특성에 대하여 적절히 대응하는 마케팅전략을 수행할 수 있지만 그들의 특성자체를 통제할 수 없다. 고객이 상품을 구매하기까지는 고객 자신이 속한 소속사회의 관습, 문화, 가치관, 가족관계, 친지, 사회지위, 종교 등을 고려하지 않을 수 없다.

때문에 기업은 고객의 마음에 드는 제품 및 서비스를 생산하고 판매하는 것을 목표로 해야 한다. 고객이 원하는 것이 무엇인지를 파악하고 고객이 아직 인식하지 못한 욕구는 어떤 것이 있는가를 알아내고 고객의 욕구에 부응하는 제품이나 서비스를 제공해야 한다. 기업이 효과적 마케팅전략을 수립하고 실행해 나가기 위해서는 무엇보다 고객 및 고객이 속한 집단에 대한 충분한 이해가 선행되어야 한다.

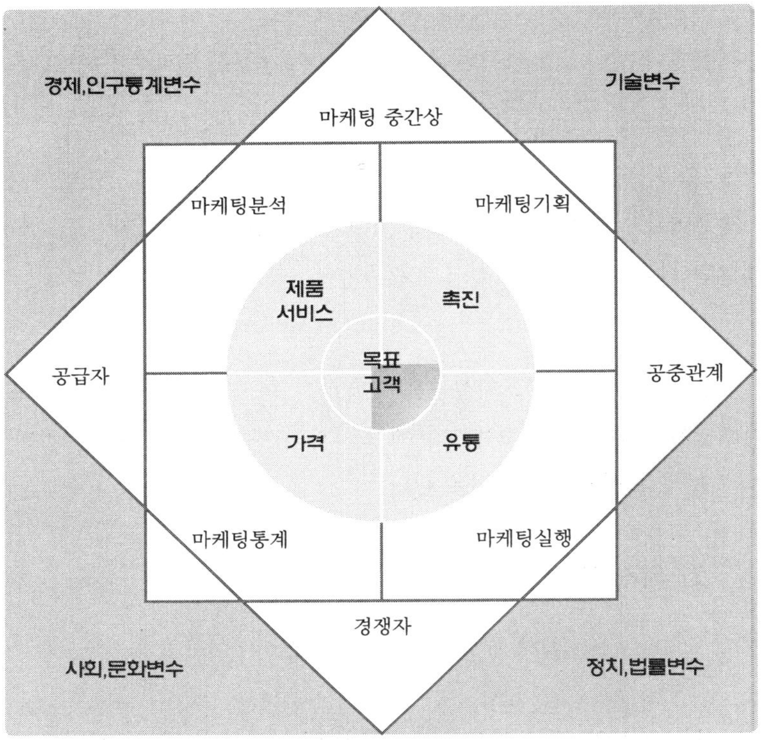

[그림 2-14] 마케팅과 환경

고객은 제품이나 서비스의 고유 특성에 따라 다양한 구매유형을 나타낸다. 일상적 소모성 상품의 구매와 가구, 자동차, 주택 등의 내구재 구매의 경우 또는 저가상품이나 고가상품의 구매 경우 등 제품이나 서비스의 특성에 따라 구매의 패턴이 다르게 나타난다. 일반적으로 고객들은 고가상품의 내구재 구매의 경우에는 비교적 신중하게 고려하여 구매를 결정하지만 저가상품의 일상용품인 경우에는 신속하며 덜 신중한 구매의사결정을 한다. 또한 최근에는 고객들의 권익보호단체가 적극적으로 고객권리주장활동을 전개함으로서 기업의 제품 및 서비스생산과 마케팅활동에 상당한 영향을 미치고 있다. 예컨대 계약조건의 고객우선 및 의무조항신설 약정위반에 따른 교환 환불 계약조건의 성실한 이행들이 그것이다.

때문에 기업은 제품 및 서비스의 특성에 대한 차별적인 마케팅활동을 전개해 나감과 동시에 고객간의 특성차이에 대한 인식을 제고

할 필요가 있다. 고객은 기업이 생산 판매하는 동일한 상품에 대해서도 자신의 특성차이에 따라 차별적인 구매활동을 한다는 사실이다.

2) 경쟁자

기업의 경쟁환경은 마케팅활동에 영향을 미치며 경쟁환경의 분석은 목표시장에 성공적으로 접근하기 위한 필수적 요건의 하나이다. 기업은 전반적 시장구조에 대한 이해와 함께 마케팅 전략차원에서 국내외경쟁자와 규모 유통 등 전반적 분석을 통해 적극적으로 대응해야 한다.

(1) 독 점

전체시장에서 한 기업만이 유일하게 특정 제품이나 서비스를 생산하고 판매하는 경우가 이에 해당한다. 독점상황에서 기업은 별다른 마케팅노력을 하지 않아도 높은 판매실적으로 올릴 수 있다. 어떤 기업이 기존 시장에 존재하지 않던 새로운 상품을 출시한 경우 또는 공공기관이 법적으로 독점적 위치를 보장받아 특정 제품이나 서비스를 대상으로 활동하는 경우가 그것이다. 독점시장은 기업의 입장에서 가장 이상적인 상황이라 할 수 있다. 그러나 시장이 크고 수익성이 높으면서 법적인 규제가 존재하지 않는다면 독점시장형태는 지속적으로 유지될 수 없으며 일정기간 이후 곧 경쟁자가 시장에 출현하기 때문이다.

(2) 과 점

특정 제품이나 서비스를 소수의 기업들만이 대부분의 시장을 점유하고 있는 경우가 여기에 해당한다. 과점하의 기업들은 규모가 상당히 크며 비가격경쟁이 이루어지는 것이 일반적이다. 경우에 따라 기업간 담합이 이루어져 후발시장진입업체를 견제 또는 억압한다. 때문에 후발시장진입업체의 경우 성공을 위한 투자비용이 과다하게 지출되어 시장진출에 부담으로 작용할 수 있다.

(3) 독점적 경쟁

시장에서 특정 제품이나 서비스를 대상으로 많은 기업들이 차별적 마케팅믹스를 가지고 경쟁하고 있는 상태를 말하며 가장 일반적 경쟁 형태이다. 차별적 마케팅믹스는 가격관련 또는 비가격관련 요인이 될 수 있다. 이러한 경쟁환경에서는 동일한 제품 또는 서비스 시장 안에서 기업의 마케팅믹스에 따라 시장이 여러 개로 쪼개져 형성될 수 있고 마케팅믹스전략에 따라 경쟁자가 달라질 수 있다. 경쟁자의 수가 많고 치열한 경쟁이 이루어지는 경우 경쟁우위를 선점하기 위해서는 고객들에게 자사의 제품을 구매할 이유를 제공해주어야 하기 때문에 차별적 마케팅믹스전략을 구사로 고객에게 접근해야 한다.

(4) 순수경쟁

시장에서 특정 제품이나 서비스를 대상으로 무수히 많은 기업들이 자유롭게 경쟁하고 있는 상태를 말한다. 순수경쟁하에서 기업들은 어떠한 차별적 우위를 누리기 어렵다. 고객들은 기업이 생산하는 제품이나 서비스에 대한 차별성을 인식하기 어려우며 이것을 인식하지 않고 구매를 하게 되는 경우가 많다. 때문에 기업은 차별적 마케팅전략을 통한 경쟁우위가 거의 불가능하다.

3) 공급자

대부분의 기업들은 다양한 공급업자들로부터 제품이나 서비스의 생산에 필요한 원료나 부품들을 제공받는다. 일반적으로 공급업자는 시장의 욕구를 조절하는 기능을 수행하는데 제한된 자원을 특정 공급자가 배타적으로 소유하고 있는 경우가 해당된다. 기업과 공급업자 관계는 기업의 성패를 좌우할 수 있을 만큼 중요하다. 때문에 기업은 공급업자를 효과적으로 선정 관리하기 위한 노력을 하게 된다. 예컨대 공급업자 선정에는 공급납기, 신속성, 품질, 가격, 반품처리 등을 종합적 판단하여 신중하게 결정해야 한다.

4) 기 술

기술발전은 기업이 생산하는 제품과 서비스에 크게 두 가지 영향을 주게 된다. 첫째 기존제품이나 서비스보다 우수한 품질의 신제품이나 서비스를 만들어 낸다. 둘째, 기존제품이나 서비스보다 가격이 저렴한 신제품이나 서비스를 만들어 낸다. 이러한 기술의 발전은 기업 및 사업단위수준의 전략에 변화를 가져다 줄 수 있다. 기술환경의 급속한 변화에 대하여 기업이 보이는 가장 부정적 반응들 가운데 하나는 기존제품이 서비스를 그대로 유지하려고 하는 전략이다. 왜냐하면 기술의 개발은 상당히 많은 비용이 소요되고 곧 진부화가 일어나며 개발자는 독점력을 행사하려 하기 때문에 개발이 되면 신기술을 도입하기 위하여 막대한 대가를 지불해야 하기 때문이다. 그러나 신기술의 출현에도 불구하고 기존 제품과 서비스만을 고수하면서 신기술이 반영된 신상품으로의 전환을 거부할 때 당장의 투자지출액을 절감하여 단기적 시장성과를 좋게 만들 수 있지만 장기적으로 기업생존 자체에 위험을 받을 수 있다.

5) 경 제

경제적 환경은 기업의 활동에 영향을 미치는 거시적 경제변수들에 의하여 창출된다. 국가 및 지역의 경제성장률은 기업의 마케팅활동에 중요한 변수로 작용한다. 경제의 고성장은 시장의 잠재성이 매우 큼을 나타내며 저성장은 제품이나 서비스 판매율의 저하를 예측할 수 있다. 예컨대 경기가 호황국면에서는 고객들이 소비를 증가시키지만 경기가 침체국면에 들면 고객들은 자신의 소비를 전반적으로 감소시킨다. 경기의 침체여부는 기업의 제품이나 서비스의 판촉활동에 영향을 주게 된다. 경기가 불황일 경우 기업은 저가의 제품이나 서비스를 대형 할인매장을 통해 유통시키는 정책을 펴기도 하고 고가품에 대한 저가형 대체품 개발에 노력하기도 한다.

기업활동에 영향을 미치는 경제환경들은 원재료가격, 임금, 세금, 이자율, 임대료, 지가, 소득수준, 실업률, 경기 등 대체로 기업이 통제하기 어려운 요인들이 해당된다.

6) 사회문화

기업의 마케팅활동에 영향을 미치는 사회문화요인은 연령, 인종, 성별, 종교, 관습, 가치관, 예술 등이 해당된다. 사회문화요인은 고객의 구매 및 소비행위를 결정하는데 많은 작용을 하게 된다. 이들 요인은 국가와 같은 큰 집단 사이에서 차이를 보이며 국가 도시 안에서도 이질적 집단간 큰 차이를 보이는 경우가 많다. 이들 환경은 다른 환경과 같이 지속적으로 변화하는 특성을 나타낸다. 인구증가율, 성별구성비, 결혼적령기, 기혼자비율, 학력수준, 소득수준 등은 꾸준히 변화하고 있다. 이들 환경의 변화는 곧 소비행태의 변화로 이어지기 때문에 기업활동은 이들 환경변화에 능동적으로 대처할 수 있어야 한다.

7) 법과 정치

기업활동은 국가기관이 정한 법률에 의한 규제와 보호를 받는다. 기업활동의 법적 근간을 제공하는 상법과 독점거래 및 공정거래법, 고객보호법, 중소기업창업지원법, 가격규제법, 할인판매금지법, 원산지표기법, 지적재산권보호법, 교통유발부담금법, 유통제한법, 광고규제법, 제조물책임법 등이 그 대표적 예이다. 법적 규제는 기업이 수행하는 마케팅활동 중 광고규제로 나타나기도 한다. 경쟁사를 비방하는 광고나 자사의 제품에 대한 허위 과장광고 등이 그것이다.

정치환경도 기업활동에 영향을 미치는 중요한 변수이다. 국가의 정치제도 이익단체의 역할 등에 따라 국가의 정책이나 법률결정에 영향을 미칠 수 있기 때문이다. 기업이 정치권과 결탁하여 불법적 비윤리적 방법으로 시장에서의 독점적 지위를 남용하거나 부당한 이익을 취할 수 있다. 국가의 기업활동 관련 정책의 투명성, 안정성, 편의성 등은 공정한 경쟁을 유발시킬 수 있으며 우수한 외국자본의 투자에 결정적 역할을 수행하며 공정경쟁을 통한 경쟁력을 갖춘 제품이나 서비스가 지속적으로 개발될 수 있는 환경을 제공할 수 있다.

8) 매 체

기업이 자사의 제품이나 서비스의 촉진수단으로 각종 매체를 주로 이용하게 된다. 최근에는 기업들이 케이블TV나 인터넷망을 이용함으로서 마케팅활동의 범위를 확대해 나가고 있다. 매체환경의 변화는 기업의 촉진활동이나 기업이미지를 전달하는 방식에 변화를 가져오게 된다. 케이블TV나 PC통신을 통하여 기업들이 적극적으로 고객들과 상호작용을 시도함으로서 기업이미지 개선과 고객욕구의 파악 및 이를 제품 및 서비스에 반영함으로서 판매를 촉진시키고 있다.

고객들도 매체의 다양화와 매체환경변화에 대한 태도의 변화를 가져옴으로서 기업의 마케팅활동에 변화를 초래하고 있다. 앞으로 쌍방향 디지털시대의 도래는 또 다른 마케팅활동 변화를 요구하고 있다.

3. 구매의사결정과정

고객이 호텔을 선택하는 구매행동을 하기까지의 의사결정과정에서 보면 매우 다양한 모습을 보이지만 가장 대표적인 의사결정과정을 보기로 한다.

고객은 매일 여러 가지 제품이나 서비스를 구매한다. 아침 출근을 위하여 택시 버스 지하철 자가용 등 자신에게 가장 유리한 이동수단을 선택하는 의사결정을 하고 점심식사를 어디서 누구와 어떤 메뉴를 할 것이며 퇴근 후에는 누구와 어디서 무엇을 할 것인가 등의 구매의사결정 상황에 직면하게 된다. 고객의 구매행동의 동기와 구매의사결정과정을 이해하기란 쉽지 않지만 고객의 구매의사결정과정은 필요인식(문제인식), 정보탐색, 대안평가, 구매결정, 구매후 행동의 단계로 나누어 볼 수 있다. 이들은 단계가 반드시 순서대로 진행되는 것은 아니며 때론 건너거나 순서가 바뀌거나 생략되기도 한다.

1) 필요인식

고객은 자신이 처한 상황에서 무엇인가 부족하다고 느끼거나 균형상태가 깨질 때 부족함을 해결하려고 하거나 원래의 상태로 복귀하려는 노력을 하게 된다. 이러한 노력의 하나가 필요 욕구 또는 문제를 인식하게 되는 단계이다. 욕구는 배고픔 목마름 등의 내부적 자극에 의하여 발생할 수 있으며 식당 옆을 지나치다 갑자기 시장기를 느끼는 등 외부적 자극에 의하여 발생할 수 있다. 이처럼 내 · 외부적 자극에 의하여 문제를 인식하게 되는 것은 그것을 해결하려고 하는 노력의 하나가 되며 구매의사결정과정의 첫 단계가 되는 것이다.

2) 정보탐색

욕구 결핍상태에 따른 문제를 인식한 고객은 그 것을 해결하려는 구체적 노력을 하게 되는데 자신의 욕구를 만족시키는 해결책을 위한 정보가 기억에 있다면 내적 정보에 의존하지만 기억 속에 존재하지 않는다면 외부에서 관련 정보를 찾기 위하여 노력을 할 것이다. 고객은 다양한 정보원천으로부터 정보를 획득한다. 고객이 자신의 문제를 해결할 수 있는 정보를 많이 획득할수록 자신에게 유용한 제품이나 서비스에 대한 인식과 지식은 증가한다.

고객이 자신의 문제를 인식하고 이를 해결하기 위하여 필요한 정보를 내 · 외부로부터 찾는 단계를 정보탐색 단계라 한다.

3) 대안평가

고객이 정보탐색을 하면서 많은 관련 정보와 지식을 얻게 되며 이때 자신의 욕구를 만족시킬 수 있는 가장 이상적인 대안이 무엇인가를 선택하는 문제에 부딪치게 되는데 이 단계가 대안평가의 단계이다. 고객은 대안의 평가단계에서 자신의 욕구를 만족시키는 제품이나 서비스의 속성들의 묶음에 관심을 가지며 또한 각 속성들이 자신의 욕구에 얼마나 중요하고 합당한가를 판단한다. 그리고 이들 속성들이 제품이나 서비스에 따라 어떤 효용을 제공할 것인가에 대한 신념들을 고려하게 된다.

4) 구매결정

자신의 욕구나 필요를 만족시킬 수 있는 가장 이상적인 각 제품이나 서비스들에 대한 대안의 평가가 이루어진 후 고객은 구매결정에 이르게 되는데 이 단계가 구매결정이다. 고객의 구매행동에는 자신에게 필요한 제품이나 서비스를 구매할 경우에 주변사람들의 태도를 고려하게 된다. 또한 구매결정에는 예기치 않았던 상황변수들이 영향을 미친다. 예컨대 갑자기 화재가 나거나 돈을 사기당하거나 등 돌발변수에 의하여 구매행동으로 이어지지 않을 수 있다. 때문에 제품이나 서비스에 대한 선호와 구매의도가 실질적 구매결정인 구매행동으로 반드시 이어지지는 않을 수 있다.

5) 구매 후 행동

고객은 자신의 욕구를 충족시키기 위하여 특정 제품이나 서비스를 구매하고 나서 그 제품이나 서비스의 소비에 따른 만족·불만족 등의 반응을 나타내며 그 결과에 따라 구매후 행동으로 이어진다. 고객의 제품이나 서비스의 구매와 소비에 대한 만족 · 불만족은 그 제품이나 서비스에 대하여 고객이 갖는 기대와 실제로 지각한 성과 사이의 관계에 의하여 결정된다. 고객은 서비스나 제품의 구매후 대부분 자기의 의사결정이 옳았는지에 대한 확신과 확신의 부족에 따른 인지조화·인지부조화나 심리적 불편을 경험하게 된다.

4. 구매의사결정에 영향을 미치는 요인

고객의 구매의사결정에 영향을 미치는 요인들은 대체로 고객자신의 개인적요인, 심리적요인, 사회적요인, 문화적요인 등이 있다. 여기서 개인적요인은 나이와 생애주기·직업과 경제적 상황·라이프스타일·성격과 자아 등이, 심리적요인은 동기·지각·학습·신념과 태도 등이, 사회적요인은 소속집단과 가족관계가, 문화적요인은 문화와 하위문화 사회계층 등이 고객의 구매의사결정에 영향을 미친다.

제3절 시장세분화

1. 시장세분화

기업들이 기존의 대량마케팅 제품다양화마케팅에서 목표시장마케팅으로 전환하고 있다. 목표시장마케팅은 기업이 전체시장을 공략하기 위하여 마케팅노력을 분산시키지 않고 특정 제품이나 서비스에 대하여 구매욕구나 잠재력이 높은 고객들에게 초점을 맞추어 마케팅노력을 집중하는 경우를 말한다. 이 경우 기업은 보다 확실한 시장기회를 확보할 수 있고 각각의 세분시장에 적절한 제품이나 서비스를 가격 유통 촉진과 연계하여 집중할 수 있다. 세분시장마케팅은 시장세분화, 목표시장선정, 포지셔닝 등의 단계로 이루어진다.

시장은 서로 다른 특성을 지닌 고객들로 구성되어 있다. 고객은 자신들의 소득, 연령, 직업, 학력, 종교, 인종, 국가, 지역, 문화, 가치관 등에 따라 구매행동에 있어 각기 다른 행태를 보인다. 기업이 서로 다른 특성을 가진 집단에게 각기 다른 방식으로 접근하는 것은 그에 따른 비용이 증가로 어려움을 겪게 될 수 있으며, 그렇다고 서로 다른 특성을 보이는 집단에게 개인의 특성을 고려하지 않고 오직 한 가지 마케팅전략을 가지고 시장을 공략하는 것도 위험한 일이다. 이러한 문제를 해결하기 위하여 고객들을 일정한 기준으로 쪼개어 각각의 시장에 맞는 차별적인 마케팅전략을 구사하는 방법이 세분시장마케팅전략이다. 고객들은 동일 세분시장 내에서 제품이나 서비스에 대한 욕구와 구매행동이 서로 유사하지만 다른 집단과는 차별되는 특성을 보인다.

2. 세분시장 기준

시장세분화는 모든 상황에 효과적인 방법이 하나만 존재하는 것은 아니다. 특정 기준이 어떤 제품이나 서비스에 대하여는 가장 효과적이지만 다른 제품이나 서비스에 대해서는 그렇지 않을 수 있다. 기업은 시장세분화와 관련된 다양한 변수를 기준으로 하고 있다. 이렇게 시장을 잘게 어떤 기준으로 쪼개는 일련의 변수들은 지리변수, 인구통계변수, 심리변수, 행동변수 등이 있다.

한편 효과적인 시장세분화의 요건으로는 시장이 측정가능 해야 하고, 접근가능 해야 하며, 시장이 충분히 커야 하며, 세분시장에 적절한 마케팅전략을 실행할 수 있는 프로그램을 개발할 수 있어야 한다.

① 지리변수

시장은 나라, 지방, 도시, 크기, 밀도, 기후 등으로 고객을 세분화시킬 수 있는데 기업은 자신의 제품이나 서비스의 판매에 유리한 하나 또는 몇 개의 지역을 대상으로 마케팅활동 노력을 집중화할 수 있다.

② 인구통계변수

시장은 나이, 성별, 가족수, 생애주기, 소득, 직업, 교육, 종교, 인종, 국적 등과 관련된 인구통계변수로 쪼갤 수 있다. 목표시장의 크기를 측정하고 구체적 특성을 밝히는데 인구통계변수가 유용할 수 있다.

③ 심리변수

시장은 사회계층 라이프스타일 성격 등으로 쪼갤 수 있다. 고객은 자신이 속한 사회계층에 따라 구매패턴이 달라질 수 있다. 자신의 개성도 구매행동을 결정하는 중요한 요소가 되기도 한다. 이들 변수가 목표시장을 효과적으로 접근하는데 유용하게 작용할 수 있다.

④ 행동변수

시장은 또한 구매나 사용상황, 고객추구편익, 사용경험, 사용빈도, 충성도, 제품이나 서비스태도, 구매자상태에 따라 구매행동이 달라질 수 있다. 고객 자신의 제품과 서비스의 추구편익, 사용상황, 사용경험 등은 목표시장접근에 유용할 수 있다.

3. 목표시장선택

세분시장들에 대한 평가가 수행된 뒤 기업은 어떤 시장을 공략해야 하고 몇 개의 세분시장에 마케팅활동을 집중할 것인가를 결정해야 한다. 여기서 기업이 선택할 수 있는 마케팅전략은 무차별마케팅, 차별마케팅, 집중마케팅 등 세 가지 전략이 있다.

① 무차별마케팅

무차별마케팅은 세분시장간의 차이를 무시하고 하나의 제품으로 전체시장을 공략하는 전략이다. 이 전략의 특징은 고객 간의 특성의 차이보다는 공통점에 관심을 두고 단일 상품과 마케팅프로그램으로 다수의 고객을 대상으로 대량유통, 대량광고 방식 등으로 기업의 마케팅활동노력을 집중시키는 전략이다.

② 차별마케팅

차별마케팅은 다수의 목표시장을 선정하고 각각의 목표시장에 적합한 마케팅전략을 개발하고 각 시장의 특성에 맞는 개별마케팅전략을 집중하는 경우이다. 차별마케팅은 일반적으로 무차별마케팅보다 높은 매출과 이익을 달성할 수 있다. 그러나 다수의 시장의 각각 마케팅전략을 차별화시켜야 하기 때문에 기업의 마케팅활동노력이 분산될 수 있으며 때문에 마케팅비용이 증가하는 어려움이 따를 수 있다.

③ 집중마케팅

집중마케팅은 기업의 자원이 제한되어 있을 때 작은 시장에서 높은 시장점유율을 얻기 위한 전략이다. 집중마케팅은 자신의 고객관련 욕구를 잘 이해하고 있기 때문에 강력한 포지셔닝 효과를 얻을 수 있다. 집중마케팅전략의 구사는 기업이 많은 위험부담을 감수해야 한다. 경쟁자의 시장진입과 고객의 구매행태 변화는 시장성을 자칫 상실할 수 있는 위험이 따른다.

④ 시장공략전략선택

시장공략전략을 선택하기 위해서는 다음의 몇 가지 검토가 필요하다. 예컨대 첫째, 기업의 자원을 고려할 때 어떤 전략이 가장 적절한가. 둘째, 제품이나 서비스의 구색과 다양성은 어떤가. 셋째, 제품이나 서비스의 수명주기상의 위치는 어떤가. 넷째, 시장다양성은 어떤가. 다섯째, 경쟁자의 마케팅전략은 어떠한가 등이 적절하게 검토되어야 한다.

4. 포지셔닝

기업이 어떤 세분시장에 진입할 것인가를 결정하고 나면 기업은 그 세분시장에서 자사의 제품이나 서비스를 어떤 자리에 위치시킬 것인가의 문제에 대한 해결이 필요하다. 포지셔닝은 고객들의 인식 속에 경쟁사의 제품이나 서비스와 비교하여 자사의 제품이나 서비스가 놓여 있는 상대적 위치를 말한다. 고객들은 제품이나 서비스 또는 기업들을 자신의 마음속의 특정 위치에 저장하는 경향이 있다. 때문에 기업들은 자사의 제품이나 서비스가 경쟁자의 제품이나 서비스보다 경쟁적 우위를 확보하기 위하여 고객의 마음속에서 더 높은 위치에 놓일 수 있도록 노력하지 않으면 안 된다. 고객들은 제품과 서비스에 대한 많은 정보에 노출되어 있다. 따라서 고객들은 그들이 구매의사결정을 내릴 때마다 제품이나 서비스를 재평가할 수 없기 때문에 구매의사결정을 단순화하기 위하여 고객들은 제품이나 서비스를 몇 개의 범주로 묶는 경향이 있다.

1) 포지셔닝 전략

기업은 다양한 방법으로 제품이나 서비스를 포지셔닝시킬 수 있다.

첫째, 제품이나 서비스의 속성(예컨대 경제성 안정성 정숙성 등)에 따라 포지셔닝시킬 수 있다.

둘째, 고객이 인식하는 제품이나 서비스의 편익(예컨대 입냄새 제거 등) 이나 기능에 따라 포지셔닝시킬 수 있다.

셋째, 제품이나 서비스의 사용상황(예컨대 운동후 갈증제거 등)에 따라 포지셔닝시킬 수 있다.

넷째, 특정 사용자 집단(예컨대 머리를 자주 감고 싶어하는 성인 등)을 위한 상품으로 포지셔닝할 수 있다.

2) 포지셔닝 전략수립

기업이 포지셔닝 전략을 선택하고 전략을 시장에 적용하기 위해서는 경쟁사 대비 자사의 강점과 약점을 파악하고 적절한 경쟁우위전략을 선택하고 포지셔닝을 해야 한다.

① 경쟁강점과 약점

고객은 일반적으로 자신에게 가장 높은 가치를 주는 제품이나 서비스를 선택하게 된다. 따라서 자사의 제품이나 서비스가 고객의 욕구를 가장 잘 이해하고 경쟁사의 제품이나 서비스보다 높은 가치를 제공할 수 있어야 한다. 때문에 기업의 자사의 제품이나 서비스가 경쟁사보다 어떤 강점과 약점이 있는가를 확인해야 한다. 기업은 자사가 경쟁사보다 제품차별화 서비스차별화 인적차별화 이미지차별화 기술차별화 등에 있어서 얼마나 강점과 약점이 있는가를 인식해야 한다.

② 경쟁우위선택

기업은 경쟁사대비 자사의 경쟁적 강점과 약점을 파악한 뒤 어떤 경쟁우위점을 선택할 것인지 몇 개의 우위 요소를 가지고 차별적 포지셔닝을 시도할 것인지를 결정해야 한다. 기업의 성공적 차별화를 위한 고려요소로 제품이나 서비스의 중요성 우수성 전달성 선점성 가격적절성 수익성 차별성 등이 있다. 기업은 자사가 경쟁사대비 포지셔닝에 사용할 차별화 가능 속성들의 수가 몇 개나 있으며 경쟁우위에 있는 차별화 가능 속성들은 얼마나 있는가를 선택하여 적절한 포지셔닝 전략을 결정해야 한다.

③ 포지셔닝 시도

포지셔닝에 이용할 차별화 가능 요인들이 선택되면 기업은 목표고객들에게 바람직한 포지셔닝이 될 수 있도록 차별화된 포지셔닝을 시도해야 한다. 기업의 마케팅믹스는 포지셔닝 전략을 뒷받침할 수 있도록 수행되어야 한다. 기업은 포지셔닝 전략에 맞는 제품과 서비스 가격 유통 촉진의 마케팅믹스를 기획해야 한다. 바람직한 포지셔닝이 시도되면 기업은 지속적으로 제품이나 서비스의 성능 등에 대한 주기적 검사와 경쟁사의 시장전략 변화나 고객의 욕구변화 등을 확인하고 이에 적절하게 대응할 수 있어야 한다.

④ 지각도(perceptual map)

지각도는 평가 가능한 제품이나 서비스의 속성들에 대한 제품 서비스 또는 상표의 위치를 나타내는 지도를 말한다. 지각도는 제품 서비스 상표에 대한 심리적 포지셔닝을 위한 도구로 사용되며 제품 서비스 상표 등의 전반적 유사성 선호도 속성들의 범주를 공간상에 표시하는 것이다. 이러한 지각도 분석을 통해 기업은 고객이 제품 서비스 상표를 평가하는데 있어 기본적 인식 차원을 이해할 수 있으며 기존의 제품 서비스 상표와 잠재적 제품 서비스 상표의 상대적 위치를 파악할 수 있다.

제4절 마케팅믹스

1. 제품과 서비스

고객은 제품이나 서비스를 구매할 때 이들이 구성하는 성능이나 요소들을 비교 평가하거나 이들의 결합에 의하여 형성된 전체적 이미지를 경쟁제품과 비교하여 의사결정을 한다. 제품이나 서비스의 효율적 마케팅전략을 수립하기 위해서는 기업의 핵심상품, 유형상품, 확장상품의 구성요소들에 대한 이해가 필요하다. 유형상품의 경우 상품의 질과 특성, 스타일, 포장, 상표명 등에 대하여 경쟁사보다 고객에게 더 많은 가치를 제공할 수 있어야 한다.

확장상품의 경우 책임과 보증, 대금지불, 배달, 설치, 판매후서비스 등에 있어서도 경쟁사보다 우월한 가치를 고객에게 전달해야 한다.

상표의사결정과 관련하여 기업은 자사의 상표명을 어떻게 결정할 것인가는 매우 중요하다. 기업의 상표의사결정을 위하여 기업단위 상표전략을 세우고 상표명 전략에서는 개별상표, 혼합상표, 공동상표 등의 전략을 고려하고 최종적으로 상표명을 결정하는 과정을 밟는다.

① 브랜드자산

브랜드자산은 어떤 제품이나 서비스가 브랜드를 가졌기 때문에 발생된 바람직한 마케팅효과(예컨대 애호도, 시장점유율, 수익률 등)를 말한다. 브랜드자산은 고객의 관점에서 브랜드에 의하여 선호도가 증가되며 기업의 관점에서 매출액의 증가를 생각할 수 있다. 브랜드자산은 브랜드인지도와 브랜드연상에 의하여 비롯된다. 고객은 한번도 들어본 적이 없는 브랜드를 구매하려하지 않는다.

브랜드인지도는 고객이 한 상품의 범주에 속한 특정 브랜드를 재인할 수 있는 능력을 말한다. 브랜드재인은 브랜드회상보다 상대적으로 강도가 약하다. 브랜드재인은 고객에게 동일 상품 내의 여러 브랜드명을 제시하고 각 브랜드명을 과거에 들어본 경험이 있는지를 조사하여 측정한다. 한편 브랜드회상은 기억 속에 저장되어 있는 특정 브랜드정보를 인출할 수 있는 능력을 말한다. 고객들에게 동일한 상품 내의 생각나는 브랜드를 열거하도록 함으로서 확인할 수 있다. 이때 가장 먼저 생각나는 브랜드명이 강력한 인지도를 갖는 것으로 간주할 수 있으며 시장에서 상당한 우위를 갖는 브랜드로 인식할 수 있다.

브랜드연상은 브랜드와 관련하여 기억으로부터 떠오르는 모든 것들을 말한다. 고객은 특정 브랜드의 사용경험이 많을수록 그 브랜드에 많이 노출될수록 강한 브랜드연상이 형성되며 각 연상들간의 관계도 더욱 강해진다. 브랜드이미지는 브랜드연상과 밀접한 관련이 있는 개념이다. 브랜드이미지는 고객이 그 브랜드에 대하여 갖고 있는 전체적인 인상으로 브랜드와 관련된 여러 연상들의 결합에 의하여 형성된다.

② 신상품개발

신상품은 고객들의 변화된 욕구를 반영하는 새로운 상품을 의미한다. 신상품개발을 위해 고려해야할 중요한 사항들은 고객관련요인, 마케팅전략관련요인, 자원관련요인, 시장환경관련요인, 조직관련요인 등이다.

신상품개발은 아이디어를 창출하는 단계에서부터 상품화에 이르기까지 7단계의 과정을 거친다. 기업은 새로운 상품을 시장에 출하시키기까지 아이디어를 창출하고, 아이디어를 평가하며, 개발과 시험을 거치고, 마케팅전략의 개발과 사업성을 분석하며, 상품개발을 하며, 시험마케팅을 거쳐, 최종적으로 시장에 출하시켜 상업화하는 과정을 거친다.

③ 상품수명주기

거의 모든 제품과 서비스는 유기체와 같은 수명을 가지고 있다. 제품과 서비스가 시장에 출시된 이후 진화과정을 거치게 된다. 예컨대 제품과 서비스가 시장에 출하 도입되고 성장과 성숙의 과정을 거쳐 결국 수명을 다하여 시장에서 소멸하게 되는 일련의 기간을 수명주기라고 한다. 상품수명주기의 형태는 매우 다양하지만 전형적인 수명주기는 보통 S자형을 가진다. 이처럼 전형적 상품수명주기는 도입기, 성장기, 성숙기, 쇠퇴기의 4단계로 진행된다. 기업은 상품의 각 수명주기 단계별 적절한 마케팅전략이 수립 시행되어야 한다.

2. 촉 진

기업은 고객에게 효과적인 자사의 제품과 서비스에 대한 의사전달을 위하여 광고, 판촉, PR, 인적판매, 캠페인 등 다양한 마케팅커뮤니케이션 활동을 수행한다. 이러한 마케팅커뮤니케이션은 매우 복잡한 체계를 가지고 있다.

촉진믹스라 불리는 기업의 총체적 마케팅커뮤니케이션 프로그램은 기업이 마케팅목표 달성을 위하여 사용하는 광고, 인적판매, 판매촉진, PR 등의 조합으로 구성된다.

광고는 기업이 제품이나 서비스 또는 아이디어를 제시하거나 촉진하기 위해 비용을 지불하는 비개인적 형태를 커뮤니케이션을 총칭한다. 광고는 방송 및 인쇄매체 또는 옥외간판 등을 이용하는 등 다양한 형태가 존재한다.

인적판매는 제품이나 서비스의 판매를 목적으로 하는 기존 또는 잠재고객에 대한 판매 프레젠테이션 또는 대화 등의 개인적 커뮤니케이션을 말한다. 박람회 전시회 방문판매 등이 해당된다.

판매촉진은 제품이나 서비스의 판매를 촉진하기 위한 단기적 동기부여 수단의 일체를 말한다. 판매촉진을 위한 수단에는 구매시점진열, 가격할인, 쿠폰제공, 제품사용시범 등이 있다.

공중관계(PR)은 기업의 자사의 이미지나 제품 또는 서비스의 이미지를 호의적으로 유도하기 위하여 기업과 관련이 있는 여러 유형의 집단과 좋은 관계를 형성하려는 커뮤니케이션노력을 말한다. 공중관계를 위한 수단에는 매체나 기관 등 모든 관련 단체와의 우호적 관계를 유지하기 위한 노력의 일환으로 수행된다.

마케팅커뮤니케이션의 효과적 수행을 위해서는 먼저 목표고객을 파악하고, 그들로부터 원하는 반응이 무엇인가를 결정하고, 효과적인 메시지를 선택하고, 적합한 매체를 선택하며, 메시지원천을 선택하여 마케팅커뮤니케이션을 실행하며, 최종적으로 효과를 측정하는 단계로 진행한다.

목표고객은 기업이 마케팅커뮤니케이션 활동을 수행할 주 고객을 의미한다. 어떤 메시지를 어떻게 전달하고 언제 그리고 어디서 누가 전달할 것인지를 결정하는 것이다.

필요반응은 고객이 마케팅커뮤니케이션의 효과로 구매를 유도하는 것이다. 고객은 기업의 촉진노력에 의하여 제품 서비스 상표 등을 인지하게 되고, 그 들에 대한 지식을 얻게 되며, 호감을 갖게 되며, 선호하게 되며, 구매에 대한 확신을 갖게 되며, 마지막으로 구매로 연결되게 하는 것이다.

메시지선택은 효과적인 메시지를 개발하고 주의를 끌어야 하며 흥미를 유발하고 욕구를 자극하며 행동으로 이끌어 내야 한다. 이를 위해서 기업은 무엇을 말할 것인가(내용), 어떻게 전달할 것인가(구조), 어떤 형태로 전달할 것인가(형태)와 관련된 문제를 해결해야 한다.

매체선택은 촉진을 위해 사용될 메시지가 정해지고 나면 기업은 어떤 방법을 통하여 고객들에게 전달할 것인가의 결정과 관련된다. 매체선택은 기업에 있어 매우 중요한데 그 이유는 매체별로 기대할 수 있는 효과가 다르기 때문이다. 매체의 유형에는 인적경로와 비인적경로로 구분할 수 있다. 인적경로의 대표적 형태는 구전이다. 비인적경로의 대표적 유형은 인쇄매체나 방송 등이 해당된다.

메시지원천선택은 목표고객이 메시지를 전달하는 발신자를 어떻게 평가하느냐와 관련된다. 메시지원천의 신뢰성에 따라 메시지의 설득력 효과는 다르게 나타난다. 정보원천의 신뢰성은 전문성, 믿음성, 매력성 등에 의하여 평가된다.

메시지효과측정은 목표고객들이 기업이 제공한 촉진활동에 의하여 얼마나 자사의 제품 서비스 상표 이미지 등에 대하여 노출되었는가를 확인하는 것이다. 효과측정의 조사는 기억여부 노출횟수, 회상내용, 메시지느낌, 메시지노출 후 제품서비스평가 등이 포함된다.

3. 유 통

기업은 고객들이 자사의 제품이나 서비스를 쉽게 이용할 수 있는 최선의 경로를 결정하고자 한다. 납기나 서비스의 지연은 판매기회의 상실과 고객불만을 발생시킨다. 효과적 경로시스템의 도입은 상품이동과 관련된 비효율성을 제거하나 현저하게 감소시킬 수 있다. 제품이나 서비스의 유통경로는 매우 다양하다. 소비재의 경우 대체로 네 가지 유형의 유통경로를 생각할 수 있다. 생산자와 고객, 생산자와 소매상 · 고객, 생산자와 도매상·소매상·고객, 생산자와 도매상·중간상·소매상·고객 등이 그것이다.

한편 전통적 유통경로의 단점을 해결하기 위하여 등장이 수직적 마케팅경로시스템이다. 수직적 마케팅시스템은 운영상의 경제성과 시장에 대한 최대한의 영향력을 확보하기 위하여 전문적으로 관리되고 본부에 의해 설계된 네크워크 형태의 경로조직을 말한다. 호텔기업이나 외식산업은 프랜차이징 시스템이 활성화되고 있는데 이것이 대표적 수직적 마케팅시스템의 한 유형이라 할 수 있다.

유통경로는 여러 구성원들로 구성된 시스템이므로 경로구성원들도 공통의 경로목표를 달성하기 위하여 상호의존적 관계를 갖게 된다. 각 경로구성원은 경로 전체의 목표달성을 위해 다른 경로구성원들의 협력을 필요로 한다.

각 구성원들이 목표달성을 위해 경쟁을 하다보면 이해당사자 사이에 충돌이 생길 수 있는데 이것을 갈등 이라한다. 경로갈등에는 수평적 갈등과 수직적 갈등이 있다.

4. 가 격

가격은 시장을 구성하는 여러 요인에 의하여 영향을 받는다. 때문에 기업의 마케팅담당자는 가격을 결정하기 위해서 고객이 가격에 대하여 어떻게 반응하는가를 알아야한다. 가격과 고객의 구매행동과의 관계를 이해하는데 중요한 개념이 수요의 법칙과 수요의 가격탄력성이다. 수요의 법칙이란 고객은 상품이 가격이 낮아질수록 더 많은 양의 상품을 구입한다는 것이다. 수요의 가격탄력성은 상품의 가격이 변화함에 따라 판매량이 얼마나 변화하는지를 나타내는 지표이다. 수요의 가격탄력성은 탄력적 비탄력적 단위탄력적으로 나눌 수 있다. 여기서 탄력적 수요는 가격탄력성의 절대값이 1보다 큰 경우로 약간의 가격 변화에 수요량이 크게 변화한다. 이 상황에서는 가격을 인하하면 총수익이 늘어나고 반대로 인상하면 총수익이 줄어든다. 비탄력적 수요은 가격탄력성 절대값이 1보다 작아서 가격을 인하하면 총수익이 감소하게 된다. 한편 단위탄력적 수요은 가격탄력성 절대값이 1인 경우로 가격의 변화만큼 판매율의 변화가 없는 경우이다.

① 원 가

원가는 가격의 하한선을 결정하는데 중요한 요소로 작용한다. 기업이 일시적으로 경쟁사와의 경쟁에서 이기기 위해, 시장점유율을 높이기 위해, 현금유동성을 확보하기 위하여 원가를 반영하는 전략을 가격전략을 취할 수 있다. 원가가 지속적으로 상승하는 경우 기업은 첫째, 상품의 변함없이 원가상승분을 고객에게 전가하거나. 둘째, 상품은 변함없이 원가상승분의 일부분만을 고객에게 반영시키거나. 셋째,

상품수정을 통해 가격을 그대로 유지하거나. 넷째, 가격인상을 고객들이 받아들일 수 있게 상품을 수정하거나. 다섯째, 적정이윤이 나지 않는 상품의 생산을 포기하는 대응방안을 고려해야 한다. 반면에 원가가 하락하는 경우에 기업은 가격을 인하시켜 매출을 확대시키거나, 가격을 그대로 유지하면서 이윤을 증대시킬 수 있다.

가격결정목표는 매출중심적가격목표, 이윤중심적가격목표, 현상유지적가격목표, 기타가격책정목표 등이 있다.

가격결정방법에는 비용중심적가격결정, 고객중심적가격결정, 경쟁중심적가격결정, 통합적가결결정 등이 있다. 비용중심적가격결정은 제품의 생산과 판매에 들어가는 모든 비용을 충당하고 목표한 이익을 낼 수 있는 수준에서 가격을 결정하는 방법으로 비용가산가격결정, 가산이익율가격결정, 목표투자이익율가격결정, 손익분기점분석가격결정 등이 있다. 고객중심적가격결정은 상품을 생산하는데 드는 비용보다 목표시장에서 고객들의 상품에 대한 평가와 그에 따른 수요를 바탕으로 가격을 결정하는 방법이다. 경쟁중심적가격결정은 경쟁사들의 가격을 자사제품의 가격결정에 가장 중요한 기준으로 간주하여 가격을 결정하는 방법으로 시장가격가격결정, 경쟁입찰가격결정 등이 있다.

② 경 쟁

기업의 제품이나 서비스의 가격결정에 영향을 미치는 요소는 경쟁상황이다. 경쟁사와 유사한 품질의 상품을 제공하면서 경쟁사보다 더 높은 가격을 제시한다면 시장의 지배자이거나 브랜드가치가 우월하거나 고객 인지도가 높지 않은 상황에서는 매우 위험한 일이다. 기업은 차별화된 제품과 서비스의 제공을 통하여 가격인하를 통한 가격경쟁을 유발하지 않고 시장에서 안정적인 기반을 추구할 수 있다.

③ 유통경로

기업이 매출을 확대하거나 적정이윤을 확보하기 위한 유통업자들의 노력이 기업의 제품이나 서비스가격결정에 영향을 미칠 수 있다. 기업은 유통경로 참가자들의 경로활동 수행관련 비용을 보상해 줌으로서 이들의 협조를 확보해야 하는 경우가 발생하는데 이러한 지원비용이 제품이나 서비스가격에 반영될 수 있다.

④ 정부규제

정부의 규제도 제품이나 서비스가격 책정에 중요한 영향을 미친다. 정부의 규제는 여러 형태로 나타나는데 정부가 가격안정을 위하여 일정수준으로 동결시키거나 수요억제를 위하여 최저가격을 설정하거나 세금부과를 통하여 일정수준 이상으로 가격을 유지하는 경우 등이 있을 수 있다. 또한 정부는 기업의 가격담합행위 등을 규제하고 있다.

⑤ 최종가격결정

기업은 최종적 제품가격과 실제 집행에 따른 가격결정관련 추가사항 검토를 고려해야 한다. 이들 고려사항으로 심리가격, 초기고가격, 시장침투가격, 가격할인, 가격공제, 가격차별화, 제품결합가격(묶음가격) 등이 있을 수 있다.

3장.

호텔회계

제1절 호텔회계의 이론적 기초

1. 호텔회계의 정의

호텔회계는 다음과 같이 두 가지로 요약하여 정의할 수 있다. 첫째, 호텔회계란 호텔 내에서 발생한 모든 거래를 분류·요약하고 이렇게 분류된 거래의 수치를 계산하는 것을 말한다. 이때 호텔회계의 주체는 호텔 자체가 되며 호텔경영자와는 분리된 독립된 개체로서 존재한다.

둘째, 호텔회계는 호텔과 이해관계에 있는 정보 이용자들로 하여금 바람직한 의사결정을 할 수 있도록 정보를 제공하는 것을 말한다. 예전에는 회계란 단순히 발생한 거래를 장부에 기록하고 계산하는 역할로만 알고 있었으나 현대 사회에서 회계는 보다 넓은 의미로 해석되어지고 있다. 예를 들어 A호텔의 경영자가 B호텔을 인수하고자 할 경우 A호텔의 경영자는 B호텔에 관한 정보 즉, 자산, 부채, 매출액, 순이익, 미래 가치 등과 같은 회계 정보를 필요로 할 것이다. 이러한 회계 정보를 통해 A호텔의 경영자는 바람직한 의사 결정을 할 수 있을 것이다. 그러므로 호텔과 이해관계에 있는 정보이용자들 즉, 경영자, 종사원, 주주, 정부 등이 새로운 사업을 시작하고자 할 때 위험은 최소화하면서 동시에 투자 수익은 높이고자 할 때 호텔회계정보를 이용하게 되는 것이다. 신뢰성 있는 정확한 회계정보는 이러한 까닭에 중요한 것이다.

2. 호텔회계의 대상

회계의 대상은 회계주체(기업)의 경제적 사건(economic events)이다. 즉 회계시스템은 회계주체(기업)를 중심으로 하여 그 주체의 경제적 사건을 측정하여 보고한다. 여기서 회계주체란 일정한 목표를 설정하여 경제활동을 하고 있는 영리 목적의 기업이 그 중심이 된다. 이는 경제활동을 수행하는 다양한 주체중 기업이 그 규모에 있어 가장 중요한 역할을 수행하며, 경제적 사건의 다양성과 복잡성이 가장 크기 때문이다. 또한 경제적 사건은 통상 거래를 의미하는 것으로 회계주체(기업)가 외부로부터 자원을 조달하여 재화와 서비스를 생산·판매하여 이익을 분배하는 일련의 활동을 통해 회계주체(기업)가 소유하고 있는 자원에 변동을 가져오는 사건이다.

3. 호텔회계정보시스템

회계정보시스템은 정보이용자가 투자를 하고자 할 때 각 투자안으로 인해 발생되어질 이익과 손실을 예측·비교함으로써 최대의 이익을 얻을 수 있는 투자안을 선택할 수 있도록 정보를 제공하는 정보시스템이다. 호텔회계시스템은 크게 객실 부문 하위 시스템, 식음료부문 하위 시스템 및 기타부문 하위시스템으로 구성된다. 객실 부문 하위 시스템은 객실 부문의 수익과 비용 정보, 식음료부문 하위 시스템은 식음료부문의 수익과 비용 정보 그리고 기타 부문 하위 시스템은 기타 부문의 수익과 비용 정보로 구성된다. 이를 구체적으로 살펴보면 [그림 3-1]과 같다.

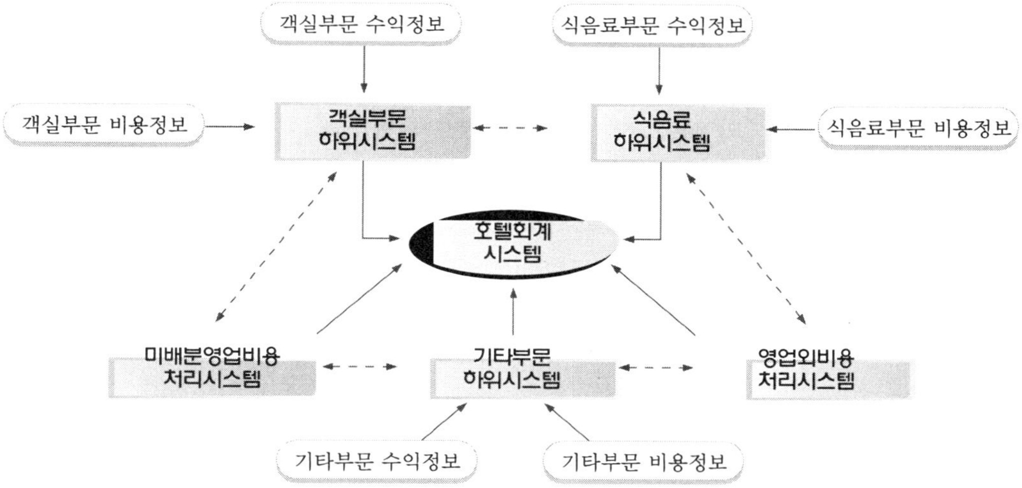

[그림 3-1] 호텔회계정보시스템
(신창국·조형순·유희경·김수정, 「호텔회계원리」, 형설, 2002.)

2011년 01월 31일 월요일

區分			濟州 今日	濟州 今月累計	濟州 增減率	濟州 前年累計	目標對比 今日	目標對比 今月
賣出現況	호텔部門	客室	28,863	1,617,608	6.5	1,518,853	60.1	95.9
		食飮料	22,980	846,002	26.6	668,123	118.7	115.6
		宴會	0	171,641	34.5	127,587		114.4
		其他	104	18,549	▲41.9	31,909	9.1	53.0
		HEALTH	432	50,191	2.6	48,940	28.8	100.4
		小計	52,378	2,703,991	12.9	2,395,413	74.7	101.9
	免稅店	輸入品	34,385	1,916,595	25.2	1,530,394	36.3	65.2
		(USD:阡弗)	31	1,706	27.6	1,337		
		土産品	10,132	333,554	▲24.7	443,185	42.7	45.4
		小計	44,517	2,250,149	14.0	1,973,579	37.6	61.2
		空港免稅店	17,129	1,240,994	3.3	1,201,769	33.4	78.0
	合計		114,024	6,195,134	11.2	5,570,761	47.5	78.2
客室現況	CAPA 室數(室)		500	15,500		15,500	100.0	100.0
	販賣 室數(室)		203	9,886	6.2	9,313	67.7	99.7
	COMP(室)		6	193	24.5	155		
	販賣率(%)		40.6	63.8	↑3.7p	60.1	↓19.4p	↓0.2p
	平均 室料(원)		142,182	163,626	0.3	163,090	88.9	95.6
	FIT 室數(室)		117	8,177	14.1	7,168		

[그림 3-2] 특급호텔 영업일보

4. 호텔회계정보이용자

기업을 둘러싸고 있는 이해자 집단이 증가하면서 회계정보에 대한 욕구도 점차 증대되고 있다. 따라서 기업은 다양한 정보이용자(information users)들의 정보 욕구를 충족시킬 수 있도록 기업의 재무상태와 경영성과에 관한 정보를 보다 많이 이해하기 쉽게 전달하여야 한다.

회계시스템에 의하여 제공되는 정보는 회계정보이용자에게 유용하며 관련성이 있어야 한다. 회계정보이용자는 크게 내부정보이용자와 외부정보이용자로 구분한다.

1) 내부정보이용자

회계정보의 내부정보이용자는 기업의 경영활동에 대하여 책임을 지는 관리자 또는 경영자이다. 내부정보이용자는 자신의 부(wealth)의 증대가 아니라 기업 자체의 부를 증대시키기 위하여 의사결정을 한다. 즉 기업의 경영자들은 기업의 목표를 수립하고, 경영활동을 평가하며, 적절한 통제활동을 수행하기 위하여 회계정보를 이용한다. 내부정보이용자를 위한 회계영역은 관리회계이다.

2) 외부정보이용자

외부정보이용자는 기업의 경영결과에 직접적인 관심을 갖는 외부인으로 주주·채권자·종사원·정부·고객·지역사회·기타 사회단체 등이다. 외부정보이용자는 불특정 다수로서 기업이 제공하는 회계정보를 이용하여 자기 자신의 부를 보다 증대시키기 위해 의사결정을 한다. 외부정보이용자는 기업의 회계책임대상이 되는 모든 이해관계자 집단을 포함한다. 이에 따라 기업에 직접적인 이해관계를 갖지 않는 언론기관, 한국관광호텔업협회 등의 경제단체, 재무분석가, 증권거래소, 회계연구자 등도 기업의 회계보고서에 관심을 갖고 있다. 외부정보이용자를 위한 회계영역을 재무회계라고 하며 직접이해관계 이용자들의 필요정보를 간략히 설명하면 다음과 같다.

① 주 주

주주는 보유하고 있는 주식을 팔 것인가의 여부를 결정하기 위하여 그 기업이 만족할 만큼 잘 운영되고 있는가를 판단하여야 한다. 또한 그 기업의 주식을 구입하여 소유주가 될 것을 고려하는 투자자(잠재적 주주)들도 회계정보를 이용한다. 즉 투자자들은 다수 기업을 대상으로 경영자의 자원활용이나 수탁책임의 이행정도를 평가하여 수익률이 높은 기업의 주식, 사채 등에 투자하고자 한다.

② 채권자

금융기관, 식음재료 및 물품의 납품업자들도 역시 호텔에 대한 신용의 제공 여부 및 신용기간의 연장 등과 관련하여 발생될 위험의 평가에 회계정보를 이용한다.

③ 정 부

정부는 기업활동에 따른 이익에 대한 세금의 부과, 호텔서비스의 가격통제, 호텔산업의 육성을 위한 정책수립 및 기타 영업활동 등에 대한 적절한 통제를 위하여 회계정보를 이용한다.

④ 종사원

종사원들은 높은 성과의 달성 및 달성된 성과의 적정한 배분을 위하여 회계 정보를 이용한다. 특히 노동조합은 성과의 배분·고용의 안정·근무환경의 개선·종사원의 교육훈련·복지시설의 확충 등을 위한 단체협약 및 임금협상을 위하여 회계정보를 이용한다.

⑤ 소비자

근래에 들어 기업의 서비스 및 상품으로 인한 피해의 예방 및 보상을 통하여 소비자의 권리를 찾으려는 각종 소비자단체가 형성되고 있다. 이들은 적절한 가격 및 품질수준의 유지 등을 위하여 회계정보를 이용한다.

⑥ 지역사회

지역사회단체 및 지역주민들도 위락시설의 조성·공해와 환경오염의 방지·지역사회개발·인근주민의 고용확대·자연훼손 등 지역사회의 이익추구를 위한 활동을 위하여 회계정보를 활용한다.

5. 호텔회계정보의 질적 특성

회계정보의 질적 특성(ualitative characteristics of accounting information)은 정보이용자들의 의사결정에 유용한 정보가 되기 위하여 회계정보가 갖추어야 할 속성(attributes)을 말한다. 이는 회계정보기준(accounting information criteria) 또는 회계의 질적 기준(accounting quality criteria)이라고도 한다. 회계정보의 질적 특성은 계층적 구조를 이루며 다양한 내용을 포함하는데 이를 상세히 설명하면 다음과 같다.

1) 목적 적합성

정보가 유용하기 위해서는 이용자의 의사결정에 목적 적합하여야 한다. 목적 적합한 정보란 의사결정 시점에서 과거 및 현재 사건의 평가 또는 미래 사건의 결과예측에 도움을 주거나, 과거의 평가를 확인 또는 수정함으로써 이용자의 경제적 의사결정에 영향을 미치는 정보를 말한다. 어떤 정보가 목적 적합하기 위해서는 예측가치와 피드백가치 중에서 하나 이상을 충족하고 정보의 적시성이 있어야 한다.

① 예측가치와 피드백가치

목적적합한 정보는 미래에 대한 예측능력을 제고시켜 정보이용자의 의사결정에 영향을 미칠 수 있는 예측가치(predictive value)나 과거의 기대치를 확인 또는 수정함으로써 정보이용자의 의사결정에 영향을 미칠 수 있는 피드백가치(feedback value)가 있어야 하는데, 이러한 정보의 예측가치와 피드백가치는 상호 관련이 있다. 보통 회계정보는 예측가치와 피드백가치를 동시에 가지고 있는데 예를 들면 기업은 중간보고서(interim report)를 통해 연도 말에 나타날 이익을 예측할 수 있을 뿐만 아니라 동시에 그때까지 이미 나타난 결과치를 피드백하여 종전의 기대치와 비교하여 차이가 있을 시는 수정할 수 있다.

② 적시성

목적적합한 정보는 정보의 적시성(timeliness)을 전제로 한다. 즉 의사결정시점에서 필요한 정보가 제공되지 않는다면 동 정보는 의사결정에 이용될 수 없고 따라서 목적적합성을 상실한다. 이는 적시성 그 자체가 정보를 목적 적합하게 하는 것은 아니지만 적시성 없이는 목적적합성을 논할 수 없음을 의미한다. 그러나 적시성 있는 정보를 제공하기 위해서는 신뢰성을 희생해야 하는 경우가 있으므로 경영자는 정보의 적시성과 신뢰성간의 균형을 고려하여야 한다. 예를 들어 정보를 적시에 제공하기 위해서는 거래나 사건의 모든 내용이 확정되기 전에 보고해야 할 필요가 있다. 이 경우 정보의 목적적합성은 향상되나 신뢰성은 저하된다. 반대로 모든 내용이 확정될 때까지 보고가 지연될 경우 정보의 신뢰성은 제고될 수 있으나 그 보고시점 이전에 의사결정을 해야 하는 이용자에게는 이미 목적적합성을 상실하여 유용하지 않은 정보가 될 것이다. 따라서 목적적합성과 신뢰성간의 선택은 이용자의 경제적 의사결정 요구를 최대한 충족시킬 수 있는 방향으로 이루어져야 한다.

2) 신뢰성

정보가 유용하기 위해서는 신뢰할 수 있어야 한다. 신뢰성(reliability) 있는 정보란 그 정보에 중대한 오류나 편의가 없고 객관적으로 검증가능하며 그 나타내고자 하는 바를 충실하게 표현하고 있다고 이용자가 믿을 수 있는 정보를 의미한다. 회계 정보가 신뢰성이 있기 위해서는 객관적인 자료와 증거에 의하여 공정하게 처리되어야 한다.

어떤 정보가 이용목적에 적합한 것일지라도 그것이 믿을 수 없으며 또한 신뢰할 수 없을 때는 목적하는 바의 의사결정을 할 수 없게 된다. 정보가 믿을 수 있는 것이 되기 위해서는 표현의 충실성, 중립성, 검증가능성을 가져야 한다.

① 표현의 충실성

정보가 신뢰성을 갖기 위해서는 그 정보가 나타내고자 하거나 나타낼 것으로 기대되는 거래나 사건을 사실대로 충실하게 표현하여야 한다. 즉 표현의 충실성(representational faithfulness)이란 회계상의 측정치(또는 설명)와 그 측정치(또는 설명)가 표현하고자 하는 자원이나 사건이 서로 일치하여야 한다는 것이다. 예를 들어 대차대조표는 대차대조표일 현재 인식기준을 충족시키는 기업의 자산, 부채 및 자본을 구성하는 거래나 사건을 충실하게 표현하여야 한다.

② 중립성

중립성(neutrality)이란 재무정보의 결과가 특정 이해관계자에게 유리한 영향을 미쳐서는 안된다는 속성을 말한다. 다시 말하면 정보가 신뢰성을 갖기 위해서는 편의(bias) 없이 중립적이어야 한다는 것이다. 미리 의도된 결과나 성과를 유도할 목적으로 재무제표상에 특정 정보를 선택하여 표시함으로써 정보이용자의 의사결정이나 판단에 영향을 미친다면 그 재무제표는 중립적이라 할 수 없다. 또한 회계정보는 효율적인 자원배분을 유도할 수 있어야 하므로 회계정보를 이용함으로써 발생되는 경제적 효과가 특정 이용자에게 편향되어지는 회계정보를 제공하는 회계기준은 중립적이라 할 수 없다. 따라서 회계정보가 중립성(neutrality)을 유지하기 위해서는 측정방법에 있어 편의(bias)를 줄여야 할 뿐만 아니라 회계기준 자체의 신뢰성을 유지하는 것도 중요하다.

③ 검증가능성

특정 회계정보가 신뢰성을 갖기 위해서는 객관적으로 검증 가능하여야 한다. 검증가능성(verifiability)이란 동일한 경제적 사건이나 거래에 대하여 동일한 측정방법을 적용할 경우 다수의 서로 다른 측정자들이 유사한 결론에 도달할 수 있어야 함을 의미한다. 이러한 회계정보의 특성은 측정방법의 편의보다는 측정자의 편의를 감소시킴으로써 향상시킬 수 있다. 예를 들어 회계정보가 독립된 감사인에 의해 검증되면 회계정보 이용자는 이러한 정보를 보다 신뢰할 수 있을 것이다. 왜냐하면 경영자는 자신의 이익을 위해 회계정보를 조작하려는 측정자 편의를 가질 수 있지만 일반적으로 독립된 감사인은 이러한 측정자 편의가 적기 때문이다.

3) 비교가능성

비교가능성(comparability)이란 정보이용자로 하여금 두 개의 경제현상간에 유사성과 차이점을 식별하게 할 수 있는 정보의 자질을 말한다. 특정 기업에 관한 어떤 정보가 다른 기업에 관한 유사한 정보와 비교될 수 있거나 동일기업에 있어서 어떤 정보가 다른 기간이나 다른 시점의 유사한 정보와 비교될 수 있다면 그러한 정보는 크게 유용하다고 말할 수 있다.

비교가능성을 얻기 위해서는 모든 기업으로 하여금 동일한 회계방법을 사용하게 하고 또한 정확히 동일한 양식으로 정보를 보고하도록 하는 것이 최선의 방법이다. 왜냐하면, 예를 들어 재고자산을 후입선출법으로 평가한 경우와 선입선출법으로 평가한 경우 두 개의 금액은 비교가능성을 가지지 못할 것이기 때문이다.

4) 중요성

회계정보의 중요성(materiality)이란 기업환경에 비추어 회계정보의 생략이나 오기 등이 정보이용자의 판단을 달리하게 하거나 또는 그 판단에 영향을 미칠 정도의 크기를 말한다.

중요성은 양적 중요성과 질적 중요성으로 구분한다. 양적 중요성은 금액에 있어서의 중요성을 말하며 질적 중요성은 금액에 있어서는 무시해도 좋을 만큼 사소한 것이라도 그 사실의 존재 여부가 이용자의 의사결정에 커다란 영향을 미치게 되는 사항들을 말한다. 질적 중요성의 예로 임원 및 주주와의 내부거래, 관계회사와의 내부거래, 재무제표에 영향을 미치는 사항(예:임원의 공금유용) 등에 대해서는 그것이 비록 금액적으로 사소한 것일지라도 이용자의 의사결정에 중대한 영향을 미치는 것으로 판단될 때에는 이를 어떤 방법으로든지 공시해야 한다.

중요성은 회계정보의 기본적 특성을 회계실무에 적용시킬 때 이론과 실무의 차이를 극복하는 실행의 구체적 기준이 된다.

5) 효율성과 이해가능성

효율성과 이해가능성은 회계정보의 질적 특성이라기보다는 회계정보 제공시의 제약조건이라 할 수 있다.

효율성(efficiency)이란 정보제공에 소요되는 비용이 의사결정자가 정보를 제공받음으로써 얻는 효익보다 작아야 한다는 제약이다. 즉 정보이용자에 대한 정보의 효익(benefits)이 정보를 얻는데 소요되는 원가(costs)를 초과한다면 이러한 정보획득과정은 효율적이라 할 수 있다.

이해가능성(understandability)이란 회계정보를 정보이용자들이 이해할 수 있어야 효용이 있다는 것이다. 아무리 목적 적합하고 신뢰할 수 있는 정보라 해도 정보이용자가 이해할 수 없으면 전혀 쓸모없는 정보가 된다. 따라서 기업이 제공하는 회계보고서는 표준화된 양식에 간결하고 보편성 있는 용어로 작성되어야 정보 내용의 이해가능성을 증진시킬 수 있다.

6. 호텔회계공준

회계공준(accounting postulates)은 회계이론을 연역적으로 설명하기 위한 기본적 가정(basic assumption)이다.

회계공준으로는 기업실체의 공준, 계속기업의 공준, 회계기간의 공준, 측정단위의 공준 등을 들 수 있다.

1) 기업실체의 공준

기업실체의 공준(postulate of business entity)은 기업은 기업의 구성원 특히 소유주와는 별도로 기업 그 자체가 독립적으로 존재한다는 가정이다. 따라서 기업이 수행하는 경제활동의 기록·계산 · 보고 등의 회계업무는 소유주나 종사원의 업무가 아니라 기업 그 자체가 수행하는 업무라는 것이다. 기업을 이와 같이 인식할 때 건물·설비·비품 등의 자산은 주주나 출자자의 소유가 되지 않고 기업의 자산이 되며, 자본도 기업의 자본이 되는 것이지 출자자나 주주의 자본이 되는 것은 아닌 것이다.

예를 들면, 호텔소유주가 소유하고 있는 개인 토지는 호텔조직의 자산에 포함되어서는 안 되는 것이다. 뿐만 아니라 기업의 부채도 소유주의 부채와 별개로 보고되어야 한다. 즉, 기업의 자산, 부채, 자본 그리고 기업의 거래만이 회계로 기록되고, 소유주의 개인적인 자산, 부채, 비용 등은 회계로 기록되어서는 안 된다.

2) 계속기업의 공준

계속기업의 공준(postulate of going concern)이란 기업은 목적과 의무를 이행하기에 충분할 정도로 장기간 존속한다고 가정하는 것이다. 즉 기업은 그 경영활동을 청산하거나 중대하게 축소시킬 의도가 없을 뿐만 아니라 그러한 필요성도 없다고 가정한다. 그러나 이 가정은 기업이 영구적으로 영업활동을 수행할 것이라는 의미는 아니며 의도된 활동, 계약 및 매매계약 등을 수행하기에 충분한 기간 동안 안정성과 계속성이 보장된다는 전제이다.

기업을 계속기업으로 파악할 때 기업의 존속기간을 인위적으로 구분하여 회계기록을 마감하고, 일정기간의 경영성과와 일정시점의 재무상태를 파악하여 기업의 이해관계자에게 보고하게 된다. 이와 같은 정기적 회계보고의 필요성 때문에 회계기간의 관습이 발달하여 제도로서 확립되었다. 즉 계속기업의 공준으로부터 회계기간 개념이 정립된 것이다.

3) 회계기간의 공준

회계기간의 공준(postulate of accounting periods)은 기업의 존속기간을 인위적으로 구분하여 회계기간을 설정하고 그 설정한 기간에 따라 회계측정과 보고를 행하는 것을 말한다. 인위적인 회계기간은 정상영업순환주기(normal operating cycle)가 1년 이상인 경우에는 1

년 이상의 기간을 채택할 수도 있으나, 대부분 1년을 채택하고 있다.

그러므로 회계담당자는 계속되는 기업의 영업활동을 인위적인 기간으로 구분하는 셈이 되므로 기업의 거래 또는 사건을 특정 회계기간으로 귀속시키는데 있어 적합성을 고려해야 한다.

4) 화폐단위 측정의 공준

화폐단위 측정의 공준(postulate of monetary measurement)은 기업의 경제활동으로 인해 발생되는 거래나 경제적 사건을 화폐단위로 측정 · 보고하는 것을 말한다. 이는 기업의 경영활동에서 발생되는 수많은 거래나 사건을 의미 있는 정보로 측정·보고하기 위해서는 공통적인 척도가 필요한데 명목화폐단위를 이러한 공통기준으로 사용한다는 것이다. 화폐단위측정의 전제는 시간의 경과에도 불구하고 화폐가치가 비교적 안정적인 것으로 가정한다. 그러나 극도의 인플레이션이나 기타 사유로 인해 명목화폐단위의 사용이 재무정보의 왜곡을 가져오고 나아가 정보이용자의 의사결정을 크게 오도할 가능성이 있다면 보다 적정한 다른 기준을 고려할 수 있다.

7. 호텔회계의 개념

회계개념(accounting concepts)은 회계의 구조상 어디에도 속할 수 있으나, 주로 대차대조표 및 손익계산서계정의 개념을 뜻하는 것으로 재무제표의 구성요소를 말한다. 회계개념으로는 자산·부채·자본·수익·비용 등이 있으며 이것들을 상세히 설명하면 다음과 같다.

1) 대차대조표계정

대차대조표(Balance Sheet: B/S)는 일정시점에 있어서 기업의 재무상태를 나타내는 회계보고서이다. 대차대조표는 기업에 투자된 자금의 운용상태인 자산과 기업자금의 조달원천인 부채 및 소유자지분을 결산일 현재의 잔액으로 표시하는 재무상태표이다.

① 자 산

자산(assets)이란 기업이 소유하고 있는 경제적 자원을 말한다. 즉 자산이란 과거의 거래나 사건의 결과로 특정한 기업이 취득하여 미래에 경제적 효익을 얻게 될 경제적 자원이다.

자산은 유동성에 따라 유동자산과 고정자산, 물리적 실체(physical substance)의 존재 여부에 따라 유형자산과 무형자산, 화폐성 여부에 따라 화폐성자산과 비화폐성자산 등으로 구분한다. 유동성의 판단은 결산일(대차대조표일)로부터 1년기준(one-year rule)이 일반적이며 화폐성 여부란 일정액의 고정된 화폐액으로 표시될 수 있는가의 여부이다.

우리나라 기업회계기준 제12조에 의한 자산의 분류를 살펴보면 [표 3-1]과 같다.

[표 3-1] 자산의 분류

자산	유동자산	당좌자산	현금 및 현금등가물, 단기금융상품, 유가증권, 수취채권, 단기대여금, 미수금, 미수수익, 선급금, 선급비용 등
		재고자산	상품, 제품, 반제품, 재공품, 원재료, 저장품 등
	고정자산	투자자산	장기성예금, 특정현금과 예금, 투자유가 증권, 장기대여금, 장기성매출채권, 투자부동산, 보증금, 이연법인세차 등
		유형자산	토지, 건물, 구축물, 기계장치, 선박, 차량 운반구, 건설중인 자산 등
		무형자산	영업권, 산업재산권, 광업권, 어업권,창업비,개발비 등

대 차 대 조 표

호텔 2004년 3월 31일 현재 (단위:원)

과 목	금 액		과 목	금 액	
자 산			부 채		
Ⅰ. 유동자산		87,100	Ⅰ. 유동부채		39,600
(1) 당좌자산	(68,600)		① 매입채무	12,600	
① 현 금	38,000		② 단기차입금	20,000	
② 유가증권	5,600		③ 미지급금	7,000	
③ 매출채권	25,000				
(2) 재고자산	(18,500)		Ⅱ. 고정부채		45,000
① 상 품	12,000		① 사 채	20,000	
② 제 품	6,500		② 장기차입금	25,000	
Ⅱ. 고정자산		87,500	부 채 총 계		84,600
(1) 투자자산	(5,000)				
① 투자부동산	5,000		자 본		
(2) 유형자산	(69,000)		Ⅰ. 자본금		65,000
① 건 물	50,000		Ⅱ. 자본잉여금		10,000
② 기계장치	19,000		Ⅲ. 이익잉여금		15,000
(3) 무형자산	(13,500)		자 본 총 계		90,000
① 영업권	8,000				
② 특허권	5,500				
자산총계		174,600	부채 및 자본 총계		174,600

[그림 3-4] 특급호텔 대차대조표

② 부 채

부채(liabilities)란 장래 일정한 금액을 일정한 시기에 타인에게 지급할 금전적 의무를 말한다. 부채는 상환일을 기준으로 유동부채와 고정부채로 분류한다. 유동부채(current liabilities)란 결산일로부터 1년 이내에 상환일이 도래하는 부채이며, 고정부채(noncurrent liabilities)는 상환기일이 결산일로부터 1년 이후에 도래하는 부채로 장기부채라고 한다. 기업회계기준에 의한 부채의 분류를 살펴보면 [표 3-2]와 같다.

[표 3-2] 부채의 분류

부 채	유동부채	매입채무(외상매입금, 지급어음), 단기차입금, 미지급금, 선수금, 예수금, 미지급비용, 미지급법인세, 미지급배당금, 유동성장기부채, 선수수익, 부채성충당금, 기타의 유동부채 등
	고정부채	사채, 장기차입금, 장기성 매입채무, 부채성충당금, 이연법인세대 등

③ 자 본

자본(capital)은 기업의 소유주인 주주에게 속하는 지분이며 소유자지분(owner's equity), 주주지분(stockholder's equity), 순재산(net worth), 또는 자기자본이라고도 한다. 자본은 잔여지분(residual interest)으로 기업의 자산에서 경제적 의무인 부채를 차감하고 남는 부분이다. 주식회사 형태인 기업의 경우 자본은 자본금, 자본잉여금, 이익잉여금으로 분류한다. 때로는 자본의 조정항목이 나타나기도 한다. 기업회계기준에 의한 자본의 분류를 살펴보면 [표 3-3]과 같다.

[표 3-3] 자본의 분류

자 본	자본금	보통주자본금, 우선주자본금
	자본 잉여금	주식발행초과금, 감자차익, 자기주식처분이익 등
	이익 잉여금	이익준비금, 기타법정적립금, 임의적립금, 차기이월이익잉여금 또는 차기이월결손금
	자본 조정	주식할인발행차금, 배당건설이자, 자기 주식, 미교부주식배당금, 투자유가증권평가손익, 해외사업환산대(또는 해외사업환산차), 감자차손 또는 자기주식처분손실 등

2) 손익계산서계정

손익계산서(Income Statement: I/S 또는 Profit and Loss Statement: P/L)는 일정기간 동안 기업의 경영성과를 나타내주는 회계보고서이다. 경영성과는 일정기간의 수익과 그 수익을 얻기 위하여 사용된 비용을 대응시켜 계산한다. 수익과 비용의 차액은 기간손익이다. 수익이 비용보다 큰 경우에는 이익이, 비용이 수익보다 큰 경우에는 손실이 나타난다.

① 수 익

수익이란 기업의 주요 경영활동인 재화의 생산·판매, 용역의 제공 등에 따른 경제적 효익의 유입으로서, 이는 자산의 증가 또는 부채의 감소 및 그 결과에 따른 자본의 증가로 나타난다.

수익은 기업의 주요 경영활동의 결과로 발생하였거나 발생할 현금 유입액으로 경영활동의 종류와 당해 수익이 인식되는 방법에 따라 매출액, 수입수수료, 이자수익, 배당금수익 및 임대료 등 다양하게 구분할 수 있다. 기업회계기준에 의한 수익의 분류를 살펴보면 [표 3-4]와 같다.

손 익 계 산 서

호텔　　2005. 1. 1 ~ 2005. 12. 31.　　(단위:원)

과 목	금 액	
Ⅰ. 매 출 액		240,000
Ⅱ. 매출원가		14,5000
Ⅲ. 매출총이익		9,5000
Ⅳ. 판매비와 관리비		49,600
① 급 여	34,000	
② 통신비	1,800	
③ 여비교통비	2,500	
④ 판매수수료	1,800	
⑤ 광고선전비	9,500	
Ⅴ. 영업이익		45,400
Ⅵ. 영업외수익		29,600
① 이자수익	11,700	
② 배당금수익	8,000	
③ 외환차익	4,400	
④ 유형자산 처분이익	5,500	
Ⅶ. 영업외비용		27,200
① 이자비용	16,500	
② 외환차손	5,200	
③ 투자자산 처분손실	5,500	
Ⅷ. 경상이익		47,800
Ⅸ. 특별이익		7,000
① 채무면제이익	3,000	
② 보험차익	4,000	
Ⅹ. 특별손실		
① 재해손실	2,500	2,500
Ⅺ. 법인세비용차감전순이익		52,300
Ⅻ. 법인세비용		10,000
XIII. 당기순이익		42,300

[그림 3-5] 특급호텔 손익계산서

[표 3-4] 수익의 분류

수 익	영업 수익	매출액
	영업외 수익	이자 수익, 배당금 수익, 임대료, 유가증권처분이익, 외화환산이익, 유가증권평가이익, 외환차익, 투자자산처분이익, 유형자산처분이익, 사채상환이익, 지분법평가이익, 법인세환급액 등
	특별 이익	자산수증이익, 채무면제이익, 보험차익 등

② 비 용

비용이란 기업의 주요 경영활동인 재화의 생산·판매, 용역의 제공 등을 위하여 유출된 경제적 효익으로, 이는 자산의 감소 또는 부채의 증가 및 그 결과에 따른 자본의 감소로 나타난다. 기업회계기준에 의한 비용의 분류를 살펴보면 [표 3-5]와 같다.

[표 3-5] 비용의 분류

비 용	영업 비용	매출원가, 판매비와 관리비(급료와 임금, 제수당, 퇴직급여, 봉사료, 복리후생비, 에너지 비용, 세금과 공과, 임차료, 보험료, 지급수수료, 청소위생비, 감가상각비, 무형자산상각비, 여비교통비, 장식비, 소모품비, 수선유지비, 접대비, 광고선전비 등
	영업외 비용	이자비용과 할인료, 사채이자, 기타의 대손상각비, 사채할인발행차금상각, 유가증권평가손실, 재고자산평가손실, 재고자산감모손실, 유가증권처분손실, 투자자산처분손실, 유형자산처분손실, 사채상환손실, 외환차손, 외화환산손실 등
	특별 손실	재해손실 등
	법인세 비용	법인세

8. 호텔회계기준

오늘날의 회계실무는 '일반적으로 인정된 회계원칙'에 의하여 이루어지고 있다. 일반적으로 인정된 회계원칙(Generally Accepted Accounting Principles: GAAP)이란 회계실무의 지침으로 다수의 권위 있는 전문가에 의하여 합의되고 많은 사람들로부터 광범위하게 받아들여지는 회계기준이다. 가장 대표적인 GAAP는 우리나라의 경우 금융감독위원회에서 제정한 기업회계기준이며, 미국의 경우는 재무회계기준심의회(Financial Accounting Standards Board: FASB)에서 발표하는 보고서(statement)이다.

특별히 호텔기업만을 위한 회계기준은 우리나라의 경우 아직 제정되어 있지 않으나, 미국의 경우는 뉴욕시의 호텔협회에서 제정하고 미국호텔·모텔협회에서 승인한 USALI(Uniform System of Accounts for the Lodging Industry)가 마련되어 있다.

1) 기업회계기준

우리나라 회계원칙의 효시는 1958년 6월에 제정된 '기업회계원칙'과 '재무제표규칙'이다. 그 후 1976년 7월과 1981년 1월의 개정을 거치면서 1981년 12월까지 기업의 회계처리의 지침이 되었다. 또한 상장법인을 대상으로 한 '상장법인 등의 회계처리에 관한 규정'과 '상장법인 등의 재무제표에 관한 규칙'이 1974년 7월에 제정되어 1976년 7월 개정되었고 1981년 12월까지 존속하였다.

이익잉여금처분계산서

제 ×기: 2004년 1월1일부터 2004년 12월31일까지

처분확정일: 2005년 2월 25일

호텔주식회사 (단위:원)

과 목	금 액	
Ⅰ. 처분전이익잉여금		2,280,000
1. 전기이월이익잉여금	216,000	
2. 전기오류수정이익	64,000	
3. 당기순이익	2,000,000	
Ⅱ. 임의적립금이입액		260,000
1. 별도적립금	60,000	
2. 배당평균적립금	200,000	
합 계		2,540,000
Ⅲ. 이익잉여금처분액		
1. 이익준비금	120,000	
2. 주주배당금	1,200,000	
3. 임원상여금	180,000	
4. 임의적립금	920,000	
Ⅳ. 차기이월이익잉여금		120,000

결손금처리계산서

제 ×기: 2002년 1월1일부터 2002년 12월31일까지

처분확정일: 2003년 2월 28일

호텔주식회사 (단위:원)

과 목	금 액	
Ⅰ. 처리전결손금		7,300,000
1. 전기이익잉여금	200,000	
2. 전기오류수정이익	500,000	
3. 당기순손실	8,000,000	
Ⅱ. 결손금처리액		7,000,000
1. 임의적립금이입액	4,000,000	
2. 이익준비금이입액	2,000,000	
3. 자본잉여금이입액	1,000,000	
Ⅲ. 차기이월결손금		300,000

[그림 3-6] 특급호텔 이익잉여금처분계산서 / 결손금처리계산서

1981년 12월에 앞서의 네 가지 규정을 통합하여 '기업회계기준'을 마련하여 1982년부터 시행하였다. 기업회계기준은 '주식회사의 외부감사에 관한 법률' 의 규정에 의하여 동법의 적용을 받는 회사의 회계와 감사인의 감사에 통일성과 객관성을 부여하기 위하여 회계처리 및 보고에 관한 기준을 정함을 목적으로 마련되었다. 따라서 아직까지 호텔업만을 위한 별도의 회계기준이 마련되어 있지 않기 때문에 호텔기업도 기업회계기준에 따라 회계 처리할 수밖에 없는 실정이다.

기업회계기준은 증권관리위원회에서 1981년 12월 23일 제정후 총 아홉 차례에 걸쳐 개정되었다. 그러나 정부의 직제개편에 따라 1998년 4월 1일자로 종전 규정을 대부분 그대로 하여 금융감독위원회에서 다시 제정하였으며, 1998년 12월 11일 상당히 많은 부분을 개정하였다. 기업회계기준은 모든 산업을 대상으로 하지만 산업별 특성을 고려하여 업종별 회계처리준칙을 정할 수 있도록 한다. 현재 업종별 기준으로 건설업회계처리준칙, 리스회계처리준칙, 보험업회계처리준칙, 증권업회계처리준칙, 은행업회계처리준칙 등이 마련되어 있다. 본 교재는 대부분 기업회계기준에서 규정하고 있는 내용만을 설명하고 있다.

2) 숙박업 회계처리기준

미국의 호텔회계는 1926년 3월에 마련된 USAH(Uniform System of Accounts for Hotels)로부터 시작되었다. USAH는 호텔기업의 특성에 맞는 회계기준 마련의 필요성에 따라 뉴욕시의 호텔협회(Hotel Association of New York City)에서 제정한 것이다. USAH는 그간 8번에 걸쳐 개정되었으며 1985년 12월 8차 개정 후 1986년부터 시행되었다.

USAH는 1996년 다시 개정되면서 그 명칭이 USALI(Uniform System of Accounts for the Lodging Industry)로 바뀌었으며 미국호텔·모텔협회(American Hotel and Motel Association)에서 승인한 호텔기업의 GAAP로 인정되고 있다.

USALI는 재무제표 작성에 대한 규정을 주로 담고 있으며, 구체적인 회계처리방법은 거의 규정하고 있지 않다. 다만 호텔기업의 특성에 맞추어 재무제표의 양식 등을 통일화하여 규모의 대소나 운영형태의 상이 등에도 불구하고 모든 호텔기업이 적용 가능하도록 하였다.

호텔기업을 위한 대표적인 호텔기준이 USALI이지만, 이외에도 호텔과 관련된 일반적으로 인정된 회계원칙(GAAP)이 있다. 즉 전국레스토랑협회(National Restaurant Association)가 인준 · 채택하고 있는 USAR(Uniform System of Accounts for Restaurants)과 클럽지배인협회(Club Managers Association)가 채택하고 있는 USAC(Uniform System of Accounts for Clubs) 등도 호텔기업과 관련된 회계원칙이다.

3) 우리나라 호텔회계제도

미국의 경우는 앞서 설명한 바와 같이 1926년 3월부터 통일된 호텔업 회계처리기준인 USALI가 마련되었으나, 우리나라의 경우는 아직까지도 호텔업을 대상으로 한 업종별 회계처리기준이 마련되지 않은 상태이다. 따라서 호텔회계제도는 통일화되지 못하고 기업마다 상이한 제도를 이용하고 있는 실정이다. 우리나라 호텔회계제도의 적용실태를 보면 다음의 5가지로 분류할 수 있다.

① USALI를 도입하여 채택하고 있는 호텔

이런 호텔들은 대부분 외국과의 합작호텔 또는 경영기술도입계약을 체결한 호텔이다.

② 기업회계기준에 따르는 호텔

주식회사의 외부감사에 관한 법률의 적용을 받는 외부감사대상 호텔들로 대부분의 국내 호텔들이 기업회계기준을 따르고 있다.

③ USALI와 기업회계기준을 혼용하고 있는 호텔

기업회계기준에 따라 회계처리를 하나 USALI에 의한 계정의 분류 및 부속명세서의 작성등 호텔기업의 특성에 맞도록 수정·보완된 회계제도를 이용하는 호텔들이다.

④ 세법상의 규정에 따르는 호텔

소규모의 호텔들로 세법상의 회계처리규정을 주로 채택하는 호텔이다. 소규모 호텔의 경우에는 경영자들이 법인세·소득세의 계산에 지대한 관심을 갖고 있어 회계처리방법을 애초 세법에 맞추고 있다.

⑤ 호텔기업 자체 회계제도를 개발·사용하고 있는 호텔

특급호텔에서 풍부한 경험 및 실력을 갖춘 회계전문가가 호텔기업 특성에 맞는 자체 회계제도를 개발하여 사용하고 있는 경우이다. 이 경우는 신축호텔 등에서 볼 수 있다.

우리나라 몇몇 특급 호텔에서 실제로 채택하고 있는 호텔회계제도를 살펴보면 다음과 같다.

① 롯데호텔

日本國 롯데物流(주) 등이 전액 출자하여 외국인투자법인으로 등록된 호텔로 미국의 Uniform System을 자체 호텔 특성에 맞도록 조정해서 쓰고 있다.

② 신라호텔

삼성그룹이 일본의 니쇼이와이(주)외의 4개의 일본 회사와 합작 투자한 호텔로 일본의 오쿠라호텔(Okura Hotel)과 기술도입계약은 물론 회계제도까지도 오쿠라호텔의 방법을 적용하고 있다.

③ 쉐라톤워커힐호텔

선경 그룹이 미국의 ITT Sheraton Co.와 쉐라톤 레저베이션 서비스계약을 체결하여 호텔운영에 관한 기술협력을 제공받고 있는 호텔로 미국의 Arthur Yong Co. 한국지사에 의뢰하여 만든 회계제도를 쓰고 있다.

④ 서울그랜드하야트호텔

서울미라마주식회사가 홍콩의 Hyatt Technical Service Co., Ltd.에 위탁하여 운영되고 있는 호텔로 호텔경영 및 호텔회계제도 모두 Hyatt International 것을 쓰고 있다.

⑤ 서울프라자호텔

한화그룹과 일본 마루베니(주)와의 합작법인으로 일본 Tokyo Prince Hotel의 회계제도를 쓰고 있다.

이와 같이 호텔로 회계처리기준이 상이하기 때문에 기업간 비교나 국제간 비교 및 경영합리화를 위하여 보다 유용한 회계정보를 제공하지 못하고 있는 형편이다. 기업회계기준은 주로 제조업 · 판매업을 대상으로 한 기준이기 때문에 호텔기업만의 특성을 제대로 반영하지 못하고 있다. 호텔기업의 거대화 및 호텔산업의 발전에 따라 조속히 통일된 호텔업회계처리기준이 마련되어야 할 필요성이 절실하다. 통일된 호텔업회계처리기준을 마련하여야 하는 이유를 보다 구체적으로 살펴보면 다음과 같다.

- · USALI의 내용 수용으로 국제간 비교 가능
- · 호텔기업의 특성을 고려한 기준 마련
- · 호텔기업의 국제화·거대화에 대비
- · 호텔회계실무 담당자를 위한 회계처리기준의 정립
- · 재무제표의 이해가능성·비교가능성 증대
- · 호텔기업의 기업공개 유도
- · 경영관리활동에의 정보능력 증대
- · 호텔산업의 통계 및 연구자료의 통일화
- · 정부의 정책수립 및 학계의 연구에 기여

호텔산업의 발전에 맞추어 이제는 업종별 회계기준의 하나로 · 호텔업회계처리준칙 · 이 마련되어야 할 것이다. 이 기준은 USALI의 재무제표의 양식과 기업회계기준이 조화를 이룰 수 있도록 하여야 하며, 호텔산업의 특성에 따른 부분적인 항목들(예: service charge, 직물류, glass 및 silver류 등)에 대한 구체적인 평가기준을 마련하여야 할 것이다.

제2절 호텔회계 업무의 실제

1. 호텔회계부서의 조직도

호텔회계부서의 조직도를 살펴보면 [그림 3-7]과 같다. 호텔의 규모와 채택하고 있는 회계시스템의 종류에 따라 다소 차이는 있으나 [그림 3-7]은 일반적인 특급호텔회계부서의 조직도로 재경부 이사 아래에 재경부 차장 그리고 여신, 수입심사, 경리, 자재 관리, 원가관리 및 정보 기술을 담당하는 팀장들과 직원들로 구성되어 있다. 여신 담당 직원은 여신과 외상매출 담당자로 구성되어있으며 경리 담당 직원은 급여, 소액 현금 관리 캐셔, 외상 매입 및 고정자산 담당자로 구성되어 있다.

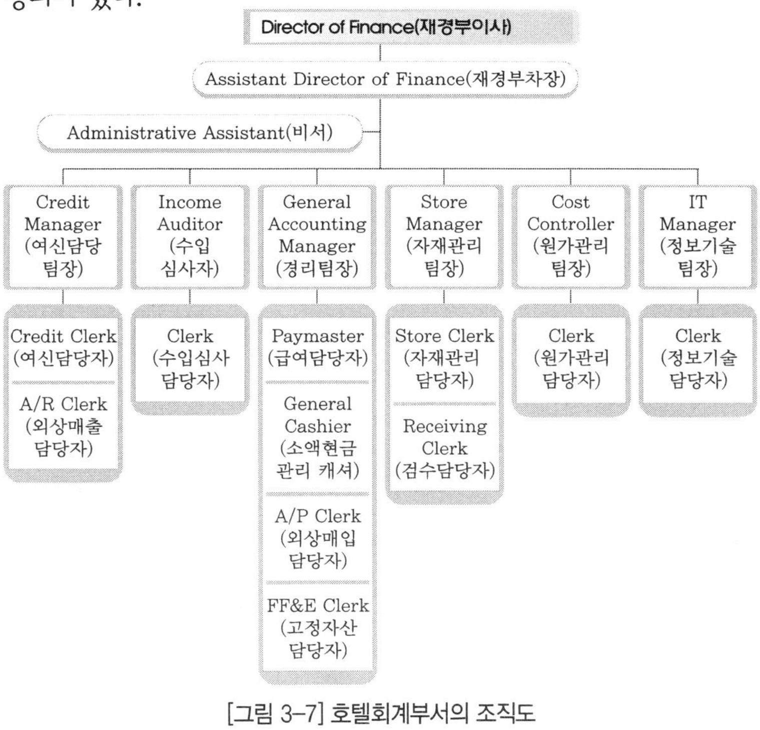

[그림 3-7] 호텔회계부서의 조직도

(자료 : 'H' 특급 호텔 상무이사와의 인터뷰 내용으로 저자 작성)

또한 자재 담당 직원은 자재 관리 및 검수 담당자로 구성되어 있다. 호텔회계 부서의 명칭은 호텔마다 조금씩 차이가 있으며 대부분 경리부 또는 재경부로 불려지고 있다.

2. 호텔회계부서의 주요업무

호텔회계부서는 경리 업무뿐만 아니라 다양한 업무를 함께 수행하고 있다. 일반적으로 특급호텔회계부서에서 처리하고 있는 업무를 구체적으로 살펴보면 다음과 같다.

① 여신 관리 업무
불량채권 처리 업무 및 신용 결제에 따른 청구서 작성 및 확실한 회수를 위해 철저한 사전 · 사후관리를 한다.

② 외상매출 관리 업무
호텔에서 외상으로 판매한 각종 상품과 서비스에 대한 청구서 작성 및 세금계산서를 발행한다.

③ 수입심사 업무
전일 발생한 각 영업장의 당일 매상보고서를 근거로 매상고와 명세가 일치하는가를 검사하고, 누락 및 오류된 자료가 없는가를 감사한다.

④ 급여 관리 업무
호텔 종사원들의 급료와 임금뿐만 아니라 퇴직금·상여금·휴가비·복리후생비등을 관리한다.

⑤ 소액 현금 관리 업무
호텔내의 모든 업장에서 하루 영업 중에서 발생한 현금의 입금 및 출금을 관리한다.

⑥ 외상매입 관리 업무
식음료 외상매입과 같이 호텔에서 지불해야 하는 외상매입금과 관

련된 출납 업무를 한다.

⑦ 고정자산 관리 업무

호텔 건물, 구축물, 비품 및 차량 운반구 등 고정자산을 관리한다.

⑧ 자재 관리 및 검수 업무

적정 재고수량과 필요한 신규 구매량을 파악하고 현품이 주문한 내용과 일치하는가를 확인한다.

⑨ 원가관리 업무

일일 식자재의 단가와 금액을 계산하여 그날의 소비 식재료 원가를 파악한다.

⑩ 정보기술관리 업무

호텔의 프론트, 식음료 업장, 객실 및 기타 부문의 영업 정보 및 효율적 운영을 위한 전산 시스템을 관리한다.

⑪ 총괄회계관리 업무

회계 연도 말에 회계기간 중 발생한 모든 계정기록을 계산 정리하는 결산 총괄 업무를 한다.

3. 객실회계

객실 부문에서 객실 판매와 관련된 회계 처리를 다루는 영역으로 예전에는 프론트 데스크에 객실부문의 회계처리를 담당하는 직원인 프론트오피스 캐셔(front office cashier)가 있었으나 근래에 와서는 신속한 서비스와 업무의 효율화를 위해 프론트 데스크 전 직원이 HIS, FIDELIO와 같은 호텔 정보 시스템 프로그램이 내장된 호텔전산시스템기기를 이용하여 객실 예약, 숙박 등록 및 캐셔(cashier) 업무를 함께 처리하고 있다. 프론트 데스크 직원들이 수행하고 있는 캐셔 업무를 보다 구체적으로 살펴보면 다음과 같다.

① 고객 원장을 개설한다.

고객이 호텔 프론트에서 숙박 등록 절차를 마치면 프론트 데스크 직원은 숙박등록카드의 기재 내용을 컴퓨터에 입력하여 각 고객의 원장을 만든다. 이것을 고객 원장이라고 하며 여기에는 객실 매출, 봉사료, 부가가치세 및 세탁비와 같이 고객이 투숙기간 중 전 영업부문에서 발생시킨 거래금액이 기입된다. [그림 3-8]은 특급 호텔 고객 원장의 예로 투숙객이 이용한 객실 요금, 전화 요금, 룸서비스 요금 및 서비스 요금과 부가가치세액이 기재되어 있다.

② 정산 업무를 수행한다.

고객이 퇴숙하고자 할 때 호텔전산시스템기기를 이용하여 고객원장에 기록되어 있는 모든 청구 금액을 정산하고 고객이 타 업장을 이용한 적이 있는가를 확인한 후 최종 정산을 한다.

③ 환전 업무를 수행한다.

호텔 투숙 고객이 보유하고 있는 외국환 통화 및 여행자 수표를 환율에 따라 원화로 교환해 주는 업무를 수행한다.

④ 시재금을 관리한다.

호텔은 정상적인 영업 수행을 위해 영업에 필요한 일정액의 현금을 보유하고 있어야 하는데 이것을 시재금이라고 한다.

[그림 3-8] 고객 원장

GUEST ACCOUNT

Room	Rate	Arrive	Depart	Folio No	# Of Guest	Clerk	Page
1054	490,000	5/02/02	5/03/02	534937	1	HYO	1

DEWIT, SEVERIN MR
ONE ROPEMAKER ST
LONDON,
EC2Y955

A-STANDARD FOLIO

DATE	DESCRIPTION			REFER-ENCE	AMOUNT
5/02/02	INTERNATIONAL CALL 2117/00134660122136	1054		22272005	13,520
5/02/02	ROOM SERVICE 22:11	1054		5614	45,375
5/02/02	INTERNATIONAL CALL 2331/00134932211000	1054		22447001	2,710
5/02/02	INTERNATIONAL CALL 2332/00134660122136	1054		22449001	2,710
5/02/02	INTERNATIONAL CALL 2334/00134932211000	1054		22453001	2,710
5/02/02	MOBIL PHONE	1054		22516001	440
5/02/02	ROOM REVENUE	1054		78	490,000
5/02/02	SERVICE CHARGE ON RM	1054		79	49,000
5/02/02	SVC TAX	1054		80	4,900
5/02/02	LAUNDRY 09:09	1054		1806	159,060
5/03/02	ROOM SERVICE 09:09	1054		5651	63,525
5/03/02	HONOR BAR	1054		134	16,500
5/03/02	CASH PAID OUT SENDING	1054		902	100,000
5/03/02	AMERICAN EXPRESS 020515690	1054		919	961,270CR
C/O Clerk	HYO Time-9:48 * BALANCE DUE *				

· 10% SERVICE CHARGE AND 10% V.A.T WILL BE ADDED.

SIGNATURE

· I AGREE THAT LIABILITY FOR THIS BILL IS NOT WAIVED AND AGREE TO BE HELD PERSONALLY LIABLE IN THE EVENT THAT THE INDICATED PERSON, COMPANY OR ASSOCIATION FAILS TO PAY FOR ANY PART OR THE FULL AMOUNT OF THESE CHARGES.

BILL TO:

[그림 3-9] 시재금

시재금은 업장별로 호텔별로 책정 금액이 조금씩 다르나 만원권부터 10원짜리 동전까지 골고루 준비한다. [그림 3-9]는 한 특급 호텔 시재금의 예이다.

⑤ 일일 보고서를 제출한다.

프론트 데스크 매니저는 컴퓨터 시스템에 의해 자동으로 처리된 매니저 일일 보고서를 총지배인, 객실 지배인, 마케팅 팀장, 재경부 팀장에게 제출한다. 매니저 일일 보고서에는 하루 동안 판매된 객실수, 객실 점유율, 평균 객실가격 등이 기재된다. [표 3-6]은 특급 호텔 일일 보고서의 예이다.

⑥ 자금 봉투(fund deposit envelope)를 보낸다.

입금된 통화와 수표를 비교하여 그 명세를 봉투에 적고 봉합하여 제너럴 캐셔(general cashier)에게 보낸다. 자금 봉투의 앞면에는 현금의 수량과 금액을 뒷면에는 수표 발행은행명, 수표번호 및 수량과 금액을 기재한 후 담당 캐셔의 서명과 확인자의 서명을 날인하여 제출하게 된다.

[표 3-6] 매니저 일일 보고서

RUN DATE :5/03/02
RUN TIME : 4:02:13
REPORT DATE : 5/02/02

OCCUPANCY STATISTICS					
	CURRENT			LAST	
	TODAY	P-T-D	FISCAL YTD	TODAY	P-T-D
TOTAL ROOMS	505	1010	61610	507	1014
VACANT/INSPECTED	66	201	11383	52	121
VACANT/CLEAN	2	3	24	1	1
VACANT/PICK UP	0	79	1	0	0
VACANT/DIRTY	1	1	91	0	0
OUT OF ORDER	29	62	9781	16	25
ROOMS RENTED	407	742	40252	438	867
% OF TOTAL ROOMS	80.6%	73.5%	65.3%	86.4%	85.5%
HOUSE USE ROOMS	12	22	721	12	25
% OF TOTAL ROOMS	2.4%	2.2%	1.2%	2.4%	2.5%
% OF ROOMS RENTED	3.0%	3.0%	1.8%	2.7%	2.9%
COMP ROOMS	0	0	152	2	9
% OF TOTAL ROOMS	0%	0%	.3%	.4%	.9%
% OF ROOMS RENTED	0%	0%	.4%	.5%	1.0%
NON-COMP/HSE USE ROOMS	395	720	39379	424	833
% OF TOTAL ROOMS	78.2%	71.3%	63.9%	83.6%	82.2%
% OF ROOMS RENTED	97.1%	97.0%	97.8%	96.8%	96.1%
GUEST IN-HOUSE	540	964	52960	608	1197
AVG. GUESTS/ROOM	1.3	1.3	1.3	1.4	1.4
COMP # OF GUESTS	0	0	226	4	13
AVG. RATE/ROOM W/COMPS	288,107	282,565	238,790	251,551	251,233
AVG. RATE/GUEST W/COMPS	216,766	217,126	181,280	183,809	184,427
AVG. SALES/ROOM W/COMPS	507,811	528,913	455,777	515,566	443,893
AVG. SALES/GUEST W/COMPS	382,067	406,422	346,008	376,726	325,857
AVG. RATE/ROOM WO/COMPS	288,107	282,565	239,711	252,738	253,947
AVG. RATE/GUEST WO/COMPS	216,766	217,126	182,070	185,079	186,541
AVG. SALES/ROOM WO/COMPS	507,811	528,913	457,536	517,998	448,689
AVG. SALES/GUEST WO/COMPS	382,067	406,422	347,516	379,328	329,593
MISC. STATISTICS					
	CURRENT			LAST	
	TODAY	P-T-D	FISCALYTD	TODAY	P-T-D
ARRIVALS	151	303	16133	142	306
DEPARTURE	75	161	15953	139	266
NUMBER OF NO-SHOWS	4	16	446	7	10
% OF TOTAL ROOMS	.8%	1.6%	.7%	1.4%	1.0%
% OF TOTAL ARRIVALS	2.6%	5.0%	2.7%	4.7%	2.0%

4. 식음료 회계

식음료 영업은 식당, 음료 및 주류 영업장, 연회장에서 이루어지고 있으며 호텔마다 갖추고 있는 식음료 시설의 종류와 수준은 상이하다. 위와 같은 식음료 업장에서 발생되는 식음료판매와 관련된 회계처리를 다루는 영역이 식음료 회계이다. 식음료 업장의 회계 담당자를 식음료 캐셔라고 하며 다음과 같은 업무를 수행한다.

① 계산서(bill)를 발행한다.

웨이터나 웨이트리스가 고객으로부터 주문을 받아 주문서를 작성하여 캐셔에게 전달하면 캐셔는 주문서를 근거로 식음료회계기를 이용하여 계산서(bill)를 작성한 후 인쇄하여 웨이터나 웨이트리스를 통해 고객에게 제시한다.

[그림 3-10]은 특급 호텔식음료 업장에서 발행한 계산서로 식료 또는 음료명과 서비스 요금 및 부가가치세가 명기되어 있다.

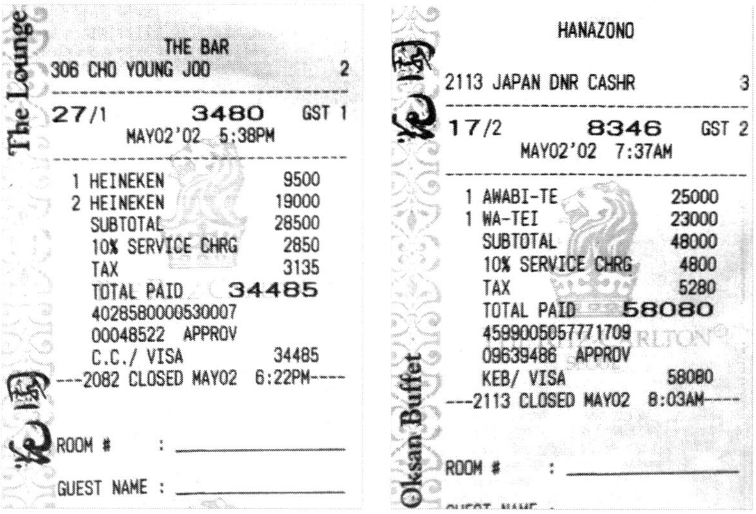

The Lounge

THE BAR
306 CHO YOUNG JOO 2
27/1 3480 GST 1
MAY02'02 5:38PM
1 HEINEKEN 9500
2 HEINEKEN 19000
SUBTOTAL 28500
10% SERVICE CHRG 2850
TAX 3135
TOTAL PAID 34485
4028580000530007
00048522 APPROV
C.C./ VISA 34485
---2082 CLOSED MAY02 6:22PM----
ROOM # :
GUEST NAME :

HANAZONO
2113 JAPAN DNR CASHR 3
17/2 8346 GST 2
MAY02'02 7:37AM
1 AWABI-TE 25000
1 WA-TEI 23000
SUBTOTAL 48000
10% SERVICE CHRG 4800
TAX 5280
TOTAL PAID 58080
4599005057771709
09639486 APPROV
KEB/ VISA 58080
---2113 CLOSED MAY02 8:03AM----
ROOM # :

Oksan Buffet

(a) 바 업장의 계산서　　(b) 식당의 계산서

[그림 3-10] 식음료업장의 계산서

② 정산 업무를 수행한다.

고객이 식사 후 직접 식음료 캐셔(food & beverage cashier)에게 가서 계산서를 제시하고 요금을 정산하거나 또는 테이블에서 웨이터나 웨이트리스를 통해 정산할 수 있다.

③ 시재금을 관리한다.

업장별로 호텔별로 책정 금액이 조금씩 다르나 시재금을 만원권부터 10원짜리 동전까지 골고루 준비한다.

④ 일일매출보고서를 제출한다.

업무를 종료할 때 식음료 캐셔(food & beverage cashier)는 컴퓨터 시스템에 의해 자동으로 처리된 식음료 업장별 일일 매출보고서를 경리부(재경부)로 제출한다. 이 보고서에는 총매출액, 서비스 요금, 세금 및 할인 요금이 표시된다. 또한 입금된 통화와 수표를 비교하여 그 명세를 봉투에 적고 봉합하여 제너럴 캐셔(general cashier)에게 보낸다.

5. 기타 회계

호텔내의 기타 영업 부분과 관련된 회계처리를 살펴보면 다음과 같다.

1) 미니 바(mini bar) 회계

호텔에 따라서 아너 바(honor bar)로 불리기도 하는데 룸 메이드(room maid)는 매일 오전 체크아웃(check-out)시간 직전에 각 객실별 미니바(mini bar) 이용 상황을 체크하여 프론트 직원에게 통보하거나 호텔에 따라서 직접 객실에서 룸 메이드(room maid)가 전기를 하기도 한다. 프론트 데스크 직원에게 통보를 하는 경우 프론트 데스크 직원은 고객이 사용한 미니 바(mini bar) 품목을 고객계정(guest accounting)에 전기하여 고객이 퇴숙할 때 정산하도록 한다.

2) 전화 수입회계

전화수입은 시내전화, 시외전화, 국제전화로 구분되며 시내전화 요금은 호텔의 자동도수기 장치에 객실별로 요금이 기록된다. 시외전화와 국제전화는 call accounting system interface를 통해 자동적으로 고객계정(guest accounting)에 전기되기도 하고 경우에 따라서는 교환원이 고객의 요청에 따라 전화를 연결시키고 시간당 통화요금을 계산하여 계산서(bill)를 프론트 데스크 직원에게 제출하여 퇴숙시 객실 요금과 함께 정산하도록 한다.

3) 팩스와 텔렉스(Fax&Telex) 수입회계

고객이 호텔의 팩스(fax)와 텔렉스(telex) 기계를 사용하면 담당자는 계산서(bill)를 작성하여 프론트 데스크 직원에게 보내 고객계정(guest accounting)에 전기하도록 한다.

4) 세탁 수입회계

세탁수입은 일반 세탁(laundry), 드라이클리닝(dry cleaning), 다림질(pressing)에서 발생하며 대상 고객은 투숙객 및 외래객으로 구분할 수 있다.

① 투숙객의 세탁물

세탁봉투(laundry bag)에 신청서와 함께 세탁물을 넣어 세탁소로 보낸다. 세탁소에서는 세탁물을 수거한 후 계산서(bill)를 작성하여 프론트 데스크 직원에게 보내 고객계정(guest accounting)에 전기시키도록 한다.

② 외래객의 세탁물

외래객이 세탁물을 호텔 세탁소에 접수하면 세탁물 접수원은 보관증을 작성하여 고객에게 제시한다. 세탁 완료 후 접수원은 고객으로부터 세탁 보관증을 회수하고 캐셔(cashier)가 작성한 계산서(bill)를 제시하여 요금을 수납 받는다.

5) 주차장 수입회계

고객이 주차장 입구에 도착하면 주차 정리원은 타임펀치(time punch)를 해서 주차권을 전달한다. 운전자는 주차 후 출구를 통해 나가고자 할 때 타임 펀치된 주차권을 캐셔(cashier)에게 제출하면 캐셔(cashier)는 주차시간을 계산하여 주차권에 액수를 적는다. 운전자는 주차 요금을 지불하고 캐셔(cashier)는 영수증을 교부한다. 마감시 캐셔(cashier)는 주차권을 근거로 하여 일보를 작성하고 이를 재경부에 제출한다.

6. 호텔전산회계시스템

호텔산업은 인적서비스의 의존도가 높은 산업으로 컴퓨터 시스템을 도입하여 업무를 전산 처리하는데 많은 제약이 있는 산업이다. 그러나 최근에는 호텔의 규모가 방대해지고 인건비 부담을 줄이고자 다른 산업과 마찬가지로 호텔기업도 컴퓨터를 도입한 전산업무 처리 시스템을 도입하고 있다.

호텔의 전산 시스템은 인터페이스 시스템(interface system)을 주축으로 구성되어 있다. 호텔에서 지원되고 있는 인터페이스 시스템(interface system)에는 POS, PABX, mini bar charge, room movie charge, energy management, central reservation system 등이 있다. 호텔전산회계 시스템은 인터페이스 시스템(interface system)의 지원으로 각 업장에서 사용되고 있는 회계기를 통해 중앙 컴퓨터로 집계된 자료를 이용하여 각 업장별 매출, 영업 분석, 급여 관리 및 여신관리 등을 처리할 수 있도록 프로그램화된 시스템을 말한다. 따라서 호텔 업무는 이러한 전산 시스템을 바탕으로 보다 효율적으로 신속하게 처리될 수 있는 것이다.

호텔전산회계정보시스템은 일반적으로 외상매출 관리모듈, 외상매입채무 관리모듈, 총계정원장 관리모듈 및 재무보고서 시스템으로 구분할 수 있으며 필요성에 따라 회계패키지내의 응용 소프트웨어를 통합해서 구입할 것인가 아니면 나누어서 구입할 것인가를 결정할 수 있다. 좀 더 구체적으로 살펴보면 다음과 같다.

① 외상매출 관리모듈

고객에게 외상 판매한 객실 숙박료 및 식음료 비용을 관리하는 모듈로서 고객계정의 유지, 계산서 처리, 받을 계정 보고서 및 회계 감사 보고서를 산출한다.

② 외상매입채무관리 모듈

호텔에서 사용되는 물품의 외상 매입과 관련된 회계 내용을 관리하는 모듈로서 식음료 거래업체 송장 관리, 거래업체 지급 할인기간 조절, 총채무 파악 등의 기능을 수행한다.

③ 총계정원장 관리모듈

외상매출 및 외상매입채무 관리를 기준으로 호텔재무경영의 균형을 파악하여 월말 결산을 관리하는 모듈로서 호텔경영에 중요한 자료가 된다.

④ 재무보고서 시스템

월말 결산 후 대차대조표와 손익계산산서 등의 재무제표를 작성하는 시스템으로 호텔기업의 경영 분석에 참고가 되는 중요한 자료이다.

4장.

호텔안전관리

호텔을 경영하는 데 있어서 여러 가지 책임이 있지만 고객의 재산과 생명, 호텔의 재산 등의 보호를 위해 안전을 위한 프로그램이 있어야 한다. 이 안전프로그램(security program)은 경영방침에 따라 세워지게 되나 일반적으로 호텔의 안전관리 목적은 호텔 시설물 등의 재산보호, 고객의 재산과 생명 등의 신변보호 등이다.

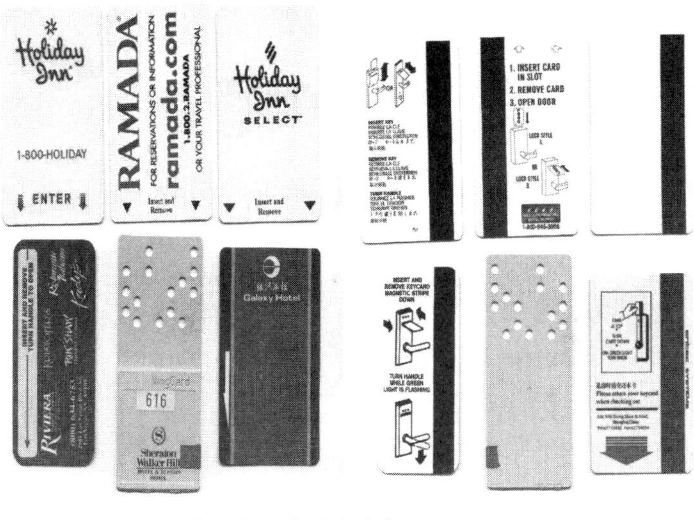

[그림 4-1] 객실 열쇠- Card key

4장. 호텔안전관리

제1절 객실의 안전

객실의 안전설비는 고객을 위하여 안전하고 쾌적한 환경의 유지가 도모되어야 한다. 객실은 연중무휴의 영업이라는 가혹한 조건에서 안전기능은 항상 완전해야 한다.

객실은 범죄활동의 표적이 될 수 있는 곳으로 객실의 비품, 소모품, 투숙객의 소지품 등이 분실 또는 도난이 발생하지 않도록 보안관리를 철저히 해야 한다.

객실의 화재, 도난, 고객의 안전사고 등을 예방하기 위한 설비는 다음과 같으며 항상 그 기능이 정상적으로 작동될 수 있도록 관리해야 한다. 이러한 설비는 객실상품의 구성요소로 작용하는 것으로 고객의 재산과 생명을 보호하는 안전설비이다.

① 연기 감지기
② 열 감지기
③ 스프링클러
④ 자동방화문
⑤ 비상등, 비상구, 유도등
⑥ 방화 셔터
⑦ 대피안내도
⑧ 비상계단
⑨ 비상긴급전화 및 방송
⑩ 완강기, 피난밧줄
⑪ 감시카메라, 비상벨
⑫ Door chain, spy hall
⑬ 욕실의 안전 손잡이, 고무매트 등
⑭ 귀중품 안전금고

제2절 고객의 재산보호

호텔은 고객의 재산을 보호해야 할 책임이 있으므로 고객이 호텔에 머무는 동안에 귀중품이나 소지품이 도난당하거나 분실되면 고객과 호텔 모두 손실을 잃게 된다.

고객이 체크인(check in)할 때 반드시 안전에 관한 유의사항, 귀중품을 호텔의 안전한 금고에 보관하여 줄 것을 요청해야 한다. 호텔에서 안전대책을 강구하여 고객 재산의 도난예방을 미연에 방지할 수 있도록 해야 하며 교육 및 안전설비를 충분히 갖추도록 해야 한다.

고객의 희망에 따라 귀중품을 보관할 수 있는 프런트나 객실에 안전금고를 설치하여 안심하고 편안한 투숙이 이루어지도록 해야 한다. 고객이 귀중품을 관리할 수 있는 안내문이나 약관을 확인하는 고객이 적으므로 체크인시 구두로 안내하여 주는 것이 필요하다.

일반적으로 호텔에서 일어날 수 있는 고객 재산 도난의 경우를 다음 3가지로 구분하여 볼 수 있다.

1) 내부의 도난예방

① 호텔종사원을 채용하기 전에 인적사항 및 신원조회를 실시하는 것이 바람직하다.

② 룸메이드, 벨맨, 영선공, 룸서비스 등의 종사원이 객실 출입시는 일시, 성명, 객실번호, 용무 등을 기록한다.

③ 열쇠관리를 철저히 해야 하며, 룸메이드가 사용하는 패스키는 반드시 사용후 반환하도록 해야 하며, 특히 마스터 키는 사용 명세를 기록한다. 열쇠의 사용에는 긴급명령을 받은 자 외에는 누구나 사용할 수 없도록 규정을 만들어야 한다.

④ 객실복도에 서성거리는 수상한 사람을 발견하면 즉시 해당부서에 신고하여 조치를 취하도록 한다.

⑤ 객실출입정보를 확인할 수 있는 객실 IC 카드키 정보시스템을 구축하는 것이 바람직하다.
⑥ 객실 및 복도 출입자를 확인할 수 있는 무인감시카메라를 설치하고 이용하는 것이 바람직하다.

2) 외부의 도난예방

① 고객을 노리는 불량배가 있을 수 있으므로 고객의 인적사항을 알려주어서는 안 된다. 전화안내시 객실번호만 알고 고객의 이름이나 행방을 알려고 하는 문의는 절대 알려 주어서는 안 된다.
② 룸크럭은 고객을 민감하게 식별하여 객실 키를 본인이 아닌 타인에게 잘못 전해 주어 사고가 발생하지 않도록 해야 한다.
③ 현관 근무자는 로비를 배회하는 수상한 자를 관찰하여 프런트 지시 없이 객실로 올라가지 못하도록 한다.
④ 엘리베이터를 이용하지 않고 비상구 등 계단을 이용하는 사람은 요주의 인물로 간주하고 주의 깊게 관찰해야 한다.
⑤ 전문적인 좀도둑은 열쇠를 획득한 후 다시 그 객실에 투숙하려는 경우가 있으므로 분실된 객실번호 열쇠의 이력을 기록하여 관리해야 한다. 이러한 도난을 예방하기 위해 주기적으로 door lock을 교체하는 것이 좋다.
⑥ 첨단 카드키시스템을 구축하는 것도 바람직하다.

3) 투숙객의 도난예방

① 예약없이 투숙하는 고객 중 간혹 좀 도둑이 있으므로 등록시 여권 및 주민등록증의 인적사항을 정확히 기록하도록 한다.
② 등록시 룸크럭, 벨맨 등은 수화물의 수량과 이상여부를 확인하며 룸메이드는 객실내 펼쳐져 있는 고객의 물건상황을 세밀히 관찰하여 이상한 점이 있을 때는 즉시 보고한다.
③ 투숙한 고객이 열쇠를 반환하지 않고 체크아웃하였을 때는 고객의 인적사항, 성명, 객실번호 등의 참조사항을 파악하여 기록한다. 열쇠를 분실하였을 때는 즉시 door lock을 교체한다.

④ 열쇠는 재산보호의 일차적인 관건이므로 항상 열쇠의 행방을 확인해야 하며 체크아웃시 최종 확인해야 한다.
⑤ 고객에 의한 도난사고는 외출할 때 객실문을 완전히 잠그지 않음으로서 발생하므로 수시 순찰하여 열려있는 문을 닫아 주어야 한다. 자동열쇠 장치를 부착하면 효과적이다.

제3절 호텔의 출입자 통제관리

호텔은 객실 및 부대시설을 이용하는 고객뿐만 아니라 일반대중에게도 공공시설을 개방하고 있다. 로비와 주차장이 그 예이며 출입이 많은 로비는 항상 안전 문제가 대두된다.

호텔은 이러한 공공지역의 안전 감시대책을 세워 놓아야 불의의 사고를 미연에 예방할 수 있다. 그리고 객실과 복도는 투숙객에게만 공개되는 장소이므로 호텔 직원과 방문객을 제외하고는 출입을 제한시킬 필요가 있다. 제한지역에 외부인이 무단 침입하는 경우는 호텔에서 강제 퇴장시킬 수 있으며 이에 불응시는 경찰서에 신고하여 퇴장시킬 수 있다. 따라서 고객의 전용 이용 공공장소에 의심이 가는 외부인의 출입이 없도록 안전관리를 철저히 해야 한다.

제4절 객실의 열쇠관리

호텔은 살인범, 강간범, 도둑, 정직하지 못한 종사원, 비양심적인 고객들과 같은 범법자들의 활동무대가 되기 쉬운 약점을 갖고 있다.

호텔의 규모와 대소에 관계없이 호텔은 범법자들의 이상적인 표적이며 지금까지 범법행위가 많은 곳이다. 열쇠를 반납하지 않는 고객이나 호텔의 잘못된 보안조치로 인하여 열쇠를 많이 소비하는 곳이 호텔이므로 고객이 사용하는 열쇠관리는 매우 중요하다.

열쇠관리규정을 만들어 기록을 유지하는 것이 좋으며, 카드식으로 열쇠를 조작하는 자물쇠를 설치하는 것도 좋은 방법이다.

제5절 화재관리

호텔에 투숙하는 고객들은 의식적이건 무의식적이건 머무는 동안에 안전한 환경속에서 지내기를 바란다. 호텔의 안전방화관리는 호텔의 안전유지와 고객의 재산과 생명을 보호하는 측면에서 매우 중요하며 화재를 예방하고 비상시에 대비한 소방훈련 등 화재안전관련 소방시설의 사용법을 숙지하는 곳이 좋다. 객실에 설치되는 커텐, 카페트, 내장재, 실내장식물은 반드시 불연재를 사용하도록 한다.

1) 소화설비

소화설비는 물 밖의 소화약제를 사용하여 소화를 행하는 기계, 기구 또는 설비로 호텔의 시설내부에 소화기, 옥내소화전, 스프링클러 등이 있다.

① 소화기

소화기는 가장 간편한 소화설비로 다중이용시설에는 설치가 의무화되어 있고, 화재의 초기 단계에 가장 효과를 발휘한다. 호텔의 각 층마다 보행거리가 20~30미터이내에 소화기를 설치해야 한다. 소화기는 사람의 눈에 잘 띄고 갑자기 화재를 당했을 때 사용 가능 장소에 배치되어야 한다. 법적인 설치 대상은 건축 연면적이 33m² 이상이다.

② 옥내소화전

옥내소화전은 화재초기에 소방대상물의 거주자가 소화전함에 비치되어 있는 호스 및 노즐을 이용하여 소화작업을 행하는 설비로 복도 등의 벽에 부착되어 있다.

옥내소화전은 수원, 가압송수장치, 배관, 소화전으로 구성되어 있다. 평상시는 배관에 고가수조에서 나온 물이 충수되어 있고 화재시에는 소화전함에 수납되어 있는 기동단추를 누른 후 연장하여 방수한다. 설치대상은 연면적이 3,000m^2이상은 전층, 숙박시설, 위락시설, 근린생활시설, 업무시설 등의 복합건축물의 연면적이 1, 500m^2이상은 옥내 소화전을 설치해야 한다.

[그림 4-2] 소화기 / 방화문

[그림 4-3] 복도 소화전 / 객실출입문 시건장치

③ 스프링클러

스프링클러는 스프링클러헤드가 붙어 있는 천장면 밑에서 화재가 발생했을 경우 자동적으로 감열작동하여 화재를 초기에 소화하는 것을 목적으로 객실의 천장에 부착되어 있다. 스프링클러의 설비는 수원, 제어밸브, 가압송수장치, 자동경보장치, 배관, 스프링클러헤드, 송수구, 비상전원 설비 등으로 구성되어 있다.

[그림 4-4] 방독면 보관함

[그림 4-5] 비상출입구

2) 경보설비

경보설비는 화재발생을 통보하는 기계, 기구 또는 설비로서 자동화재탐지설비, 자동화재속보설비, 비상경보설비, 가스화재탐지설비, 누전경보기, 비상방송설비가 있다.

① 자동화재탐지설비

자동화재탐지설비는 화재 발생시 초기단계에서 발생하는 열 또는 연기를 자동적으로 검출하여 호텔 건물내의 관계자에게 발화장소를 표시하여 줌과 동시에 경보를 발하는 설비로서 열 또는 연기를 감지하는 감지기, 발화장소를 명시하는 수신기, 발신기, 음향장치, 배선, 전원으로 구성되어 있다.

수신기는 감지기 또는 발신기로부터 발하여진 신호를 직접 또는 중계기를 거쳐 수신하여 화재의 발생을 당해 호텔 건물관계자에게 램프표시 및 음향 장치로 알려주는 것으로 각 회로별 경계구역을 표시하는 것으로 주로 P 수신기를 쓴다. 구내의 다수동이나 초고층빌딩 건물에 사용하는 R형수신기와 M형 발신기로부터 발하여 지는 신호를 수신하여 화재의 발생을 소방관서에 통보하는 M형 수신기도 있다.

발신기는 화재발견자가 수동으로 푸시버튼을 눌러 수신기에 신호를 보내는 것으로 P형수신기에 접속하여 전화연락이 가능한 P형발신기, 신호발생과 동시에 통화가능한 T형발신기 그리고 수신기 고유의 신호를 M형수신기에 발신하는 M형발신기가 있다.

감지기는 화재의 발생을 수신기에 통보하는 것으로 호텔의 경우는 객실마다 또는 감지구역마다 그 천장의 높이 및 용도에 적응하는 종류의 감지기를 선택 설치해야 한다. 보일러실, 주방 등 고온이 유지가 되는 장소에는 정온식 감지기, 사무실, 가실 등 온도변화가 심하지 않은 장소에는 차동식감지기, 천정고가 높은 장소나 긴 복도, 계단 등에는 연기감지기를 설치해야 한다.

② 자동화재속보기

P형 수신기로부터 발하여 지는 화재신호를 수신하여 20초 이내에

당해 소방대상물의 위치를 3회 이상 관할 소방서에 자동으로 통보하는 A형 자동화재속보기와 감지기 또는 P형수신기로부터 발하여지는 B형 자동화재속보기가 있다.

③ 비상경보설비

화재의 발생 또는 상황을 소방대상물 내의 관계자에게 경보음 또는 음향으로 통보하여 초기소화활동 및 피난유도 등을 원활하게 하는 목적으로 설치하는 비상경보설비는 비상벨, 자공식사이렌, 방송설비로 구분된다.

④ 가스화재 탐지설비

가스화재 탐지설비는 가스시설이 되어 있는 소방대상물에 설치하여 가스의 누출현상이 나타나면 자동적으로 경보를 발함으로서 가스로 인한 화재 및 인명피해를 미연에 방지할 수 있는 설비를 말한다.

⑤ 방송설비

방송설비는 기동장치(푸시버튼식, 비상전화조작방식, 자동화재탐지설비 연동식), 비상전화, 스피커, 증폭기 및 조절장치 등으로 구성되어 있다.

⑥ 가스화재탐지설비

가스화재탐지설비는 가스시설이 되어 있는 소방대상물에 설치하여 가스의 누출현상이 나타나면 자동적으로 경보를 발함으로서 가스로 인한 화재 및 인명피해를 미연에 방지할 수 있는 설비로서 누설가스를 탐지하기 쉽고 점검이 용이한 장소에 법령의 기준에 따라 설치해야 한다.

3) 피난설비

피난설비는 화재가 발생했을 때 소방대상물에 거주하는 사람들을 안전한 장소로 피난시킬 수 있는 기구로 피난사다리, 완강기, 구조대, 미끄럼대, 피난교, 로프, 피난용 트랩, 유도등 및 유도표지, 인명구조장구(방열복, 산소(공기)호흡기), 비상조명등 등이 있다. 여기서 완강기와 피난밧줄은 호텔객실에 한하여 설치해야 한다. 그리고 유도등은 객석 유도등과 계단, 복도, 실내 통로 유도등, 객실 유도등이 있다. 유도등의 표시는 바탕은 녹색으로 글자는 백색으로 하여야 하며, 표시 내용은 비상구, 비상계단, 계단, EXIT, 화살표 등으로 표시해야 한다.

이외에도 소화용수 설비도 있으며, 화재시 소화 활동상 필요한 장비로는 연결송수관, 연결살수설비, 배연설비, 비상콘센트설비, 무선통신설비 등이 있다. 이러한 설비의 정의와 설치기준 등은 법령에서 규정 정의하고 있다.

제6절 전기안전관리

호텔은 국내외 다수의 고객들이 이용하는 장소로서 도시의 커뮤니케이션센터의 성격을 가지고 있는 곳으로 전기설비를 이용하여 분위기를 연출하여 고객을 만족시켜 이익을 극대화하고 있다. 그러나 전기를 이용한 시설물들은 고객 그리고 호텔측에 직간접으로 위험에 노출되어 있기 때문에 전기에 대한 안전의식은 매우 중요하다. 객실의 인디케이터설비, 통신장비, 객실의 나이트테이블, 냉난방설비, 자동화재탐지설비, 로비의 샹들리에 등 고객과의 접점에 있는 시설물은 분위기와 편리성을 연출하는 각종 설비들은 전기에 의해 작동하고 있다.

전기설비는 전원설비, 배선설비, 부하설비, 조명설비, 정보통신설비, 방재설비 등으로 나눌 수 있다.

① 전원설비는 전력회사로부터 전력을 받아서 부하설비에 공급하는 수변전설비와 정전시에 대비한 예비전원설비가 있다. 수변전설비는 수전전압 또는 배전전압을 구내 배전전압 또는 부하에 적합한 전압으로 변환하여 주는 변압기(transformer: TR), 전기회로의 부하전류를 개폐함과 동시에 사고 발생시 신속히 회로를 차단하는 차단기(circuit breaker: CB), 개페기의 일종으로 수용가의 인입구부근에 설치하여

구분 개페기로 사용하고 또한 변압기 차단기 피로기 등 고전압 기기의 1차측에 설치하여 기기를 점검 수리할 때 회로를 분리하는 단로기(disconnecting switch: DS), 보드에 부착된 각종 기계류를 봄으로서 전력계통 및 기기 상태 감시, 기기나 선로의 이상유무를 검출하면서 자동으로 차단경보의 동작을 알려주는 배전반(switch board: SW), 예비전원설비 등이 있다. 예비전원설비는 비상사태 발생 후 정격 전압을 확립하여 20분이상 안정적으로 전기를 공급할 수 있어야 하며, 비상용 엘리베이터는 2시간 이상 전원을 공급해야 한다.

② 조명 등의 부하설비에 전기를 공급헤 주는 역할을 하는 배선설비의 전기방식에는 단상 2선식 110V, 단상 2선식 220V, 단상 3선식 100/220V, 3상 3선식 220V, 3상 4선식 220/380V 등이 있으며, 저압으로 수전하는 호텔은 단상 교류 220V을 주로 사용하고 있다. 간선과 분기회로의 연결역할을 하는 분전반이 있다. 그리고 배선설비에 사용되고 있는 전선은 종류가 다양함으로 전선의 규격을 결정할 때 허용전류, 전압강하, 기계적강도를 고려하여 선택해야만 전선의 절연물 손상, 감전, 화재 등의 위험을 예방할 수 있다. 전기시계의 배선은 0.8mm에서 1.2mm의 600v IV 또는 CV전선을 사용하는 것이 좋으며 전원은 시계의 종류에 따라 AC100V와 DC24V가 있다. 스피커의 배선은 600V 비닐절연단선, TV 라디오는 전원을 공급하는 전선이외는 고주파 동축케이블을 사용하는 것이 좋다.

③ 부하설비는 전기를 공급받아서 전기에너지를 소비하는 전기기계 및 기구를 말한다. 호텔내에서 고객의 쾌적함과 보건을 목적으로 실내의 온습도를 희망하는 일정한 값으로 유지하고 먼지나 이산화탄소 등에 의한 실내공기의 오염을 방지하는 공기조화설비는 공기조화용 동력 그리고 호텔 옥상의 고가수조(옥상탱크)의 냉수와 급탕설비에서 데워 진 온수를 호텔내의 세면기 화장실 객실 등으로 공급하는 급배수 위생설비는 급배수 위생용 동력설비를 이용한다.

콘센트설비는 일반용과 비상용으로 나누어진다. 사용자의 의견을 들어 설치하는 것이 바람직하며 홀 복도 등의 청소용 콘센트설비는 10~15m당 1개씩 설치하는 것이 좋으며, 객실의 욕실에는 방수용 콘센트를 설치해야 한다.

④ 조명은 실내공간의 기능성, 쾌적성 등의 실내환경을 만드는 요소로 호텔의 매출에 직접적인 영향을 받으므로 신축이나 개보수시에는 신중히 검토되어야 한다.

조명기구는 광원에서 나오는 빛을 제어 즉 광원의 배광을 조절하는 기능을 가지며 또 광원을 고정하거나 보호하는 것이다. 광원으로서는 백열등, 형광등, 수은등, 할로겐등, 나트륨등이 있다. 조명기구는 직접조명형, 반직접조명형, 전반확산조명형, 반간접조명, 간접조명형 등 5가지가 있다. 조도는 높을수록 좋은 조명이 되며 단위로는 룩스(lux)로 표현한다. 조도는 광속밀도를 의미하며 어느 면 위의 한 점의 조도는 단위면적(m^2)당의 입사광속을 말한다. 1lux는 $1m^2$의 면적에 1lm(루멘)의 광속이 투사되고 있을 때의 조도로 $1lux=1lm/m^2$로 표시된다. 광속은 빛의 양을 의미하는 것으로 광원의 밝기로 단위는 루멘(lm)을 쓴다.

⑤ 수송설비는 사람이나 물건을 건물내부에서 운반하는 데 사용되는 기구의 총칭으로서 엘리베이터, 에스컬레이터 등을 말한다.

호텔 등의 건물이 고층화 및 대형화됨에 따라 수송설비도 이에 맞추어 개발, 보급되고 있다. 수송설비에는 엘리베이터, 에스컬레이터, 덤웨이터, 모노레일, 컨베이어, 이동보도설비 등이 있다. 엘리베이터는 건축법상 설치기준은 연면적이 $2,000m^2$ 이상으로 6층이상인 경우이며, 고려하여야 할 사항은 정원, 평균일주시간, 대수 등이다.

엘리베이터의 정원은 1인당 65kg을 기준으로 하여 적재량을 계산하면 된다. 평균일주시간이라 함은 승강기가 한 번 왕복하는 데 소요되는 사간을 말하며, 설치대수는 카의 정원, 정격속도를 감안하여 결정하면 된다. 엘리베이터의 운전방식은 단독운전방식과 병렬운전방식이 있으며 가장 눈에 잘 띄는 장소에 설치된다.

에스컬레이터는 30° 이하의 기울기를 가진 계단식 수송설비로 정격속도는 하강방향을 고려하여 30m/min 정도가 좋다. 수송능력은 엘리베이터의 10정도로 짧은 거리 대량의 수송에 적합하며 기다리는 시간이 없고 연속적으로 승객을 수송할 수 있다. 또한 건축상으로 점유

면적이 적고 기계실이 필요하지 않으며 건축에 걸리는 하중이 최하층에 집중되지 않고 각 층에 분담되어 걸린다.

덤웨이터(dumb waiter)는 사람은 타지 않고 물품만 수송하는 장치로서 호텔의 주방에서 식당으로 또는 객실의 룸서비스 층으로 음식을 운반하거나, 병원에서 환자의 음식수송, 도서관 등에서 서류 및 서적운반용으로 사용한다. 적재량은 50, 100, 200, 300, 500kg까지 있다.

이동보도는 수평으로부터 10° 이내 경사로 되어 있으며 사람을 수평방향으로 수송하는 데 이용되는 설비이다. 특징은 많은 고객이나 물건을 기다리지 않고 일정한 방향으로 이동시켜 줄 수 있다. 소비전력이 적고 보수나 점검이 용이하고 안전하다. 백화점, 대형상가, 공항. 역 등에서 이용되며, 속도는 50m/min이고 수송능력은 1시간당 1,500명 정도이다.

제7절 난방설비관리

난방이란 실내에서 외부로 손실되는 열량에 대해서 어떤 방법으로 끊임없이 열량을 공급하며 실내의 온도를 적당하게 유지하는 것이다. 이때 난방부하 즉 손실열량은 실내상태, 벽체구조의 상태 등에 따라 달라진다. 희망온도 또는 그 이상의 온도유지를 위하여 난방은 각 객실마다 스토브, 난로, 화로 등을 설치하는 개별난방(unit heating)과 보일러 등에 의해 온수 또는 온풍을 만들어 배관이나 닥트(duct)에 의해 각 객실에 분배하여 실내에 열을 공급하는 중앙난방(central heating)이 있다.

보일러는 강철제 및 주철제로 만든 밀폐된 용기의 내부에 물이나 열의 매체를 넣어서 연료를 연소시켜 급수된 물을 가열하여 온수나 증기를 발생시켜 난방용으로 사용하는 기구이다.

보일러는 기관본체, 연소장치, 부속설비로 구성되어 되어 있다. 보일러 운전을 용이하게 하고 안전하게 경제적으로 운전하며 보다 효율적으로 사용하기 위한 부속설비로는 안전장치(안전밸브, 방출밸브, 경보기 등), 지시장치(측정장치:압력계, 수면계, 온도계, 급수 및 급유량계 등), 급수장치(급수탱크 등), 급유장치, 분출장치(분출밸브, 분출관 등), 송풍장치, 버너(가스 또는 오일버너), 실내온도조절기, 폐열회수장치 등이 있다. 보일러는 주철제 보일러, 수관보일러, 노통연관보일러, 가스보일러 등이 있으며, 보일러 설치기준과 검사 기준은 법령으로 정하고 있다.

보일러를 안전하게 관리하는 데 있어서 중요한 사항은 다음과 같다.

- 압력, 수위 및 연소상태를 감시할 것
- 급격한 부하 변동을 주지 않도록 노력할 것
- 최고사용 압력을 넘어서 압력을 상승시키지 말 것
- 안전밸브의 기능유지에 힘쓸 것
- 1일 1회 이상 수면측정 장치의 기능을 점검할 것
- 저수위 차단 장치 등 자동제어 장치를 점검할 것
- 보일러에 이상을 인지했을 때는 즉시 필요한 조치를 취할 것
- 배출되는 매연 중의 매진량 측정 및 보일러 취급 중의 이상유무를 기록할 것

5장.

호텔정보시스템

제1절 정보화

1. 정보화 개념과 특징

정보에 대한 개념적 정의는 일관적이지 않다. 우리는 정보의 홍수 속에서 살고 있다. 정보는 쓰여지는 상황에 따라 각기 다른 의미로 해석이 가능하기 때문이다. 사전적인 정의로서 정보란 두 가지 의미를 지닌다. 첫째는 '알리는 행위' 로서 어떤 주어진 사실이 전달되는 행위를 뜻한다. 둘째는 '알려지는 사실' 로서 구성되어진 형태 그 자체를 의미한다. 이러한 두 가지의 사전적 의미는 과학적인 견지에서 살펴보아도 큰 무리가 없다. 즉 전자는 정보의 하나의 '과정(process)' 으로 간주하고, 후자는 '상태(state)' 로 규정하는 것이다.

관광정보시스템의 관점에서 정보란 여행자가 관광이라는 동태적 행동을 취하기 이전에 의사결정과 관련하여 도움을 받을 수 있는 내용 및 이에 따른 자료에 대한 내용이 일정한 형태를 가지고 사용자의 목적에 따라 응용, 관리, 유통, 전달될 수 있는 지식이다. 다시 말하면 교통수단과 함께 관광의 주체인 관광자와 관광의 객체인 관광대상(관광자원, 관광시설 및 서비스 등)을 연결시켜 주는 관광매체를 이루는 것이다.

정보의 개념을 좀 더 자세히 이해하기 위하여 유사개념을 살펴보면, 정보와 유사하게 사용되는 용어로서 데이터(data), 지식(knowledge), 메시지(message)와 커뮤니케이션(communication) 등이 있다. 정보는 어떤 목적에 유용하게 사용될 수 있는 데이터의 집합을 의미한다.

데이터는 곧 정보를 구성하는 요소이다. 데이터는 정보의 형태로서 전환시켜 주는 상징 또는 신호의 형태로서 정보라는 완전한 실체로 구현되기까지 수록되고 검색되는 대상을 의미한다. 이와 같은 의미에서 정보는 아직 체계화되지 않은 데이터와 구분된다.

정보는 아직 완전한 형태로 축적된 구성체가 아니라는 점에서 지식(knowledge)과 구분되기도 한다. 정보는 '알려지는 것' 이고, 지식은 '사고되어지는 것' 으로 구분하고 있다.

일반적으로 정보는 다음과 같은 특징을 가지고 있다.

첫째, 정보의 정확성이다. 정보는 사용자가 원하는 바를 정확히 기술하여야 하며, 정확도가 높을수록 정보의 가치는 더욱 커진다.

둘째, 정보의 시간성이다. 정보는 사용자가 원하는 시간에 제공되어지고, 필요한 간격만큼 효용을 가질 때 더 높은 가치를 갖는다.

셋째, 정보의 보편타당성이다. 정보는 모든 가정 내지 추정되는 사실, 상황 그리고 공상적 내용에서 유추될 수 있으므로, 인간의 모든 분야에 걸쳐 발생될 수 있으며, 시간을 초월하여 무한하고 다양하게 발생된다.

넷째, 정보의 접근성이다. 정보는 공간적으로나 물리적으로 쉽게 접근할 수 있고, 쉽게 전달될수록 더 높은 가치를 갖는다. 데이터를 저장하는 방법, 데이터를 실행하기 위하여 필요한 부분을 선택하는 기술 등이 접근성에 영향을 끼친다.

다섯째, 정보의 전환성이다. 정보는 매체의존성을 가지기 때문에 매체와 매체사이의 정보내용에는 변화가 없고 표현만이 전환을 일으키게 된다.

이상에서 살펴 본 내용을 정리해 보면 호텔기업에서 정보란 인간의 이성적 행동에 변화를 줄 수 있는 모든 자료를 말하며 호텔기업의 현재 또는 미래와 관련된 의사결정이나 경영의 변화에 영향을 줄 수 있는 모든 것, 즉 호텔경영 목적에 정보기술활용을 통해 유용하게 사용될 수 있는 데이터의 집합이라고 정의할 수 있다.

2. 정보화와 정보기술

1) 정보화

정보화는 정보통신기술의 혁신을 배경으로 사회경제의 중심이 물질이나 에너지에서 정보중심으로 이행되어 가고 정보의 수집, 처리, 전달 및 이용을 고도의 정보통신 기술을 사용하여 사회의 전 분야에 널리 활용되는 것이라고 정의 할 수 있다.

기업의 정보화가 기업의 생존과 전략적 차원에서 필수적인 현대화 과정이라면 그러한 기업의 정보화가 중소기업에 미치는 영향은 자못 지대하다. 중소기업의 정보화란 정보사회의 일반적 특징을 갖추는 과정이다,

정보화란 정보기술의 활용과정을 의미한다고 할 수 있는데, 일반적으로 경영, 생산관리의 전산화를 의미하기도 한다. 그러나 이러한 정의는 정보기술을 컴퓨터에 국한시켰을 경우이다. 정보기술을 좀더 구분하여 차세대컴퓨터, 워크스테이션, 그리고 소프트웨어기술로서 인공지능, 전문가시스템 등과 정보통신기술로서 디지털통신, 패킷교환망 등을 모두 포함하고 이에 관련된 인적자원 및 업무내용을 포괄적으로 보면 중소기업의 정보화 의미는 가히 전사적이라고 할 것이다. 또한 정보화 기술을 응용분야의 시각에서 보면 공장자동화의 도구로서 컴퓨터설계, 제조(CAD/CAM), 로봇공학(Robotics), 유연생산체제(FMS), 그리고 사무자동화도구로서 전자문서처리, 팩시밀리, 원격화상회의, 전자결재 등의 활용을 말한다.

정보화의 특성은 일반적으로 중소기업과 대기업간에 차이가 있게 되는데, 이는 기술적인 측면, 투자규모 측면, 전산인력, 정보화수준

및 활용분야, 그리고 정보화의 특성에 있어서 나타나게 되며 그 내용을 정리해 보면 [표 5-1]과 같다.

[표 5-1] 정보화의 특성

구 분	중소기업	대기업
기술적 측면	-소형 및 PC급을 이용한 정보처리	-초대형부터 중형급이상으로 정보처리 -PC는 개인업무 보조용 도구
기술규모	-1,000만원이상 1억원 미만의 시스템 구축	-1억원 이상의 시스템 구축
전산인력	-전산전문가 부족 -처우불만, 높은 이직율	-정보요원 정예화(우수인력 확보) -독립 조직, 계열회사 운영
정보화 및 활용분야	-단순업무의 전산화 -제한적 정보기술활용 -정보화에 대한 인식부족	-정보의 DB구축 -전사적 전분야 업무의 정보화 -정보기술의 전략적 활용
정보화의 특성	-단기적으로 정보화의 효과 요구 -정보활용 하부구조 취약 -외부자원 동원 필요 -S/W조달방법의 곤란 -중소기업 전산화 사용사례 연구의 희소성	-장기적인 관점에서 정보화를 추진 -하부구조 정보활용수준 향상 -기업내 자원 공급, 자체해결 -S/W조달의 용이, 자체개발 -대부분의 연구가 대기업 위주 이용 사례연구

2) 정보기술

(1) 정보기술의 개념

기술(technology)에 대한 사전적 정의(*Longman*, 1984)에 의하면 기술이란 '응용과학의 이론과 실제' 또는 '인간의 본질과 안락을 위해서 필요한 물체를 제공하기 위해 사용된 수단과 지식의 복합체' 라고 말할 수 있다. 이러한 두 가지 정의 중에서 조직의 본질과 고객의 안락과 관련된 후자의 정의는 환대(hospitality)와 가장 깊은 관련이 있는 것 같다. 왜냐하면 인간과 동떨어진 기술이란 생각할 수도 없으며 고객과 함께 조직 내에서 고려될 수 있기 때문이다.

정보기술이란 조직, 운영에 필요한 정보의 수집, 저장, 가공, 처리 및 전달에 관련된 일체의 기술을 총칭하는 말이다. 즉, 정보의 생산, 통제 및 유통을 가능케 하는 컴퓨터 하드웨어/소프트웨어 기술, 정보의 통합, 저장 및 검색에 이용되는 데이터베이스, 음성과 영상을 동시에 가능케 하는 멀티미디어 기술과 정보의 처리에 관련된 통신네트워크 기술 등을 포함한다.

정보기술은 주로 정보처리활동에 이용되는 기술로서 컴퓨터(computer)기술, 제어(control)기술, 통신(communication)기술 등이 주축이 된 3C 기술로 불리어지고 있으며 경영개선 뿐만 아니라 산업구조의 변화, 경쟁우위의 제고 및 새로운 사업기회의 창출 등 조직의 미래에 중대한 영향을 미치고 있다.

정보기술을 협의와 광의로 구분하여 설명하였는데 협의의 개념으로는 정보시스템의 기술적 측면으로서 하드웨어, 데이터베이스, 소프트웨어, 네트워크 등을 포함하는 것으로 정의되며, 광의의 개념으로는 정보시스템과 동의어로 사용하거나 정보시스템, 사용자, 조직관리를 통합하는 광범위한 개념으로 사용될 수 있다.

상기의 견해들을 종합해 보면 정보기술이란 '기업이 추구하는 목적을 달성하는데 필요한 기술을 제공해 주는 컴퓨터 하드웨어, 소프트웨어는 물론 통신시스템과 네트워크를 포함하고 또한 이들이 제공하는 새로운 서비스까지 통칭하는 것' 이라고 할 수 있다.

(2) 정보기술의 분류

환경에 적응하기 위한 정보처리 기능인 정보기술은 기업경영에 있어서 새로운 연구대상이다. 정보기술에 대한 실증연구에 있어서 정보기술 수준의 측정문제는 불가피한 문제이며, 기업의 정보기술 수준이 어느 정도 인지를 측정하기 위한 통찰력을 얻기 위해서는 우선 기업에서 사용하는 정보기술의 유형분류에 대한 검토가 필요하다.

정보시스템의 유형론에 있어서 일반적인 연구주제 중에는 정보시스템의 영역, 정보시스템의 분류, 정보시스템의 형태 등에 대한 연구로 나눌 수 있는데, 정보시스템을 분류하는 이유는 두 가지가 있다. 그 중에 하나는 실무자나 연구자와 관계없이 정보시스템의 분류에 의해 각 정보시스템을 비교하는 것이고, 다른 하나는 정보시스템의 진화과정을 설명하고, 기술의 새로운 형태를 예측하고자 하는데 있다.

일반적으로 정보시스템의 분류는 시스템의 구체적인 형태에 초점을 두고, 정보시스템을 분류하는 것으로, 예컨데, EDPS(electronic data processing system), MIS(management information system), DSS(decision support system), OA(office automation), ES(expert system), 로보트 등으로 분류할 수 있다.

[표 5-2] 정보기술 분류기준과 시스템유형

연구자	분류기준	정보기술유형
*Gorryd*와 *Scott Morton* (1971)	-경영관리 계층구조 -의사결정형태	-TPS -IRS -DSS
Burch(1985)	-네트워크형태	-집중형 시스템 -분산형시스템 -비집중형시스템 -독립시스템
*Jarvenpaa*와 *Ives*(1990)	-일반적 유형론	-독자정보기술 -본부주도정보기술 -시너지정보기술 -통합정보기술
*Meyer*와 *Curley*(1991)	-전문가시스템에서 기술의 복잡성과 지식의 복잡성	-개인생산성시스템 -지식집약시스템 -통합산출시스템 -전략시스템
*Fiedler, Grover*와 *Teng*(1996)	-컴퓨터처리 집중화 -커뮤니케이션의 지원능력 -자원공유 능력	-집중형 컴퓨팅 -비집중형 컴퓨팅 -집중형의 공유컴퓨팅 -분산형의 공유컴퓨팅

자료: 장정희(1999).

3. 정보기술활용

정보기술은 그 산업에서 경쟁하는 기업의 존속 및 성장과 직결되는 경영 전략적 관점에서 매우 중대한 요소가 되었다.

그러므로 기업에서 정보기술을 활용하는 근본적인 목적은 결국 사람 또는 조직이 갖는 제한된 합리성(bounded rationality)을 넓히는 데 있다고 할 수 있으며, 구체적으로 정보의 저장(storage), 처리(processing), 의사소통(communication)을 정보기술이 도와줌으로써 경영자의 업무적, 관리적, 전략적 의사결정을 돕는데 있다.

정보기술을 활용함으로써 얻는 이점을 속도(speed), 일관성(consistency), 정확성(precision), 신뢰성(reliability) 4가지를 제시할 수 있다. 즉 정보기술을 활용함으로써 의사결정의 속도를 높이고, 업무의 일관성을 유지하며, 의사결정의 정확성을 높여주고 신뢰성을 향상시킬 수 있게 된다는 의미이다.

정보기술의 활용은 기업의 마케팅활동에서 지리적으로 멀리 떨어져 있는 시장 및 고객정보를 신속하게 확보 처리할 수 있는 온라인 네트워크를 이용한 시스템이 활용될 수 있다.

이상에서 살펴본 내용을 정리해 보면 정보기술 활용이란 모든 정보의 흐름을 온라인(on line) 네트워크 정보기술로 연결, 통합하여 기업의 목표달성을 위해 이용하는 것을 말한다. 호텔기업에서도 정보기술의 도입단계로서 홈페이지 웹사이트를 경쟁적으로 구축하였고 회사홍보 및 인터넷마케팅 수단으로 활용하고 있다..

기업에서 일반적으로 활용되는 정보기술을 유형별로 보면 [표 5-3]과 같다.

[표 5-3] 정보기술 유형

유 형	내 용
A형	소형컴퓨터, 중형컴퓨터, 개인용 컴퓨터, 병렬처리, 슈퍼컴퓨터, 음성컴퓨터
B형	CAD/CAM, 데이터베이스 관리시스템, 통계패키지, 윈도우용 소프트웨어, 워드프로세스, 바코드스캐너
C형	전자회의, 전자자료교환, 전자우편, 임원정보시스템, 전문가시스템, 인공지능, 워크스테이션, 종합정보통신망, 근거리통신망, 광역통신망, 인터넷, 이동통신, 팩스, 전화네트워크

제2절 호텔기업의 조직과 정보시스템

1. 호텔기업의 조직

호텔의 조직형태로서는 특정의 모델이 있는 것은 아니다. 각 호텔의 성격에 따라 다소 차이가 있는데, 경영주의 이념과 방침, 호텔의 장소적 조건, 제공되는 서비스상품의 유형, 호텔의 구조적 형태, 경영진(지배인)의 배경과 훈련, 호텔의 소유형태, 부대시설의 유무 등과 같은 요인들이 호텔의 조직형태에 영향을 미친다. 과거의 전통적인 호텔기업의 조직형태는 객실부문, 식음료부문, 관리부문의 3개 부문으로 기본구조를 가지고 발전해 왔다. 따라서 본 연구에서도 호텔기업의 정보화 수준을 전통적 호텔기업의 3대 기본구조에 기반을 둔, 프론트오피스시스템, 업장관리시스템, 백오피스시스템 측면에서 접근하였고 이와 같은 3대 정보화시스템의 통합·조정기능으로서 인터페이스시스템 측면을 포함하여 조사한다.

2. 호텔기업의 정보시스템

일반적인 의미로서 호텔기업의 정보화란 호텔경영에 있어서 호텔정보시스템(HIS)의 정보기술 활용과정을 의미하는데, 호텔정보시스템은 크게 프론트오피스시스템, 백오피스시스템, 업장관리시스템, 인터페이스시스템 등 4종류의 정보기술활용으로 구분되며, 그 내용을 정리해 보면 [표 5-4], [그림 5-1]과 같다.

[표 5-4] 호텔 정보기술활용 시스템의 분류

분 류	정보기술활용 내용
프론트오피스시스템 (Front Office System)	정보기술활용을 통한 전반적인 객실업무 관리
백오피스시스템 (Back Office System)	정보기술활용을 통한 전사적 영업지원업무 관리
업장관리시스템 (OutletManagementSystem)	정보기술활용을 통한 식음료업장 및 기타 부대시설업무 관리
인터페이스시스템 (Interface System)	정보기술활용을 통한 전시스템 자동 통합업무 관리

자료: 정승환(2002)

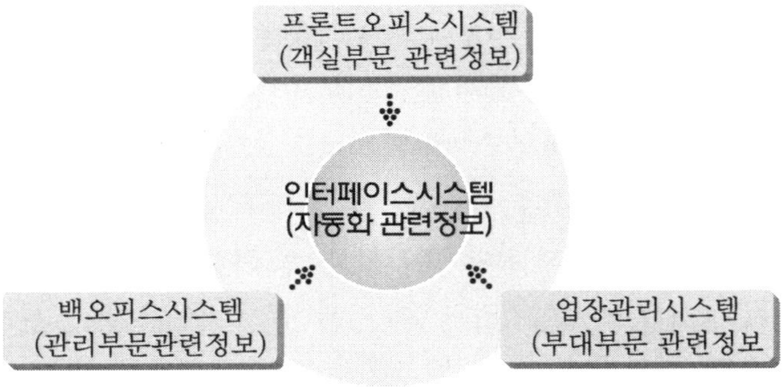

[그림 5-1] 호텔정보시스템 구성도

1) 프론트오피스시스템의 정보기술활용

프론트오피스는 호텔에 숙박하기 위해 방문하는 고객을 제일 먼저 영접하는 장소이면서 고객이 체류하는 동안 호텔 내 모든 곳을 안내해 주는 역할을 수행하는 곳이기도 하며 고객이 호텔을 떠날 때까지 마지막으로 환송하는 하는 장소이다. 따라서 프론트오피스시스템에서는 체크인/체크아웃, 객실예약, 하우스키핑, 교환실, 벨데스크, 외상매입금, 판촉관련정보 등을 온라인으로 연결하여 고객에게 서비스를 제공한다.

[표 5-5] 프론트오피스시스템 정보기술활용 내용

구분	담당업무	주요 정보기술활용 내용
프론트 오피스 시스템	예약	객실고객 및 업장고객의 예약을 받는다.
	프론트캐셔	객실고객의 체크아웃을 돕는다. 환전업무를 한다.
	프론트클럭	객실고객의 체크인을 돕는다.
	하우스키핑	객실청소상태를 점검한다. 객실손님의 정보를 관리한다.
	교환실	모닝콜, 음성사서함을 서비스한다. 각종안내 서비스를 한다.
	벨데스크	메시지를 출력하여 전달한다.
	마케팅	객실에 대한 수요 및 예측을 한다. 마케팅전략에 기초가 될 자료를 수집한다.
	경영진	실시간으로 객실현황을 점검한다

2) 백오피스시스템의 정보기술활용

백오피스는 호텔의 모든 영업활동을 지원하는 곳을 말하며 관리부서라고도 한다. 이러한 백오피스시스템에서는 경리, 회계, 급여, 인사, 교육, 구매, 자재, 원가관리 뿐만 아니라, 고객관리, 경영분석 관련정보 등을 온라인으로 연결하여 고객에게 서비스를 제공한다.

[표 5-6] 백오피스시스템 정보기술활용 내용

구분	담당업무	주요 정보기술활용 내용
백오피스 시스템	인사 · 급여	종사원의 인사 및 급여를 관리한다.
	경리 · 회계	매입, 매출관리를 한다.
	검수 · 구매	자재에 대한 구매 및 검수를 관리한다.
	고객관리	호텔 이용고객을 관리한다.
	원가관리	호텔경영에 필요한 비용 분석을 한다.
	시설관리	호텔 시설에 대한 관리를 한다.
	경영진	경영전략을 위한 자료를 수집한다.

3) 업장관리시스템의 정보기술활용

호텔기업에서 업장(outlet)이라 함은 객실 외에 각종 레스토랑, 바(bar), 휘트니스클럽, 극장식당, 카지노 등의 부대시설을 말한다. 이러한 업장관리시스템에서는 캐셔기능, 메뉴판매분석기능, 서브기능, 주방주문기능, 주방조리기능 뿐만 아니라 다양한 부대시설의 고객 및 매출 관련정보를 온라인으로 연결하여 고객에게 서비스를 제공한다.

판매시점시스템(POS: point of sales system)이라고도 하며 대부분 독립형 시스템으로 운영되지만 다수의 전자금전등록기(electronic cash register)에 연결되는 것이 일반적이다.

[표 5-7] 업장관리시스템 정보기술활용 내용

구분	담당업무	주요 정보기술활용 내용
업장관리 시스템	주방	고객의 주문이 자동으로 전달되어 조리된다. 레시피 관리가 된다.
	레스토랑	고객의 주문을 주방으로 자동으로 전달한다. 객실고객 영수증을 구분해서 처리한다. 영수증을 발급한다. 고객신상 정보에 의해 서비스를 제공한다.

4) 인터페이스시스템의 정보기술활용

인터페이스라고 하는 말은 '서로 얼굴을 맞댄다' 는 뜻으로 전자기기 간을 연결시키는 수단을 말한다. 컴퓨터와 주변장치, 컴퓨터와 통신회선 등과 같이 두 시스템이나 장비를 연결할 때 공통되는 경계부분, 또는 그러한 일을 담당하는 물리적인 전자회로나 소프트웨어를 말한다. 호텔기업에서 인터페이스시스템의 역할은 호텔의 다양하게 세분화되어 있는 각종 자료를 하나로 통합시키는 역할을 한다고 보면 된다. 즉 객실에서 출력되는 정보, 부대시설 영업장에서 출력되는 정보 등을 온라인으로 연결하여 하나로 통합시켜 종사원 및 고객을 위한 자료로서 이용될 수 있도록 도와주는 역할을 하는 것이다.

[표 5-8] 인터페이스시스템 정보기술활용 내용

구분	담당업무	주요 정보기술활용 내용
인터페이스 시스템	전화요금 산출	객실고객의 전화사용에 대한 내역 및 요금을 산출한다.
	에너지관리	객실에 설치된 전열, 난방 등 에너지를 자동 관리한다.
	전자잠김	마그네틱에 의한 객실입구를 관리한다.
	음성사서함	고객부재시 상대방 음성으로 메시지가 전달된다.
	인터넷	객실내에서 인터넷 검색 및 전자우편을 사용한다.
	영수증 검색	객실내에서 텔레비전 모니터를 통해 사용내역을 볼 수 있다.
	비디오상영	다양한 영화를 볼 수 있으며 자동으로 요금이 산출된다.
	미니바	객실내에서 소비한 냉장고의 내용물 및 요금이 산출된다.
	고객이름 호출	고객이 객실에서 전화를 걸면 객실번호와 이름이 나타남으로 이름을 불러준다.

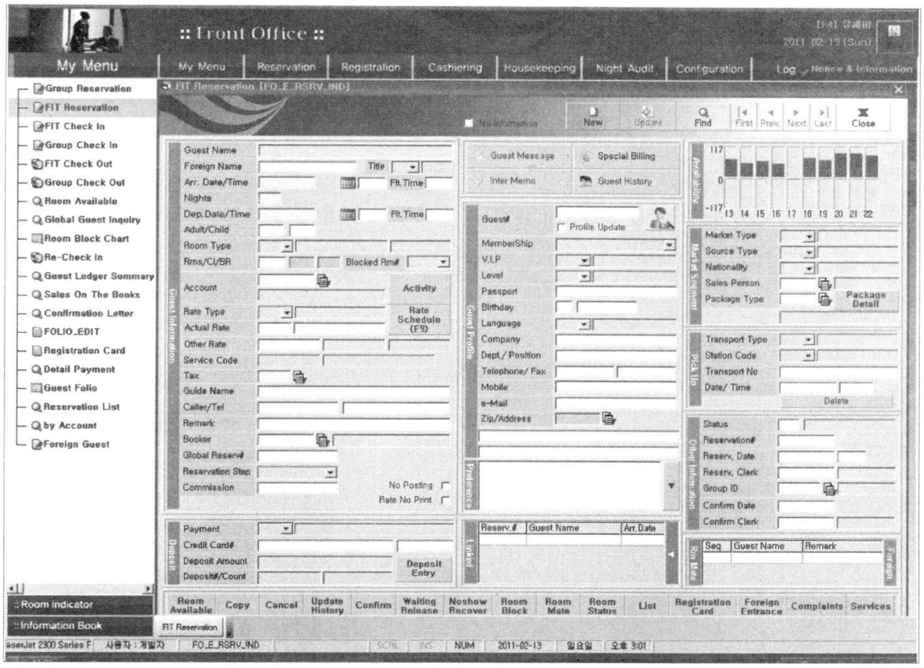

[그림 5-2] 호텔정보시스템 – 예약화면

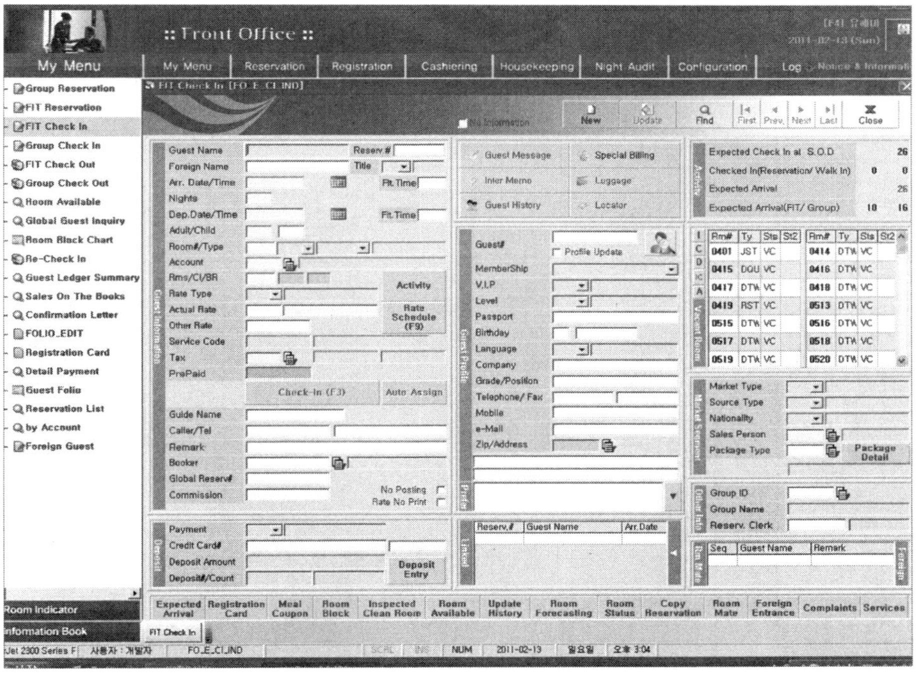

[그림 5-3] 호텔정보시스템 – 체크인화면

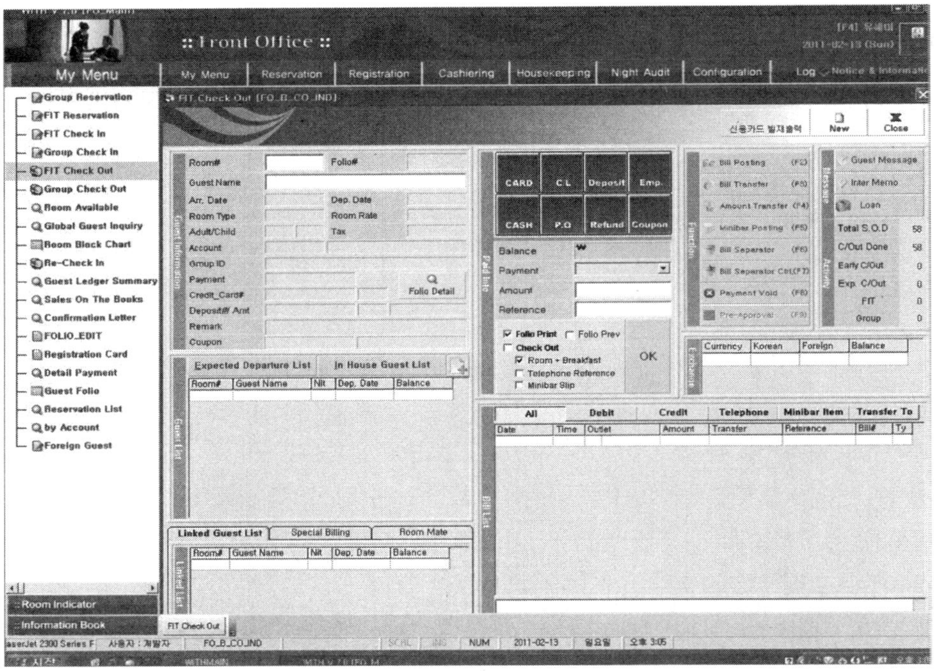

[그림 5-4] 호텔정보시스템 – 체크아웃화면

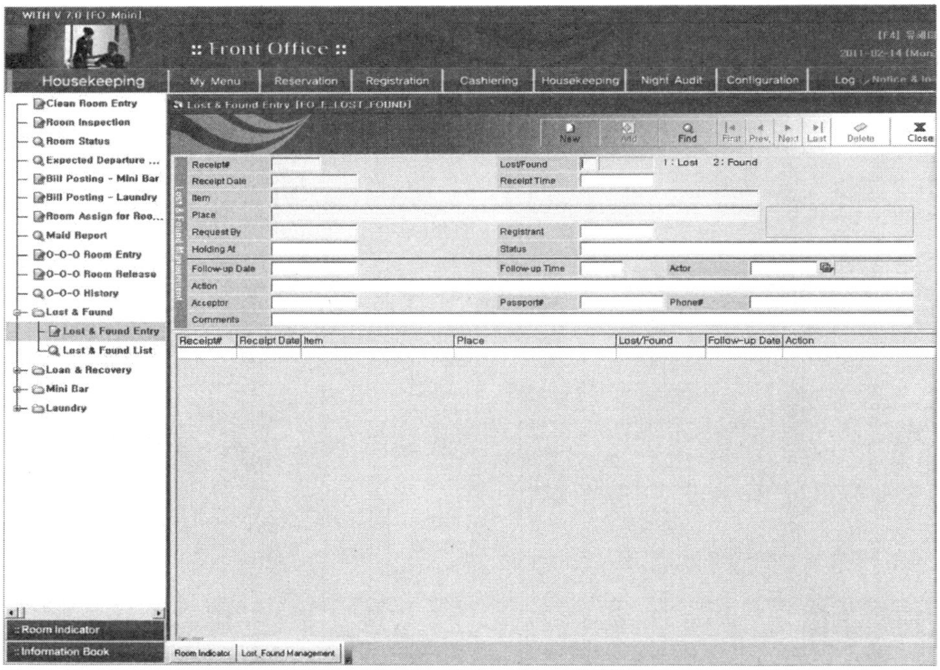

[그림 5-5] 호텔정보시스템 – Lost & Found 화면

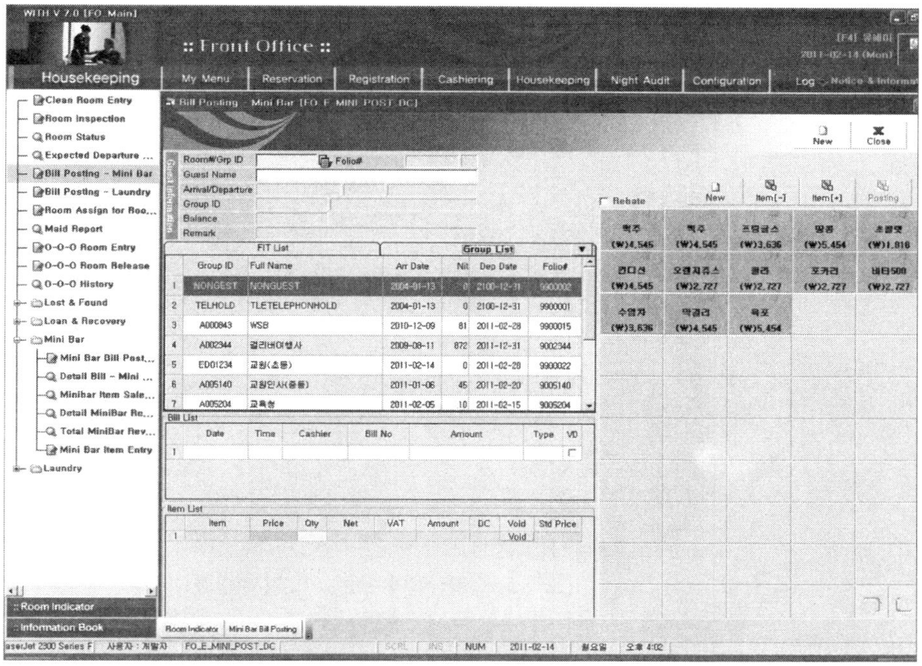

[그림 5-6] 호텔정보시스템 – Mini Bar Bill Posting 화면

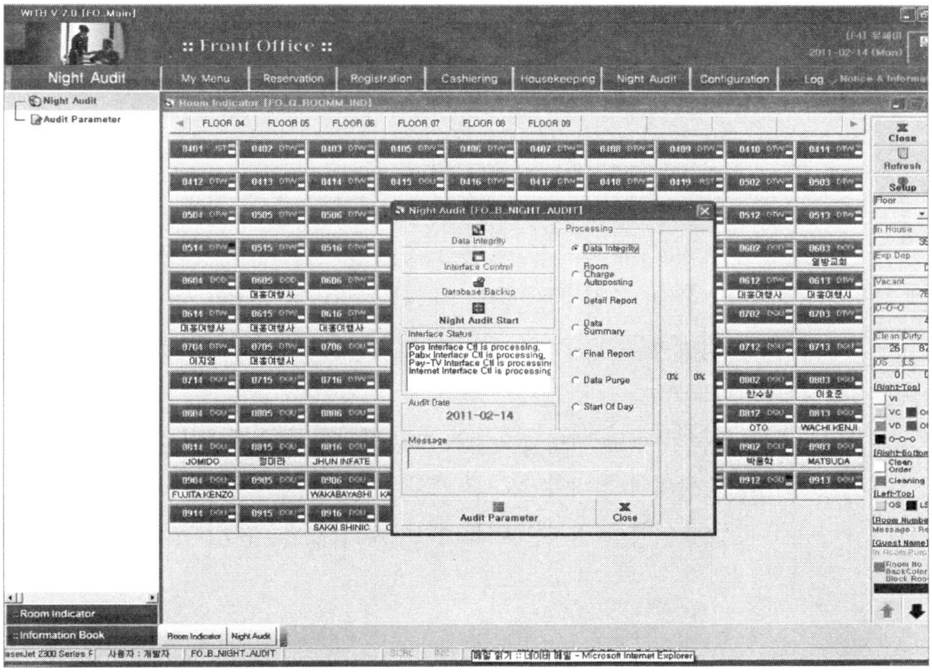

[그림 5-7] 호텔정보시스템 – Night Audit 화면

[그림 5-8] 화상회의 – 호텔연회장/미팅룸

제3절 호텔기업의 정보화 성과

1. 정보화와 서비스품질

기업에서의 정보기술활용을 통한 정보화수준은 서비스 차별화, 신속한 응대, 조직내는 물론 고객과의 편리한 커뮤니케이션 등의 커다란 영향력을 발휘하여 서비스품질 향상에 기여하고 있는 것으로 나타났다.

최근 우리나라 특급호텔에서도 화상회의 서비스를 제공하고 있는데 화상회의 설비야말로 그 호텔의 정보화수준이 대고객 서비스품질 향상에 영향을 미치는 대표적인 사례임을 알 수 있다.

[표 5-9] 정보시스템 품질 관련 선행연구

연구자	연구대상	연구내용
허정봉 (2000)	특급호텔 정보시스템 (서울)	호텔 정보시스템 서비스품질 측정척도 개발(6개 차원)
엄흥섭 (1999)	일반기업 정보시스템 (부산경남)	제조업/금융보험벙/유통서비스업/정보통신업/교육기관/기타 6개 법인 대상 정보시스템 서비스품질 측정 척도 개발(6개 차원)
서창적 (1999)	6대산업 정보시스템 (전국)	정보시스템 통합시스템의 품질을 기술적 품질과 기능적 품질로 나눠 정보시스템 품질 측정척도 개발(8개차원)
김연성 (2000)	금융기관 서비스품질 정보시스템(서울)	사례연구를 통해 금융기관의 서비스품질 정보시스템 (SQIS)모델 제시

자료: 정승환(2002)

최근 호텔 매니저들의 정보화수준을 파악해 보기 위한 인터넷 정보기술 활용의 중요성 인식에 관한 연구에서 호텔매니저들이 인터넷 정보기술이 호텔에 미치는 영향력에서는 '예약활용도' 변수를, 커뮤니케이션 도구로서 인터넷의 중요성에서는 '고객과의 의사소통' 변수를 상대적으로 다른 변수들보다 중요하게 인식하고 있는 것으로 조사되었다.

또 다른 연구에서도 호텔기업의 정보화가 서비스품질 향상에 미치는 영향을 분석한 결과, 정보화와 서비스품질간의 관계는 통계적으로 유의한 영향을 미치는 것으로 나타났고, 정보화의 4개요인 중 인터페이스시스템의 정보기술활용 수준이 서비스품질 향상에 가장 높은 영향을 주었으며, 업장관리시스템, 프론트시스템, 백오피스시스템의 정보기술활용 순으로 영향을 주고 있다는 것이 입증되었다.

이러한 연구결과는 호텔기업의 정보화수준이 대고객 서비스품질에 상당부분 영향을 미치고 있다는 점을 시사해 주고 있다.

2. 정보화수준과 경영성과

기업에서의 정보기술활용을 통한 정보화수준은 수익성증대, 비용절감, 업무량감소, 경쟁우위확보, 생산성향상, 경영합리화 등의 기업의 성장성, 수익성 및 유동성을 향상시키는 데 기여하고 있는 것으로 나타났다.

이러한 연구결과는 *Van Hoof*와 *Combrink, Van Hoof, Collins, Combrink*와 *Verbeeten*의 연구결과와도 일치하는 것으로서 호텔의 정보화 수준이 향후 호텔산업의 전망과 호텔기업의 경영성과에 영향을 미친다는 점을 시사해 주고 있음을 알 수 있다.

최근 연구에서 호텔기업의 정보화가 경영성과 향상에 미치는 영향을 분석한 결과 정보화와 경영성과 간의 관계는 통계적으로 유의한 영향을 미치는 것으로 나타났고, 정보화의 4개요인 중 업장관리시스템의 정보기술활용 수준이 경영성과 향상에 가장 높은 영향을 주었으며, 프론트오피스시스템, 인터페이스시스템, 백오피스시스템의 정보기술활용 순으로 영향을 주고 있다는 것이 입증되었다. 이러한 연구결과는 호텔기업의 정보화수준이 대고객 서비스품질에 상당부분 영향을 미치고 있다는 점을 시사해 주고 있다.

3. 서비스품질과 경영성과

서비스품질은 고객의 만족과 태도 및 재구매 의도에 영향을 미치며 훌륭한 서비스를 제공받고 만족한 고객은 재방문 욕구를 불러 일으켜 이는 재구매를 발생시켜 곧 매출의 증가를 가져오게 됨으로써 경영성과에 정(+)의 영향을 미치게 된다.

최근 호텔서비스 구매의도에 대한 영향요인을 파악해 보는 연구에서 지각된 서비스품질과 소비자만족이 서비스가치의 매개적 역할이 없이도 재 구매의도에 유의한 직접적인 영향이 존재하고 있음을 밝혔다. 소비자가 만족할수록 서비스품질에 대해 높은 인식을 하고 있으며, 고객이 호텔서비스에 만족할수록 더 많은 구매를 하는 것을 발견하였다. 즉 고객이 더 많은 호텔을 이용하게 하기 위해서는 그만큼 만족할 수 있는 서비스를 제공해야 한다는 점과, 이는 서비스가 좋아질수록 고객이 더욱더 많이 호텔을 이용한다는 점을 말해주고 있다.

이는 곧 고객의 기대와 성과의 불일치인 서비스품질은 고객의 만족과 태도 및 재 구매의도에 영향을 미치는 것으로 나타났고, 고객의 기대와 성과의 불일치는 호텔의 경영성과에도 영향을 미침을 설명하고 있다. 따라서 고객의 기대와 성과의 불일치와 고객과 호텔의 서비스지각 불일치는 모두 호텔의 경영성과에 영향을 미치는 중요한 변수임을 검증하였다.

김홍범·박정화는 인적자원의 의존도가 높은 호텔기업에서는 종사원이 제공하는 서비스품질이 하나의 상품으로서 호텔기업의 경영성과에 지대한 영향을 미칠 것이라는 관점에서 접근하여 호텔의 서비스품질경영은 호텔의 경영성과에 유의적인 영향을 미칠 것이라는 가설을 설정하고 검증한 결과, 표본호텔의 3개년도 매출액 증가율 평균값을 토대로, 서비스품질경영 상위집단에 속하는 호텔들의 매출액 증가율이 서비스품질경영 하위집단에 속하는 호텔들의 매출액 증가율에 비하여 상당히 높은 증가율을 보였고, 서비스품질경영 하위집단과의 평균의 차이도 상당히 유의적인 것으로 나타났음을 확인하였다.

또 다른 연구에서도 호텔기업의 정보화를 통한 서비스품질 향상이 경영성과 향상에 미치는 영향을 분석한 결과, 통계적으로 유의한 것으로 나타나, 서비스품질은 경영성과 향상에 커다란 영향을 미친다는 것을 확인하였다. 결과적으로 호텔기업의 정보기술활용을 통한 서비스품질 향상은 곧 경영성과 향상에 높은 영향을 주고 있다는 점이 것이 입증되었다.

제4절 호텔기업의 정보화 중요성과 전망

1. 호텔기업 정보화의 중요성

향후 21세기에는 고도정보화사회가 전개되어감에 따라 정보화의 개념이 사회전반에 걸쳐 급속히 전파되면서 정보통신 기술의 발달과 정보통신 네트워크의 확산은 기존의 경제활동에 획기적인 변화를 가져다 줄 것으로 예측된다.

관광산업에서도 예외는 아니며 호텔 및 관광에 관련된 정보의 획득은 인터넷을 이용함으로써 그 확장속도가 빠르게 진행되고 있다. 최근 관광산업의 중추적인 역할 담당하고 있는 호텔기업에서도 객실예약, 식당예약, 연회장 행사예약, 마케팅, 홍보 등의 분야에서 인터넷 활용의 중요성을 새롭게 인식하게 되었다. 온라인으로 물품을 구매하야 하는 사람들 중에서 가장 매력적인 것은 호텔예약이었다는 조사결과가 인터넷 활용의 중요성을 뒷받침해 주고 있으며, 각 호텔들은 사이버마케팅 전략의 일환으로 웹사이트(web site)를 구축하면서 적극적으로 인터넷 사용을 개발하고 있다.

대부분의 호텔 매니저들은 인터넷의 가장 우선되는 용도를 아직 현실적으로 느끼고 있지는 못하더라도 주요한 마케팅 수단일 것이라고 생각하고 있다. 정보기술관련 전문가에게 숙박산업에서 미래 인터넷의 역할을 묻는다면, 그는 여지없이 인터넷 없이 호텔의 미래는 없다고 대답할 것이 분명하다. 또한, 동일한 질문을 호텔의 총지배인에게 한다고 해도 분명히 인터넷은 이미 중요한 마케팅과 커뮤니케이션의 도구로 자리잡았고, 호텔의 운영이 인터넷을 충분히 활용하지 않으면, 경쟁에서 뒤쳐지게 될 것이라는데 의견을 같이 할 것이다. 그러나 만일 인터넷의 역할에 대하여 영업현장에서 근무하고 있는 업장 관리자에게 같은 질문을 한다면 아직 인터넷은 호텔영업에서 중요한 도구가 아니라고 대답할지도 모른다.

국내 호텔업계는 최근 객실 및 기타 업장의 정보화 구축을 위하여 많은 예산을 지출하고 있다. 고객과의 인터넷을 통한 원활한 의사소통뿐만 아니라 호텔내부 종사원들의 효율적인 정보교환 및 의사결정 도구로서 인터넷은 최근 활용범위가 넓어지고 있다. 그러나 각 업장의 영업을 책임지고 있는 관리자들이 자기 업장 발전을 위한 수단으로서 인터넷 정보기술의 활용은 극히 미미한 실정이다.

1) 국내 호텔기업 정보화의 중요성 : 인터넷 마케팅도구로서의 홈페이지

특급호텔의 홈페이지는 홍보에만 치중하고 있으며, 1급이하 호텔들의 경우는 홈페이지조차 구축되어 있지 못한 실정이며, 홈페이지상의 잘못된 정보의 대대적인 정리와 담당직원의 철저한 교육이 요구되고, 국가적인 차원에서 호텔 홈페이지 예약시스템의 표준화, 카드보증제도의 도입, 인터넷 예약에 사용자간의 실시간 확인 등 영세한 관광회사 및 1급이하 호텔들의 인터넷 및 인트라넷 구축을 통한 온라인 서비스망 확충이 필요하다.

우리나라 광역자치단체의 홈페이지는 지역마케팅관점에서 인터넷 홈페이지의 외국어지원 확대, 접속자수 표시의 정확성, 내용의 지속적인 개선, 최종 수정일자의 표시, 대표적인 검색엔진과의 링크기능 개선 등을 해결해 나가야 하며 광역자치단체의 마케팅도구로서 인터넷홈페이지의 관광정보가 정확하고 소구할 수 있는 매력을 갖추어야 한다.

특1등급 호텔의 웹사이트 구축율은 83.3%, 특2등급 호텔은 17.6%이며 거의 국제적인 체인 브랜드호텔 중심으로 이루어지고 있고 호텔의 정보 홍보에는 별 무리가 없으나 고객에게 기타 편의를 제공할 수 있는 다른 사이트와의 링크는 부족하며 업데이트 작업이 부족한 것으로 나타났으며 웹사이트 분석을 통한 인터넷 마케팅전략으로는 사용자 동호회 운영, 고객사은행사, 쿠폰 등의 프로모션, 고객데이터 분석, 활용방안 등이 있다.

호텔 인터넷 비즈니스 최적화를 위한 전략으로 호텔경영자의 인터넷을 이용한 경영혁신 필요성에 대한 인식전환, 가상시장에서의 선점을 위한 선행투자, 타 경쟁호텔들과 차별화 된 호텔의 독특한 서비스 개발이 필요하며, 이를 위해서는 홈페이지운영이 매우 중요한 것으로 나타났다.

호텔들은 장기적으로 가상시장 규모의 증대에 대비하여 인터넷마케팅을 전개해 나가야 하며, 인터넷으로 거래를 희망하는 고객이 증가할 것에 대비하여 결제시스템에 대한 보안문제의 근본적인 해결이 연구되어야 하고, 인터넷 사용자들의 불편한 점을 해결해주기 위한 정부차원의 초고속 정보통신망을 구축해야 하며, 호텔에 관한 정보 외에 정치, 경제, 사회, 문화, 관습 등 다양한 정보를 제공하는 홈페이지 형태를 갖추어야 한다.

2) 국내 호텔기업 정보화의 중요성 – 인터넷 활용

관광호텔업의 인터넷 활용분석을 위해 단계별분석(정보의 전달단계, 교류단계, 거래단계)과 정보활동 비율분석 두가지 방법을 사용하였다. 연구결과 인터넷은 다른 매체와는 달리 24시간 개방이라는 점과 소리, 글 외에 다양한 방법으로 동시에 고객에게 정보를 전달할 수 있고, 고객이 호텔을 방문하지 않고도 쌍방향 의사소통이 가능하며 많은 서비스를 받을 수 있으며, 온라인 주문 및 예약이 가능한 것으로 나타났고, 관광호텔들은 인터넷을 통한 호텔안내 및 호텔상품 뿐만 아니라 인터넷을 전자상거래의 수단으로 어느 정도는 잘 활용하고 있었고 인터넷의 쌍방향적인 속성을 이용해 고객과 직접 의사소통을 하는 단계에 도달한 것으로 분석되었다.

인터넷은 호텔경영에 있어서 필연적으로 활용해야 할 마케팅도구로서 인터넷을 호텔기업의 일부로 받아들여 최대한 효율적으로 이용할 수 있는 방안을 강구해야하며, 전략으로 기본개념, 웹사이트 구축전략, 상품전략, 가격전략, 홍보 및 광고 · 촉진전략, 유통전략, 방법전략, 시간전략, 장소전략 등을 제안하였다.

관광사업에서의 호텔숙박업의 역할이 더욱 증대되어짐에 따라 21세기 정보화시대에는 호텔웹사이트를 이용한 사이버 마케팅을 중시해야 하며 호텔 웹사이트 구축방안으로는 첫째, 호텔상품에 대한 설명내용, 둘째, 웹사이트의 내용의 지속적인 새로움, 셋째, 고객의 관점에서 홍보, 넷째, 고객과 직접 접촉할 수 있는 전자우편 중시, 다섯째, 사용자가 쉽게 이용할 수 구성, 여섯째, 웹이란 매체의 독특한 특징의 최대한 활용 등 6가지가 있다.

기존의 대부분의 선행연구는 현존하는 호텔기업의 웹페이지의 내용 및 구축실태에 관하여 주로 연구되었고, 호텔마케팅의 수단으로서의 인터넷 활용방안에 관한 연구들이 대부분이었다. 따라서 관광산업의 중추적인 역할을 수행하고 있는 호텔기업의 관리자들이 인터넷 정보기술 활용의 중요성에 대하여 어떻게 인식하고 있는지에 관한 연구는 미흡했던 것으로 나타났다.

3) 해외 호텔기업 정보화의 중요성

과거 10년 전까지만 해도 전화요금 무료 예약시스템을 중점적으로 사용해왔으나 오늘날 숙박산업들은 인터넷을 활용하고 있다. 인터넷은 호텔과 잠재고객을 연결시켜 주고 있으며 호텔과 고객사이에 큰 혜택을 주고 있다는 사실이 입증되고 있다.

숙박산업에서의 인터넷의 활용에 관한 많은 외국의 선행연구들은 두 그룹으로 분류되는데 한 그룹은 인터넷의 활용은 마케팅수단, 교육목적, 예약, 객실판촉용 설비로서 혁명을 일으키고 있다고 주장하는 그룹이 있고, 다른 한 그룹은 인터넷을 통한 예약율은 아직은 낮고, 많은 호텔들이 촉진활동을 수행할 때 인터넷을 사용하는 것보다는 전통적인 광고수단을 사용하는 호텔들이 아직까지는 많다고 주장하는 그룹이 있다. 여러 가지 문제점은 나타나고 있으나 인터넷의 잠재력은 막대하며, 특히 인터넷의 직접적인 마케팅과 판매의 잠재력은 아무리 강조해도 무시되지 않는다.

2. 호텔기업 정보화의 전망

서울 소재 특급호텔 관리자들을 대상으로 인터넷 정보기술활용의 중요성 인식 정도를 설문조사를 통해 알아본 결과, 앞으로 10년 뒤 인터넷 정보기술활용의 중요성은 전체 산업발전 뿐만 아니라, 호텔산업 발전에 다른 변수들에 비해 상대적으로 높은 영향을 미칠 것이라는 인식을 하고 있는 것으로 나타났다. 특히 호텔 관리자들은 호텔의 고객증대 및 매출증진에도 인터넷 정보기술활용이 높은 영향을 미칠 것이라고 인식하고 있는 것으로 확인되었다.

따라서 향후 대책으로 다음과 같이 네가지 사항을 고려해 볼 수 있다.

첫째, 서비스 차원에서, 호텔관리자들은 인터넷 정보기술의 도입으로 인한 호텔기업의 생명이라고 할 수 있는 인적서비스품질 저하(인간적인 대면관계 감소, 인적서비스의 부재, 인간미 결여 등) 우려에 대한 극복 대책을 강구하여야 한다.

둘째, 교육 차원에서, 인터넷 정보기술의 기본적인 투자가 이루어지고 있는 대규모 호텔 또는 특급호텔의 경우는 인터넷 정보기술의 활용이 경영성과에 도움이 되도록 관리자들의 활용능력배양 방안(검색방법, 인터넷 영어, 정보활용 등)을 강구해야 한다.

셋째, 시설투자 차원에서, 소규모 또는 하위등급 호텔의 경우 21세기 세계화, 정보화시대에 대비하여 소유주의 인터넷 정보기술에 대한 적극적인 시설투자(전업장 컴퓨터 배치, 인터넷 환경 설치 등)가 요구된다.

넷째, 자기개발차원에서, 호텔관리자들은 인터넷 정보기술을 적극 활용하여 선진기업의 새로운 정보를 습득하여 자기가 맡은 업장의 경영혁신(업무간소화, 신규고객창출 및 매출증진)에 기여할 수 있는 방안을 수립, 실행해 나가야 하고,

다섯째, 정보보호와 신뢰성 차원에서, 인터넷에 있어서의 정보와 데이터의 보호는 미래의 사용에 있어서 걸림돌이 되지 않도록 정부와 소프트웨어 생산 판매업자들은 이러한 문제(개인신상정보 노출, 바이러스 감염, 업그레이드, 속도해결 등)를 다른 보안기술력을 사용하여 해결할 수 있는 대책을 강구해야 한다.

Part 4. Dual Degree Program

(Required subjects from MP in Australia)

Chapter 1. Manage Cobflict

Chapter 2. Implement Workplace Health, Safty & Security Procedures

Manage Conflict

SITXCOM003A:
Elements:
1: Identify conflict situations
2: Resolve conflict situations
3: Evaluate conflicts and resolutions

MELBOURNE POLYTECHNIC | RISE TO THE TOP

1

Essential Skills and Knowledge:

- Types of conflict that typically occurs and typical causes.
- Conflict theory, including signs, stages, levels, factors involved and results.
- Group processes and roles people play.
- Organisation structures and workplace cultures and policies.
- Organisation policy and procedures on conflicts and complaints, including reporting requirements.

MELBOURNE POLYTECHNIC | RISE TO THE TOP

2

Essential Skills and Knowledge continued

- Relevant regulatory, industrial and legislative requirements related to the handling of disputes, dealing with drug or alcohol-affected persons, situations where customers must be refused entry, ejection from premises and security provision.
- Communication skills to determine causes of, and resolution of conflict situations.
- Ability to follow complaint handling procedures

MELBOURNE POLYTECHNIC | RISE TO THE TOP

3

Essential Skills and Knowledge continued

- Conflict resolution skills and strategies that incorporate communication skills such as;
  - Assertiveness
  - Listening
  - Non-verbal communication
  - Language style
  - Problem-solving
  - Negotiation

MELBOURNE POLYTECHNIC | RISE TO THE TOP

4

What is Conflict?

- Any situation that leads to disagreement between two or more individuals.
- Struggle, fight or disagreement.
- A state of disharmony between incompatible people, ideas or interests.

»Image source: http://www.smm-parish.org/blogs/gaston/%3Fp%3D61&usg Retrieved 25 April, 2008

MELBOURNE POLYTECHNIC RISE TO THE TOP

5

Conflict is normal and inevitable...

- It is a part of all human situations. People will have conflicting ideas, opinions, personalities.
- Happens frequently in stressful situations.
- Happens during periods of change, e.g. organisational restructure.
- A certain level of conflict is good.

MELBOURNE POLYTECHNIC RISE TO THE TOP

6

The ability to manage conflict situations is important because...

- It is an important skill for everyone.
- We can use these skills in our everyday life.
- It is a key skill of hospitality professionals.
- Anyone looking to progress to supervisory and management roles needs competent skills in conflict resolution.

7

MELBOURNE POLYTECHNIC | RISE TO THE TOP

Conflict, when handled appropriately, can lead to:

- Improved working relationships
- Improved customer service
- Increased productivity
- Increased opportunities for self and professional development

»Image source: CONFLICT: HEXAGRAM # 6 FROM THE TAO ORACLE. By Padma, Ma Deva Padma, (Susan Morgan Ostap...)

8

MELBOURNE POLYTECHNIC | RISE TO THE TOP

What Types of Conflict are there?

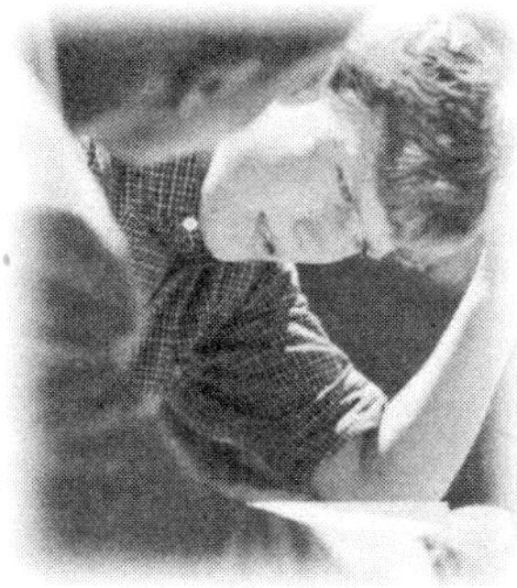

- Within ourselves.
- Between us and a colleague.
- Between us and a customer.
- Between organisations.
- Between customers.

Image source: http://www.ipa.udel.edu/topics/conflict-res.html

MELBOURNE POLYTECHNIC | RISE TO THE TOP

9

Conflict within ourselves

- This type of conflict arises when we are 'in two minds' about something.
- For example, a 'morale dilemma'.

Image source: http://thelocust.org/soaring/pvcstaff/ Retrieved 25 April 2008

MELBOURNE POLYTECHNIC | RISE TO THE TOP

10

Conflict between us and a Colleague

- This type of conflict frequently arises in the workplace.
- It may result from any number of issues including:
  - Cultural differences
  - Personality differences
  - Differences in values
  - Differences in work styles or work ethics

RISE TO THE TOP MELBOURNE POLYTECHNIC

11

Conflict between us and a customer

- Conflict between us and a customer is likely to arise because of an inability to meet customer expectations.
- Examples include:
  - Poor service standards
  - Lack of professionalism
  - Poor product quality

RISE TO THE TOP MELBOURNE POLYTECHNIC

12

Conflict between Organisations

- One type of conflict between organisations is sometimes referred to as competition (when it is between two similar organisations). This type of conflict can be positive.
- Conflict between the organisation and other organisations may also include conflict with:
  - Suppliers
  - Unions

MELBOURNE POLYTECHNIC | RISE TO THE TOP

13

Conflict between customers

- Conflict sometimes arises between customers.
  - Have you been in situations where this has occurred? Explain.
- This type of conflict must be quickly and diplomatically managed.

•Image source http://www.bbc.co.uk/relationships/couples/comm_conflictstyle.shtml Retrieved 28 April, 2008

14

MELBOURNE POLYTECHNIC | RISE TO THE TOP

Causes of Conflict

- Conflict arises for any number of reasons:
  - Poor communication
  - Different expectations
  - Communication barriers
  - Motivation
  - Cultural values
  - Personality
  - Safety and security
  - Organisational structure
  - Organisational change

RISE TO THE TOP MELBOURNE POLYTECHNIC

15 image source http://www.ccb.ac.uk/articleview.php?ID=113 Retrieved 27 April, 2008

How does involvement in conflict make you feel? Discuss the following:-

- How do you feel when you are in a conflict situation?
- How do you act or behave?
- What are some of the things you've observed with the way others act or behave in conflict situations?
- How do you recognise a potential conflict situation?

RISE TO THE TOP MELBOURNE POLYTECHNIC

16

'Fight' or 'flight' response

- Conflict situations invoke a 'fight' or 'flight' response in people.
  - 'Fight'
    - Aggressive response to conflict
  - 'Flight'
    - Submissive response to conflict
- Both responses are unhealthy, in that they cause stress and don't lead to successful conflict resolution.

▪Image source http://thelife.com/study/dealingconflict.html?section=dealingconflict&ft=BSG-OS Retrieved 27 April, 2008

MELBOURNE POLYTECHNIC | RISE TO THE TOP

17

Conflict left unresolved or badly handled can cause:-

- Stress
- Anxiety
- High blood pressure
- Eating and sleeping problems
- Distrust
- Relationship problems
- Mental and physical pain

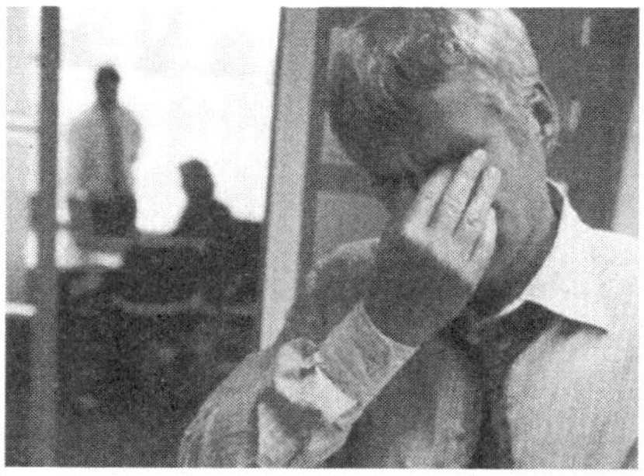

MELBOURNE POLYTECHNIC | RISE TO THE TOP

18

▪Image source http://ladybugandco.com/?m=200802 Retrieved 27 April, 2008

Recognising potential conflict

- Potential for conflict can be readily identified where any of the causes of conflict exist.
- For example, if we or a colleague are unable to meet the expectations of the organisation, the customer or each other, conflict may arise.
- We can also recognise potential for conflict by observing body language and by listening.

19

RISE TO THE TOP

Total Impact of a Message

- Total impact of a message in on-to-one communication:
- 55% Non-verbal cues; body language facial expressions, personal space.
- 38% Vocal; Voice tone, pitch, volume.
- 7% Words; what is said.

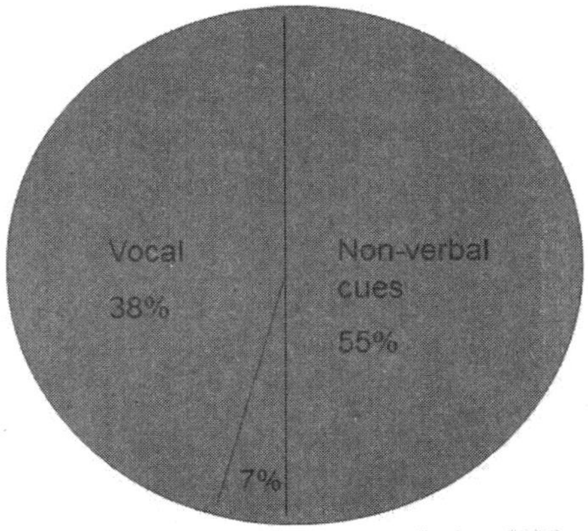

20

RISE TO THE TOP

Recognising potential for conflict through body language

- Body language (non verbal communication) is a powerful way to express thoughts and feelings.
- Being able to recognise negative body language can help identify potential for problems.
- However, do not read body language signals in isolation; consider the entire context of the situation.

MELBOURNE POLYTECHNIC | RISE TO THE TOP

21

Recognising potential for conflict through the spoken word

- Not only what a person is saying but *how* they are saying it can indicate potential for conflict.
- For example, as people become frustrated, angry or impatient,
  - Their pitch may rise
  - Their rate of speech may increase
  - Their tone may change
  - They may accuse you of something
  - They may tell you how to behave

MELBOURNE POLYTECHNIC | RISE TO THE TOP

22

Unhelpful responses to conflict

- Avoiding conflict
- Making personal attacks
- Getting angry
- Apologising inappropriately
- Pretending to agree
- Trying to turn the conflict into a joke
- Being negative
- Refusal to listen
- Refusal to see the other person's point of view
- Unwilling to compromise or explore options

MELBOURNE POLYTECHNIC | RISE TO THE TOP

23

Handling Conflict:- Personality Styles

- People tend to have a personality style that shows through when handling conflict.
- These styles are
  - Passive
  - Aggressive
  - Assertive
- It is helpful for us to recognise our own personal style.
- Your style may change depending on the conflict situation.
- We can learn to better manage our responses to conflict.

MELBOURNE POLYTECHNIC | RISE TO THE TOP

24

Aggressive behaviour

- See conflict as a competition – I will win, you will lose.
- Use intimidation methods to get their own way, e.g.
  - Speak in a direct, dominating or hostile manner
  - Make demands, threats
  - Talk loudly, yell
  - Be sarcastic
  - Clench or thump fists, point their finger
  - Criticise, blame, belittle people

MELBOURNE POLYTECHNIC | RISE TO THE TOP

25

Passive Behaviour

- Want to keep the peace and avoid conflict at all costs – you win, I lose approach.
- Passive behaviours might be;
  - Over apologising
  - Not expressing their thoughts or wants, or doing so through hints and suggestions.
  - Speaking softly, hesitantly, or in a flat voice
  - Nervous gestures; hand wringing, eyes downcast, slumped posture.
  - Devaluing their own opinions and needs.

MELBOURNE POLYTECHNIC | RISE TO THE TOP

26

Assertive Behaviour

- Assertive people see conflict as normal and want to resolve it effectively, i.e. a win-win situation.
- Assertive behaviours are;
  - Statements are clear and to the point
  - Stick to the facts – don't get personal
  - Respect the opinions of others
  - Comfortable, flexible and open to discussion
  - Steady, firm, clear voice
  - Good eye contact and positive body language

MELBOURNE POLYTECHNIC | RISE TO THE TOP

27

Stages of conflict

- Conflict may move through each of these stages over time, or straight to one immediately:
  - Stage 1: Unease or discomfort
  - Stage 2: Episode
  - Stage 3: Misunderstandings
  - Stage 4: Stress
  - Stage 5: Crisis

MELBOURNE POLYTECHNIC | RISE TO THE TOP

28

If you have identified potential conflict situations:

- Do not ignore it
- Immediately address the situation
- Remain calm and polite
- If need be, seek assistance

Image source: http://www.smh.com.au/news/Next/More-moans-mean-progress/2005/03/21/1111253920124.html Retrieved 26 April 2008

MELBOURNE POLYTECHNIC | RISE TO THE TOP

29

Resolving conflict situations

- If conflict arises, it is important that action be taken that satisfies all parties.
- The quicker a problem is addressed, the quicker it is likely to be resolved and there is increased likelihood the conflict will not grow into a potentially harmful situation.

MELBOURNE POLYTECHNIC | RISE TO THE TOP

30

Image source: http://www.asi.com.au/public/content/ViewCategory.aspx?id=6 Retrieved 28 April 2008

Conflict Outcomes

- There are usually three possible outcomes from conflict:
  - Lose–lose
  - Win–lose
  - Lose-win
  - Win–win

Image source: http://www.autoscribe.co.uk/customersomp.shtml Retrieved 28 April 2008

MELBOURNE RISE TO THE TOP

Lose–lose Conflict

- A lose–lose conflict resolution results in all parties being unhappy and dissatisfied.
- Both parties are either
  - Aggressive, and this leads to a battle.
  - Passive and avoid the situation and each other.
- In a hospitality environment, this is likely to result in loss of a customer and/or poor working relationships between colleagues.

MELBOURNE POLYTECHNIC RISE TO THE TOP

32

Win–lose Conflict

- In this situation, one party approaches this conflict with a 'win at all costs' attitude:
  - Me against you
  - I want to win – your goals are not important
  - Its my way, or nothing
  - May lead to personal attacks, e.g. insults.
- In a hospitality environment, this too can lead to loss of a customer and/or poor working relationships between colleagues.

MELBOURNE POLYTECHNIC | RISE TO THE TOP

33

Lose-win conflict

- In this situation, one party approaches the conflict with a 'losing' attitude.
  - You against me
  - Let's just do it your way, to avoid the conflict
  - It's easier just to let you 'win' and avoid a scene. Quick fix solutions.
  - My goals are not as important as yours
  - Let's not argue or fight
- In a hospitality environment, this too can lead to loss of a customer and/or poor working relationships between colleagues.

MELBOURNE POLYTECHNIC | RISE TO THE TOP

34

Win–win Conflict

- This outcome satisfies all parties.
  - We are in this together.
  - Both our needs and goals are important
  - Let's find a mutually satisfying solution
  - How can we resolve this?
  - Let's deal with this objectively
- This is the most desired outcome. Customers and colleagues will feel satisfied that their conflict was managed well and colleagues are more likely to have better working relationships.

MELBOURNE POLYTECHNIC | RISE TO THE TOP

35

To get to win–win

- To get to win-win, we must be:
  - Willing to acknowledge that people have a right to complain.
  - Willing to cooperate in the conflict resolution strategy.
  - Able to assert what we want.
  - Able to accept and respect others' points of view.
  - Able to identify and practice appropriate conflict resolution techniques.

MELBOURNE POLYTECHNIC | RISE TO THE TOP

36

Taking responsibility

- Responsibility for resolving a conflict usually begins with those directly involved.
- However, in some instances conflict resolution may depend on:
  - Our position in the workplace
  - The people involved
  - The nature of the conflict

MELBOURNE POLYTECHNIC | RISE TO THE TOP

37

Conflict management styles

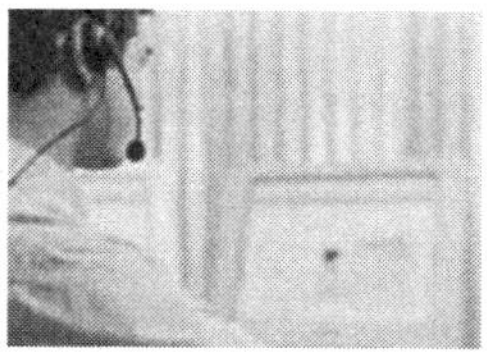

- To resolve conflict situations, there are several techniques we can use. Not all techniques lead to win-win.
  - Compromising.
  - Accommodating.
  - Competing.
  - Avoiding.
  - Collaborating.

Image source: http://www.ccstandards.com/index.asp Retrieved 26 April, 2008

MELBOURNE POLYTECHNIC | RISE TO THE TOP

38

Compromising

- This technique attempts to find a middle ground between the conflicting parties.
- It requires each party to give up something they value to resolve the conflict.
- Compromising can be quick, but may leave neither party feeling fully satisfied.
- It can be useful when time is limited, or when a temporary short-term solution is required.

MELBOURNE POLYTECHNIC | RISE TO THE TOP

39

Accommodating

- This technique involves playing down the real issues at hand and plays up the similarities between the parties in the hope of smoothing things over.
- It often means one party submitting to the other.
- Used when we judge the relationship to be more important than the issue and want to maintain a climate of cooperation.

MELBOURNE POLYTECHNIC | RISE TO THE TOP

40

Competing

- This technique frequently leads to a clear winner and a loser.
- It is often used through force, domination or superior skill (e.g. ability to argue, use authority, impose sanctions).
- This technique is used when the issue is more important than the relationship.
- Although rarely appropriate in resolving conflict with a customer, it may be useful in emergency situations, safety issues or when a party is refusing to cooperate and is trying to take advantage of you.

MELBOURNE POLYTECHNIC | RISE TO THE TOP

41

Avoiding

- This technique usually results in a lose-lose situation.
- It means that all parties ignore the conflict issues in the hope that they will go away.
- Inappropriate avoidance may lead to resentment, gossiping and poor morale.
- Avoidance may be appropriate when;
  - you need to collect more facts and want to postpone discussion
  - withdraw from a threatening situation
  - its not your place to be involved.

MELBOURNE POLYTECHNIC | RISE TO THE TOP

42

Collaborating

- This technique is the most effective and direct approach for achieving win-win.
- This technique uses problem-solving techniques to meet the expectations of each party to the conflict.
- It takes time, effort and skill.
- Useful when the relationship and the issue are important and both parties are committed to the solution.

MELBOURNE POLYTECHNIC | RISE TO THE TOP

43

Communication skill in conflict resolution

- People who demonstrate effective conflict resolution, also demonstrate effective communication skill. Specifically, these people:
  - Have excellent Interpersonal and communication skills;
  - Are assertive; and
  - Are diplomatic

MELBOURNE POLYTECHNIC | RISE TO THE TOP

44

Interpersonal Skills

- In conflict situations, people with excellent interpersonal skills are able to:
  - Communicate thoughts and ideas clearly.
  - Communicate using appropriate words and gestures.
  - Demonstrate effective listening skills.
  - Display empathy and sympathy.
  - Display understanding.
  - Be assertive.
  - Demonstrate integrity.
  - Act appropriately.
  - Be attuned to other's needs and wants.

MELBOURNE POLYTECHNIC | RISE TO THE TOP

45

How to resolve conflict assertively Using 'I' messages

- The goal of assertiveness is to be caring, honest and accepting in our relationships with others. Explain your feelings;
  - This is what **I think**
  - This is what **I feel** and
  - This is how **I see** the situation
- Try to use "I" statements not "you" statements. You statements come across as aggressive.

MELBOURNE POLYTECHNIC | RISE TO THE TOP

46

"I" statements...

- The "I" statement has 3 parts:
  - **Feelings**
    - E.g. I felt worried, I felt angry, I was disappointed, etc
  - **Behaviour**
    - Focus on behaviour and stick to the facts, e.g. "last night the bar duties checklist was not completed".
  - **Effects**
    - Explain the effects of the behaviour, e.g. "so, some duties were overlooked, which meant the lunch shift ended up running late in preparing for service."

MELBOURNE POLYTECHNIC | RISE TO THE TOP

47

Activity: Change these statements to assertive 'I' statements.

1. "You're late again today. You seem to have a real problem with getting here on time!"
2. "You really annoy me with the way you look over my should when we are busy. I know what I'm doing. I don't need you to pressure me."
3. "Make sure you clean up properly tonight. I'm sick of having to finish your cleaning duties when I open up shop in the morning."

MELBOURNE POLYTECHNIC | RISE TO THE TOP

48

Mediating conflict

- Mediation is the process by which a neutral third party steps in to assist the conflicting parties resolve the issue.
- Mediation is likely to be required if the conflict reaches stage 4 (stress).
- A skilled mediator remains neutral, is diplomatic, allows both parties to be heard and may offer unbiased views, when necessary.

49

RISE TO THE TOP

How to implement a conflict resolution

- To get to win-win, we need to implement the conflict resolution technique that best fits the situation. To implement the resolution:
  - Collect and discuss the facts (through open and honest discussion)
  - Clarify your position (assertively and diplomatically)
  - Identify alternative solutions
  - Solve the problem (by selecting the solution that works best for everyone)
  - Implement the decision

50

RISE TO THE TOP

Tips for settling conflict

- Search for common ground – points of view you both share.
- Stick to the facts. Don't get personal.
- Bring in a mediator if necessary.
- Tackle easy problems first, then build to the more difficult ones.
- Keep early discussions informal.
- Emphasize the relationship – it's importance to you.
- Limit each discussion to a few issues. Don't overwhelm yourselves.
- Keep a long term view in mind. It helps keep things in perspective.
- Be flexible, creative, open to new ideas.
- Take a break if emotions begin to become heated.

RISE TO THE TOP MELBOURNE POLYTECHNIC

51

Customer Complaints – 'opportunities'

Receiving complaints from our customers can be of benefit to us because...

- Although it is negative, it is still a valuable form of feedback.
- Allows for us to improve our product and service.
- Customers often have good ideas on how a business can be improved.
- Satisfied customers (when complaint resolved) will potentially become repeat business and good ambassadors for our company.

RISE TO THE TOP MELBOURNE POLYTECHNIC

52

Remember me...

- I'm a really patient person. I will wait quietly in a queue and say nothing at all, whilst the bank tellers discuss their weekends.
- I've even been known to go into a restaurant, sit down and hardly mutter a word while the wait staff do everything but take my order.
- I even visited your store the other day and your sales people completely ignored me. They all treated me like the invisible man as they got on with whatever they were doing. And you know what, I never yelled, I never said a word, I just stood there quietly and waited!
- Yes, I'm a nice person, I never complain. But do you know what? I NEVER COME BACK EITHER.
- And it amuses me to see you spending thousands of dollars every year to get me back into your store when I was there in the first place and all you had to do was JUST GIVE ME A LITTLE SERVICE!

53

Source unknown

MELBOURNE POLYTECHNIC | RISE TO THE TOP

Try to prevent complaints in the first place.

- It is critical that a business spend more time trying to anticipate problems and complaints, than waiting to be told, then correcting the problems.
- No business is perfect, but what could a business do to try and prevent complaints?

•Image source http://www.guardian.co.uk/travel/2007/feb/04/travelnews.hotels.escape Retrieved 2? April 2008

54

MELBOURNE POLYTECHNIC | RISE TO THE TOP

Preventing complaints

- Staff who can anticipate customer needs and wants.
- An excellent staff training program that also includes an inductions process for new employees.
- Clear procedures and standards in place.
- Timely communication from management and other departments.
- Clear guidelines on complaint policies and procedures, e.g. discounts, returns, cancellations, etc. These should be clear to staff and customers.
- Supportive management.

MELBOURNE POLYTECHNIC | RISE TO THE TOP

55

How customers express their complaints

- Immediately the problem arises
- After they have left
- To another department
- Aggressively or pleasantly
- Remember, it has probably taken a lot of courage for the customer to complain.
- When customers complain, they expect to be taken seriously and that their complaint be managed effectively.

MELBOURNE POLYTECHNIC | RISE TO THE TOP

56

Complaint Handling Strategy
6 step method

- Most complaints are satisfactorily resolved when an appropriate complaint handling strategy is used. Most strategies include:
  - Listen
  - Apologise
  - Thank the customer for their feedback
  - Agree on a course of action
  - Implement the resolution
  - Follow up

MELBOURNE POLYTECHNIC | RISE TO THE TOP

57

Case study one – missing towels

- A customer has just arrived and been shown to their room by the porter. Upon entering the room, they noticed there were no towels, so asked the porter to bring some. The porter replied "Yes, I will arranged it straight away."
- Half and hour later, the guest called reception to ask for some towels. The receptionist said "Yes, certainly, I will arrange it immediately."
- Another 20 minutes passes before the Room Attendant arrived with the towels. The customer then angrily took the towels and said "I requested these towels an hour ago, now I'll only have 10 minutes to get ready before my taxi arrives. I'll be making a formal complaint about this!"

MELBOURNE POLYTECHNIC | RISE TO THE TOP

58

Case study two – lunchtime complaint

- It is a busy lunch time period in your restaurant. A customer orders a rice dish, and asks if any nut products are used in the dish. You reply no, as you think it doesn't and you then send the order back to the kitchen.
- Soon after delivering the order to the table, the customer calls you over and tells you he can see what looks like crushed peanuts sprinkled over the top. He is angry and says that he is allergic to peanuts and they can make him violently ill.
- You check with the kitchen and they tell you that the dish is garnished with crushed peanuts, although it is not mentioned on the menu.
- The customer is very angry and beginning to make a scene.

MELBOURNE POLYTECHNIC | RISE TO THE TOP

59

Case Study 3 – workplace conflict

- Simon is a 25 year old restaurant supervisor in a four star hotel in a large city hotel. Simon has worked there for 3 years and started as a waiter. He is good at his job, works hard and expects the same of his staff.
- A vacancy comes up in the restaurant and a young lady called Sally applies. Sally hasn't much experience but has a bright personality and good figure and is attractive, so Simon recommends her for the job.
- Simon is attracted to Sally and after a week, asks her out on a date. She says no and explains that she already has a boyfriend. Simon is upset and keeps asking her out.
- Simon starts to treat Sally badly by giving her all the night shifts, weekends and dirty jobs. He also criticises her work to the Food & Beverage manager.

MELBOURNE POLYTECHNIC | RISE TO THE TOP

60

Case Study 4 – conflict with supplier

- Tony works in stores and is responsible for accepting deliveries for the restaurant. Joe, the delivery driver, has just arrived with the daily fruit & vegetable order.
- Tony inspects it and is not happy with the quality of tomatoes and strawberries. He immediately starts to yell at the Joe "What's this rubbish? Look at these! The tomatoes are already soft and the strawberries are squashed! You are trying to rip me off! I'm not paying you for these."
- Joe tries to say something, but Tony just keeps yelling.

MELBOURNE POLYTECHNIC | RISE TO THE TOP

61

Rules & Procedures

- Clear rules and procedures, which are conveyed to both staff and customers can do a lot to help prevent conflict situations.
  - Customers, patrons, etc. are clear about the rules and policies of the organisation. This helps avoid misunderstandings.
  - Staff feel confident to handle difficult situations because they are clear about their rights and responsibilities.

MELBOURNE POLYTECHNIC | RISE TO THE TOP

62

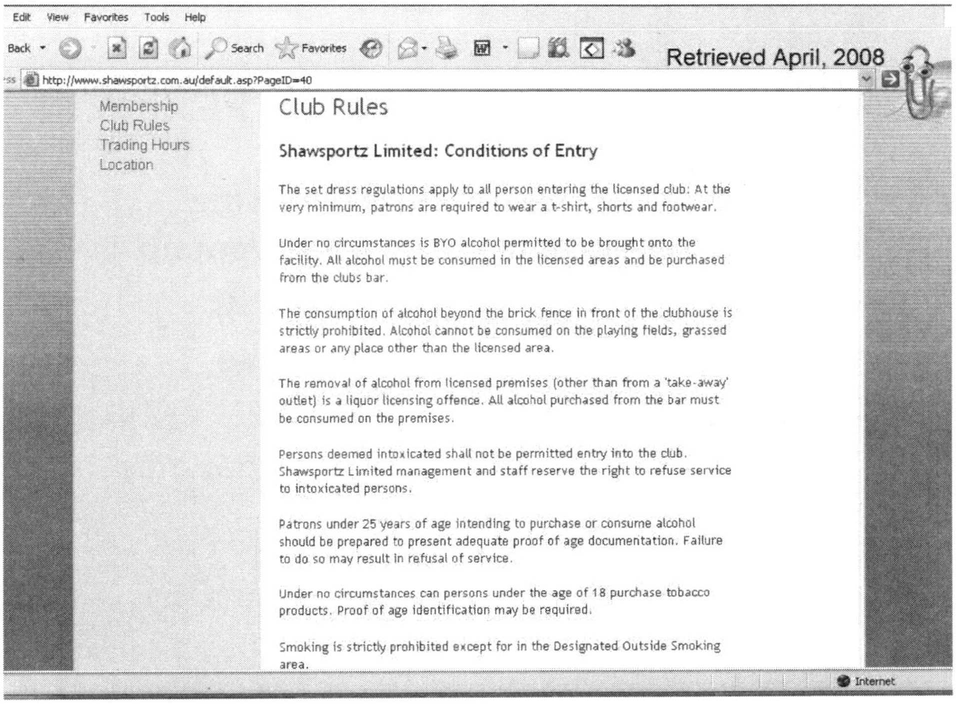

Club Rules

Shawsportz Limited: Conditions of Entry

The set dress regulations apply to all person entering the licensed club: At the very minimum, patrons are required to wear a t-shirt, shorts and footwear.

Under no circumstances is BYO alcohol permitted to be brought onto the facility. All alcohol must be consumed in the licensed areas and be purchased from the clubs bar.

The consumption of alcohol beyond the brick fence in front of the clubhouse is strictly prohibited. Alcohol cannot be consumed on the playing fields, grassed areas or any place other than the licensed area.

The removal of alcohol from licensed premises (other than from a 'take-away' outlet) is a liquor licensing offence. All alcohol purchased from the bar must be consumed on the premises.

Persons deemed intoxicated shall not be permitted entry into the club. Shawsportz Limited management and staff reserve the right to refuse service to intoxicated persons.

Patrons under 25 years of age intending to purchase or consume alcohol should be prepared to present adequate proof of age documentation. Failure to do so may result in refusal of service.

Under no circumstances can persons under the age of 18 purchase tobacco products. Proof of age identification may be required.

Smoking is strictly prohibited except for in the Designated Outside Smoking area.

Conflict with irate people

- You may come across a conflict situation or customer complaint where a person becomes irate. This means they may be:-
  - Yelling
  - Becoming abusive – calling you nar
  - Swearing
  - Become physically aggressive
  - May even become violent

RISE TO THE TOP
MELBOURNE POLYTECHNIC

64

Image source: http://mynews.rediff.com/getahead/2005/jan/19boo.htm Retrieved 26 April, 2008

Steps to dealing with irate people

- Everyone has the right to work in a safe environment and you don't have to put up with abuse.
- However, if possible, try to diffuse the situation before it becomes serious.
- The following are some useful tips that may help...

65

MELBOURNE POLYTECHNIC | RISE TO THE TOP

Steps to dealing with irate people continued

– Come out from behind a desk, counter, etc.
– Move the person away from an 'audience', i.e. other customers, staff, etc.
– If possible, get them to take a seat to discuss the problem. Sit on a 90deg angle, i.e. not directly face to face, as this is less confrontational.
– Let them know you are keen to listen and resolve the issue.
– Ask them what they would like the resolution to be.
– Don't tell people to 'calm down'.

66

MELBOURNE POLYTECHNIC | RISE TO THE TOP

Potentially dangerous and threatening situations

- There are times when the personal safety of customers and colleagues may be threatened and assistance may be required. These are:
  - Drug or alcohol affected persons who cannot be reasoned with.
  - People with guns or arms.
  - Situations where someone has been or may be hurt.
  - People who appear to be violent or are threatening.
  - Situations where customers refuse to leave or be pacified.

MELBOURNE POLYTECHNIC | RISE TO THE TOP

67

Potentially dangerous and threatening situations continued.

- In addition to these instances, do not attempt to resolve conflict situations when you feel threatened or unable to cope with the situation.
- Call a supervisor, manager.
- Call security or another staff member if you don't have security staff.
- Security and management will escort the person/s from the property.
- In the event of any dangerous or potentially dangerous situation, call the police.

«Image source http://www.securityguardservicesguide.com/ Retrieved 27 April, 2008

MELBOURNE POLYTECHNIC | RISE TO THE TOP

68

Part 4. Dual Degree Program

(Required subjects from MP in Australia)

Chapter 1. Manage Cobflict

Chapter 2. Implement Workplace Health, Safty & Security Procedures

Implement Workplace Health, Safety & Security Procedures

SITXWHS401:

- Provide information on health, safety and security
- Monitor safe work practices
- Coordinate consultative arrangements for the management of health, safety and security issues.
- Implement and monitor procedures for identifying hazards and assessing and controlling risks.
- Implement and monitor health, safety and security training
- Maintain WHS records and reports.

1 MELBOURNE POLYTECHNIC

Essential Skills & Knowledge

- In-depth knowledge of:
  - Contents of the organisation's WHS policies, procedures and reporting processes.
  - Employee responsibilities in relation to ensuring safety of self, other workers and other people in the workplace.
  - Employer's responsibilities under relevant state or territory legislation, especially
    - Requirement to consult and acceptable consultation mechanisms.

MELBOURNE POLYTECHNIC

Essential Skills and Knowledge continued…

- Requirements for the use of WHS representatives and committees and their roles and responsibilities.
- Requirements for hazard identification, risk assessment, risk control and acceptable mechanisms.
- Requirements for record keeping and acceptable record keeping mechanisms.
- Provision of information and training.
- Issue resolution

MELBOURNE POLYTECHNIC

Essential Skills & Knowledge continued…

- In-depth knowledge of employee's responsibility to participate in WHS practices and consultation under relevant state or territory WHS legislation.
- Ramifications for failure to observe WHS policies and procedures and legislative requirements.

MELBOURNE POLYTECHNIC

Essential Skills & Knowledge continued…

- In-depth knowledge of the particular consultation, hazard identification and risk assessment methods used in the particular workplace.
- High-level communication skills to convey WHS responsibilities to staff an discipline for non-compliance.
- High-level literacy skills to read and interpret regulatory requirements and policy and procedure relating to WHS

MELBOURNE POLYTECHNIC

Essential Skills & Knowledge continued…

- Writing skills to develop reports and complete WHS records.
- Critical thinking skills to evaluate the effectiveness of WHS management practices and incorporate views of others consulted.

MELBOURNE POLYTECHNIC

The Hospitality Industry and workplace health& Safety

- The hospitality industry is a dynamic and fast growing industry.
- It is characterised by a relatively high staff turnover rate and attracts not only to the young, but people of diverse cultural backgrounds and with varying social status and needs.

MELBOURNE POLYTECHNIC

The Hospitality Industry and WHS continued

- With a large number of part-time and casual workers and very irregular work hours, it has been difficult for the many employers in this industry to effectively manage the broad range of safety issues that exist in their workplaces.
- Workplace injury rates are second only to the construction industry.

MELBOURNE POLYTECHNIC

The Costs of WHS

- Direct costs:
  - Everyone is in business to make money.
  - When someone is injured in your business, it will cost you money, e.g. medical costs, wages injured staff and replacement staff.
  - It is possible, an injury may even cause you to lose your business.

MELBOURNE POLYTECHNIC

The Costs of WHS continued

- Indirect costs:
  - Time spent filling out forms
  - Lack of productivity and customer satisfaction because of time spent managing the injured person.
  - Increases to WorkCover levy
  - Time spent finding and training new staff

MELBOURNE POLYTECHNIC

Hazards in the hospitality industry

- The hospitality industry covers a large number of workplaces that provides services like accommodation, meals and drinks and entertainment.
  - Hazards in this industry include:
    - manual handling;
    - heat stress;
    - electricity;
    - plant, equipment and machinery;
    - hazardous substances; and
    - noise.

MELBOURNE POLYTECHNIC

Other hazards within the hospitality industry

There are other possible hazards within the industry, which we will examine during this unit.

- Gas When is gas a problem, how to reduce the risk
- Fire
  What causes fire, how to avoid them
- Biological waste
  What are biological waste hazard, how to minimise the risk
- Sharps
  What is involved with sharps hazard, what are the steps to take

MELBOURNE POLYTECHNIC

Other hazards within the hospitality industry continued

- Violence
  Who is at risk, how to reduce the risk
- Fatigue
  When fatigue is a problem, who is at risk, how to minimise the risk

MELBOURNE POLYTECHNIC

The main causes of injury within the hospitality industry

- Slips, trips, and falls on wet or contaminated floors.
- Manual handling / musculoskeletal injuries, e.g. from heavy lifting, making beds, etc
- Exposure to hot or harmful substances, e.g. hot oil, cleaning chemicals.
- Struck by something, e.g. sharp knives, falling objects.

MELBOURNE POLYTECHNIC

Australian Safety & Compensation Council

- **We lead and coordinate Australia's national effort to:**
  - promote best practice in workplace healthand safety (WHS)
  - improve workers' compensation arrangements
  - improve rehabilitation and return to work of injured workers
- **Our role is to:**
  - develop national workplace healthand safety (WHS) and workers' compensation policy
  - encourage policy discussion and research
  - promote consistency in legislation developed by states and territories

MELBOURNE POLYTECHNIC

Source: http://www.ascc.gov.au/ retrieved 11/6/08

WHS Acts & Regulations

- There are many workplace health and safety Acts and regulations that form the framework for consultation and working arrangements between employers and employees.

MELBOURNE POLYTECHNIC

Objects of the Victorian workplace health& Safety Act, 2004

- Secure the health, safety and welfare of persons at work.
- Protect persons at work against risks to health and safety.
- Assist in securing safe and healthy work environments.
- Eliminate, at the source, risks to health, safety and welfare of persons at work.
- Promote greater involvement and co-operation between employers and employees on workplace health and safety.

MELBOURNE POLYTECHNIC

Student Research Activity

- Locate the government websites responsible for WHS management.
- What laws and regulations apply to WHS within the workplace?
- Download any relevant publications.

MELBOURNE POLYTECHNIC

WHS: Employer responsibilities

- Employers are required to provide and maintain *so far as practicable* for employees, a working environment that is safe and without risks to health.

MELBOURNE POLYTECHNIC

WHS: Employer responsibilities continued

- Practicable means 'able to put into practice' having regard to:-
  - The severity of the hazard or risk in question.
  - The state of knowledge about that hazard or risk and any ways of removing or mitigating that hazard or risk.
  - The availability and suitability of ways to remove or mitigate that hazard or risk.
  - The cost of removing or mitigating that hazard or risk.

MELBOURNE POLYTECHNIC

WHS: Employer responsibilities under the Act.

- Provide and maintain a safe plant (e.g. machinery and equipment) and safe systems of work.
- Implementing systems for safe use, handling, transport and storage of chemicals.
- Maintain the workplace in a safe condition.
- Provide workers and contractors with adequate facilities, e.g. clean toilets, drinking water and eating areas.
- Ensure workers have adequate information, instruction, training and supervision to work in a safe and healthy manner (see next slide).

MELBOURNE POLYTECHNIC

Relevant and adequate WHS information may include…

- Roles and responsibilities of employers and employees.
- Legal obligations and ramifications of failure to comply.
- Participative arrangements for WHS.
- Location of first aid kits
- Procedures for specific workplace situations.
- Specific risks and control measures relevant to the workplace.
- Specific regulations and codes of practice.
- WHS training information.
- WHS updates

MELBOURNE POLYTECHNIC

Other duties

- All employers must ensure that the health and safety of the public is not adversely affect by their business and must ensure that the means of getting into and away from the workplace is safe.
- Manufacturers, suppliers, importers and installers must ensure that the safety of whatever they supply and/or install.

MELBOURNE POLYTECHNIC

WHS: ***Employee*** rights and responsibilities

- All workers have a duty of care to ensure that they work in a manner that is not harmful to their own health and safety and the health and safety of others.
- Co-operate with his or her employer with respect to any action taken by the employer to comply with any requirements of the Act.
- You must notify your employer of any injury or illness within 30 days of you becoming aware of it.
- Employees can initiate the formation of a Designated Work Group (DWG) which is the mechanism for electing Health & Safety Representatives (HSR).

MELBOURNE POLYTECHNIC

Duty of Care

- Describes the legal principles of ***care***
  - This is ***the duty owed by one person to another person under common law: not to injure or hurt another person.***
  - If someone hurts another person ***they have breached their duty of care to that person and are legally negligent***

MELBOURNE POLYTECHNIC

What is a Reasonable Person'?

- The legal concept of a Reasonable Person is based on case law.
- When an offence is committed, courts establish what is reasonable behaviour (and therefore what is a reasonable person) in relation to the offence.

MELBOURNE POLYTECHNIC

Reasonable Forseeability

- Describes the legal responsibility of people or organisations to foresee (anticipate, predict) what harm or injuries may occur as a consequence of another person's or organisation's behaviour, as well as what harm or injuries they knew could occur.

MELBOURNE POLYTECHNIC

Consequences of Breaking Laws

- When someone is injured and a duty of care is breached (When a law is broken), whether it be under an Act or Common Law, court proceedings can occur.
- If an Act exists and someone injuring another person breaches the Act, then Criminal Proceedings can occur

MELBOURNE POLYTECHNIC

WorkCover Insurance

- In Victoria it is a legal requirement that businesses take out Workcover insurance
- The purpose is to protect designated workers (employees)
- Under the law, not all workers are protected by WorkCover
- Businesses do not have to take out WorkCover insurance for volunteers
- Volunteers are covered by a separate insurance

MELBOURNE POLYTECHNIC

Reporting Injuries

- If a serious accident occurs at work, strict guidelines must be adhered to.
- Serious incidents must be reported within 48 hours of the incident.

MELBOURNE POLYTECHNIC

Injury and WorkCover

- If a worker is out on WorkCover and the employer accepts responsibility for the injury, the employer is responsible for undertaking:
- Regular insurance payments
- A rehabilitation schedule
- Offering suitable employment within 12months of the injury

MELBOURNE POLYTECHNIC

Returning to work after injury

- Helping injured workers back to safe and sustainable work, as soon as possible, is good for the worker and good for business.
- Returning a worker to safe and sustainable work can:
  - assist with the injured workers recovery,
  - assist an employer to maintain productivity,
  - improve workforce morale and
  - help keep Workplace Injury Insurance premiums down.

MELBOURNE POLYTECHNIC

Public Liability Insurance

- This insurance relates to the duty of care a business has to the general public
  - It provides financial protection for personal injury & property damage for members of the public while at a place of business
  - It is not a compulsory insurance

MELBOURNE POLYTECHNIC

Co-ordinate consultative arrangements for the management of health, safety and security issues

MELBOURNE POLYTECHNIC

Image source http://www.advancerecruitments.com.au/news/redmayne.shtml retrieved 12/6/08

Getting Started on Safety

- Healthier and safer work environments and improved productivity can be more easily achieved when employers and employees talk with each other about hazards and discuss problems and work together to find solutions.

MELBOURNE POLYTECHNIC

Co-ordinate staff participation in WHS issues

- The framework of consultation in the Act provides for two levels of workplace consultation for dealing with health and safety issues.
  - Health and safety representatives (HSR)
  - Health and safety committees.
- Designated work groups (DWGs) are the basis of this framework.

MELBOURNE POLYTECHNIC

What is a DWG?

- A DWG is a 'designated work group'.
- It is the group of people and area covered by an elected health and safety representative.
- Employees in a DWG share similar workplace health and safety concerns and face similar workplace health and safety conditions.

MELBOURNE POLYTECHNIC

Effective and meaningful consultation requires…

- Sharing relevant WHS information
- Allowing WHS employees to express their views, AND consideration of those views.
- Considering employees contributions in establishing an WHS framework in the workplace

MELBOURNE POLYTECHNIC

Effective and meaningful consultation can result in…

- Reduced injury and disease.
- Improved management decisions through gathering a wider source of ideas about WHS.
- Greater employer and employee commitment to WHS through a better understanding of WHS decisions and employee ownership of the outcome of consultation.
- Greater openness, respect and trust between management and employees through developing and understanding of each other's points of view.

MELBOURNE POLYTECHNIC

When to consult?

- When so far as is reasonably practicable, consult when:-
  - Identifying or assessing hazards or risks.
  - Making decisions on how to control risks.
  - Making decisions about the adequacy of facilities for employee welfare, e.g. dining facilities, change rooms toilets or first aid.

MELBOURNE POLYTECHNIC

When to consult continued...

- Making decisions about procedures to:
  - Consult with employees on WHS issues
  - Resolve WHS issues
  - Monitor employees' health and workplace conditions.
  - Provide information and training

MELBOURNE POLYTECHNIC

When to consult continued...

- Determining the membership of health and safety committees.
- Proposing changes to:
  - The workplace
  - Plant, substances and other things used in the workplace
  - The work performed at the workplace

That may affect the health and safety of employees.

MELBOURNE POLYTECHNIC

How to consult

- Sharing information with employees about the matter on which the employer is required to consult.
- Giving employees a reasonable opportunity to express views about the matter.
- Taking those views into account.

MELBOURNE POLYTECHNIC

Agreed procedures

- Agreed procedures for consultation are not required by the Act, however, if procedures exist (agreed to by employers and employees), then they must be followed.
- Procedures should be in writing and address the roles of the Health & Safety Representatives and committees.
- Procedures should be made available to all employees.
- In culturally and linguistically diverse workplaces, details of the procedure should be in relevant languages.

MELBOURNE POLYTECHNIC

WHS Representatives (HSR's)

- Are the elected voices of the DWG's
- Are responsible for working with the employer & WHS committee to improve WHS issues in workplace
- Are elected for a maximum of 3 years

MELBOURNE POLYTECHNIC

Powers of Health & Safety Representatives

- Inspect the workplace
  - Immediately in the event of an incident, or threat to WHS.
  - Otherwise at any time after giving reasonable notice.
- Accompany an inspector
- Attend interviews on WHS matters
- Seek assistance

MELBOURNE POLYTECHNIC

Purpose of powers

- To represent members of their work groups
- Monitoring the measures taken by the employer to comply with the Act or the regulations.
- Enquiring into anything that poses an WHS risk
- Attempting to resolve issues concerning WHS

MELBOURNE POLYTECHNIC

Employer obligations to HSRs

- An employer must allow an HSR to have access to information that the employer has about:
  - Actual or potential hazards arising from the conduct of the employer's business or from plant and substances used in the workplace; and
  - The health and safety of employees the HSR represents.

MELBOURNE POLYTECHNIC

Employer obligations to HSRs continued…

- Information required could include:
  - Information relating to an incident or occupational disease, including any statistical records.
  - Material Safety Data Sheets (MSDAs) relating to chemicals used in the workplace
  - Technical specifications of processes giving noise, vibration or radiation emission characteristics
  - Results of occupational hygiene measurements taken in the workplace, e.g. dust levels, noise levels.

MELBOURNE POLYTECHNIC

Employer obligations to HSRs continued…

- Reports of health and safety matters by consultants engaged by the employer
- Minutes of HSC meetings
- Information provided by manufacturers relating to personal protective equipment
- Specifications by manufacturers for safe working conditions
- Information on articles or substances that are stored or issued at the workplace
- Information on health monitoring of employees and conditions at the workplace.

MELBOURNE POLYTECHNIC

HSR Training

- An employer must allow the HSR to:
  - Attend an initial course of training in WHS after being elected.
  - Attend refresher training at least once in each year that the HSR holds office.
- Training must be approved or conducted by WorkSafe
  - By relevant to the members of the DWG or the role of the HSRs and
  - Chosen by the HSR in consultation with the employer

WHS Committees

- Are comprised of equal amounts of HSR's & management reps
- Have specific functions under the WHS Act: eg: create policies / procedures.
- Deal with long term WHS issues affecting the entire workplace
- Must meet every 3 months

Provisional Improvement Notices (PINs)

- Where an HSR reasonably believes that a person is contravening the Act or the regulations, or has contravened them and is likely to do so again, the HSR can issue a PIN.
- A person to whom a PIN has been issued must either comply with the PIN within the required time or call an inspector within 7 days after the notice is issued (Sections 62 & 63).

MELBOURNE POLYTECHNIC

Provisional Improvement Notices (PINs) continued

- The PIN must include:
  - The section of the Act or regulation that is alleged to have been contravened
  - The reasons for the HSR believing that there has been a contravention; and
  - The day by which the person is required to remedy the contravention or activities causing it.

MELBOURNE POLYTECHNIC

Resolving PINs

- Resolved
  - It is agreed that the PIN can or has been resolved and a dispute no longer exists.
- Not resolved
  - PIN not valid
  - PIN affirmed
  - PIN affirmed with modification
  - PIN cancelled

MELBOURNE POLYTECHNIC

Discrimination and HSRs

- Employers must not discrimination against employees because of their involvement in health and safety matters.

MELBOURNE POLYTECHNIC

Image source http://www.canadorec.on.ca/ProgramInfo/FullTime/Business/index.cfm retrieved 12/6/08

Discrimination occurs when an employer:-

- Dismisses an employee, injures an employee in their employment or alters the employee's position to the detriment of the employee.
- Threatens to do any of the above things to an employee, or
- Refuses or fails to offer employment to a prospective employee, or discriminates between prospective employees

MELBOURNE POLYTECHNIC

Discrimination occurs continued...

For the dominant reason that the employee...

- is or has been an HSR or member of an HSC
- exercises or has exercised a power as an HSR or member of HSC
- Assists or has assisted, or gives or has given any information to an inspector, HSR or HSC.
- Raises or has raised an issue or concern about WHS.

• Heavy penalties will apply if discrimination is found to occur!

MELBOURNE POLYTECHNIC

Managing Workplace Hazards:
The Risk Control Plan

- **There are 4 steps in managing workplace hazards / risks**
- The steps are commonly referred to as the **Continuous Improvement Model**
- They act as a continuous cycle aimed to eliminate or reduce workplace hazards & risks

MELBOURNE POLYTECHNIC

Continuous Improvement Model

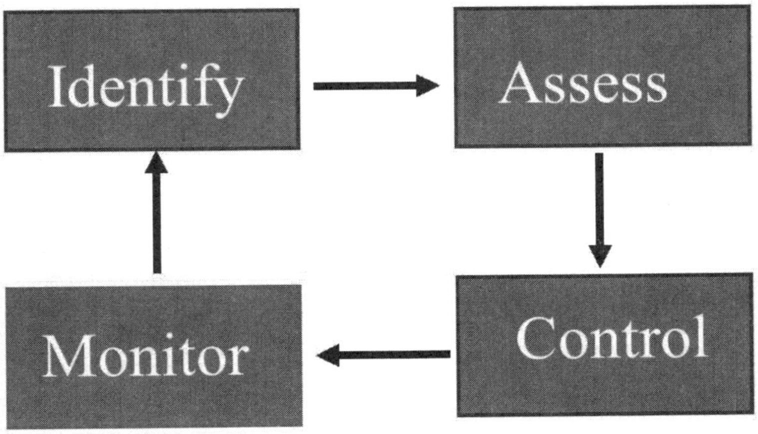

MELBOURNE POLYTECHNIC

What is a hazard?

➢ A hazard is any situation or object that has the potential to cause harm, injury or illness to a person, or damage to property, including equipment and machinery.

MELBOURNE POLYTECHNIC

Types of Hazards

- Physical
- Radiation
- Chemical
- Physiological
- Ergonomic
- Biological

MELBOURNE POLYTECHNIC

Hazard sources:

- Hazards can arise from:
  - workplace premises
  - work practices and systems
  - plant
  - workplace environment.

MELBOURNE POLYTECHNIC

Hazard Classification PHYSICAL

Heat	Heatstroke, cramp, fatigue
Lighting	Headaches, eyestrain
Noise	Hearing loss
Vibration	white finger disease
Ionising Radiation	Lung cancer
Dust	Silicosis
Pressure	Decompression sickness (bends)
Electricity	Heart failure, burns

MELBOURNE POLYTECHNIC

Hazard Classification
CHEMICAL

[illegible]	[illegible]
Acids, alkalis Metals Non-metals Gases Organic compounds Dusts Vapours	Dermatitis, eye injury Cadmium/lead/mercury poisoning Arsenic/cyanide poisoning Carbon monoxide poisoning Cancer, nerve damage Lead poisoning Mercury poisoning

BIOLOGICAL

[illegible]	[illegible]
Animal-borne Human-borne Vegetable-borne	Anthrax, Q fever AIDS Aspergillosis (farmers lung)

MELBOURNE POLYTECHNIC

Hazard Classification
MECHANICAL

[illegible]	[illegible]
Manual handling - over exertion, lifting or pulling Unguarded machines Hydraulic pressure Gravitational energy - falls of people or objects	Musculoskeletal injury - spinal injury, muscle strains, sprains Acute physical injuries - severed/crushed limbs Acute injury - crushed limbs Acute injury - broken bones, brain damage

PSYCHOSOCIAL

[illegible]	[illegible]
Violence, harassment or abuse Stress	Physical harm, stress Psychosomatic disorders (eg illness brought about by stress)

MELBOURNE POLYTECHNIC

After identifying the hazard, assess the risk

- What factors may indicate a risk?
- Review information available about the hazard and risk.
- Evaluate the likelihood of injury or illness and the potential severity.
- Identify actions necessary to eliminate or control the risk
- Identify records necessary to keep to eliminate or control risks.

MELBOURNE POLYTECHNIC

Risk Assessment

- A risk is the likelihood that exposure to a hazard will result in injury or disease.
- Once hazards have been identified, an assessment of the risks associated with each hazard determines the likelihood of injury or illness being caused by that hazard.

MELBOURNE POLYTECHNIC

Classification of hazards

- Hazards can be classified according to type of potential injury or illness, e.g.
  - Hazards that could kill or cause serious injury, permanent disability or ill health.
  - Hazards that might cause injury or illness resulting in an employee being off work.
  - Hazards that might cause injury or illness requiring an employee to need first aid.

MELBOURNE POLYTECHNIC

Overview of a risk assessment

The following slides (with a green highlighted heading) provide a sample look at a risk assessment for a hazardous substance.

70 MELBOURNE POLYTECHNIC

Sample of a Risk Assessment for a hazardous substance

What is involved?

- STEPS:
  - Gather and review **information about the substance**
  - Analyse the **nature of the work** involving the substance
  - **Evaluate the risk**
- Record keeping and review

MELBOURNE POLYTECHNIC

Gather information about the substance

- Forms and possible routes of exposure
- Health hazard information
- Precautions for use and safe handling information
- **How to get this information?**
  - The label
  - MSDS (material safety data sheets)
  - Alternative sources of information

MELBOURNE POLYTECHNIC

Information about the substance can include:

- Physico-chemical properties
- Use of the product
- Form;
  - Liquid, gas, etc
- Route of exposure;
  - inhalation, skin exposure, etc.
- Precautions for use;
  - Use of personal, protective clothing

MELBOURNE POLYTECHNIC

Nature of the work

- How the substance is used
- How people might be exposed
- The “nature” of the exposure (how often? for how long? how much?)
- Who is or will be exposed?
- Are health effects present?
- Control measures in place and their effectiveness

MELBOURNE POLYTECHNIC

How?

- Consultation
- Observation
- Company records
- Tests

MELBOURNE POLYTECHNIC

Generic assessments

- When a substance(s) is used in same or very similar ways at a number of workstations
- One "generic" risk assessment can be made for all these workstations
- The employer is responsible for ensuring a generic assessment is appropriate and all risks have been taken into account

MELBOURNE POLYTECHNIC

Evaluating the risk (1)

For substances **currently in use**, possible outcomes are:

- **no likelihood** of injury or illness
- **likelihood** of injury or illness
- risk **uncertain**
  - more information about the substance is needed
  - more detailed examination of the work is needed
  - Expertise maybe required to gather or interpret information

MELBOURNE POLYTECHNIC

Evaluating the risk (2)

For **new substances** being introduced to the workplace:

- risk must be assessed before the substance is first used
- the task or process should be designed to eliminate or minimise risk from the outset.

- Outcomes:
  - injury or illness **unlikely**, or
  - injury or illness **likely**
  - risk **uncertain** - *get further information or assistance*

Note: Repeat the assessment once the substance is in use

MELBOURNE POLYTECHNIC

Record keeping & review

- Outcomes of risk assessments must be documented
- Records must be kept while the assessment is still relevant
- Records must be accessible to employees
- Assessments must be reviewed and revised:
  - at least every five years
  - when circumstances change

MELBOURNE POLYTECHNIC

Training

- **What does the law require?**
- "The Workplace Health and Safety Act 2004 requires employers to provide such training to employees as is necessary to enable the employees to perform their work in a manner that is safe and without risks to health."
  - » Source: www.workcover.vic.gov.au

MELBOURNE POLYTECHNIC

Training continued

- **Various regulations made under the Act (eg Hazardous Substances Regulations, Plant Regulations) require employers to provide training to employees on:**
  - the nature of hazards
  - the processes used for hazard identification, risk assessment and risk control
  - the need for, and proper use, of measures to control risk
  - safety procedures
  - the use, fit, testing and storage of personal protective equipment.

MELBOURNE POLYTECHNIC

Potential hazards within the hospitality industry

- The physical environment, e.g.
  - The working space
  - Lighting
  - Hot and cold environments
  - Exposure to the elements, e.g. sun
  - Noise levels
  - Electrical items

MELBOURNE POLYTECHNIC

Potential hazards within the hospitality industry

- Flooring
- Trolleys and other equipment used in manual handling
- Crowds
- Pests

• Plant, e.g.
- Machinery, tools, appliances, equipment, etc.

MELBOURNE POLYTECHNIC

Potential hazards within the hospitality industry

• Working practices, e.g.
- Opening and closing procedures
- Security procedures
- Standards and procedures relating to work tasks
- Rostering and staff shift allocation

• Security issues, e.g.
- Theft and robbery
- Irrational or angry customers
- Bomb scares

MELBOURNE POLYTECHNIC

Retrieved 21/6/08

RISK ASSESSMENT RECORD

TASK/ACTIVITY: Bed making/changing			Date assessment conducted and by whom / Date assessment reviewed and by whom	
Hazards identified	**Level of risk**	**Risk controls to be put in place**	**Person responsible for putting risk control in place and by when**	**Date put in place**
Manual handling - lifting, lowering, pushing, pulling, moving mattresses - pulling pillow cases off pillows - carrying, folding, tucking linen - pushing equipment trolley - overloading equipment trolley (eg with clean or dirty linen) - lack of time to work safely - poorly designed equipment trolley - frequent bending/ twisting postures	High probability of muscular or joint stress or strain from over exertion or repetitive nature of tasks	• Use other forms of bed covering/linen to reduce manual handling requirements • Limit the number of tasks per day • Develop safe work procedure for this task • Train staff on how to recognise and control manual handling risks; safe manual handling methods; safe use of mechanical aids (such as trolleys) • Improve the way work is planned • Put in place an equipment maintenance program • Improve work environment by designing safer rooms • Improve work practices-eg, kneeling reduces strain on back, arms and shoulders; reduce weight of loads to avoid injury to ankles - 'don't twist, move your feet'.		
Slips, trips or falls - obstructions caused by linen or other furniture/ objects in work area - insufficient lighting - poor access	Medium Probability of muscular or joint stress or strain from over exertion or fall	• Use other forms of bed covering/linen to eliminate/reduce slip or trip hazard • Make sure work area is clear of obstructions • Provide adequate lighting • Improve access to work area		

3 of 6

Retrieved 12/6/08

RISK ASSESSMENT RECORD

TASK/ACTIVITY: Cleaning bathrooms			Date assessment conducted and by whom / Date assessment reviewed and by whom	
Hazards identified	**Level of risk**	**Risk controls to be put in place**	**Person responsible for putting risk control in place and by when**	**Date put in place**
Slips, trips or falls - wet/slippery floors - restricted or cramped work area - uneven floors or steps - insufficient lighting - worn rubber seals on shower screens (may allow leakage of water onto bathroom floor)	High probability of muscular or joint stress or strain from over exertion or fall	• Make sure surfaces are dry and slip resistant • Make sure work area is clear of obstructions • Improve access to work area • Provide appropriate shoes with good grip • Provide adequate lighting • Make sure rubber seals on shower screens are maintained • Develop and train staff in safe work procedures for cleaning bathrooms		
Manual handling - frequent bending and twisting postures - repetitive movements associated with dusting, mopping and wiping areas - reaching into bath/ shower with fixed screens that hinder full access to all cleaning areas	High probability of muscular or joint stress or strain from over exertion or repetitive nature of tasks	• Limit number of bathrooms cleaned per day or per week • Modify task requirements to reduce bending/ twisting/reaching postures and repetitive movements • Train staff on how to recognise and control manual handling risks; safe manual handling methods; safe use of mechanical aids (trolleys) • Improve the way work is planned • Put in place an equipment maintenance program • Improve work environment by designing safer rooms • Improve work practices - eg. kneeling reduces strain on back, arms and shoulders; reduce weight of loads to avoid injury to ankles: 'don't twist, move your feet'.		

4 of 6

Retrieved 12/6/08

http://www.workcover.nsw.gov.au/NR/rdonlyres/3030DDDA-B4AB-4D8F-B04D-094FF6DCA1C5/0/hotel_motel_operators_risk_assesment_tool_for_housekeepers_4562do

RISK ASSESSMENT RECORD

TASK/ACTIVITY:			Date assessment conducted and by whom	
			Date assessment reviewed and by whom	
Hazards identified	**Level of risk**	**Risk controls to be put in place**	**Person responsible for putting risk control in place and by when**	**Date put in place**

5 of 6

Retrieved 21/6/08

http://www.workcover.nsw.gov.au/NR/rdonlyres/3030DDDA-B4AB-4D8F-B04D-094FF6DCA1C5/0/hotel_motel_operators_risk_assesment_tool_for_housekeepers_4562do

RISK PRIORITY CHART

This chart can assist you with prioritising the risks to determine which ones you should address first.

First, determine how severely someone could be hurt by selecting one of the following consequences for each hazard identified under the **'Severity'** column.

Second, determine how likely it is that an incident will occur in relation to the hazard identified under the **'Likelihood'** column.

Now match the **'Severity'** and **'Likelihood'** of exposure on the Risk Priority Chart below to rank risks in terms of their priority.

Severity	Likelihood: Very Likely *could happen anytime*	Likely *could happen occasionally*	Unlikely *could happen, but only rarely*	Very Unlikely *could happen, but probably never will*
X kill or cause permanent disability or ill health	1	1	2	3
!!! long-term illness or serious injury	1	2	3	4
!! medical attention and several days off work	2	3	4	5
! first aid treatment needed and no time off work	3	4	5	6

The numbers 1-6 in the Risk Priority Chart indicate the level of risk and how important it is to do something about each risk.

1-2 = HIGH
Do something about these risks immediately

3-4 = MEDIUM
Do something about these risks as soon as possible

5-6 = LOW
These risks may not need your immediate attention.

6 of 6

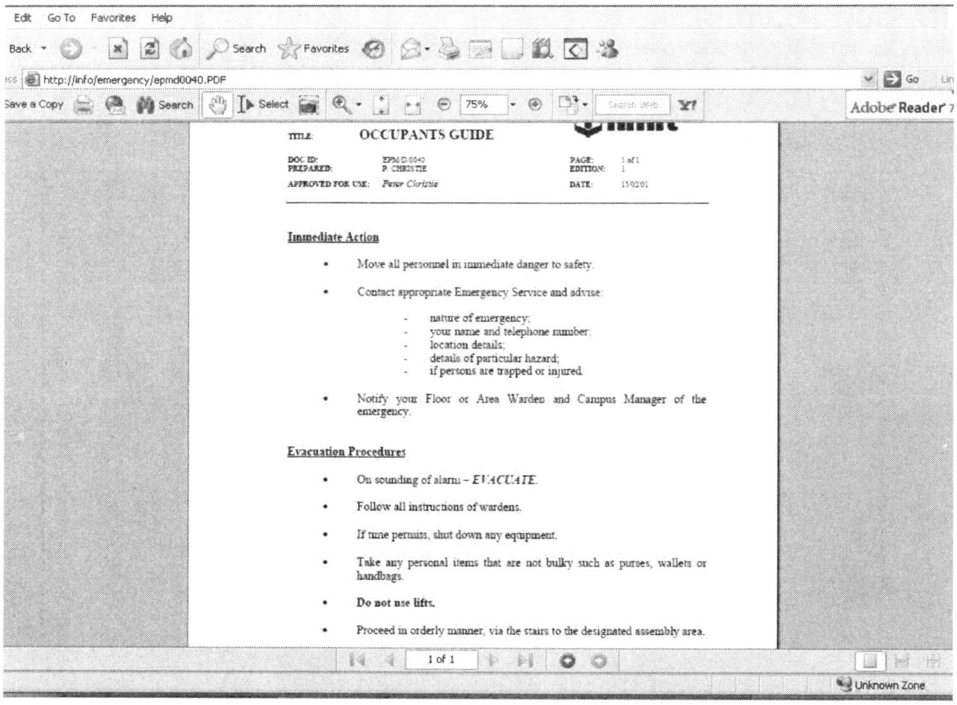

TITLE: OCCUPANTS GUIDE

DOC ID: EPMD 0040 PAGE: 1 of 1
PREPARED: P. CHRISTIE EDITION: 1
APPROVED FOR USE: Peter Christie DATE: 15/02/01

Immediate Action

- Move all personnel in immediate danger to safety.
- Contact appropriate Emergency Service and advise:
  - nature of emergency;
  - your name and telephone number;
  - location details;
  - details of particular hazard;
  - if persons are trapped or injured.
- Notify your Floor or Area Warden and Campus Manager of the emergency.

Evacuation Procedures

- On sounding of alarm – *EVACUATE*.
- Follow all instructions of wardens.
- If time permits, shut down any equipment.
- Take any personal items that are not bulky such as purses, wallets or handbags.
- **Do not use lifts.**
- Proceed in orderly manner, via the stairs to the designated assembly area.

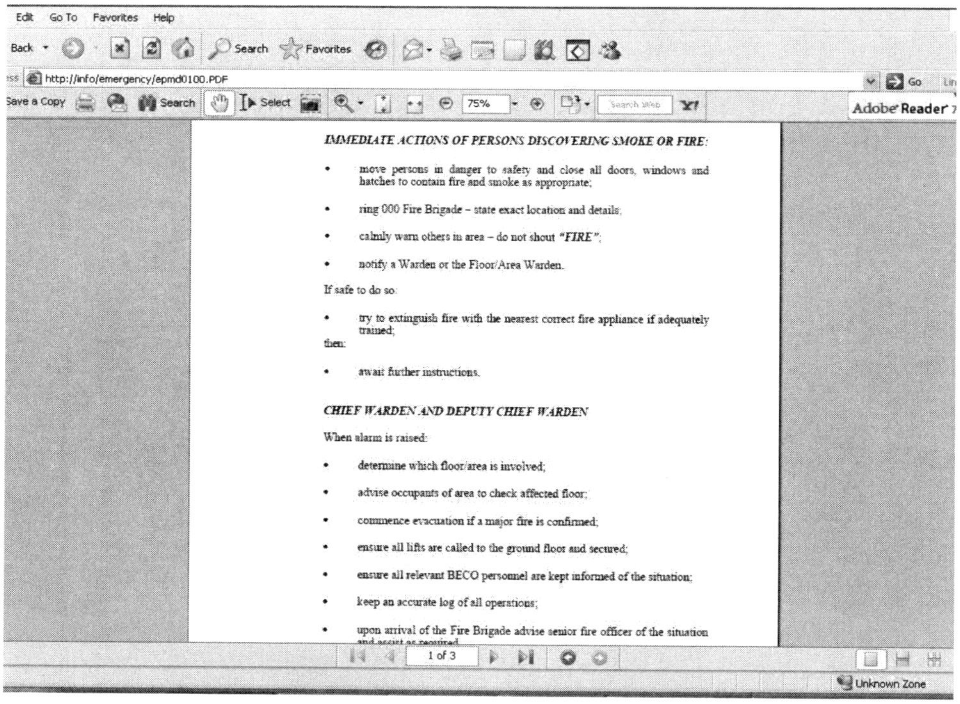

IMMEDIATE ACTIONS OF PERSONS DISCOVERING SMOKE OR FIRE:

- move persons in danger to safety and close all doors, windows and hatches to contain fire and smoke as appropriate;
- ring 000 Fire Brigade – state exact location and details;
- calmly warn others in area – do not shout *"FIRE"*;
- notify a Warden or the Floor/Area Warden.

If safe to do so:

- try to extinguish fire with the nearest correct fire appliance if adequately trained;

then:

- await further instructions.

CHIEF WARDEN AND DEPUTY CHIEF WARDEN

When alarm is raised:

- determine which floor/area is involved;
- advise occupants of area to check affected floor;
- commence evacuation if a major fire is confirmed;
- ensure all lifts are called to the ground floor and secured;
- ensure all relevant BECO personnel are kept informed of the situation;
- keep an accurate log of all operations;
- upon arrival of the Fire Brigade advise senior fire officer of the situation and assist as required.

First Aid

- In the case of workplace injury or illness, first aid facilities must be present for treatment.
- The level of first aid facilities required will depend upon the:-
  - Laws and regulations
  - Type of industry work
  - The type of hazard in your workplace
  - Number of employees
  - Number of locations your workplace covers
  - Proximity to hospitals, doctors and ambulance

MELBOURNE POLYTECHNIC

First Aid Training & Record Keeping

- A trained certificated first aid officer should be onsite at all times, including all shifts.
- First aid treatment needs to be recorded in a register, which includes:
  - Injured person's name and occupation
  - Date, time and place of accident
  - How the accident occurred and what the injured person was doing at the time
  - The nature of the injury
  - A brief about treatment given

MELBOURNE POLYTECHNIC

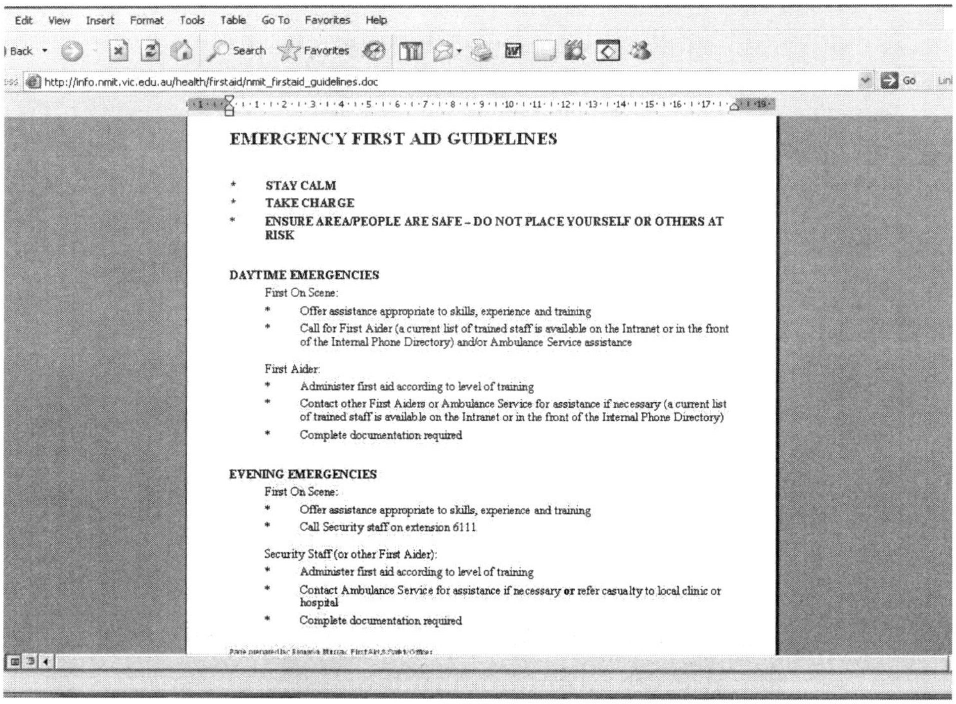

EMERGENCY FIRST AID GUIDELINES

* **STAY CALM**
* **TAKE CHARGE**
* **ENSURE AREA/PEOPLE ARE SAFE – DO NOT PLACE YOURSELF OR OTHERS AT RISK**

DAYTIME EMERGENCIES

First On Scene:

* Offer assistance appropriate to skills, experience and training
* Call for First Aider (a current list of trained staff is available on the Intranet or in the front of the Internal Phone Directory) and/or Ambulance Service assistance

First Aider:

* Administer first aid according to level of training
* Contact other First Aiders or Ambulance Service for assistance if necessary (a current list of trained staff is available on the Intranet or in the front of the Internal Phone Directory)
* Complete documentation required

EVENING EMERGENCIES

First On Scene:

* Offer assistance appropriate to skills, experience and training
* Call Security staff on extension 6111

Security Staff (or other First Aider):

* Administer first aid according to level of training
* Contact Ambulance Service for assistance if necessary **or** refer casualty to local clinic or hospital
* Complete documentation required

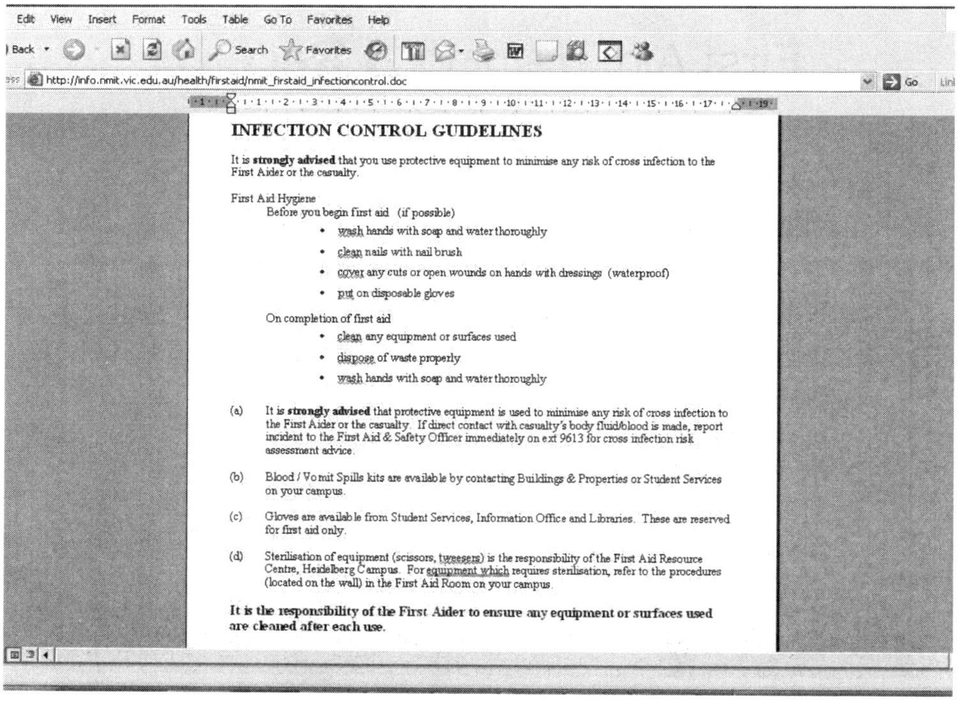

INFECTION CONTROL GUIDELINES

It is **strongly advised** that you use protective equipment to minimise any risk of cross infection to the First Aider or the casualty.

First Aid Hygiene

Before you begin first aid (if possible)

- wash hands with soap and water thoroughly
- clean nails with nail brush
- cover any cuts or open wounds on hands with dressings (waterproof)
- put on disposable gloves

On completion of first aid

- clean any equipment or surfaces used
- dispose of waste properly
- wash hands with soap and water thoroughly

(a) It is **strongly advised** that protective equipment is used to minimise any risk of cross infection to the First Aider or the casualty. If direct contact with casualty's body fluid/blood is made, report incident to the First Aid & Safety Officer immediately on ext 9613 for cross infection risk assessment advice.

(b) Blood / Vomit Spills kits are available by contacting Buildings & Properties or Student Services on your campus.

(c) Gloves are available from Student Services, Information Office and Libraries. These are reserved for first aid only.

(d) Sterilisation of equipment (scissors, tweesers) is the responsibility of the First Aid Resource Centre, Heidelberg Campus. For equipment which requires sterilisation, refer to the procedures (located on the wall) in the First Aid Room on your campus.

It is the responsibility of the First Aider to ensure any equipment or surfaces used are cleaned after each use.

Incident procedures

- In case of an incident or near miss, you should:-
  - Provide for the safety of yourself and others
  - Notify your manager or first aid officer to arrange any treatment
  - Leave the site undisturbed, unless safety requires otherwise
  - Assist in any investigation
  - If required, complete a compensation form.

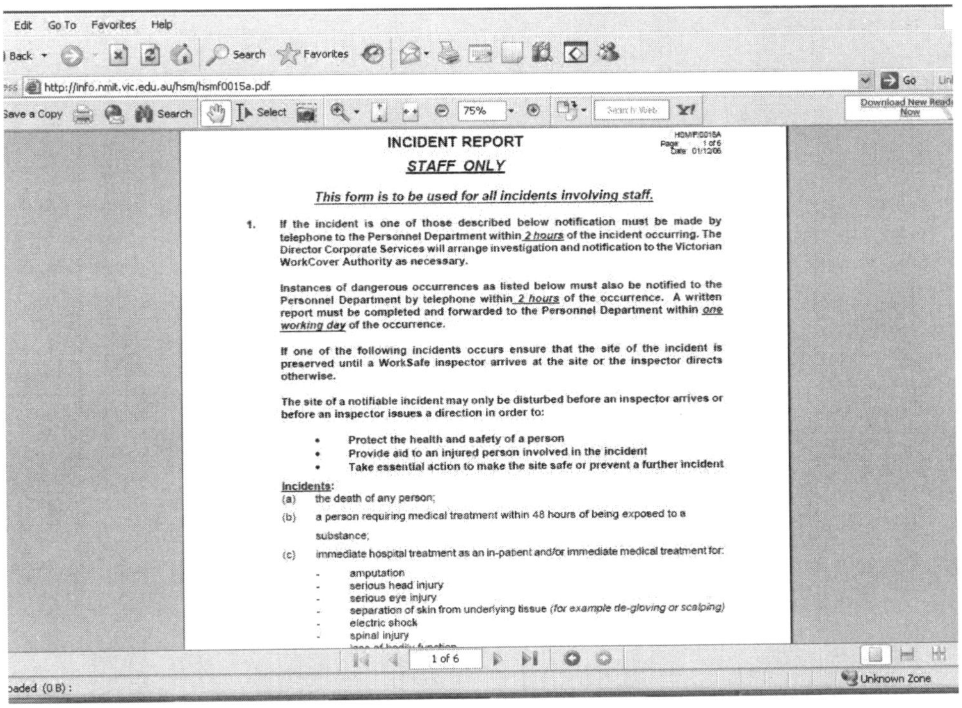

INCIDENT REPORT

HDMF0015A Page 1 of 6 Date 01/12/06

STAFF ONLY

This form is to be used for all incidents involving staff.

1. If the incident is one of those described below notification must be made by telephone to the Personnel Department within *2 hours* of the incident occurring. The Director Corporate Services will arrange investigation and notification to the Victorian WorkCover Authority as necessary.

Instances of dangerous occurrences as listed below must also be notified to the Personnel Department by telephone within *2 hours* of the occurrence. A written report must be completed and forwarded to the Personnel Department within *one working day* of the occurrence.

If one of the following incidents occurs ensure that the site of the incident is preserved until a WorkSafe inspector arrives at the site or the inspector directs otherwise.

The site of a notifiable incident may only be disturbed before an inspector arrives or before an inspector issues a direction in order to:

- Protect the health and safety of a person
- Provide aid to an injured person involved in the incident
- Take essential action to make the site safe or prevent a further incident

Incidents:

(a) the death of any person;

(b) a person requiring medical treatment within 48 hours of being exposed to a substance;

(c) immediate hospital treatment as an in-patient and/or immediate medical treatment for:

- amputation
- serious head injury
- serious eye injury
- separation of skin from underlying tissue *(for example de-gloving or scalping)*
- electric shock
- spinal injury

Bomb Threats

- Bomb threat may take the form of:
  - Written threat – avoid unnecessary handling and place in a plastic envelope
  - Telephone threat – don't hang up and complete the phone checklist (see next slide)
  - Suspect object, e.g. unclaimed package
- Follow procedure
- Inform police
- A search may be conducted
- Evacuation may be required

MELBOURNE POLYTECHNIC

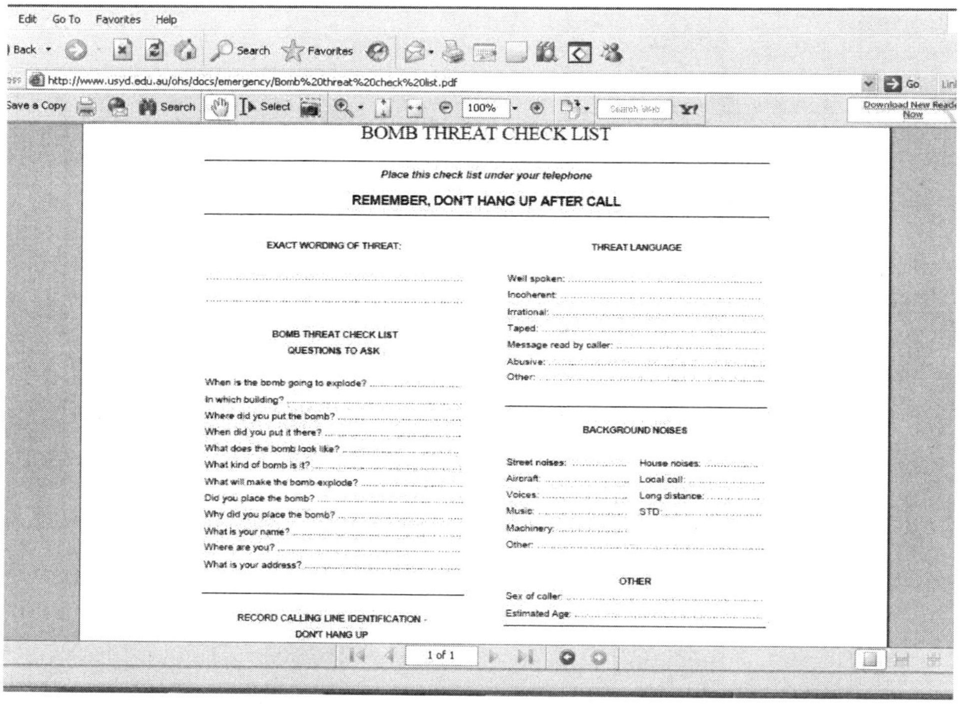
BOMB THREAT CHECK LIST

Place this check list under your telephone

REMEMBER, DON'T HANG UP AFTER CALL

EXACT WORDING OF THREAT:

BOMB THREAT CHECK LIST
QUESTIONS TO ASK

When is the bomb going to explode?
In which building?
Where did you put the bomb?
When did you put it there?
What does the bomb look like?
What kind of bomb is it?
What will make the bomb explode?
Did you place the bomb?
Why did you place the bomb?
What is your name?
Where are you?
What is your address?

RECORD CALLING LINE IDENTIFICATION - DON'T HANG UP

THREAT LANGUAGE

Well spoken:
Incoherent:
Irrational:
Taped:
Message read by caller:
Abusive:
Other:

BACKGROUND NOISES

Street noises: House noises:
Aircraft: Local call:
Voices: Long distance:
Music: STD:
Machinery:
Other:

OTHER

Sex of caller:
Estimated Age:

Theft and armed robbery

- Staff to know how they can help prevent an armed robbery and what to do if they are held up.
- Together with your staff, you should develop appropriate strategies around how cash is handled, and develop a set of sensible office precautions and procedures to reduce the risk of armed robbery. You should also know what to do if you are a victim of armed robbery.

MELBOURNE POLYTECHNIC

Minimising risk of theft & armed robbery: Cash Handling

- Do not keep large amounts of cash on hand and advertise the fact that minimum cash is held on the premises.
- Bank regularly but vary the times of banking and routes taken to the bank. Use two staff members for banking where possible. Larger businesses may consider security pickup of cash.
- Don't use a bank bag; use a less conspicuous bag.
- Remind staff to be on the alert whilst carrying cash.
- Cash should never be counted in view of the public and never leave cash lying around.
- Never talk in public about cash handling procedures.

MELBOURNE POLYTECHNIC

Minimising risk of theft & armed robbery: Office Precautions

- Be on the lookout for any suspicious activity near any business. Note the description and registration number of suspicious vehicles and/or people. Inform the Police immediately.
- Doors and windows at the rear of your premises should be secured with deadlocks and bars.
- Electronic beepers or other devices should be installed to indicate that people are entering and leaving your premises while you are open for business.
- Shop frontage should be uncluttered providing a clear view to the street. If possible, place your service area in clear view of the street frontage.
- Consider a silent alarm that is connected to a security company and can be activated from near your cash drawer or register.
- Also consider the installation of a security camera that can photograph the offenders committing the armed robbery.

MELBOURNE POLYTECHNIC

Victims of armed robbery

- Victims of an armed robbery, protect yourself by remaining calm. In the event of an armed robbery being committed, vital information such as a description of vehicles and offenders can assist in the early apprehension of an offender.
- Remember:
  - Do not be heroic by putting yourself in danger. No amount of money or property is worth a life. Obey the offender's instructions, but do only what you are told and nothing more. Do not volunteer any information.
  - Avoid eye contact with the offender and their weapon if possible and instead concentrate on the offender(s) features.
  - Stay out of danger if you are not directly involved and if you can leave the building safely, do so and then raise the alarm.
  - Be deliberate in your actions. If you are ordered to hand money to the offender, start with lower denomination notes. Consider your own safety first.
  - Phone the Police emergency number 000 if you or some other responsible member of your staff is able to do so without danger. Keep the line open.

MELBOURNE POLYTECHNIC

Deranged customers

- At times, staff may be required to deal with customers who;
  - Have become violent, abusive or displaying unacceptable behaviour
  - Have a mental illness that causes unacceptable behaviour or violence
  - Under the influence of drugs or alcohol
- Refer to notes in identifying hazards and minimising risk of occupational violence within the unit "Establish & Maintain a Safe & Secure Workplace".

MELBOURNE POLYTECHNIC

Weather emergencies

- These may include:
  - Hurricanes/cyclones/typhoons
  - Earthquakes
  - Floods
  - Tsunamis
  - Severe storms
- Develop a plan according to they type of weather emergency likely to affect your business.

MELBOURNE POLYTECHNIC

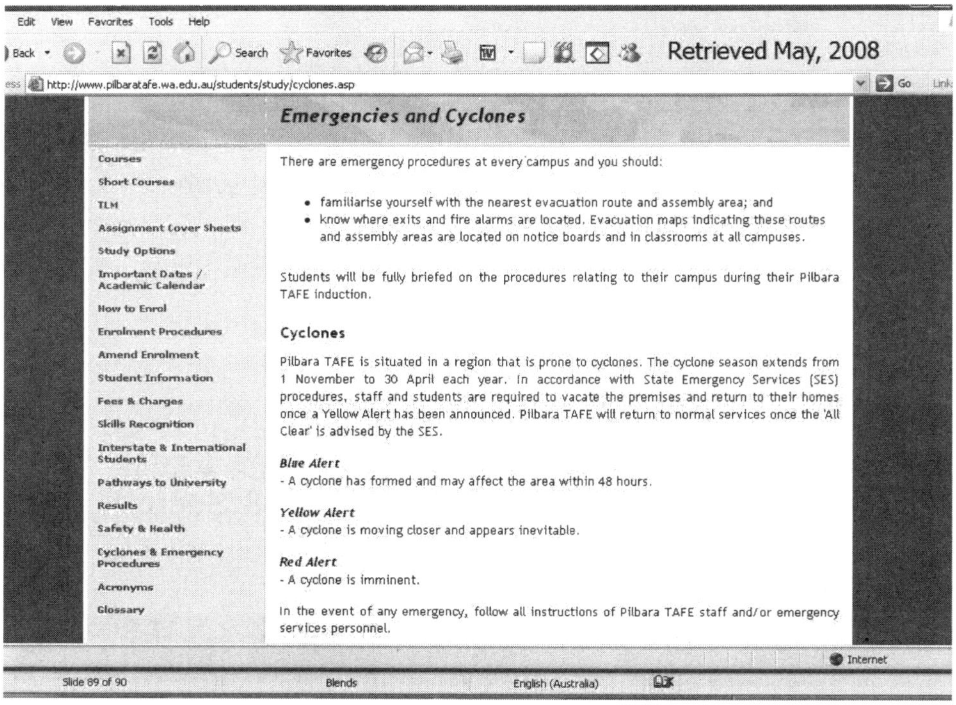

Pests

- Workplaces may be at risk of pest infestation such as:
  - Cockroaches
  - Ants
  - Rodents; rats & mice
  - Flies
  - Weavils, moths
- Your HACCP (hazard analysis critical control points) plan will help you manage this risk.
- Remember the principles: build them out, starve them out, chase them out.

MELBOURNE POLYTECHNIC

호텔 용어

Glossary

[A]

Accounting director The person in charge of accounting and money-related topics.

Accounts payable Accounting system that lists balances that are owed to someone and still need to be paid; source of funds.

Accuracy A precise and effective control system-one that is reliable and produces valid data.

Active listening Listening for full meaning without making premature judgments or interpretations.

Actual market share The market share that a business actually receives compared with the fair market share, which is an equal share of the market.

ADA *See* Americans with Disabilities Act.

ADR *See* Average daily rate.

Age Discrimination in Employment Act Act that protects individuals over 40 years of age from age discrimination in matters of hiring, discharge compensation, or other terms of employment.

Agenda 21 A charter produced during the 1992 Earth Summit held in Rio de Janeiro, Brazil, that addresses issue pertaining to the environment and sustainable development and is intended to prepare the world to successfully meet the challenges of the twenty-first century.

AHMA American Hotel and Motel Association.

Airport hotel A hotel that is classified as a luxury, midscale, economy, or suite hotel that is located near an airport and caters to travelers.

A la carte 1. A menu on which food and beverages are listed and priced individually. 2. Foods cooked to order compared with foods cooked in advance and held for later service.

Alcohol Naturally occurring and easily synthesized compound that induces intoxication when consumed.

All-channel network Free-flowing communication between all members of a group or team .

Allocation of weights to criteria Allocating different levels of importance to decision criteria according to a weight-ing method.

Allocentric Psychological term referring to someone who enjoys varied and unfamiliar activities.

All-suite extended-stay hotel A hotel that is classified as a luxury, midscale suite hotel.

Ambiance The combined atmosphere created by the decor, lighting, service, possible entertainment(such as background music), and so on, that enhances the dining or lodging experience.

Ambiguity Vagueness or uncertainty; can occur in three aspects of a message: the actual meaning of the message, the sender' s intentions, and the reader' s perceptions of the message.
Amenities Features that add material comfort or convenience to a guest' s stay, for example, hair shampoo, an iron and ironing board in each room, and an in-room coffee maker.
American service Food is dished onto individual plates and served to guests.
Americans with Disabilities Act (ADA) Act that prohibits discrimination against persons with disabilities and stipulates that employers must make "readily achievable" modifications to their premises and to work practices and working conditions for those with disabilities.
Analysis of alternatives Analyzing alternatives according to the "weights to criteria" method.
Analytic style A decision-making style characterized by a high tolerance for ambiguity and an intuitive way of thinking.
Aperitif A fortified wine flavored with one or more herbs and spices, usually consumed before a meal.
Apollo Name of a commonly used airline reservation system.
Application service provider (ASP) Delivers a complete booking system tied to the hotel' s inventory in real time via the Internet.
Atmosphere The combination of mood, lighting, furnishing, and music that creates an immediate conscious as subconscious effects on guests.
Authority The rights inherent in a managerial position to tell people what to do and to expect them to do it.
Average Daily rate (ADR) One of the key operating ratios that indicates the level of a hotel' s performance. The ADR is calculated by dividing the amount of dollar sales by the number of rooms sold.
Average guest check The average amount each group spend. Mostly used in a restaurant setting.

[B]

Baby boomers Anyone born in the twenty-year period 1946 through 1965. Baby boomers represent the largest segment of the population-about eighty-one million United States residents in 1990. Baby boomers travel more frequently than their parents and regard travel as a necessary rather than a luxury.
Baccarat A traditional table game in which the winning hand totals closest to nine.
Back-of-the-house operations Refers to the support areas behind the scenes in a hotel or motel, including housekeeping, laundry, engineering, and foodservice. Also refers to individuals who operate behind the scenes to make a guest' s stay pleasant and safe.
Balance sheet Reflects how a business' s assets and liability relate to the owner' s equity at a particular moment in time
Banquet A formal dinner.
Bar mitzvah A Jewish religious ritual and family celebration commemorating the

religious adulthood of a boy on his thirteenth birthday.

Basic corrective action Action that looks at how and why performance deviated and then proceeds to correct the source of deviation.

Batch cooking The cooking of food in quantities for consumption throughout a meal period. Used in noncommercial food-service to avoid putting out all the food at 11:30 and having it spoil. Batches are cooked for readiness at 11:30, 12:30, etc.

Bat mitzvah A Jewish religious ritual and family celebration commemorating the religious adulthood of a girl on her thirteenth birthday.

Bed and breakfast A rate that combines a night' s accommodation with breakfast the following day. The breakfast can be either a full breakfast or continental breakfast.

Behavioral style A decision-making style characterized by a low tolerance for ambiguity and an intuitive way of thinking

Benchmarking The search for the best practices among competitors or non-competitors that lead to their superior performance.

Bet An amount wagered or put into play during a gaming activity.

Beverage cost percentage Similar to food cost percentage, except it relates to beverages.

Big 6 Casino game involving a wheel spun by a dealer which players wager on six possible outcomes.

Blackjack A table game in which the winning hand is determined by whether the dealer or the player gets card that add up to a number closest to or equal to 21 without going over.

Boardroom-style meetings A type of meeting setup designed for a small number of participants who will sit around a rectangular table.

Body language Gestures, facial expressions, body postures, and other movements of the body that convey meaning, such as the emotional state and attitude of the person.

Bonding A recreational process by which people form relationships built on the experiences they have enjoyed together.

Boundaryless organization An organization whose design is not defined by, or limited to, horizontal, vertical or external boundaries imposed by a predefined structure.

Bounded rationality Behavior that is rational within the parameters of a simplified decision-making process, which is limited (or bounded) by an individual' s ability to process information.

Brigade A team of kitchen personnel organized into station.

Budget A numerical plan for allocating resources to specific activities.

Budgeting The process of forecasting sales and costs.

[C]

Cage An area under the control of a casino cashier in which cash is exchanged for chips and coins.

California menus Menu from which guests can order any item on the menu at

any time of the day.

Call accounting system (CAS) A system that tracks guest room phone charges.

Call package In bar operations, it is the group of spirits that the bar offers to guests who ask for specific name brands.

Capture rate A term used in hotel food and beverage to describe the number of hotel guests who use the food and beverage outlets.

Casino An area in which gaming activities take place involving table games and slot machines.

Casino hotel Hotel that combines accommodations with gambling.

Casual dining Relaxed dining; could include restaurant from several classifications.

Catastrophe plans Plans to maximize guest and property safety in the event of a disaster.

Catchment area The geographical area that falls within specific radius established to determine the size of a restaurant' s market (usually one to five miles).

Catering Part of the food and beverage division of a hotel that is responsible for arranging and planning food and beverage functions for conventions and smaller hotel group, and local banquets booked by the sales department.

Catering director Head of all catering operations.

Catering service manager Head of the catering service department.

CBX The telecommunications department. Also called PBX.

Celebrity restaurants Restaurants that are owned, or partially owned, by celebrities.

Central reservations system (CRS) A reservation system that is commonly used in large franchises to connect their reservation systems with one another; allows guests to call one phone number to reserve a room at any of the chain properties.

Central reservations office (CRO) The central office of a lodging company, where reservations are processed.

Centralization The degree to which decision making is concentrated at a single point in the organization.

Certainty The condition of knowing in advance the outcome of a decision.

CFA Culinary federation of America.

Chain network Within this network, communication, flows according to the existing chain of command of an organization, including upward and downward communication flow.

Chain of command The continuous line of authority that extends from upper organizational levels to the lowest levels in the organization and clarifies who reports to whom.

Champagne Sparkling wine made in the Champagne district of France.

Channel The medium along which a message travels.

Charter of Sustainable Tourism A result of the World Conference on Sustainable Tourism held in Spain in 1995; recognizes the objective of developing a tourism industry that meets economic expectations and environmental requirements, and respects not only the social and physical structure of the location, but also the local population.

Chef tournant A chef who rotates the various stations in the kitchen to relieve the station chefs.

Chefs de partie (shef de par-tee) Also known as station chef. Produces the menu items for a station under the direct supervision of the chef or sous chef.

Chief steward Person in a hotel, club, or foodservice operation responsible for the cleanliness of the back of the house and dishwashing areas and for storage and control of china, glassware, and silverware.

CHRIE Council on Hotel, Restaurant, and Institutional Education.

City center hotel A hotel located in a city center.

City ledger A client whose company has established credit with a certain hotel. Charges are posted to the city ledger and accounts are sent once or twice monthly.

Civil Rights Act of 1964 Act that bans discrimination based on race, religion, color, sex, and natural origin.

Class III gaming A class of gaming created by the Indian Gaming Regulatory Act that includes most casino games. For a state to have class Ⅲ gaming, casino gaming must be legalized for commercial (non-Indian) gaming operators and must be conducted in conformance with a contract, or agreement, between state governments and the tribes.

Classroom-style meetings A type of meeting setup generally used in instructional meetings, such as workshops.

Clinic A form of meeting whose attendees learn by doing.

Club Association of persons with some common objective, usually jointly supported and meeting periodically.

Cold calling A type of prospecting whereby sales representatives call on individuals or organizations and have no idea if these people will turn out to be true sales prospects.

Commercial foodservice Operations that compete for customers in the open market.

Commission cap Limits the amount of commission earned by travel agents booking airline tickets. The caps were imposed in 1995, changing commissions to $25 each way for domestic flights and reducing commissions for international flights from 11 to 8 percent.

Communication The exchange of information and the transmission of meaning.

Communication flows Within an organization, communication can flow in upward, downward, lateral, and diagonal directions.

Communication networks The variety of patterns of vertical and horizontal flows of organization communication.

Communication source The original sender of a message.

Comparing results with expectations Indicates actual performance by showing the amount of variation between standards and reality.

Comparison matrix Used to analyze the competitions' strengths and weaknesses to help determine which strategies to use in a marketing action plan.

Compensation Remuneration including salary, wages, and benefits.

Competitor analysis An analysis of competitors' strengths and weaknesses.

Comping Offering a complimentary service without charge.

Compressed workweek A workweek in which employees work longer hours per day but fewer days per week.

Computer information system (CIS) An information system that uses electronic computing technology to create the information system.

Concept The elements in a foodservice operation that contribute to its function as a complete and organized system serving the needs and expectations of its guests.

Conceptual style Decision-making style that involves considering numerous alternatives in order to find creative the problem.

Concierge A uniformed employee of a hotel who has a desk in the lobby or on special concierge floors and answers questions, solves problems, and performs the services of private secretary for the hotel' s guests.

Concurrent control A type of control that takes place while a work activity is in progress.

Confirmed reservations A reservation made by a guest that is confirmed by the hotel for the dates they plan on staying.

Contingency factors Deal with what hospitality organizations refer to as "what if' s." The four contingency factors are the organization' s strategy, size, technology, and degree of environmental uncertainty.

Contingency perspective An approach that says that organizations are different, face different situations (contingency), and require different ways of managing.

Contractors Companies that operate a foodservice for the client on a contractual basis

Contribution margin Key operating figure in menu engineering, determined by subtracting food cost from selling price as a measure of profitability.

Control The process of monitoring activities to ensure that they are being accomplished as planned and correcting any significant deviations.

Control process A three-step process including measuring actual performance, comparing actual performance against a standard, and taking managerial action to correct deviations or inadequate standards.

Control expenses Expenses that can be controlled by means of cost-effective purchasing systems, a controlled storage and issuing system, and strict control of food production and sales. This is usually watched over by management.

Controller Head accountant who manages the accounting department and all financial dealings of a business.

Controlling The provision of information to management for decision-making purposes.

Convention Generic term referring to any size of business or professional meeting held in one specific location, which usually includes some form of trade show or exposition. Also refers to a group of delegates or members who assemble to accomplish a specific goal.

Convention center Large meeting place.

Convention hotel Large hotel that provides accommodation for attendees at conventions; usually located near a convention center.

Conventions and visitors bureaus 1. Organizations responsible for promoting

tourism at the regional and local level. 2. not-for-profit umbrella organization that represents a city or urban area in soliciting and servicing all types of travelers to traveler to that city or area, whether for business, pleasure, or both.

Coordination of activities The process of achieving unity of action among interdependent activities.

Corporate culture Governs how people relate to one another and their jobs. The overall style or feel of a company.

Corporate philosophy The core beliefs that drive a company' s basic organizational structure.

Corporate travel agencies Also known as outplants, corporate travel agencies specialize, either partly or wholly, in handling corporate or government accounts.

Corporate travel manager Individuals employed by corporations, associations, government agencies, and other types of organizations to coordinate the organization' s travel arrangements.

Correcting actual performance Approach used to correct negative variation from work standards if its source lies in unsatisfactory work; might include redefining job tasks, changing work compensation, training programs, or laying off staff.

Corrective action Action that is tending or intended to correct.

Covers The guest count of a restaurant.

Creative financing The cross-collateralization of several properties.

Cuisine Food cooked and served in styles from around the world.

Curbside appeal Visual appeal/cleanliness designed to encourage people to dine in a particular restaurant.

Currency fluctuations Changes in the value of one currency compared to another or of one currency compared to itself.

Customer relationship management (CRM) Business attempting to "manage" the relationship with their customers or guests for long-term mutual benefit.

Cyclical menu Menu that repeats itself over a period of time, usually every ten, fourteen, or eighteen days.

[D]

Daily report A report prepared each day to provide essential performance information for a particular property to its management.

Data Raw, unanalyzed facts.

Database A collection of data arranged for ease and speed of retrieval, such as by a computer.

Database management system (DBMS) A system for managing databases.

Decentralization The degree to which lower level employees provide input or actually make decisions.

Decision making The process of choosing a course of actions among alternatives to solve a specific problem.

Decision-making conditions These conditions include certainty, risk, and uncertainty.

Decision-making process The process of developing and analyzing alternatives and choosing from among them.

Decoding Retranslating a sender' s message.

Defensiveness Response to verbal attacks or criticism; defensiveness may take the form of sarcastic remarks, being overly judgmental, or intentionally not hearing the unpleasant parts of the conversation.

Demographics Statistical study of the characteristics of human populations.

Departmentalization The process through which an organization' s activities are grouped together and assigned to managers; the organization-wide division of work.

Desk clerk An employee who works at the front desk to register guests; supplies rates, information, and guest reports.

Destination Location where travelers choose to visit and spend time.

Destination-management company Organization in charge of developing and implementing tourism programs.

Development of alternatives Listing possible alternatives that could resolve a problem.

Diagonal communication Communication that cuts across work areas and organizational levels.

Dinner house restaurant Restaurant that has a casual, eclectic decor that may promote a particular theme.

Directive style A decision-mating style characterized by a rational way of thinking and low tolerance for ambiguity.

Diversification A corporate strategy whereby managers try to better utilize their organization' s resources by developing new products and new markets.

Diversity An increase in the heterogeneity of an organization through the inclusion of different ethnic groups.

Division of labor The breakdown of jobs into narrow and repetitive tasks.

DOC Director of catering.

Downward communication Communication flow within the organization from supervisor or manager to employees.

Dram shop legislation Laws and procedures that govern the legal operation of establishments that sell measured alcoholic beverages,

Drop Total amount wagered in a casino during a period of time.

Du jour French expression used in menus, meaning "of the day".

[E]

Economical Effective work with the least amount of resources or input.

Economics The science relating to the production, distribution, and use of goods and services.

Economy/budget hotel A hotel that offers rooms at lower rates compared to midscale or upscale hotels.

Ecotourism Responsible travel to natural areas that conserves the environment and sustains the well being of the local people.

EEO *See* Equal employment opportunity.

EEOC *See* Equal Employment Opportunity Commission.

Effectiveness Completing activities so that organizational goals are attained;

also referred to as "doing the right things" or "getting things done".

Efficiency Getting the most output from the least amount of inputs; also referred to as "doing things right" or "geting things done well".

Eighty-sixed("86' ed") A restaurant expression meaning an item is canceled or no longer available.

Elastic Demand changes with economic conditions.

Electronic data interchange (EDI) A way for organizations to exchange standard business transaction documents using direct computer-to-computer networks.

Electronic mail (e-mail) The instantaneous transmission of written messages on computers that are linked.

Emphasis on exceptions The practice of not questing a certain routine or way of doing as long as everything goes well. Only cases of exceptions to routine, such as problems or complaints, have the potential to change the routine.

Employee right to know Per U.S. Senate Bill 198, information about chemicals must be made available to all employees.

Employee training For many organizations, an ongoing activity that is conducted by a training department, a training manager, or by line management or specially selected individuals within each department.

Empowerment The act of giving employees the authority, tools, and information they need to do their jobs with greater autonomy.

Encoding Converting the message into symbolic form.

Engineering director Head of the engineering and maintenance department and supervisor of its employees; man also maintain the hotel blueprints.

Enterprise information system *See* Organizational information system.

Entremetier (awn-truh-mit-tee-hay) Vegetable chef.

Entrepreneur Individual who creates, organizes, manages, and assumes the risk of an enterprise or business.

Environmental analysis An analysis of how the uncontrollable and controllable factors will affect a hospitality and travel organization' s directions and success. It is an element of situation, market, and feasibility analyses, and provides a foundation for long- and short-term marketing plan.

Environmental scanning The screening of large amount of information to anticipate and interpret changes in the environment.

Equal employment opportunity (EEO) The legal right of all individual to be considered for employment and promotion on the basis of their ability and merit.

Equal employment Opportunity Commission (EEOC) Organization that individuals may turn to if they feel that they have been discriminated against by an employer.

Equal Pay Act An act that prohibits discrimination in which employers pay men more than women for jobs requiring substantially equal skills, effort, and responsibility.

Equity theory The theory that an employee compares his or her job' s inputs-outcomes ratio with that of relevant on corrects any inequity.

Escalation of commitment Increased commitment to a previous despite evidence that it may have been wrong.

Ethics The study of standards of conduct and moral judgment; also, the stan-

dards of right conduct.

Ethic restaurants A restaurant featuring a particular cuisine as Chinese, Mexican, or Italian.

European plan An accommodation-only rate that includes no meals.

Evaluation of decision effectiveness Determine whether specified goals have been achieved.

Executive chef The head of the kitchen.

Executive committee A committee of hotel executives from each of the major departments within the hotel generally made up of the general manager, director of room division, food and beverage director, marketing and sales director, human resources director, accounting and/or finance director, and engineering director.

Exempt employees Those employees who under Section 13(a)(1) of the Federal Minimum Wage Law are not required to be paid of overtime. This is because they are primarily engaged in managerial or administrative functions.

Expectancy theory The theory that an individual tends to act in a certain way based on the expectation that the act wil be followed by a given outcome and on the attractiveness of that outcome to the individual.

Expense accounts Accounts primarily used for entertaining purposes.

Exposition Event held mainly for informational exchange among trade people. Large exhibition in which the presentation is the main attraction as well as being a source of revenue an exhibitor.

[F]

Fair Labor Standards Act of 1938 Established a policy for minimum wage and a maximum length for the workweek.

Fair market share A market share based on each business receiving an equal share of the market.

Familiarization (fam) trips Free or reduced-price trip given to travel agents, travel writers, or other intermediaries to promote destinations.

Feedback The receiver' s response to the message that was actually received in the communication process.

Feedback control A type of control that takes place after the activity is done and uses the obtained information to remedy the situation.

Feedforward control A type of control that focuses on preventing anticipated problems since it takes place in advance of the actual work activity.

Fermentation The chemical process in which yeast act on sugar or sugar-containing substances, such as grain or fruit, to produce alcohol and carbon dioxide.

FIFO *See* First-in, first-out.

Fine dining Upscale dining, usually with white table-cloths, a la carte menus, and table service.

Finger foods Appetizers and bits of foods that can be eaten without the aid of utensils.

Fining Process by which wine that has matured is filtered to help stabilize it and remove any solid particles still in the wine.

First-in, first-out The supplies that are ordered first are used first.

First mortgage loans The most common type of real estate loan taken out by a lender to buy property over time.

Fixed costs A cost or expense for a fixed period and range of activity that does not change in total but become progressively smaller per unit as volume increases.

Flexibility The ability to readily undergo change and modification.

Flex/flexible work hours A scheduling system in which employees are required to work a certain number of hours per week, but are free, within limits, to vary the hours of work.

Floor supervisor Supervises day-to-day work of room attendants at larger motels. Also called assistant housekeeper:

Focus groups A gathering of eight to twelve people who are interviewed as a group by a facilitator.

FOM *See* Front office manager.

Food and beverage director Person responsible for the successful operation of all restaurant and kitchen duties, including guest satisfaction and profitability.

Food cost percentage A ratio comparing the cost of food sold to food sales, which is calculated by dividing the cost of food sold during a given period by food sales during the same period

Forecasting The prediction of future outcomes.

Formal communication Communication that takes place within a prescribed organizational work agreement.

Fortified wines Wine to which brandy or other spirits have been added to stop any further fermentation or to raise its alcoholic strength.

Forum A public assembly or lecture involving audience discussion.

Franchise 1 The authorization given by one company to another to sell its unique products and services. 2. The name of the business format or product that is being franchised.

Franchisee Person who purchases the right to use or sell the products and services of the franchiser.

Franchiser An individual or company that licenses others to sell its products or services.

Franchising A concept that allows a company to expand quickly by allowing qualified people to use the systems, marketing, and purchasing power of the franchiser.

Freeway hotel Hotel that is built near a freeway.

French service Restaurant service where one waiter (a captain) takes the order, does the tableside cooking, and brings the drinks and food and the secondary or back waiter serves bread and water, clears each course, crumbs the table, and serves the coffee.

Front office manager (FOM) Person who manages the front office department.

Front-of-the-house operations Comprises all areas with which guests will come in contact, including the lobby, corridors, elevators, guest rooms, restaurants and bars, meeting rooms. and restrooms. Also refers to employees who staff these areas.

Frontline manager/supervisor Low-level manager that manages the work of line employees and has guest contact.
Full-service hotel Hotel that has restaurants, lounges, concierges, and many more facilities to cater to guests' needs.
Full-service restaurant 1. Restaurant that has more than a dozen or so main course items on the menu. 2. Restaurant that cooks food to order.
Function Assigned duty or activity.

[G]

Gainsharing plan A group incentive program that shares the gains of the efforts of group members with those group markets.
Gaming Wagering of money or other valuables on the outcome of a game or other event.
Gaming entertainment industry Businesses that offer games of risk as part of a total package of entertainment and leisure time activities including resort hotel, various foodservice concepts, retail shopping, theme parks, live entertainment, and re-creational pursuits .
Garde manger (gar mawn-zhay) Pantry chef who prepares all cold appetizers, desserts, and salads.
GDP See Gross domestic product.
General manager Head manager in an organization. Ultimately responsible for the operation of the hospitality, establishment and the supervision of its employees. Held directly accountable by the corporation or owners for the operation's level of profitability.
Geographic expansion A strategic growth alternative aggressively expanding into new domestic and/or overseas markets .
Global (international) information system Information system that allows worldwide companies to stay linked, communicate with each other. and make transactions.
Globalization The spread of companies beyond their borders to several other countries.
Goal Specific result to be achieved; the end result of a plan.
Goal setting Traditionally, goals are set at the top and then broken down into subgoals for each level of the organization that works together toward the achievement of the ultimate goals.
Goal-setting theory The proposition that specific goals increase performance and that difficult goals, when accepted, result in higher performance than do easy goals.
Government-sponsored recreation Recreation paid for from government taxes; Includes monies sent to cities for museums, libraries, and municipal golf courses.
Grapevine Informal organizational communication network.
Grievance A complaint filed by an employee against the employer or employer's representative.
Gross domestic product (GDP) Total value of goods and services produced within a country, minus the net payments on foreign investments.

Gross gaming revenue (GGR) The net spending of customers on gaming. This does not include spending on nongaming operations such as food and beverage, hotel rooms, and other retail expenditures.
Gross operating profit Revenues minus operating cost before taxes.
Gross operating revenue Total payments received for goods and services.
Group dynamics A very important factor for group performance; includes individual abilities of group members, the size of the group, level of conflict, and tile internal presures on members to conform to the group' s norms.
Guaranteed reservations If rooms are available on guest demand, the hotel guarantees the guests rooms on those days.
Guest A person who is the recipient of hospitality in the form of entertainment, at someone' s home, as a visiting participant in a program, or as a customer of an establishment such as a hotel or restaurant.
Guest accounting module A system that increases the hotel' s control over guest accounts and significantly modifies the audit routine.
Guest Counts (covers) The numbers of guest dining in a restaurant.
Guest satisfaction The desired outcome of hospitality services.
Guest service department Department that takes care of guest and their needs.

[H]

Handle Dollars wagered, or bet; often confused with "win". Whenever a customer places a bet, the handle increase by the amount of the bet. The handle is not affected by the outcome of the bet.
Harassment Persistent disturbing of a person verbally, physically or sexually.
Hard count The procedure for counting the coins and tokens removed from slot machines.
Haute cuisine Contemporary cuisine.
Herzberg' s motivation and hygiene factors A motivation theory according to which intrinsic factors, such as achievement recognition and self-esteem, are related to job satisfaction and motivation, whereas extrinsic factors, such as hygienic conditions, are associated with dissatisfaction only and do not motivate even if excellent hygienic conditions of the job exist.
Hold Total amount of win in a casino during a period of time.
Hops The dried, conical fruit of a special vine that imparts bitterness to beer,
Horizontal integration Acquiring ownership or control of competitors that are competing in the same or similar products.
Horseshoe-style room setup A meeting room.
Hospice An old French word meaning "to provide care/shelter for travelers". The word Hospitality is derived from this word.
Hospitality 1. The cordial and generous reception of guests. 2. Wide range of businesses, each of which is dedicated to the service of people away from home.
Hospitality information system (HIS) A collection of components that work together to provide information help in the operations and management of a hospitality organization.
Host/hostess A greeter and "seater" at the entrance of a restaurant.

Hotel general manager Manager in a hotel organization who is ultimately responsible for the operation of the hospitality establishment and the supervision of its employees. Held directly accountable by the corporation or owners for the operation' s level of profitability.

Hotelier Keeper, owner, or manager of the property.

Housekeeping Considered a back-of-the-house department; responsible for cleaning and servicing guest rooms.

Human resources manager or director Manages the hotel' s employee benefits program and monitors compliance with laws that relate to equal opportunity in hiring and promotion.

Hygiene factors Factors that eliminate job dissatisfaction but don' t motivate.

[I]

Identification and definition of a problem Identifying and defining a problem.

Identification of decision criteria Identifying criteria important for making decisions.

Illegal aliens Individuals who move to another country illegally, without permission to enter as either immigrants or refugees. Also called undocumented workers.

Immediate corrective action Corrective action that corrects problems at once to get performance back on track.

Incentive travel Marketing and management tool currently used to motivate people by offering travel rewards for achieving a specific goal.

Income statement Lists the amount of money or its equivalent received during a period of time in exchange for labor or services, from the sale of goods or property, or as profit from financial investments.

Independent business unit (IBU) Independent business that makes decisions accordingly, with little or no need to get approval for routine operational decisions from higher up iii the organization.

Independent restaurant Nonfranchise restaurant, privately owned.

Indian Gaming Regulatory Act A federal act that created a statutory basis for the operation of gaming by Indian tribes ill order to promote tribal economy developments, self-sufficiency, and strong tribal governments.

Inflation Increase in the volume of money and credit, resulting in a continuing rise in the general price level.

Informal communication Does not follow a company' s chain of command or structural hierarchy and the subject matter is typically not job related or essential to performing job duties.

Information Processed and analyzed data.

Information system (IS) A set of people. data, and procedures that works together to retrieve, process, store, and disseminate information to support decision making and control.

Information technology (IT) Any processes, practice, or systems that facilitate the processing and transportation of data of information.

Infusion The extraction of flavors from foods.

Inseparability The linkage of hospitality products and services.
Installation of alternative Put the decision into action.
Institutional foodservice Operations that serve people who are members of particular societal institutions, such as Hospitals, colleges, schools, nursing homes, the military, and industry.
Interest rate Rate set by the Federal Reserve Bank and banks in general that determines the amount of interest charged for loans.
International information system *See* Global (international)) information system.
Interpersonal communication Communication between two or more people.
Interpersonal communications process Consists of seven elements: the communication source, the message, encoding, the channel, decoding, the receiver, and feedback.
Intuitive decision making A subconscious process of making decisions on the basis of experience and accumulated judgment.
Inventory control A way to keep track of all resources required to produce a product.

[J]

Jargon The specialized or technical language of a trade, profession, or similar group.
Job description A description of the duties and responsibilities involved with a particular job.
Job enlargement A horizontal increase in the number of similar tasks assigned to a job.
Job enrichment A vertical expansion of a job by adding planning and evaluating responsibilities that act as motivators and make the job itself more challenging.
Job rotation The systematic movement of workers from job to job to improve job satisfaction, reduce boredom, and allow employees to have a broad perspective over the work processes within the entire organization.
Job shadowing A person working in a certain field, but also training for another.
Job sharing The practice of having two or more people split a full-time job.
Joint venture An approach to going global that is a specific type of strategic alliance in which the partners agree to form a separate, independent organization for some business purpose

[K]

Keno A type of bingo game in which players wager on randomly drawn numbers.
Key operating areas The most important functional areas of an organization that work and interact toward the achievement of tile organization' s goals.
Kitchen brigade System of kitchen organization in which the staff is divided into specialized departments, all contributing collectively to the preparation of a meal.
Kitchen manager Person who manages the kitchen department.

[L]

Labor cost percentage Similar to food cost percentage, except it relates to labor. The formula is as follows: Labor costs divided by net sales multiplied by 100 = the labor cost percentage.

Labor intensive Relying on a large workforce to meet the needs of guests.

Lager beer Beverage that is normally referred to as just beer; it is clear, light bodied, and refreshing.

Lateral communication Takes place between the employees of a company who are on the same hierarchical level in the organization.

Leader-manager A style of leadership and management that is a combination of leadership and management.

Leadership One person influencing another to willingly work toward a predetermined objective.

Leading The process by which a person with vision is able to influence the behavior of others in some desired way.

Leads In the convention and visitors bureaus' lingo, leads are prospective clients.

Leasing A contract allowing the use of real estate for a number of years in exchange for rent.

Leasing arrangement The actual leasing contract details.

Leisure Freedom resulting from the cessation of activities, especially time free from work or duties.

Leveraged money Loans used to finance most of the purchase price.

Liaison personnel Workers who are responsible for translating corporate philosophy for the contractor and for overseeing the contractor to make sure he or she abides by the terms of the contract.

Local-area network (LAN) Allows employees of an organization to communicate and work with each other simultaneously through different computers inside a complex or building.

[M]

Maitre d' hotel Head waiter.

Malt Germinated barley.

Managed services Services that can be leased to professional management companies

Management The process of coordinating work activities so that they are completed efficiently and effectively with and through other people.

Management by objectives (MBO) Managerial process that determines the goals of the organization and then plans the objectives or "how" to reach the goals.

Management by walking around (MBWA) Management style in which the manager goes out in the work area, interacts with associates, and exchanges information about work; allows the manager to pick up information communicated through body language and tones of voice, and shows employees and clients that the manager is available and care about them.

Management contract Written agreement between an owner and an operator of

a hotel or motor inn by which the owner employs the operator as an agent(employee) to assume full responsibility for operating and managing the property.

Manager A person who works with and through other people by coordinating their efforts to achieve organizational goals.

Managing The formal process in which organizational objectives ared achieved through the efforts of subordinates.

Marker A type of check that documents the amount of credit extended to a casino guest.

Market demand The demand for a product or service.

Marketing action plan Plan based on place, product, and promotion; used to set realistic goals and strategies for achieving the desired results.

Market and sales director Person responsible for marketing and sales for the property.

Market consortium or referral organization Made up of independent hotels that refer guests to each of the other number' hotels. Offers similar benefits to franchisees, at a lower cost; properties share a centralized reservations system, image, and logo.

Market niche A specific share or slot of a certain market.

Market penetration A growth strategy to boost sales of present products by more aggressively permeating the organization current markets.

Market segment Smaller, identifiable groups that can be defined using any set of characteristics, such as those found in geographic, demographic, or psychographic information. Subgroups of customers who share a specific set of needs and expectations.

Market share The share of the market that a particular operation has.

Marketing Mix The term used to focus on the pertinent Ps: place, price, promotion, partnership, packaging, programming, and people.

Mash tub In the making of beer, a large stainless steel or cooper container used to mix and heat water and grains.

Mashing In the making of beer, the process of grinding the malt and screening out any bits of dirt.

Maslow' s hierarchy of human needs Theory that suggests that there are five basic needs or motives common adults (physiological needs, safety needs, love and belongingness needs, esteem needs, self-actualization needs).

Matrix structure An organizational structure that assigns specialists from different functional departments to work on one of more projects.

Measuring An evaluation or basis of comparison in order to ascertain the dimensions, quantity, or capacity of something.

Mechanistic organization An organizational design that' s rigid and tightly controlled.

Meeting Gathering of people for a common purpose.

Meeting planner Coordinates every detail of meeting and conventions.

Megaresort An extremely large gaming entertainment complex with thousands of guest rooms, a large gaming area, a number of ballrooms and breakout facilities, numerous food and beverage outlets including room service and banquet facilities, and numerous retail and recreational offerings.

Mentor A person who offers advice and counsel to someone who is new to a job or career track.

Menu A list of the chef' s dishes.

Menu development The process of determining what type of food will be offered in a restaurant.

Menu engineering Tool in menu planning that uses the menu as a whole, not individual items that make up the menu, as a measure of profitability.

Message A purpose to be conveyed.

Microbreweries Small breweries that make beer.

Middle managers Managers between the first-line level and the top level of the organization who manage the work of first-line managers.

Minibar A small refrigerated bar in guest rooms.

Mise on place (miss on plas) French phrase meaning "everything in its place"; state of overall preparedness. having all the necessary ingredients and cooking utensils at hand and ready to use at the moment work on a dish begins.

Mission statement A statement of the central purpose, strategies, and values of an organization.

Motivating The art or process of initiating and sustaining behavior toward certain goals.

Motivation The willingness to exert high levels of effort to reach organizational goals, conditioned by tile effort' s ability to satisfy some individual need.

Motivators Factors that increase job satisfaction and motivation.

Multiple criteria An effective control system needs to take into consideration multiple criteria in order to get a more realistic grasp of the situation and narrow down tendencies.

Multiplier effect Concept that refers to flew money that is brought into pay for hotel rooms, restaurant meals, and so on. To some extent, it then passes into the community when the hotel or restaurant orders supplies and services, pays employees, and so on.

Mundo Maya A joint, ecotourism endeavor comprised of the countries in which the Mayan civilization was, and still is, found. These countries are Belize, El Salvador, Guatemala, Honduras, and the five Mexican states of Quitana Roo, Yucatan, Campeche, Tabasco, and Chiapas.

Must A mixture of grape pulp, skins, seeds, and stems.

[N]

National Center for Responsible Gaming (NCRC) The NCRC is a research and education foundation created by the gaming entertainment industry to fund gambling addiction research.

National Gambling Impact and Policy Commission Act This act established a nine-member federal commission to assess impacts of all types of gambling in the United States.

National Restaurant Association (NRA) The association representing restaurant owners and the restaurant industry.

National School Lunch Program Program that provides students from a certain

income level with a free lunch.

National Tourism Organization (NTO) Organization used by national governments to promote their countries.

Networking The process of meeting with and gathering information from an ever-expanding channel of acquaintances.

Niche A marketing term used to describe a specific share or slot of a certain market.

Night auditing The process of verifying and balancing the guests' accounts.

Night auditor Person who verifies and balances guests' accounts .

Nonprogrammed decisions A unique decision that requires a custom-made solution.

Nonverbal communication Communication transmitted without words through body posture, gestures, and mimics.

Nouvelle cuisine A mid-twentieth-century movement away from classic cuisine principles. Includes shortened cooking times and innovative combinations. A lighter, healthier cuisine based on more natural flavors, including herbs.

NRA *See* National Restaurant Association.

NTO *See* National Tourism Organization.

Nutrition education programs Food served in school cafeterias must follow the nutrition standards set by government programs.

[O]

Objectives Specific results toward which effort is directed

Occupancy forecast Forecast of a hotel's occupancy for a given period.

Odds The statistical probabilities of the outcomes of a particular gaming activity.

Online Access to a computer via a terminal.

Open-book management A management style in which a company opens its books to the employees, sharing financial data, explaining numbers, and rewarding workers for improvement.

Operating ratios Ratios that indicate an operation's performance.

Operational plans Short-term plans that show the detailed daily steps of business operations.

Organic organization An organizational structure characterized by flexible lines of authority, less specialized jobs, and decentralized decisions.

Organization chart A chart that illustrates the organization-wide division of work by charting who is accountable to whom and who is in charge of what department.

Organizational communication All the patterns, networks, and systems of communication within an organization.

Organizational information system Information system that is controlled by several remote computers and can be used throughout a company and accessed by a number of associates.

Organizational structure The formal framework by which jobs and tasks are divided, grouped, and coordinated.

Organizing Getting the job fore efficiently and effectively by arranging the ac-

tivities of the enterprise in such a way that they systematically contribute to the enterprise' s goals.

Orientation A meeting that describes the operation of a business to new employees; usually occurs within the first few days of employment.

Other Different from that or those implied or specified.

Overbooking Lodging practice of booking 10 to 15 percent more reservations than available to combat the loss of revenue resulting from guests who make reservations but who do not arrive.

Overvalued A property that is for sale for more money than it is worth.

[P]

PABS *See* Profit analysis by segment.

Par stock Level of stock that must be kept on hand at all times. If the stock on hand falls below this point, a computerized reorder system will automatically reorder a predetermined quantity of the item.

Partnership Any venture in which two or more persons endeavor to make a profit.

Pathological gambling An addiction in which there is a chronic progressive failure to resist impulses to gamble; include gambling behavior that comprises, disrupts, or damage personal, family, or vocational pursuits.

Pay by performance Any compensation method based on merit or performance rather than across-the-board non-output-based pay.

PBX The telecommunications department. Also called CBX

Perception The unique way each person defines stimuli, depending on the influence of past experiences and the person' s present needs and personality.

Performance evaluation or appraisal A meeting between a manager and one of his or her employees to 1. let the employee know how well he or she has learned to meet company any standards, and 2. let managers know how well they are doing in hiring and training employees.

Perishability Refers to the fact that the hospitality product has a limited lifetime; for instance, last night' s vacant hotel room cannot be sold today

Perceptual inventory A running inventory that automatically updates itself.

Personal digital assistant (PDA) Computer system that transmit formation or orders and retrieves and post guest payments; often used in restaurants to improve time management and allow faster service.

Piecework play plan Payment to associates for the amount, or "piece", of work produced.

Pilferage Stealing.

Planning A process that involves defining the organization' s goal, establishing an overall strategy for achieving these goals, and developing a comprehensive set of plans to integrated and coordinate organizational work.

PMS *See* property management system.

Point of sale (POS) system A system used in restaurants and outlet stores that records and posts charges; consists of a number of POS terminals that interface with a remote central processing unit.

Poissionier (pwa–saw–nee–hey) Fish station chef.

Poker A card game in which participants play against each other instead of the casino.

Policies A guideline that establishes parameters for making decision.

Political analysis An analysis of the impact that current and pending legislation may have on tile organization.

Pool bar A bar located near or, in some cases, in the pool.

Portfolio financing The grouping of several investments with a portfolio that spreads the investment risk.

Positioning Process of establishing a distinctive place in the market (and in the minds of potential guests),

Pour–cost percentage Similar to food cost percentage, except used in beverage control.

Prime cost The cost of food sold plus payroll cost (including employee benefits). These are a restaurant' s largest costs.

Privilege taxes Taxes paid by gaming companies to local, regional, and state governments for the privilege of operating a gaming business, often designated as a percentage of gross gaming revenue.

Procedures A series of interrelated sequential steps that can be used to respond to a well–structured problem.

Product A tangible good or intangible service produced by human or mechanical effort or by a natural process.

Product development The strategy of improving products for current markets to maintain or boost growth.

Product life cycle The stages of market acceptance of products and services.

Product specification The establishment of standards for each product, determined by the purchaser. For example, when ordering meat, the product specification will include the cut, weight, size, percentage of fat content, and so on.

Production control sheet A checklist/sheet itemizing the production.

Productive teams Built by giving associates the authority, responsibility, and encouragement to come together to work on guest–related improvements that will enhance the guest experience and make the associates' jobs easier.

Productivity standards Standards of measurement established to gauge employee productivity.

Profit analysis by segment (PABS) Using a combination of marketing information and cost analysis, this process identifies average revenues generated by different market segment and thin examines the contribution margin for each of the segments considering the cost of making those sales.

Programmed decisions A repetitive decision that can be handled by a routine approach.

Programs An organized list of procedures, events, or other pertinent information; a schedule.

Project A one–time–only set of activities that have a definite beginning and ending point in time.

Project management The task of getting a project' s activities done on time, within a budget, and according to specifications.

Project structure An organizational structure in which employees continuously work on projects.

Proof Figure representing liquor' s alcohol content.

Property management system (PMS) A computerized system that integrates all systems used by a lodging property, such as reservations, front desk, housekeeping, food and beverage control, and accounting.

Psychocentric Psychological term referring to a self-inhibited, nonadventurous person.

Psychographic research Attempts to classify people' s internal motives and behavior.

Purchasing The act of buying all items necessary for the operation of a business.

Purchasing stocks and materials Involves the determination of proper stock levels, accurate ordering points, and approved vendors.

[Q]

Quick-service restaurants Restaurants that offer quick service.

[R]

Rationality Consistent with or based on reason; logical, A rational decision needs to be value maximizing and consistent within natural restraining limits.

Real Estate Investment Trust (RIET) A method that allows small investors to combine their funds and protects them from double taxation that is levied against an ordinary corporation or trust; designed to facilitate investment in real estate in much the same way a mutual fund facilitates investment in securities.

Reasonable criteria Control standards in an effective control system must be attainable and realistic.

Receiver Retranslates the sender' s message.

Receiving The back-of-the-house area devoted to receiving goods.

Recession A downturn in the economy.

Recreation Refreshment of strength and spirits after work; a means of diversion.

Recreation for special populations Recreation designed to accommodate persons with disabilities, for instance, the Special Olympics.

Recruitment Process by which prospective employees are attracted to an organization.

Referents The persons, systems, or selves against which individuals compare themselves to assess equity.

Reinforcement theory The theory that behavior is a function of its consequences, that is, a reward is a consequence that triggers a desired response or performance.

Reinforcers Any consequence immediately following a response that increases the probability that the behavior will be repeated.

Reorder point Point at which an item needs to be reordered so as not to run out of it by the time the next delivery is received.

Reservations department Department responsible for taking reservations.

Resort Place providing recreation and entertainment, especially to vacationers.
Resort hotel Motel that provides recreation and entertainment, especially to vacationers.
Responsibility The obligation to perform any assigned duties.
Responsible gaming Strategies employed by the gaming entertainment industry to mitigate pathological and underage gambling, including prevention. and education and awareness programs for employees, customers, and to communities.
Restaurant accounting Usually done by the accountant, who calculates all costs and prepares taxes.
Restaurant concept The quality, location, menu, price, atmosphere, and management style for a particular restaurant.
Restaurant forecasting Process of estimating future events in the restaurant.
Restaurant manager Head of operations in a restaurant.
Rev par Revenue per available room.
Risk Those conditions in which the decision maker is able to estimate the likelihood of certain outcomes.
Rollover To roll a booking over from one occasion to the next.
Room management module A system that tracks the status of rooms, which assists the housekeeping department and the front desk with their duties.
Room occupancy percentage A key operating ratio for hotels that is calculated by finding the number of rooms occupied and dividing by rooms available.
Room rates The various rates charged for hotel room.
Room service The cleaning of rooms and resupplying materials (towels, soap, etc.) by the housekeeping staff.
Roulette A traditional table game in which a dealer spins a wheel and players wager on which number a small ball will fall.
Roux A paste for thickening sauces, made from equal quantities of fat and flour.
Rules A very specific action guide that associates must follow.
Rules of order Procedural guidelines regarding the correct way to conduct a meeting.
Russian service Restaurant service in which the entree, vegetables, and starches are served from a platter onto the diner' s plate by a waiter.

[S]

SABRE Name of a commonly used airline reservation system.
Sanitation safety The ability to keep a property in a workable, safe condition.
Satisficing Acceptance of solutions that are good enough.
Saucier (sauce–see–hay) Saute cook.
Scheduling Detailing what activities have to be done, the order in which they are to be completed, who is to do each, and when they are to be completed.
Security/loss prevention Security department that provides guest protection and retrieves lost valuables.
Segmenting Splitting the market wifh user groups that have common characteristics.
Selection The process of determining the eligibility and suitability a prospective

employee.

Selection of alternative Selecting the alternative with highest "weighted" score.

Self The essential qualities distinguishing one individual from another; individuality.

Self-management team A type of work team that operates without a manager and is responsible for a complete work process or a segment.

Self-operator Company that operates its own foodservice operation.

Semantics The study of the actual moaning of words.

Seminar A type of meeting that involves a lecture and a dialogue that allows participants to share experiences in a particular field.

Service bar A bar, usually behind the scenes of a banquet or other event, from which servers dispense drinks.

Service encounter Period of time in which a customer directly interacts with either personnel or the physical facilities and other visible elements of a hospitality business.

Sexual harassment Occurs whenever any unwanted sexually oriented behavior changes an employee' s working conditions and/or creates a hostile or abusive work environment.

Shift work Normally a shift is six to eight hours of work.

Shopper People who are paid to use a bar like regular guest, except they closely watch the operation.

Site inspection Previewing of a site (usually a convention center or hotel) to determine its suitability for the event/function/meeting being planned.

Slot machine An electronic gaming device.

Social analysis Analysis of social trends and customs used in compiling an up-scale marketing plan.

Social responsibility A business firm' s obligation, beyond that required by law and economics, to pursue long-term goals that are good for society.

Soft count The procedure for counting the content of each table game' s drop box.

Sommelier (so-mal-ee-yay) In a restaurant, the person with considerable wine knowledge who orders and serves wines.

Sous-chef (Soo shef) A cook who supervises food production and who reports to the executive chef; he or she is second in command of a kitchen.

Sous-vide (Soo veed) Air-tight pouches of prepared food that can be quickly reheated.

Span of control The number of people a supervisor/manager can effectively supervise.

Sparkling wine Wine containing carbon dioxide, which provides effervescence when the wine is poured.

Specially restaurant Restaurant that falls under a specific category; for instance, a seafood or steak restaurant.

Spirits Another name for distilled drinks.

Spreadsheet Computerized version of an accountant' s leger book that not only records numeric information but also performs calculations with that information as well.

Standing plans Ongoing plans that provide guidance for activities performed repeatedly.

Stewarding The department in a hotel or foodservice operation responsible for back-of-the-house cleanliness in the food and beverage areas; the cleanliness of the china, cutlery, glassware; and the custody of related food and beverage equipment.

Stock option plan A plan by which employees are offered options to buy stocks in the company.

Strategic alliance An approach to the expansion of a business' s activities (entering new markets) that involves a partnership with another organization(s) in which both share resources, guests, and knowledge in sowing existing clients and in the development of new products and services.

Strategic management Process of identifying and pursuing the organization' s strategic plan by aligning internal capabilities with the external demands of its environment, and then insuring that the plan is being executed properly.

Strategic placement In an effective control system, managers need to put emphasis on certain factors that are vital to the system' s performance.

Strategic planning Identifying the current business of a firm, the business it wants for the future, and the course of action of strategy it will pursue.

Strategy/tactics Actions taken to achieve goals.

Suggestive selling Employees suggestively sell products and services of the operation.

Suites Combined living space with kitchen facilities, or a bedroom section with an attached parlor.

SWOT analysis A strategic planning tool for analyzing a company' s strengths, weaknesses. opportunities, and throats.

Symposium A formal meeting at which several specialists deliver short addresses on a specific topic or related topics.

Syndicates A group of investors.

System A set of interrelated and interdependent parts arranged in a manner that produces a unified whole.

[T]

Table d' hote French for "table of the host". During medieval times, poorer travelers had to eat with the landlord and his family in the kitchen, and they were served the "ordinary" fare at a nominal cost.

Target market The market on which an operation wants to focus.

Task analysis Analysis of the tasks and job required to perform a particular job.

Taverns Establishments that serve some food but specialize in alcoholic beverages.

Team-based structure An organizational structure in which the entire organization is made up of work groups or teams.

Team player Committed to the team' s objectives, members, and goals.

Teams Task-oriented work groups that either evolve informally or are appointed formally.

Technological analysis An analysis of the technological changes that may impact the company.

Technology All the uses derived from discoveries and innovations to satisfy needs; generally refers to industrial technology.

Telecommuting A job approach in which employees work at home and are linked to the workplace by computer and modem.

Territory The area for which a person is responsible as a representative or agent; a sphere of action or interest.

Texture Referring to food and wine, texture is the combination of the qualities in food or wine that correspond to sensations of touch and temperature, such as softness, smoothness, roundness, richness, thickness, creaminess, chewiness, oiliness, harshness, silkiness, and coarseness.

Theater-style meeting setup A meeting setup usually intended for a large audience that is not likely to need to take notes or refer to documents. It generally consists of a raised platform and a lectern from which the presenter addresses the audience.

Theme parks Based on a particular setting or artistic interpretation; operates with hundreds or thousands of acres of parkland and hundreds or thousands of employees running the operation.

Theme restaurants A restaurant distinguished by its combination of decor, atmosphere, and menu.

Theory X The assumption that employees dislike work, are lazy, avoid responsibility, and must be coerced to perform.

Theory Y The assumption that employees are creative, enjoy work, seek responsibility, and can exercise self-direction.

Timeliness Occurring at a suitable time; well timed; opportune.

TIPS Training for intervention procedures by servers. Sponsored by the NRA, TIPS is a certification program that informs participants about alcohol and the effects of alcohol on people, the common signs of intoxication, and flow to help customers avoid drinking too much.

TO *See* Tourism office.

Tolerance for ambiguity Individuals with a high tolerance for ambiguity are very time efficient in making decisions because they are able to process many thoughts at the same time. Those with a low tolerance for ambiguity need more time to make a decision because they process information in a consistent and ordered way in order to minimize ambiguity

Top managers Managers at or near the top level of the organization who are responsible for making organization-wide decisions and establishing the goals and plans that affect entire organization.

Total quality management (TQM) A managerial approach that integrates all the functions and related processes of a business such that they are all aimed at maximizing guest satisfaction through ongoing improvement.

Tour operators Agencies that sell tour packages to groups of tourists and usually include an escort or guide with the tour.

Tourism Travel for recreation or the promotion and arrangement of such travel.

Tourism office (TO) Organization in charge of developing and implementing tour-

ism programs for an individual state. Also referred to as a destination marketing organization.

Tourists People who take trips of 100 miles or more and who stay at least one night away from home.

TQM *See* Total quality management.

Trade show Event held for informational exchanges among trade people. Also called exposition.

Training Activity that is conducted by a training department, a training manager, line management, or specially selected individuals within each department to orient and teach new employees how to perform their jobs.

Transactional leadership A type of leadership that focuses on accomplishing the tasks at hand and on maintaining good working relationships by exchanging promises of rewards for performance.

Transformational leadership A type of leadership that involves influencing major changes in the attitudes and assumptions of organization members and building commitment for the organization' s mission, objectives, and strategies.

Transit occupancy taxes Taxes paid by people staying in a city' s hotels.

Travel and tour wholesaler Company or individual who designs and packages tours.

Trends Prevailing tendencies or general movements.

Triple net lease A lease in which the lessee must pay for all alterations, in-su-rance, utilities, and possible commercial fees(e.g.. landscaping or parking upkeep, security).

Truth-in-menu laws Provisions that prohibit misrepresentation of items being sold. They require descriptions on menus to be accurate.

Turnover rate Calculated by dividing the number of workers replaced in a given time period by the average number of employees needed to run the business

[U]

Uncertainty A situation in which a decision maker has neither certainty nor reasonable probability estimates available.

Understandability To have understanding, knowledge, or comprehension; being easy to understand.

Undocumented workers Individuals who move from another country illegally, without permission to enter as either immigrants or refugees. Also called illegal aliens.

Uniform system of accounts A system of accounts used in the hospitality industry whereby all accounts have the same type of coding and all accounting procedures are done the same way.

Upward communication Upward informa-tion flow within the organization from employees to supervisors or managers.

[V]

Vacation ownership Offers consumers the opportunity to purchase fully furnished vacation accommodations in a variety of forms, such as weekly intervals or points in point-based systems, for a percentage of the cost of full ownership.
Variable costs Costs that vary according to the volume of business.
Variable pay plan A compensation plan that may reduce or increase some portion of an individual employee' s pay, depending on whether the company meets its financial goals.
Verbal intonation The use of voice, such as volume, tone, op pitch, to give emphasis to certain parts of a phrase or word
Vertical integration The ownership of or linkage with supplies of raw materials or airlines owning hotels.
Vintage Year in which a wine' s grapes were harvested.
Voluntary organization Nongovernmental, nonprofit agencies serving the public.

[W]

Way of thinking A personal, usual, or habitual manner of thinking.
Web reservations system (WRS) Reservations system that allows guests to seek information such as room availability and to make reservations and payments over the internet.
Weighted average A method of menu pricing that takes into account the food costs, percentage contribution margin, and sales volume.
Well package In bar operations, the least expensive pouring brand of drinks that the bar uses when customers do not ask for a specific name brand.
Wheel network Communication flows between a strong leader and each individual in a group or team.
Whiskey A liquor distilled from a fermented mash of grain to which malt, in the form of barley, is added.
White spirits Denomination that classifies spirits such as gin, rum, vodka, and tequila.
Wide-area network (WAN) Allows high-speed communication among large franchises.
Win Dollars won by the gaming operation from its customers. The net spending of customers on gaming is called the win, also known as gross gaming revenue (GGR).
Wines Fermented juice of grapes or other fruits.
Work group information system Allows groups of associates within a department to share data and information that help manage the department' s functions.
Work specialization The degree to which tasks in an organization are divided into individual separate jobs, also called division of labor.
Workshop A usually brief intensive educational program, conducted by a facilitator or a trainer, designed for a relatively small group of people that focuses especially on techniques and skills in a particular field.
Wort In the making of beer, the liquid obtained after the mashing process.

[Y]

Yacht club A private club located near a large body of water, whose main purpose is to provide facilities such as marinas to boat owners.

Yield management Practire of analyzing past reservation patterns, room rates, cancellations, and no-shows in an attempt to maximize profits and occupancy rates and to set the most competitive room rates.

[Z]

Zero-based budgeting Managers begin with a budget zero dollars and justify all the costs of goods sold, controllable costs, and planned capital expenditures in order ensure an appropriate amount of profit after the deduction of all expenses.

참고문헌

1. 국내 문헌

고재윤외 1인. '와인 소믈리에 경영실무', 백산출판사, 2001.
김근종, 정종훈. '호텔실무개론', 기문사, 1996.
김기영. '현대주방관리론', 백산출판사, 1997.
김기영외 1인. '연회기획관리실무론', 가산, 2001.
김대권. '관광인적자원관리', 백산출판사, 1999.
김명영외 4인. '건축전기설비재료', 웅보출판사, 1998.
김문조. '과학기술과 한국사회의 미래', 서울: 고려대학교 출판부, 1999.
김봉규. '호텔인사관리론', 백산출판사, 1995.
김성국. '트랜드 인사관리', 명경사, 2001.
김성혁. '관광서비스', 백산출판사, 2001.
김세영. '인사관리:한국사례', 석정, 2000.
김의근외 8인. '호텔경영학개론', 백산출판사, 2001.
김재민·신현주. '신호텔경영론', 대왕사, 1996.
김정수외 5인. '건축설비', 광문각, 1998.
김종원. '좋은 회사를 만드는 인사관리', 우주기획, 1995.
김진섭. '호텔경영론', 형설출판사, 1993.
김진수외 1인. '호텔식음료관리론', 학문사, 2000.
김진주·이덕출. '건축전기설비', 기문당, 1998.
김천중. '관광정보론', 서울: 대왕사, 1998.
김충기. '관광예절서비스실무론', 서울: 대왕사, 2001.
_____. '현대 서비스산업의 마케팅 전략', 서울: 백산출판사, 1994
김충호. '호텔인사관리', 형설출판사, 1994.
나정기. '프랑스요리 기초이론', 백산출판사, 1994.
_____. '호텔식음료원가관리', 백산출판사, 1994.
미래서비스아카데미. '서비스 매너', 서울: 새로미, 2005.
박규영. '전기의 기초지식 및 자재활용', 한국광고사업협회, 1995.
박내회. '인사관리', 박영사, 2001.
박상배·임붕영. '외식사업주관리론', 대왕사, 1995.
박인규외 1인. '호텔식음료실무경영론', 기문사, 2000.
박태성외 4인. '건축난방설비', 기문당, 1998.
박대환·공기열·주현식·장광현. '최신 서비스 이론 실무', 서울: 학문, 2002.
백용창·이원봉. '호텔경영론', 서울: 대왕사, 2001.
서비스 경영연구회. '서비스경영', 서울: 한경사, 2002
서울소방학교. '방화관리자 실무교본', 1992.
송성진·김유희. '호텔회계', 백산출판사, 2000.
신재영외 3인. '호텔식음료경영론', 한국호텔외식경영연구소, 1997.
신창국·조형순·유희경·김수정. '호텔회계원리', 형성출판사, 2002.
심기성. '호텔회계', 일신사, 1998.
안영면외. '관광인적자원관리', 대왕사. 2002.
원융희. '현대호텔식당경영론', 대왕사, 1992.
_____. '호텔실무론', 백산출판사, 1995.
원융희·고재윤. '최신식음료실무론', 백산출판사, 2001.
유기현. '인사관리론', 무역경영사, 1983.

유희경·원철식·김수정. '관광산업 회계학원론', 백산출판사, 2002.
이경희. '현대인적자원관리', 민영사, 2000.
이순주외 1인. '전문가를 향한 와인의 이해', 백산출판사, 2001.
이유재. '서비스마케팅', 서울: 학현사, 2004.
이애주. '식음료관리론', 일신사, 1996.
전원배. '호텔경영학개론', 백산출판사, 2002.
정종훈. '식음료경영론', 백산출판사, 1998.
조동훈. '호텔회계원리', 서울: 한올출판사, 2004
조춘봉. '호텔식당경영론', 신정, 2002.
최동열. '관광서비스', 서울: 기문사, 2001.
_____. '호텔외식산업 연회실무', 백산출판사, 1999.
최영준. '호텔식음료서비스론', 기문사, 2000.
최 웅. '호텔경영실무론', 신흥대학사회교육원, 1999.
_____. '호텔실무론', 백산출판사, 1995.
최풍운·변우진. '확대산업서비스론', 서울: 학문사, 2001.
최해수. '호텔영업회계', 학문사, 2000.
허용덕. '호텔회계', 백산 출판사, 1999.
홍경옥 외. '호텔인사관리', 데이터플러스, 2002.

강일영 · 김순태 · 김호석. '특급호텔의 사회적 지원이 직무태도, 감상적 몰입 및 조리사의 창의력과의 구조적 관계', 호텔관광연구, 18(6):217-240, 2016.
곽미경. '관광호텔 주방환경 평가에 관한 연구', 경기대학교 대학원 석사논문, 1994.
권나경 · 임형택. '호텔종사원의 심리적 자본에 의한 감상지능이 고객지향성에 미치는 영향', 호텔관광연구, 18(6):139-159, 2016.
김광용. 'KS-SQI, NCSI, KCSI 평가모형의 비교 연구', 경희대학교 경영대학원 서비스경영전공 석사학위논문,2007.
김우곤·정승환. '호텔관리자들의 인터넷 정보기술 활용의 중요성 인식에 관한 연구', 관광학연구, 15(1): 43-60,2001.
구등우 · 김호석 · 김민성. '호텔총지배인의 진정성 리더십이 종업원의 신뢰, 정서적 몰입, 그리고 이직의도에 미치는 영향', 호텔관광연구, 15(4):204-226, 2016.
박종찬. '인터넷을 활용한 관광목적지 정보시스템 구축에 관한 연구', 세종대학교 대학원 박사학위논문, 1999.
박종철 · 이광옥. '호텔기업 종사원의 감성지능에 따른 감정노동이 직무성과 및 이직의도에 미치는 영향', 관광연구, 30(6):85-109. 2015.
박충희. '정보화 정책을 통한 관광산업 활성화 방안 연구'. 관광연구, 15(1): 252-270, 2000.
박희경·정승환. '특급호텔 웹사이트 분석을 통한 인터넷 마케팅 전략', 학술연구 발표논문집, 한국관광학회 제45차학술심포지엄, 경주대학교, 경주시, 1999.2.
변정우. '인터넷상 호텔과 주요 지역정보를 중심으로 한 관광정보의 활성화 방안에 관한 연구', 호텔관광연구, 2(1):27-48, 2000.
신인철 · 김형일 · 이승철. '호텔종사원의 서비스교육이 파트너쉽, 직업존중감, 조직성과에 미치는 영향', 호텔관광연구, 18(3);131-151, 2016.
서창적. '정보시스템 통합 서비스의 품질요인 및 측정에 관한 연구', 품질경영학회지, 27(4): 20-41, 1999.
이상우. '호텔구성원에 대한 간접적 보상이 심리적 주인의식과 지식공유행동에 미치는 영향', 호텔관광연구, 18(6):160-174. 2016.
엄흥섭. '정보시스템의 서비스품질측정에 관한 연구', 동아대학교 대학원 박사학위논문, 1999.
우성근. '관광호텔주방관리의 효율적인 개선방안에 관한 연구', 경기대학교 경영대학원 석사논문, 1995.

원유석. '서비스 실패의 안정성, 통제성이 서비스회복 패러독스에 미치는 영향', 서비스 경영학회지, 6(1):27-55,2005.
정승환. '호텔 업의 정보화가 서비스품질과 경영성과 향상에 미치는 영향', 세종대학교 대학원 박사학위논문,2002.
_____. '호텔기업의 정보화, 경영성과, 객실규모의 관련성에 관한 연구, 호텔관광연구, 10(4): 52-66, 2008.
정승환·이형룡. '국내외 호텔기업의 정보기술활용 수준과 서비스품질 및 경영성과 간의 관계비교', 관광학연구,31(2);223-241, 2007.
정승환·이형룡. '국내외 호텔기업의 정보기술활용 수준과 서비스품질 및 경영성과 간의 관계비교: 제주-동경지역의 특급호텔 직원들의 정보화 수준 인식정도를 중심으로', 관광학연구 31(2): 223-241.
정승환·황미화. '호텔기업의 정보화가 서비스품질과 경영성과에 미치는 영향', 관광연구, 18(1):95-115, 2003.
조선배. '호텔서비스 평가에 관한 연구', 동국대 석사학위논문, 1991.
_____. '인적서비스 품질측정에 관한 연구', 광운대 기업경영연구소, 154-169, 1992.
한동윤. '경영성과 위주의 관광호텔 마케팅전략 모형개발에 관한 연구', 경남대, 1989.
허정봉. '호텔정보시스템의 서비스 품질 측정에 관한 연구', 경기대학교 대학원 박사학위논문, 2002.
황창규·조선배. '기업이미지와 구매행동', 광고연구, 한국반송광고공사, 제18호, 봄호, 1993.

안산공과대학 관광정보과. '관광외국어발표대회원고모음집', 안산공과대학, 1999.
(주)호텔롯데 교육과. '길을 만든 사람들', 1996.
동우공영(주)시설부. '시설관리실무', 1984.
롯데호텔. '식음료직무교재', 1990.
미래와경영연구소. '총무와 인사관리 지식 쌓기'. 2001.3.
서울소방학교 청원소방원. '운영실무', 1994.
조선일보 편집국. '세계인이 되는 길(II-제 2부 나의 경험(1999.4.4-7.31), 1999.
교보문고 편집부. 'Collins Cobuild English/Korean Advanced Dictionary of American English', 2008.
한국관광공사 경주관광교육원. '식음료업무론', 삼양문화사, 1999.
한국관광식음료학회. '음료학개론', 백산출판사, 1999.
한국관광협회. '관광호텔표준편람', 1984.
한국소방안전협회. '방화관리업무 강습교본', 1986, 1992.
_____________. '소방실무', 1994.
한국외식산업연구소. '외식산업경영론', 백산출판사, 1995.
한국인사관리협회. '인사관리규정 실사례집', 2002.
한국전력기술협회. '전기안전관리원직무교육', 1997.

2. 국외 문헌

Berry, Leonard L.(1983). 'Relationship Marketing', in Emerging Perspectives on Services Marketing, Leonard L. Berry, G. Lynn Shostack, and Gregory D. Upah, eds., Chicago: American Marketing, 25-28, 1983.
Birchfield, J.C.(1988). Design and Layout of Food servic Facilites Planning. VNR.
Bitner, Mary Jo(1990). 'Evaluating Service Encounters: The Effects of Physical Surroundings &Employee Responses', *Journal of Marketing*, Vol.54, April:69-82.
Bitner, Mary Jo, Bernard H.Booms, and Mary Stanfield Tetreault(1990). 'The Service Encounter: DiagnosingFavorable & Unfavorable Incidents', *Journal of*

Marketing, Vol.54, January:71–84, 1990.

Cadotte, Ernest R., and Norman Turgeon(1988). 'Key Factors in Guest Satisfaction', *The Cornell HRA Quarterly*, Feburary: 45–48.

Chon, Kye Sung(1990). 'Consumer Satisfaction/Disatisfaction in Tourism as Related to Destination Image Perception', Ph.D.Dissertation Virginia Ploytechnic Institute and State University.

Day, Ralph(1977)., 'Toward a Process Model of Consumer Satisfaction', In Conceptualization and Measurementof Consumer Satisfaction and Dissatisfaction, H. Keith Hunt,ed. Cambridge, MA:Marketing ScienceInstitute, 153–183.

Donald E. Lundberg(1989). The Hotel and Restaurant Business, NY, Van Nostrand Reinhold, 1989.

Donnelly, James H.,Jr.(1980). 'Service Delivery Strategies in the 1980s–Academic Perspective', in FinancialInstitution Marketing Strategies in the 1980s, Leonard L.Berry and James H.Donnelly, Jr.,eds., Washington,DC:Consumer Bankers Association,143–150.

Gerald W. Lattin(1994). The Lodging and Food Service Industry, AHMA.

Jeong, S. H., Eller, C., & Kim, J. S.(2016). 'A comparison study on Korean and Astralia regarding the social network analysis of the customers' attitude, satisfaction, and revisit intention in the family restaurant: focusing on the difference in the SNS using experience ', 18(6): 415–436.

Kazarian, E.A.(1989). Food service Facilites Planning. 3rd ed., VNR.

Lewis, Robert C.(1984). 'Isolating Differences in Hotel Attributes', *The Cornell HRA Quarterly*, November:64–77.

Lewis, Robert C.(1985). 'Predicting Hotel Choice: The Factors Underlying Perception', *The Cornell HRA Quarterly*, Feburary:82–96.

Maslow(1943). 'A Theory of Human Motivation', *Psychological Review*, Vol.6.

Mayo,E.J.(1973). 'Regional Images and Regional Travel Behavior. Research for Changing Travel Patterns: Interpretationand Utilization', Proceedings of the Travel Research Association Fourth Annual Conference.Salt Lake City, UT: Univercity of Utah, 211–218.

Oliver, Richard(1977). 'Effect of Expectation and Disconfirmation on Post-exposure Product Evaluations: AnAlternative Interpretation', *Journal of Applied Psychology*, August:480–486.

Oliver, Richard(1981). 'Measurement and Evaluation of Satisfaction Process in Retailing Settings', *Journal of Retailing*, Vol.57, Fall:25–48.

Parasuraman, A., Valarie A. Zeithaml, and Leonard L. Berry(1985). 'A Conceptual Model of Service Quality & Its Implications for future research', *Journal of Marketing*, Vol.49,Fall:41–50.

Parasuraman, A., Valarie A. Zeithaml, and Leonard L. Berry(1985). 'Problems Strategies in Service Marketing', Journal of Marketing, Vol.49, spring:33–46.

Parasuraman, A., Valarie A. Zeithaml, and Leonard L. Berry(1988). 'SERVQUAL: A Multiple–Item Scale for Measuring Consumer Perceptions of Service Quality', *Journal of Retailing*, Vol.64, No.1, Spring:12–40.

Parasuraman, A., Valarie A. Zeithaml, and Leonard L. Berry(1991). 'Refinement &Reassessment of the ERVQUALScales', *Journal of Retailing*, Vol.67, No.4, Winter:421–450.

Rocco M. Angelo, Andrew N. Vladimir(1991). Hospitality Today, AHMA.

Sunny Ham, Woo Gon Kim & Seunghwan Jeong(2005). 'Effect of IT on performance in upscale hotels', *International Journal of Hospitality Management*, 24(2): 281–294.

Travel and Tourism(1992). The World' s Largest Industry, World Travel and Tourism Council Report.

Walker, J.R.(2004). 'Introduction To Hospitality Management', New Jersey; Pearson Education, Inc., 2004.

Zeithmal, Valarie(1981). 'How Consumer Evaluation Processes Differ between Goods and Services', in Marketing of Services, J.H.Donnelly and W.R. George, eds., Chicago: American Marketing, 186–190, 1981.

________, _______(1987). 'Defining and Relating Price, Perceived Quality, and Perceived Value', Report No.87–101, Cambridge, MA:Marketing Science Institute.